百年精華　雲五文庫

孔子改制考

臺灣商務印書館

「百年精華」序

臺灣商務印書館為慶祝民國百年大慶，決定從一百多年來出版過的好書中，挑出一些值得重新出版發行的絕版書，列入臺灣商務「百年精華」，從民國一百年起，逐年推出。

商務印書館成立於一八九七年，也就是中日簽訂馬關條約之後、中國醞釀「戊戌變法」之際，讓商務轉型成為中國最早的出版社的張元濟先生，即是在一八九八年戊戌變法失敗之後四年，進入商務印書館的。後來帶領商務成為中國第一大出版社的王雲五先生，則是在一九二一年由胡適先生推薦而擔任商務編譯所的所長。

張元濟和王雲五是帶領商務發展的兩大功臣，在他們主持期間出版了許多好書，至今仍然受到海內外讀者的重視。

民國五十三年(西元一九六四年)王雲五重新主持臺灣商務印書館後，再度為商務出版大量的好書，其中有許多早已售完絕版，一書難求，然而仍有許多讀者一再詢問再版之日。

為了滿足讀者的需求、為了延續好書的存在，臺灣商務特別挑選一系列的絕版好書，列入「百年精華」，重新編排，重新發行，以盡到文化傳承的責任。由於量的限制，沒有列入

「百年精華」系列的好書，則將分別列入「新岫廬文庫」、「雲五文庫」等系列，作多方面的出版。

「出版好書，有益人生，輔助教育，文化傳承」是商務印書館的百年傳統任務，臺灣商務印書館重編「百年精華」等系列，希望能為讀者作出最大的貢獻。

臺灣商務印書館董事長 王學哲 謹序 九十九年十月十九日

孔子改制考

康有為著

光緒丁酉印于上
海戊戌庚子兩奉
僞旨焚板禁行越

廿年庚申重刊于
京師壬戌成冬印
行南海康有爲記

像遺生先為有康

(1858—1927)

孔子改制考臺版序

凡史策中某一時代之學術思想，其發揚飛越，蔚爲一種潮流趨勢者，必有其運動之中心原動力，以爲之鼓舞導引，陽開陰駭，由學術施之於政治，由理論見之於實踐，混流沆漑，波濤澎湃。晚清今文學運動，其顯著之代表也。

清今文學研究，始於常州莊存與與劉逢祿諸君，以春秋公羊學爲探討之宗旨。洎夫晚季，廖季平平康長素有爲二先生，博學詳說，出入羣經，以公羊之大義微言，講說六藝經傳。尤以南海康先生，以淵綜博雅之才，究鴻儒經世之學，發明公羊三世三統之義，推衍時代進化之說，由據亂入於升平，而臻於太平，以作其倡導變法維新之理論根據。將乾嘉諸老瘁力於訓詁考證之經學，一變而爲有理論有系統之哲學，使傳統經學發生一空前之思想革命。康氏生平有三大著述：新學僞經考，辨古文經爲劉歆僞作；孔子改制考，說明孔子改制創教，爲制法之王；大同書則描寫其理想進化之大同社會。尤以孔子改制考，爲其全部經學思想之立論基礎。改制考全書要義，可標列如次：

一、周末諸子並起創教。

二、諸子皆託古改制，創立教義。

三、孔子爲諸子之卓，創立儒教，爲制法之王。

四、大地人道，皆萌芽於洪水後，中國大朝，始於夏殷。六經以前，史迹茫昧，三代文教之盛，皆孔子所推託。

五、六經皆孔子改制所作。

六、孔子改制託古，託文王以行君主之仁政，託堯舜以行民主之太平。故六經中之堯舜文王，皆孔子民主君主之所寄託，不必其爲眞事實也。

右列諸文，蓋以孔子爲制法之王，爲其中心總義。周末諸子，各以才智，創制立教，託古以行其說。顧其質呲於陰陽，故其說亦多偏蔽。惟孔子爲諸子之卓，創立儒教，制作六經，見其文辭爲天下制儀法，託之堯舜文王，以爲行民主君主之衡準，集大一統，以範萬世。中國大朝，始於夏禹，洪水以前，史迹茫昧，黃帝伏羲神農，皆荒遠無可考。六經中之先王行事，皆孔子託之以明其改作之義。尙書堯典爲孔子所作。論語仲尼稱堯之盛德，巍巍蕩蕩，民無能名，蓋以無事實流傳，無傳政可說，故祇能以空言讚頌也。孔子作春秋，自居素王文王，假王者之權，行天子之事。以春秋繼周爲一代。據春秋公羊三世之義，謂孔子改制立法，兼文質三統，治定百世，廣爲條理，推之不窮。康氏本此經學新說，出而主張變法維新，撥亂世而入升平，而上躋於太平，成其理想中之大同社會，爲人道進化之極軌。康氏探研古訓，創發新義，以空言形諸行事，以理論施之實踐，蔚爲今文學運動之領袖。其思想窮極古今，其學術經世致用，門下梁啓超，私淑譚嗣同之徒，風虎雲龍，氣集類附，蔚成戊戌維新之業，爲中國現代化之先河。講中國現代哲學及其政治革新，必首列康氏爲偉大代表，非偶然也。

改制考，光緒二十三年丁酉，印于上海，二十四年戊戌，二十六年庚子，兩奉廷旨焚板禁行。越廿年，民國九年庚申，重刊于北京，十一年壬戌成，多印行。今民國五十七年戊申，臺灣商務印書館取庚申本重印，去上海初刊行，七十一年矣。初版有序，庚申重刊本闕，今補錄，以見原書之全，備學者考覽焉。

中華民國五十七年三月二十一日，夏曆戊申春分次日，鄉後學粤東平遠吳康敬軒拜撰於臺北。

中華民國五十六年三月二十一日，五版九千冊奉安全表日，經發部登記證，台業北選連情新發等字，登記。

發行。

孔子改制考敍

孔子卒後二千三百七十六年，康有爲讀其遺言，淵淵然思，淒淒然悲，曰：嗟夫！使我不得見太平之治，被大同之樂者，何哉？使我中國二千年，方萬里之地，四萬萬神明之裔，不得見太平之治，被大同之樂者，何哉？使大地不早見太平之治，逢大同之樂者，何哉？

天既哀大地生人之多艱，黑帝乃降精而救民患，爲神明，爲聖王，爲萬世作師，爲萬民作保，爲大地教主。生於亂世，乃據亂世而立三世之法，而垂精太平；乃因其所生之國而立三世之義，而注意於大地遠近大小若一之大一統。乃立元以統天，以天爲仁，以神氣流形而教庶物，以不忍心而爲仁政。合鬼神山川，公侯庶人，昆蟲草木，一統於其教，而先愛其圓顱方趾之同類，改除亂世勇亂戰爭角力之法，而立春秋新王行仁之制。其道本神明，配天地，育萬物，澤萬世，明本數，繫末度，小大精粗，六通四辟，無乎不在。此制乎，不過於元中立諸天，於一天中立地，於一地中立世，於一世中隨時立法，務在行仁，憂民憂以除民患而已。易之言曰：書不盡言，言不盡意。詩、書、禮、樂、易、春秋爲其書，口傳七十子後學爲其言。此制乎，不過其夏葛冬裘，隨時救民之言而已。

若夫聖人之意，窈矣，深矣，博矣，大矣。世運既變，治道斯移，則始於粗糲，終於精微。教化大行，家給人足，無怨望忿怒之患，强弱□□之難，無殘賊妒疾之人。民修德而美好，被髮銜哺而游，毒蛇不螫，猛獸不搏，抵蟲不觸，朱草生，醴泉出，鳳凰麒麟遊於郊陬，囹圄空虛，畫衣裳而民不犯。則斯制也，利用發蒙，聲色之以化民，末矣。

夫兩漢君臣，儒生，尊從春秋撥亂之制而雜以霸術，猶未盡行也。聖制萌芽，新歆遽出，僞左盛行，古文篡亂。於是削移孔子之經而爲周公，降孔子之聖王而爲先師，公羊之學廢，改制之義湮，三世之說微，太平之治，大同之樂，闇而不明，鬱而不發。我華我夏，雜以魏、晉、隋、唐佛老，詞章之學，亂以氐，羌，突厥，契丹，蒙古之風，非惟不識太平，並求漢人撥亂之義，亦乖剌而不可得，而中國之民遂二千年被暴主夷狄之酷政。耗矣哀哉！

朱子生於大統絕學之後，揭鼓揚旗而發明之，多言義而寡言仁，知省身救過而少救民患，蔽於據亂之說，而不知太平大同之義，雜以佛老，其道觳苦。所以爲治教者，亦僅如東周，劉蜀，蕭詧之偏安而已。

大昏也，博夜也，冥冥汶汶，雺霧[illegible]雾，重重錮昏，皎日墜淵，萬百億千縫掖俊民，跂跂脈脈而望，篝燈而求明，囊螢而自珍，然卒不聞孔子天地之全，太平之治，大同之樂，悲夫！

天哀生民，默牖其明，白日流光，煥炳瑩晶。予小子夢執禮器而西行，乃覩此廣樂鈞天，復見宗廟百官之美富。門戶既得，乃掃荆榛而開途徑，撥雲霧而覽日月，非復人間世矣。不敢隱匿大道，乃與門人數輩朝夕鉤擷，八年於茲，删除繁蕪，就成簡要，爲改制考（二十一）卷。同邑陳千秋禮吉，曹泰箸偉，雅才（好）博，好學深思，編檢尤勞，墓草已宿。然使大地大同太平之治可見，其亦不負二三子鉛槧之勞也夫！

嗟夫！見大同太平之治也，猶孔子之生也。孔子改制考成書，去孔子之生二千四百四十九年也。光緒二十四年正月元日，南海康有爲廣夏記。

孔子改制考目錄

南海康有為廣厦撰

上古茫昧無稽考

人生六七歲以前事跡茫昧不可得記也開國之始方略缺如不可得詳也況太古開闢為萌為芽漫漫長夜舟車不通書契難削疇能稽哉大地人道皆蓲萌於洪水後然印度婆羅門前歐西希臘前亦已茫然豈特秘魯之舊劫墨洲之古事黯芴渺昧不可識耶吾中國號稱古名國文明最先矣然六經以前無復書記夏殷無徵周籍已去共和以前不可年識秦漢以後乃得詳記而譙周蘇轍胡宏羅泌之流乃敢於考古實其荒誕崔東壁乃為考信錄以傳信之豈不謬哉夫三代文教之盛實由孔子推託之故故得一孔子而日月光華山川焜耀然夷考舊文實猶茫昧雖有美盛不盡可考焉

子曰夏禮吾能言之杞不足徵也殷禮吾能言之宋不足徵也文獻不足故也足則吾能徵之矣論語八佾

子曰吾說夏禮杞不足徵也吾學殷禮有宋存焉吾學周禮今用之吾從周禮記中庸

子曰我欲觀夏道是故之杞而不足徵也吾得夏時焉我欲觀殷道是故之宋而不足徵也吾得坤乾焉禮記禮運

杞宋無徵說凡三見且著於論語中庸引於史記世家白虎通並非僞書則孔子時夏殷之道夏殷之禮不可得考至明孔子謂足則吾能徵之則三代之不足孔子之不徵可徵者僅有夏時坤乾二書自此外皆無存此可爲夏殷禮制全亡無徵之據

北宮錡問曰周室班爵祿也如之何孟子曰其詳不可得聞也諸侯惡其害己也而皆去其籍孟子萬章

詩云雨我公田遂及我私惟助爲有公田由此觀之雖周亦助也孟子

北宮錡在列時能來問學必是士大夫本朝班爵祿最粗淺之事無人不知即無大周會典亦有縉紳可考且亦耳目習聞何待問於孟子孟子爲當時大賢巨儒自應博聞强記熟諳本朝掌故乃亦不聞其詳又將去籍之故出於諸侯惡其害己可知成周之書籍亦不傳今周禮及經子雜史所傳以禮書綱目五禮通考之例補編一大周會典會典則例大周通禮大周會要倘極詳博而孟子乃謂不聞其詳所言其略者乃僅如縉紳頭數句是孟子爲空疏謭陋之村學究也若孟子爲通博大儒則是周籍之已去而無徵可信也又與滕文公言田制自當徵引會典會要乃足爲據乃一字不能引出僅引一詩言爲證則當時絕無掌故之書無可引據與去籍之說正合此可存爲周籍已去不可聞之據

楊子曰太古之事滅矣孰誌之哉三皇之事若存若亡五帝之事若

覺若夢三王之事或隱或顯億不識一當身之事或聞或見萬不識
一目前之事或存或廢千不識一太古至于今日年數固不可勝紀
伏羲已來三十餘萬歲賢愚好醜成敗是非無不消滅列子楊朱
太古之事已滅若存若亡若覺若夢可爲三古茫昧之據而崔東
壁尚欲爲考信錄以實之不亦謬乎又謂伏羲以來三十餘萬歲
則當無正史可考楊朱不從孔學故述傳聞如此渺茫擬議各述
傳聞如後世皇王大紀路史之類茫昧極矣泰西之述亞當夏娃
日本之述開國八神亦同此義皆渺茫不可考者也其云三王之
事億不識一亦可爲三代無徵之證
五帝之外無傳人非無賢人也久故也五帝之中無傳政非無善政
也久故也往古非相
後世一代之典名賢名士傳述充棟功績典章志略彌滿而五帝
時人與政無一傳者可見茫昧極矣

聖王有百吾孰法焉故曰文久而息節族久而絕非相荀子

文息節絕可知百王之道皆茫昧而無稽矣

孔子墨子俱道堯舜而取舍不同皆自謂真堯舜堯舜不復生將誰使定儒墨之誠乎殷周七百餘歲虞夏二千餘歲而不能定儒墨之眞今乃欲審堯舜之道於三千歲之前意者其不可必矣無參驗而必之者愚也弗能必而據之誣也故明據先王必定堯舜者非愚則誣也韓非子顯學

孔子謂堯舜明堂五采服喪三年墨子謂堯舜茅茨蔬衣服喪三月所謂取舍不同韓非當時已謂儒墨近稱殷周虞夏不能定其眞至稱堯舜尤無參驗不可信據則堯舜事跡必已茫昧故孔子墨子得各託其義若有古書可參驗如今之漢晉唐宋之史則孔墨用者豈能相反乎韓非又謂堯舜在三千年前虞夏在二千年前殷亦七百歲則與今五帝德帝繫世本史記所傳絕異與楊朱稱

伏羲以來三十餘萬歲張壽王述黃帝曆稱黃帝以來六千餘歲各傳異說正同雖不合儒家經術然堯舜三代之茫昧無實在年代事跡可據依可見故韓非徧引羣說疑以傳疑謂皆無參驗明據先王必定堯舜非愚則誣此當時實情正可藉諸子之紛呶以考太古之情狀矣

管仲曰古者封泰山禪梁父者七十二家而夷吾所記者十有二焉管子封禪

封禪大典泰山又在齊管子既不能詳則古事之湮沒者何可勝道

自伏羲以來漢永和元年凡四十萬九千三百八十九歲易緯辨終備

伏羲以上未有聞焉禮緯稽命徵

伏羲實無可稽考五帝德不敢詳焉列子謂伏羲以來三十餘萬歲其傳聞之謬俱同大約開闢之始傳聞有伏羲其人如泰西之

稱亞當孔子繫易託為人元而亞當於埃及古音即為人之稱則

伏羲之先為何如亦不得而知也

五帝三代之記尚矣自殷以前諸侯不可得而譜周以來乃頗可著（史記三代世表）

殷以前不可得而譜蓋孔子時夏殷無徵非惟五帝然則夏殷之事茫昧無稽可見

百家言黃帝其文不雅馴薦紳先生難言之（史記五帝本紀）

余嘗西至空峒北過涿鹿東漸於海南浮江淮矣至長老皆各往往稱黃帝堯舜之處風教固殊焉

書缺有間矣其軼乃時時見於他說（並同上）

黃帝之言皆百家所託薦紳為孔子後學茫昧之說故難言之東西南朔言黃帝堯舜風教皆殊蓋事跡已遠皆百家所託故言人人殊韓非所謂堯舜不可復生誰使定堯舜之眞也見於他說皆

百家所託其實黃帝堯舜之事書缺有間茫昧無稽也

太史公曰農工商交易之路通而龜貝金錢刀布之幣興焉所從來久遠自高辛氏之前尚矣靡得而記云史記平準書

高辛前靡得而記則伏羲神農黃帝顓頊茫昧無稽而百家所稱出於假託可見矣

蓋聞昔者黃帝合而不死名察度驗定清濁起五部建氣物分數然蓋尚矣書缺樂弛朕甚閔焉朕唯未能循明也史記歷書

欲定星歷而書缺蓋茫昧無稽實無如何

秦以前尚略矣其詳靡得而記焉史記

秦前尚略其詳靡記與孟子之詳不可得聞諸侯去籍同然則周制亦茫昧矣此條最爲確據惟其不詳故諸子得以紛紛假託或爲神農之言或多稱黃帝或法夏或法周或稱三代皆由於書缺籍去混混茫茫然後諸子可以隨意假託惟秦之後乃得其詳故

漢志藝文事跡曰著然東平王欲乞史記奏請而未得楊雄欲見祕書假觀於班嗣故劉歆尙得僞爲鐘鼎假託金絲造作古文徧僞傳記降自晉唐書冊日盛孟蜀刻書列傳益易近世事跡乃如日中雖有王肅劉炫楊愼豐坊之流祗能間僞逸書不復能亂史事古今逈異不能以近世而律太古也

先王之道佢存乍亡公貴卜者言必信不亦惑乎（史記日者列傳）

壽王及待詔李信治黃帝調歷課皆疏闊又言黃帝至元鳳三年六千餘歲丞相屬寶長安單安國安陵桮育治終始言黃帝以來三千六百二十九歲不與壽王合壽王又移帝王錄舜禹年歲不合人年壽王言化益爲天子代禹驪山女亦爲天子在殷周間皆不合經術（漢書律歷志）

武帝時孔學已一統然舊說尙存可以參證夏後有化益爲天子周前有驪山女爲天子壽王述黃帝歷必非杜撰此如後世王莽

武后更世易朝大統雖爲漢唐朝代實易新周孔子欲裁成三代以爲三統又惡陰乘陽位女爲天子故去之其實王莽武后後世尚有之況太古乎至黃帝紀年各不相合共和以上無得稱焉要太古削簡艱難難傳久遠況結繩之後草昧荒荒今欲考美洲以前秘魯古事已是極難何疑於上古乎合比考之三代文明皆藉孔子發揚之實則茫昧也

百王太平升封太山太山之上封可見者七十有二紛綸湮滅者不可勝數論衡書虛

紛綸湮滅蓋太古簡削艱難流傳已失故無可考

五經之前至於天地始開帝王初立者主名爲誰儒生又不知也論衡謝短

太古茫昧孔子無從杜撰儒生安得而知仲任以劉歆博古僞派傲儒生其實少昊羿促率多僞造儒生不必知也

儒生猶曰上古久遠其事闇昧故經不載而師不說也論衡謝短世傳三王五帝多以爲伏羲神農爲三皇其一者或曰燧人或曰祝融或曰女媧其是與非未可知也我聞古有天皇地皇人皇以爲或及此謂亦不敢明凡斯數者於五經皆無正文潛夫論五德志

蓋天地剖分萬物萌毓非有典藝之文堅基可據推當今以覽太古自昭昭而本冥冥乃欲審其事而建其論董其是非而綜其詳矣言也實爲難哉風俗通皇霸

門人南海康同懃　番禺羅潤楠初校

門人東莞葉衍華　番禺王覺任覆校

門人東莞張伯楨再校

孔子改制考卷一終

孔子改制考卷二

南海康有爲廣厦撰

周末諸子並起創教考

諸子並起創教總義

子桑伯子創教

原壤創教

棘子成創教

管子創教

晏子創教

少正卯創教

許行創教

白圭創教

陳仲子創教

墨家創教

道家創教

法家創教

名家創教

陰陽家創教

縱橫家創教

兵家創教

諸家創教緒論

凡物積粗而後精生焉積賤而後貴生焉積愚而後智生焉積土石而草木生積蟲介而禽獸生人爲萬物之靈其生尤後者也洪水者大地所共也人類之生皆在洪水之後故大地民衆皆蓲萌於夏禹之時積人積智二千年而事理咸備於是才智之尤秀傑者蠭出挺立不可遏靡各因其受天之質生人之遇樹論語聚徒

衆改制立度思易天下惟其質毗於陰陽故其說亦多偏蔽各明一義如耳目鼻口不能相通然皆堅苦獨行之力精深奧瑋之論毅然自行其志思立教以範圍天下者也外國諸教亦不能外是矣當是時印度則有佛婆羅門及九十六外道並創術學波斯則有祚樂阿士對創開新教泰西則希臘文教極盛彼國號稱同時七賢並出而索格底集其成故大地諸教之出尤盛於春秋戰國時哉積諸子之盛其尤神聖者衆人歸之集大一統遂範萬世論衡稱孔子爲諸子之卓豈不然哉天下咸歸依孔子大道遂合故自漢以後無諸子今考春秋戰國諸子有門戶者舉其宗旨明其時會其立一說樹一行索隱行怪後世無述者亦附及之雖不能盡抑可考萬年古今之會大地學術之變矣

假今之世飾邪說文姦言以梟亂天下欺惑愚衆喬宇嵬瑣使天下混然不知是非治亂之所存者有人矣縱情性安恣睢禽獸之行不

足以合文通治然而其持之有故其言之成理足以欺惑愚衆是它囂魏牟也忍情性綦谿利跂苟以分異人爲高不足以合大衆明大分然而其持之有故其言之成理足以欺惑愚衆是陳仲史鰌也不知壹天下建國家之權稱上功用大儉約而僈差等曾不足以容辨異縣君臣然而其持之有故其言之成理足以欺惑愚衆是墨翟宋鈃也尚法而無法下脩而好作上則取聽於上下則取從於俗終日言成文典及紃察之則倜然無所歸宿不可以經國定分然而其持之有故其言之成理足以欺惑愚衆是愼到田駢也不法先王不是禮義而好治怪說玩琦辭甚察而不惠辯而無用多事而寡功不可以爲治綱紀然而其持之有故其言之成理足以欺惑愚衆是惠施鄧析也略法先王而不知其統猶然而材劇志大聞見雜博案往舊造說謂之五行甚僻違而無類幽隱而無說閉約而無解案飾其辭而祇敬之曰此眞先君子之言也子思唱之孟軻和之世俗之溝猶

瞀儒嚾嚾然不知其所非也遂受而傳之以爲仲尼子游爲茲厚於後世是則子思孟軻之罪也若夫總方略齊言行壹統類而羣天下之英傑而告之以太古教之以至順奧窔之間簟席之上歛然聖王之文章具焉佛然平世之俗起焉則六說者不能入也十二子者不能親也無置錐之地而王公不能與之爭名在一大夫之位則一君不能獨畜一國不能獨容成名況乎諸侯莫不願以爲臣是聖人之不得勢者也仲尼子弓是也一天下財萬物養長生民兼利天下通達之屬莫不服從六說者立息十二子者遷化則聖人之得勢者舜禹是也今夫仁人將何務哉上則法舜禹之制下則法仲尼子弓之義以務息十二子之說如是則天下之害除仁人之事畢聖王之跡著矣信信也疑疑亦信也貴賢仁也賤不肖亦仁也言而當知也默而當亦知也故知默猶知言也故多言而類聖人也少言而法君子也多少無法而流湎然雖辯小人也故勞力而不當民務謂之姦

事勞知而不律先王謂之姦心辯說譬諭齊給便利而不順禮義謂之姦說此三姦者聖王之所禁也知而險賊而神爲詐而巧言無用而辯辯不惠而察治之大殃也行辟而堅飾非而好玩姦而澤言辯而逆古之大禁也知而無法勇而無憚察辯而操僻淫大而用之好姦而與衆利足而迷負石而墜是天下之所棄也兼服天下之心高上尊貴不以驕人聰明聖智不以窮人齊給速通不爭先人剛毅勇敢不以傷人不知則問不能則學雖能必讓然後爲德遇君則修臣下之義遇鄉則脩長幼之義遇長則脩子弟之義遇友則修禮節辭讓之義遇賤而少者則脩告導寬容之義故無不愛也無不敬也無與人爭也恢然如天地之苞萬物如是則賢者貴之不肖者親之如是而不服者則可謂訞怪狡猾之人矣雖則子弟之中刑及之而宜詩云匪上帝不時殷不用舊雖無老成人尚有典刑曾是莫聽大命以傾此之謂也古之所謂士仕者厚敦者也合羣者也樂富貴者也

樂分施者也違罪過者也務事理者也羞獨富者也今之所謂士仕者汙漫者也賊亂者也恣睢者也貪利者也觸抵者也無禮義而唯權勢之嗜者也古之所謂處士者德盛者也能靜者也脩正者也知命者也著是者也今之所謂處士者無能而云能者也無知而云知者也利心無足而佯無欲者也行僞險穢而彊高言謹慤者也以不俗爲俗離縱而跂訾者也士君子之所不能爲君子能爲可貴不能使人必貴己能爲可信不能使人必信己能爲可用不能使人必用己故君子恥不脩不恥見汙恥不信不恥不見信恥不能不恥不見用是以不誘於譽不恐於誹率道而行端然正己不爲物傾側夫是之謂誠君子詩云溫溫恭人維德之基此之謂也士君子之容其冠進其衣逢其容良儼然壯然祺然蕼然恢恢然廣廣然昭昭然蕩蕩然是父兄之容也其冠進其衣逢其容慤儉然恀然輔然端然訾然洞然綴綴然瞀瞀然是子弟之容也吾語汝學者之嵬容其冠絻其纓

禁緩其容簡連填填然狄狄然莫莫然瞡瞡然瞿瞿然盡盡然盱盱然酒食聲色之中則瞞瞞然瞑瞑然禮節之中則疾疾然訾訾然勞苦事業之中則儢儢然離離然偷儒而罔無廉恥而忍謑詢是學者之嵬也第佗其冠神禫其辭禹行而舜趨是子張氏之賤儒也正其衣冠齊其顏色嗛然而終日不言是子夏氏之賤儒也偷儒憚事無廉恥而耆飲食必曰君子固不用力是子游氏之賤儒也彼君子則不然佚而不惰勞而不慢宗原應變曲得其宜如是然後聖人也（荀子非十二子）

天下之治方術者多矣皆以其有爲不可加矣古之所謂道術者果惡乎在曰無乎不在曰神何由降明何由出聖有所生王有所成皆原於一不離於宗謂之天人不離於精謂之神人不離於眞謂之至人以天爲宗以德爲本以道爲門兆於變化謂之聖人以仁爲恩以義爲理以禮爲行以樂爲和薰然慈仁謂之君子以法爲分以名爲

表以參為驗以稽為決其數一二三四是也百官以此相齒以事為常以衣食為主蕃息畜藏老弱孤寡為意皆有以養民之理也古之人其備乎配神明醇天地育萬物和天下澤及百姓明於本數係於末度六通四辟小大精粗其運無乎不在其明而在數度者舊法世傳之史尚多有之其在於詩書禮樂者鄒魯之士搢紳先生多能明之詩以道志書以道事禮以道行樂以道和易以道陰陽春秋以道名分其數散於天下而設於中國者百家之學時或稱而道之天下大亂賢聖不明道德不一天下多得一察焉以自好譬如耳目鼻口皆有所明不能相通猶百家衆技也皆有所長時有所用雖然不該不徧一曲之士也判天地之美析萬物之理察古人之全寡能備於天地之美稱神明之容是故內聖外王之道闇而不明鬱而不發天下之人各為其所欲焉以自為方悲夫百家往而不反必不合矣後世之學者不幸不見天地之純古人之大體道術將為天下裂不侈

於後世不靡於萬物不暉於數度以繩墨自矯而備世之急古之道術有在於是者墨翟禽滑釐聞其風而說之爲之大過已之大順作爲非樂命之曰節用生不歌死無服墨子氾愛兼利而非鬭其道不怒又好學而博不異不與先王同毀古之禮樂黃帝有咸池堯有大章舜有大韶禹有大夏湯有大濩文王有辟雍之樂武王周公作武古之喪禮貴賤有儀上下有等天子棺槨七重諸侯五重大夫三重士再重今墨子獨生不歌死不服桐棺三寸而無槨以爲法式以此教人恐不愛人以此自行固不愛己未敗墨子道雖然歌而非歌哭而非哭樂而非樂是果類乎其生也勤其死也薄其道大觳使人憂使人悲其行難爲也恐其不可以爲聖人之道反天下之心天下不堪墨子雖獨能任奈天下何離於天下其去王也遠矣墨子稱道曰昔者禹之湮洪水决江河而通四夷九州也名川三百支川三千小者無數禹親自操槀耜而九雜天下之川腓無胈脛無毛沐甚風櫛

疾雨置萬國禹大聖也而形勞天下也如此使後世之墨者多以裘褐為衣以跂蹻為服日夜不休以自苦為極曰不能如此非禹之道也不足為墨相里勤之弟子五侯之徒南方之墨者苦獲已齒鄧陵子之屬俱誦墨經而倍譎不同相謂別墨以堅白同異之辯相訾以觭偶不仵之辭相應以巨子為聖人皆願為之尸冀得為其後世至今不決墨翟禽滑釐之意則是其行則非也將使後世之墨者必自苦以腓無胈脛無毛相進而已矣亂之上也治之下也雖然墨子眞天下之好也將求之不得也雖枯槁不舍也才士也夫不累於俗不飾於物不苟於人不忮於衆願天下之安寧以活民命人我之養畢足而止以此白心古之道術有在於是者宋鈃尹文聞其風而悅之作為華山之冠以自表接萬物以別宥為始語心之容命之曰心之行以聏合驩以調海內請欲置之以為主見侮不辱救民之鬬禁攻寢兵救世之戰以此周行天下上說下教雖天下不取強聒而不舍

者也故曰上下見厭而強見也雖然其為人太多其自為太少曰請欲固置五升之飯足矣先生恐不得飽弟子雖饑不忘天下日夜不休曰我必得活哉圖傲乎救世之士哉曰君子不為苛察不以身假物以為無益於天下者明之不如已也以禁攻寢兵為外以情欲寡淺為內其小大精粗其行適至是而止公而不當易而無私決然無主趣物而不兩不顧於慮不謀於知於物無擇與之俱往古之道術有在於是者彭蒙田駢慎到聞其風而悅之齊萬物以為首曰天能覆之而不能載之地能載之而不能覆之大道能包之而不能辯之知萬物皆有所可有所不可故曰選則不偏教則不至道則無遺者矣是故慎到棄知去己而緣不得已冷汰於物以為道理曰知不知將薄知而後鄰傷之者也謑髁無任而笑天下之尚賢也縱脫無行而非天下之大聖椎拍輐斷與物宛轉舍是與非苟可以免不師知慮不知前後魏然而已矣推而後行曳而後往若飄風之還若羽之

孔子改制考卷三

南海康有為廣廈撰

諸子創教改制考

墨子改制

管子改制

晏子改制

棘子成原壤老子改制

楊子改制

宋鈃尹文慎到改制

惠子改制

許子改制

白圭改制

騶子改制

公孫龍改制

鄧析改制

林旣改制

商君申子韓非子改制

孔子改制之說自今學廢沒古學盛行後迷惑人心人多疑之吾今不與言孔子請攷諸子諸子何一不改制哉後世風俗法密如網天下皆俛首奉法無敢妄作者然江充之見武帝紗縠禪衣禪纚步搖飛翮之英雋不疑之見暴勝之冠進賢冠褒衣博帶宋世司馬公朱子尚自製深衣明張鳳翼尚以菊花繡衣謁巡撫則儒服之創何異哉其他懸爲虛論待之後王則有若黃梨州之明夷待訪錄顧亭林之日知錄更何足言乎今揭諸子改制之說諸子之改制明況大聖制作之孔子坐睹亂世忍不損益撥而反之正乎知我罪我惟義所在固非曲士夏蟲所能知矣

子墨子制爲葬埋之法曰棺三寸足以朽骨衣三領足以朽肉掘地之深下無菹漏氣無發洩於上壟足以期其所則止矣哭往哭來反從事乎衣食之財佴乎祭祀以致孝於親故曰子墨子之法不失死生之利者此也墨子節葬

故古聖王制爲葬埋之法曰棺三寸足以朽體衣衾三領足以覆惡以及其葬也下無及泉上無通臭隴若參耕之畝則止矣死者既以葬矣生者必無久哭而疾而從事人爲其所能以交相利也同上

不久哭而疾從事宜孟子以爲薄而無父矣荀子以爲知用而不知文誠切中其病

子墨子游魏越曰既得見四方之君子則將先語子墨子曰凡入國必擇務而從事焉國家昏亂則語之尚賢尚同國家貧則語之節用節葬國家憙音湛湎則語之非樂非命國家淫僻無禮則語之尊天事鬼國家務奪侵凌則語之兼愛非曰擇務而從事焉墨子魯問

公孟子謂子墨子曰子以三年之喪爲非子之三日之喪亦非也三日
當爲三月
子墨子曰子以三年之喪非三日之喪是猶果謂撅者不恭也
墨子公孟
上稽之堯舜禹湯文武之道而政逆之下稽之桀紂幽厲之事猶合節也若以此觀則厚葬久喪其非聖王之道也今執厚葬久喪者言曰厚葬久喪果非聖王之道夫胡說中國之君子爲而不已操而不擇哉子墨子曰此所謂便其習而義其俗者也昔者越之東有輆沭之國者其長子生則解而食之謂之宜弟其大父死負其大母而棄之曰鬼妻不可與居處此上以爲政下以爲俗爲而不已操而不擇則此豈實仁義之道哉此所謂便其習而義其俗者也楚之南有炎人國者其親戚死朽其肉而棄之然後埋其骨乃成爲孝子秦之西有儀渠之國者其親戚死聚柴薪而焚之燻上謂之登遐然後成爲孝子此上以爲政下以爲俗爲而不已操而不擇則此豈實仁義之

道哉此所謂便其習而義其俗者也若以此若三國者觀之則亦猶薄矣若中國之君子觀之則亦猶厚矣如彼則大厚如此則大薄然則葬埋之有節矣故衣食者人之生利也然且猶尚有節葬埋者人之死利也夫何獨無節於此乎墨子節葬

堂高三尺土堦三等茅茨不翦采椽不刮食土簋啜土刑糲粱之食藜藿之羹夏日葛衣冬日鹿裘其送死桐棺三寸舉音不盡其哀墨子佚文

兼愛尚賢右鬼非命墨子之所立也淮南子氾論訓

昔者聖王爲法曰丈夫年二十毋敢不處家女子年十五無敢不事人此聖王之法也聖王既沒于民次也其欲蚤處家者有所二十年處家其欲晚處家者有所四十年處家以其蚤與其晚相踐後聖王之法十年若純三年而字子生可以二三年矣此不惟使民蚤處家而可以倍與墨子節用

子墨子曰爲樂非也何以知其然也曰先王之書湯之官刑有之曰其恒舞於宮是謂巫風其刑君子出絲二衞小人否似二伯黃徑乃言曰嗚呼舞佯佯黃言孔章上帝弗常九有以亡上帝不順降之百殃其家必壞喪察九有之所以亡者徒從飾樂也於武觀曰啟乃淫溢康樂野于飲食將將銘莧磬以力湛濁於酒渝食于野萬舞翼翼章聞于天天用弗式故上者天鬼弗戒下者萬民弗利墨子非樂

且惟昔者虞夏商周三代之聖王其始建國營都日必擇國之正壇置以爲宗廟必擇木之脩茂者立以爲菆位必擇國之父兄慈孝貞良者以爲祝宗必擇六畜之勝腯肥倅毛以爲犧牲珪璧琮璜稱財爲度必擇五穀之芳黃以爲酒醴粢盛故酒醴粢盛與歲上下也故古聖王治天下也故必先鬼神而後人者此也故曰官府選効必先祭器祭服畢藏於府祝宗有司畢立於朝犧牲不與昔聚羣故古者聖王之爲政若此墨子明鬼

按此墨子諸篇皆墨子特創之義卽墨子所改之制也然曰擇務而從事則亦深觀時勢曲有斟酌非持偏論而概施之莊子謂墨子眞天下之好求之天下無有誠哉是言但總諸篇之旨節葬非命非樂非儒皆顯與孔子之學爲敵又其聲名徒衆與孔子相比故述孔子者必力攻之非獨孔子義理之粹亦所謂子不私其父則不成爲子臣不私其君則不成爲臣也若韓愈謂孔子必用墨子墨子必用孔子二家交攻非二師之道本然則譽言也雖然退之一文人之雄耳奚足責以大道之源流哉

不侈於後世不靡於萬物不暉於數度以繩墨自矯而備世之急古之道術有在於是者墨翟禽滑釐聞其風而悅之爲之大過已之大順作爲非樂命之曰節用生不歌死無服墨子氾愛兼利而非鬬其道不怒又好學而博不異不與先王同毀古之禮樂黃帝有咸池堯有大章舜有大韶禹有大夏湯有大濩文王有辟雍之樂武王周公

作武古之喪禮貴賤有儀上下有等天子棺槨七重諸侯五重大夫三重士再重今墨子獨生不歌死不服桐棺三寸而無槨以爲法式以此教人恐不愛人以此自行固不愛己未敗墨子道雖然歌而非歌哭而非哭樂而非樂是果類乎其生也勤其死也薄其道大觳使人憂使人悲其行難爲也恐其不可以爲聖人之道反天下之心天下不堪墨子雖獨能任奈天下何離於天下其去王也遠矣墨子稱道曰昔者禹之湮洪水決江河而通四夷九州也名山三百支川三千小者無數禹親自操橐耜而九雜天下之川腓無胈脛無毛沐甚風櫛疾雨置萬國禹大聖也而形勞天下也如此使後世之墨者多以裘褐爲衣以跂蹻爲服日夜不休以自苦爲極曰不能如此非禹之道也不足謂墨相里勤之弟子五侯之徒南方之墨者苦獲已齒鄧陵子之屬俱誦墨經而倍譎不同相謂別墨以堅白同異之辯相訾以觭偶不仵之辭相應以巨子爲聖人皆願爲之尸冀得爲其後

世至今不決墨翟禽滑釐之意則是其行則非也將使後世之墨者必自苦以腓無胈脛無毛相進而已矣亂之上也治之下也雖然墨子真天下之好也將求之不得也雖枯槁不舍也才士也夫（莊子天下）

墨者之法曰殺人者死傷人者刑此所以禁殺傷人也夫禁殺傷人者天下之大義也（呂氏春秋去私）

墨者亦尚堯舜道言其德行曰堂高三尺土階三等茅茨不翦采椽不刮食土簋啜土刑糲粱之食藜藿之羹夏日葛衣冬日鹿裘其送死桐棺三寸舉音不盡其哀教喪禮必以此為萬民之率（史記太史公自序）

右墨子改制。

管仲鏤簋朱紘山節藻梲君子以為濫矣（禮記禮器）

孔子曰管仲鏤簋而朱紘旅樹而反坫山節而藻梲賢大夫也而難為上也（禮記雜記）

管仲會國用三分二在賓客其一在國（管子中匡）

公曰民辦君事矣則可乎對曰不可甲兵未足也請薄刑罰以厚甲
兵於是死罪不殺刑罪不罰使以甲兵贖死罪以犀甲一戟刑罰以
脅盾一戟過罰以金軍無所計而訟者成以束矢上同
桓公曰參國奈何管子對曰制國以爲二十一鄉商工之鄉六士農
之鄉十五公帥十一鄉高子帥五鄉國子帥五鄉參國故爲三軍公
立三官之臣市立三鄉工立三族澤立三虞山立三衡制五家爲軌
軌有長十軌爲里里有司四里爲連連有長十連爲鄉鄉有良人三
鄉一帥桓公曰五鄙奈何管子對曰制五家爲軌軌有長六軌爲邑
邑有司十邑爲率率有長十率爲鄉鄉有良人三鄉爲屬屬有帥五
屬一大夫武政聽屬文政聽鄉各保而聽毋有淫佚者管子小匡
管子對曰修舊法擇其善者舉而嚴用之
管子對曰作內政而寓軍令焉爲高子之里爲國子之里爲公里三
分齊國以爲三軍擇其賢民使爲里君鄉有行伍卒長則其制令且

以田獵因以賞罰則百姓通於軍事矣桓公曰善於是乎管子乃制五家以爲軌軌爲之長十軌爲里里有司四里爲連連爲之長十連有鄉鄉有良人以爲軍令是故五家爲軌五人爲伍軌長率之十軌爲里故五十人爲小戎里有司率之四里爲連故二百人爲卒連長率之十連爲鄉故二千人爲旅鄉良人率之五鄉一師故萬人一軍五鄉之師率之三軍故有中軍之鼓有高子之鼓有國子之鼓春以田曰蒐振旅秋以田曰獮治兵是故卒伍政定於里軍旅政定於郊內教既成令不得遷徙

管子對曰制重罪入以兵甲犀脅二戟輕罪入蘭盾鞈革二戟小罪入以金鈞分宥薄罪入以半鈞無坐抑而訟獄者正三禁之而不直則入束矢以罰之美金以鑄戈劍矛戟試狗馬惡金以鑄斤斧鉏夷鋸欘試諸木土並同上

其後齊中衰管子修之設輕重九府史記貨殖傳

管仲父出朱蓋青衣置鼓而歸庭有陳鼎家有三歸（韓非子外儲）

右管子攺制

曾子曰晏子可謂知禮也已恭敬之有焉有若曰晏子一狐裘三十年遣車一乘及墓而反國君七个遣車七乘大夫五个遣車五乘晏子焉知禮曾子曰國無道君子恥盈禮焉國奢則示之以儉國儉則示之以禮（禮記檀弓）

晏平仲祀其先人豚肩不揜豆澣衣濯冠以朝君子以爲隘矣（禮記禮器）

晏平仲祀其先人豚肩不揜豆賢大夫也而難爲下也（禮記雜記）

右晏子攺制

棘子成曰君子質而已矣何以文爲（論語顏淵）

原壤夷俟（論語憲問）

孔子之故人曰原壤其母死夫子助之沐槨原壤登木曰久矣予之不託於音也歌曰貍首之班然執女手之卷然夫子爲弗聞也者而

過之從者曰子未可以已乎夫子曰丘聞之親者毋失其爲親也故者毋失其爲故也禮記檀弓

或曰以德報怨何如子曰何以報德以直報怨以德報德論語憲問

說苑謂以德報怨爲老子說則與孔子並時改制之人也其道不近人情自難行

右棘子成原壤老子改制

楊朱曰古語有之生相憐死相捐此語至矣相憐之道非唯情也勤能使逸饑能使飽寒之能使溫窮能使達也相捐之道非不相哀也不含珠玉不服文錦不陳犧牲不設明器也列子楊朱

死相捐與墨子薄葬同楊墨殊途其制閒合猶三統之因革也

季梁之死楊朱望其門而歌隨梧之死楊朱撫其尸而哭列子仲尼

論語子於是日哭則不歌臨喪而歌必非孔子之制檀弓載季武子喪曾點倚其門而歌案季武子卒於昭公七年是時孔子纔十

八歲論語序曾晳在子路後子路少孔子九歲是時曾晳尚未十歲安有倚門而歌事殆後儒僞竄耳若楊朱原壤同出老子望門登木後先一轍後世嵩里薤露此風固有自來歟

右楊子改制

不累於俗不飾於物不苟於人不忮於衆願天下之安寧以活民命人我之養畢足而止以此白心古之道術有在於是者宋鈃尹文聞其風而悅之作爲華山之冠以自表接萬物以別宥爲始語心之容命之曰心之行與胹合驩以調海內請欲置之以爲主見侮不辱救民之鬬禁攻寢兵救世之戰以此周行天下上說下教雖天下不取強聒而不舍者也莊子天下

名有三科法有四呈一曰命物之名方員白黑是也二曰毀譽之名善惡貴賤是也三曰況謂之名賢愚愛憎是也一曰不變之法君臣上下是也二曰齊俗之法能鄙同異是也三曰治衆之法慶賞刑罰

是也四曰平準之法律度權衡是也尹文子大道

士不兼官則職寡寡則易守故士位可世愼子威德

世官爲諸子之制可見選舉實爲孔子創制

故古之爲國者無使民自貧富貧富皆由於君則君專所制民知所歸矣尹文子大道

君專所制開後世君主之風

明君動事分官由慧定賞分財由法行德制中由禮故欲不得干時愛不得犯法貴不得踰親祿不得踰位士不得兼官工不得兼事以能受事以事受利若是者上無羨賞下無羨財愼子威德

右宋鈃尹文愼到改制

惠子爲魏惠王爲法爲法已成以示諸民人民人皆善之獻之惠王惠王善之以示翟翦翟翦曰善也惠王曰可行耶翟翦曰不可惠王曰善而不可行何故翟翦對曰今舉大木者前呼輿謣後亦應之此

其於舉大木者善矣豈無鄭衛之音哉然不若此其宜也夫國亦木之大者也呂氏春秋淫辭

按惠子爲法而翟翦以爲不可行此則必非魏之舊法矣

右惠子改制

有爲神農之言者許行自楚之滕踵門而告文公曰遠方之人聞君行仁政願受一廛而爲氓文公與之處其徒數十人皆衣褐捆屨織席以爲食陳良之徒陳相與其弟辛負耒耜而自宋至滕曰聞君行聖人之政是亦聖人也願爲聖人氓陳相見許行而大悅盡棄其學而學焉陳相見孟子道許行之言曰滕君則誠賢君也雖然未聞道也賢者與民並耕而食饔飧而治今也滕有倉廩府庫則是厲民而以自養也惡得賢孟子滕文

從許子之道則市賈不貳國中無僞雖使五尺之童適市莫之或欺布帛長短同則賈相若麻縷絲絮輕重同則賈相若五穀多寡同則

賈相若屨大小同則賈相若同上

右許子改制

白圭曰吾欲二十而取一何如孟子曰子之道貉道也萬室之國一人陶則可乎曰不可器不足用也曰夫貉五穀不生惟黍生之無城郭宮室宗廟祭祀之禮無諸侯幣帛饔飧無百官有司故二十取一而足也今居中國去人倫無君子如之何其可也陶以寡且不可以爲國況無君子乎欲輕之於堯舜之道者大貉小貉也欲重之於堯舜之道者大桀小桀也孟子告子

右白圭改制

騶衍睹有國者益淫侈不能尙德若大雅整之於身施及黎庶矣乃深觀陰陽消息而作怪迂之變終始大聖之篇十餘萬言其語閎大不經必先驗小物推而大之至於無垠先序今以上至黃帝學者所共術大並世盛衰因載其禨祥度制推而遠之至天地未生窈冥不

可考而原也先列中國名山大川通谷禽獸水土所殖物類所珍因而推之及海外人之所不能睹稱引天地剖判以來五德轉移治各有宜而符應若茲以爲儒者所謂中國者於天下乃八十一分居其一分耳中國名曰赤縣神州赤縣神州內自有九州禹之序九州是也不得爲州數中國外如赤縣神州者九乃所謂九州也於是有裨海環之人民禽獸莫能相通者如一區中者乃爲一州如此者九乃有大瀛海環其外天地之際焉其術皆此類也史記孟子荀卿列傳

右騶子改制

或問公孫龍詭辭數萬以爲法法歟曰斷木爲棊梡革爲鞠亦皆有法焉不合乎先王之法者君子不法也法言吾子

右公孫龍改制

世俗之爲說者曰治古無肉刑而有象刑墨黥慅嬰共艾畢菲對屨殺赭衣而不純治古如是荀子正論

荀子謂治古不然是象刑之制爲諸子所改定無疑

林既衣韋衣而朝齊景公齊景公曰此君子之服也小人之服也林既逡巡而作色曰夫服事何足以端士行乎（說苑善說）

右鄧析改制

按朝覲之服本有一定林既衣韋衣而景公以君子小人疑之可知林既所衣之衣必自爲改制異於常人矣子華子作華山之冠以自表莊子衣儒服而見楚王戰國諸子紛紛改制大率如是

右林既改制

孝公既用衛鞅鞅欲變法恐天下議已衛鞅曰疑行無名疑事無功且夫有高人之行者固見非於世有獨知之慮者必見敖於民愚者闇於成事知者見於未萌民不可與慮始而可與樂成論至德者不和於俗成大功者不謀於衆是以聖人苟可以彊國不法其故苟可以利民不循其禮（史記商君列傳）

常人安於故俗學者溺於所聞以此兩者居官守法可也非所與論於法之外也三代不同禮而王五伯不同法而霸智者作法愚者制焉賢者更禮不肖者拘焉

衞鞅曰治世不一道便國不法古故湯武不循古而王夏殷不易禮而亡反古者不可非而循禮者不足多上並同

鞅去衞適秦能明其術強霸孝公後世遵其法史記太史公自序

公孫鞅之法也重輕罪重罪者人之所難犯也而小過者人之所易去也韓非子內儲

今申不害言術而公孫鞅為法術者因任而授官循名而責實操殺生之柄課羣臣之能者也此人主之所執也法者憲令著於官府刑罰必於民心賞存乎慎法而罰加乎姦令者也此臣之所師也君無術則弊於上臣無法則亂於下此不可一無皆帝王之具也韓非子定法

申子之學本於黃老而主刑名史記韓非列傳

殷之法刑棄灰於街者子貢以爲重問之仲尼仲尼曰知治之道也夫棄灰於街必掩人掩人人必怒怒則鬬鬬必三族相殘也此殘三族之道也雖刑之可也且夫重罰者人之所惡也而無棄灰人之所易也使人行之所易而無離所惡此治之道一曰殷之法棄灰於公道者斷其手子貢曰棄灰之罪輕斷手之罰重古人何太毅也曰無棄灰所易也斷手所惡也行所易不關所惡古人以爲易故行之韓非子內儲

故明主之國無書簡之文以法爲教無先王之語以吏爲師無私劍之捍以斬首爲勇是境內之民其言談者必軌於法動作者歸之於功爲勇者盡之於軍是故無事則國富有事則兵强此之謂王資既畜王資而承敵國之亹超五帝侔三王者必此法也韓非子五蠹

故明主之行制也天其用人也鬼天則不非鬼則不因勢行教嚴逆而不違毀譽一行而不議韓非子八經

是故明君之蓄其臣也盡之以法質之以備（謂備其賞賜也）故不赦死不宥刑赦死宥刑是謂威淫社稷將危國家偏威是故大臣之祿雖大不得藉威城市黨與雖衆不得臣士卒故人臣處國無私朝居軍無私交其府庫不得私貸於家此明君之所以禁其邪是故不得四從不載奇兵非傳非遽載奇兵革罪死不赦此明君之所以備不虞者也

韓非子愛臣

七術一曰衆端參觀二曰必罰明威三曰信賞盡能四曰一聽責下五曰疑詔詭使六曰挾知而問七曰倒言反事

韓非子內儲

右商君申子韓非子改制

門人南海康同懃　番禺羅潤楠初校

門人東莞葉衍華　番禺王覺任覆校

孔子改制考卷三終

門人東莞張伯楨再校

孔子改制考卷四

南海康有為廣廈撰

諸子改制託古考

管子託古

呂氏託古

內經託古

鶡冠子託古

淮南子託古

方士託古

榮古而虐今賤近而貴遠人之情哉耳目所聞覩則遺忽之耳目所不覩聞則敬異之人之情哉慧能之直指本心也發之於己則捻道人徐遵明耳託之於達摩之五傳迦葉之衣鉢而人敬異矣敬異則傳矣袁了凡之創功過格也發之於己則不奮鄧訓柳玭耳託之於老子文昌而人敬異矣敬異則傳矣漢高之神叢狐鳴摩訶末西奈之天使莫不然莊子曰其言雖教譎之實也古之有也非吾有也古之言莫如先王故百家多言黃帝尙矣一時之俗

也當周末諸子振教尤尙寓言哉

世俗之人多尊古而賤今故爲道者必託之於神農黃帝而後能入說（淮南子脩務訓）

淮南子尙知諸子託古之風俗此條最爲明確蓋當時諸子紛紛創教競標宗旨非託之古無以說人

寓言十九重言十七巵言日出和以天倪寓言十九藉外論之親父不爲其子媒親父譽之不若非其父者也非吾罪也人之罪也與己同則應不與己同則反同於己爲是之異於己爲非之重言十七所以已言也是爲耆艾年先矣而無經緯本末以期年耆者是非先也人而無以先人無人道也人而無人道是之謂陳人巵言日出和以天倪因以曼衍所以窮年（莊子寓言）

莊子一書所稱黃帝堯舜孔子老聃皆是寓言既自序出人皆知之然此實戰國諸子之風非特莊子爲然凡諸子皆然所謂親父

不爲其子媒親父譽之不若非其父者也故必託之他人而爲寓言寓言於誰則少年不如耆艾今人不如古人耆古之言則見重矣耆艾莫如黃帝堯舜故託於古人以爲重所謂重言也凡諸子託古皆同此莊子既皆寓言故皆不錄

今逮至昔者三代聖王既沒天下失義後世之君子或以厚葬久喪以爲仁也義也孝子之事也或以厚葬久喪以爲非仁義非孝子之事也曰二子者言則相非行卽相反皆曰吾上祖述堯舜禹湯文武之道者也而言卽相非行卽相反於此乎後世之君子皆疑惑乎二子者言也墨子節葬

皆曰吾上祖述堯舜禹湯文武云云則當時諸子紛紛託古矣然同託於堯舜禹湯文武而相反若是與韓非顯學所謂孔子墨翟皆自以爲眞堯舜堯舜不復生誰使定孔墨之誠乎可知當日同爲託古彼此互知以相攻難

孔子墨子俱道堯舜而取舍不同皆自謂眞堯舜堯舜不復生將誰使定儒墨之誠乎韓非子顯學

同是堯舜而孔墨稱道不同韓非嘗曰著說猶未敢以爲據非託而何不能定堯舜之眞則諸子皆託以立教可無疑矣

今儒墨者稱三代文武而弗行是言其所不行也淮南子氾論訓

有爲神農之言者許行孟子滕文

許行託古人多信之者得無孟子闢之乎然信此而疑彼是亦知二五而不知一十之數也

且夫世之愚學皆不知治亂之情讘詼多誦先古之書以亂當世之治韓非子姦劫弒臣

夫稱上古之傳頌辯而不慤道先王仁義而不能正國者此亦可以戲而不可以爲治也韓非子外儲說左

太史公曰學者多稱五帝尚矣然尚書獨載堯以來而百家言黃帝

其文不雅馴薦紳先生難言之孔子所傳宰予問五帝德及帝繫姓儒者或不傳余嘗西至空桐北過涿鹿東漸於海南浮江淮矣至長老皆各往往稱黃帝堯舜之處風教固殊焉總之不離古文者近是予觀春秋國語其發明五帝德帝繫姓章矣顧弟弗深考其所表見皆不虛書缺有閒矣其軼乃時時見於他說非好學深思心知其意固難爲淺見寡聞者道也余并論次擇其言尤雅者故著爲本紀書首史記五帝本紀

見於大戴安得謂儒者或不傳此與古文近是皆劉歆篡改百家多稱黃帝可見託古之盛

公見乎談士辯人乎慮事定計必是人也然不能以一言說人主意故言必稱先王語必道上古慮事定計飾先王之成功語其敗害以恐喜人主之志以求其欲多言誇嚴莫大於此矣史記日者列傳

戰國諸子皆談士辯人言必稱先王飾先王之成功至漢時人尙

知之

右託古要旨

子墨子言曰古者明王聖人所以王天下正諸侯者彼其愛民謹忠利民謹厚忠信相連又示之以利是以終身不饜歿二十而不卷古者明王聖人其所以王天下正諸侯者此也是故古者聖王制爲節用之法曰凡天下羣百工輪車鞼匏陶冶梓匠使各從事其所能曰凡足以奉給民用則止諸加費不加於民利者聖王弗爲古者聖王制爲飲食之法曰足以充虛繼氣强股肱使耳目聰明則止不極五味之調芬香之和不致遠國珍怪異物何以知其然古者堯治天下南撫交阯北降幽都東西至日所出入莫不賓服逮至其厚愛黍稷不二羹胾不重飯於土塯啜於土形斗以酌俛仰周旋威儀之禮聖王弗爲古者聖王制爲衣服之法曰冬服紺緅之衣輕且暖夏服絺綌之衣輕且清則止諸加費不加於民利者聖王弗爲古者聖人爲猛

禽狡獸暴人害民於是教民以兵行日帶劍爲刺則入擊則斷旁擊而不折此劍之利也甲爲衣則輕且利動則兵且從此甲之利也車爲服重致遠乘之則安引之則利安以不傷人利以速至此車之利也古者聖王爲大川廣谷之不可濟於是利爲舟楫足以將之則上雖上者三公諸侯至舟楫不易津人不飾此舟之利也古者聖王制爲節葬之法曰衣三領足以朽肉棺三寸足以朽骸堀穴深不通於泉流不發洩則止死者既葬生者毋久喪用哀古者人之始生未有宮室之時因陵邱堀穴而處焉聖王慮之以爲堀穴曰冬可以辟風寒逮夏下潤溼上熏烝恐傷民之氣於是作爲宮室而利然則爲宮室之法將奈何哉子墨子言曰其旁可以圉風寒上可以圉雪霜雨露其中蠲潔可以祭祀宮牆足以爲男女之别則止諸加費不加民利者聖王弗爲墨子節用

內則八珍籩豆鼎俎之實春秋說天子四十豆諸公二十六豆又

有玉瓚玉豆書稱日月星辰山龍華蟲藻火粉米以五采章施於
五色作服士喪禮衣衾絞紟十九襲棺槨七寸天子七重宮室則
明堂淸廟四阿重屋丹漆雕幾靈臺靈沼囿知黍稷不二羮胾不
重土簋土形夏止絺綌冬止紺緅衣三領棺三寸皆墨子之制而
託之先王也

昔之聖王禹湯文武兼愛天下之百姓率以尊天事鬼其利人多故
天福之使立爲天子（墨子法儀）

尊天事鬼皆墨子之法而託之先王

故夏書曰禹七年水殷書曰湯五年旱此其離凶餓甚矣然而民不
凍餓者何也其生財密其用之節也（墨子七患）

節用墨法而託之先王

子墨子曰古之民未知爲宮室時就陵阜而居穴而處下潤溼傷民
故聖王作爲宮室爲宮室之法曰高足以辟潤溼邊足以圉風寒上

足以待雪霜雨露宮牆之高足以別男女之禮謹此則止墨子辭過

禮有明堂四阿重屋丹楹刻桷以爲僅足避潤溼圉風寒待雪霜雨露此墨子之制而託之先王

古之民未知爲衣服時衣皮帶茭冬則不輕而溫夏則不輕而凊聖王以爲不中人之情故作誨婦人治絲麻梱布絹以爲民衣爲衣服之法冬則練帛之中以爲輕且煖夏則絺綌輕且凊謹此則止墨子辭過

禮有五服五章袞冕黼黻此墨子法而託之先王

凡回於天地之閒包於四海之內天壤之情陰陽之和莫不有也雖至聖不能更也何以知其然聖人有傳天地也則曰上下四時也則曰陰陽人情也則曰男女禽獸也則曰牡牝雄雌也眞天壤之情雖有先王不能更也雖上世至聖必蓄私不以傷行故民無怨宮無拘女故天下無寡夫內無拘女外無寡夫故天下之民衆墨子辭過

墨子以久喪爲敗男女之交故尚短喪其意専欲繁民也

程繁問於子墨子曰聖王不爲樂昔諸侯倦於聽治息於鐘鼓之樂士大夫倦於聽治息於竽瑟之樂農夫春耕夏耘秋斂冬藏息於聆缶之樂今夫子曰聖王不爲樂此譬之猶馬駕而不稅弓張而不弛無乃非有血氣者之所不能至邪子墨子曰昔者堯舜有茅茨者且以爲禮且以爲樂湯放桀於大水環天下自立以爲王事成功立無大後患因先王之樂又自作樂命曰護又脩九招武王勝殷殺紂環天下自立以爲王事成功立無大後患因先王之樂又自作樂命曰象周成王因先王之樂命曰騶虞周成王之治天下也不若武王武王之治天下也不若成湯成湯之治天下也不若堯舜故其樂逾繁者其治逾寡自此觀之樂非所以治天下也程繁曰子曰聖王無樂此亦樂已若之何其謂聖王無樂也子墨子曰聖王之命也多寡之食之利也以知饑而食之者智也因爲無智矣今聖有樂而少此亦無也墨子三辯

墨子以堯舜之樂爲茅茨以招爲湯墨子非樂當非僞託或舊名也護象騶虞亦卽舊名孔子因之而制新樂耳

故古者聖王之爲政列德而尚賢雖在農與工肆之人有能則舉之高予之爵重予之祿任之以事斷予之令墨子尚賢

故古者堯舉舜於服澤之陽授之政天下平禹舉益於陰方之中授之政九州成湯舉伊尹於庖廚之中授之政其謀得文王舉閎夭泰顚罝罔之中授之政西土服

是故子墨子言曰得意賢士不可不舉不得意賢士不可不舉尚欲祖述堯舜禹湯之道將不可以不尚賢夫尚賢者政之本也並同上

三代時尚世爵故孔墨皆尚賢而託其義於古人

且以尚賢爲政之本者亦豈獨子墨子之言哉此聖人之道先王之書距年之言也傳曰求聖君哲人以裨輔而身湯誓曰聿求元聖與之戮力同心以治天下則此言聖之不失以尚賢使能爲政也故古

者聖王唯能審以尚賢使能爲政無異物雜焉天下皆得其利古者
舜耕歷山陶河瀕漁雷澤堯得之服澤之陽舉以爲天子與接天下
之政治天下之民伊摯有莘氏女之私臣親爲庖人湯得之舉以爲
己相與接天下之政治天下之民傅說被褐帶索庸築乎傅巖武丁
得之舉以爲三公與接天下之政治天下之民墨子尚賢
然昔吾所以貴堯舜禹湯文武之道者何故以哉以其唯毋臨衆發
政而治民使天下之爲善者可而勸也爲暴者可而沮也然則此尚
賢者也與堯舜禹湯文武之道同矣
故古聖王以審以尚賢使能爲政而取法於天雖天亦不辯貧富貴
賤遠邇親疏賢者舉而尚之不肖者抑而廢之然則富貴爲賢以得
其賞者誰也曰若昔者三代聖王堯舜禹湯文武者是也
是故昔者堯之舉舜也湯之舉伊尹也武丁之舉傅說也豈以爲骨
肉之親無故富貴面目美好者哉惟法其言用其謀行其道上可而

利天中可而利鬼下可而利人故推而上之並同上
墨子惡時之專用世爵故託古聖以申尙賢之義
是故子墨子言曰古者聖王爲五刑請以治其民譬若絲縷之有紀罔罟之有綱所連收天下之百姓不尙同其上者也墨子尙同
子墨子曰方今之時復古之民始生未有正長之時蓋其語曰天下之人異義是以一人一義十人十義百人百義其人數茲衆其所謂義者亦茲衆是以人是其義而非人之義故相交非也內之父子兄弟作怨讐皆有離散之心不能相和合至乎舍餘力不以相勞隱匿良道不以相教腐朽餘財不以相分天下之亂也至如禽獸然無君臣上下長幼之節父子兄弟之禮是以天下亂焉同上
墨子雖尙同亦有君臣上下之節父子兄弟之禮矣
故古者聖王明天鬼之所欲不避天鬼之所憎以求興天下之利除天下之害是以率天下之萬民齊戒沐浴潔爲酒醴粢盛以祭祀天

鬼其事鬼神也酒醴粢盛不敢不蠲潔犧牲不敢不腯肥珪璧幣帛不敢不中度量春秋祭祀不敢失時幾聽獄不敢不中分財不敢不均居處不敢怠慢曰其爲正長若此是故出誅勝者何故之以也曰唯以尚同爲政者也故古者聖王之爲政若此墨子尚同

凡墨子之尊天事鬼皆託之先王

故古者聖人之所以濟事成功垂名於後世者無他故異物焉曰唯能以尚同爲政者也是以先王之書周頌之道之曰載來見彼王聿求厥章則此語古者國君諸侯之以春秋來朝聘天子之廷受天子之嚴教退而治國政之所加莫敢不賓當此之時本無有敢紛天子之教者詩曰我馬維駱六轡沃若載馳載驅周爰咨度又曰我馬維騏六轡若絲載馳載驅周爰咨謀即此語也古者國君諸侯之聞見善與不善也皆馳驅以告天子是以賞當賢罰當暴不殺不辜不失有罪則此尚同之功也墨子尚同

親行之也子墨子曰吾非與之並世同時親聞其聲見其色也以其所書於竹帛鏤於金石琢於槃盂傳遺後世子孫者知之泰誓曰文王若日若月乍照光於四方於西土卽此言文王之兼愛天下之博大也譬之日月兼照天下之無有私也卽此文王兼也雖子墨子之所謂兼者於文王取法焉且不惟泰誓爲然雖禹誓卽亦猶是也禹曰濟濟有衆咸聽朕言非惟小子敢行稱亂蠢茲有苗用天之罰若予既率爾羣對諸羣以征有苗禹之征有苗也非以求以重富貴干福祿樂耳目也以求興天下之利除天下之害卽此禹兼也雖子墨子之所謂兼者於禹求焉且不惟禹誓爲然雖湯說卽亦猶是也湯曰惟予小子履敢用元牡告於上天后曰今天大旱卽當朕身履未知得罪於上下有善不敢蔽有罪不敢赦簡在帝心萬方有罪卽當朕身朕身有罪無及萬方卽此言湯貴爲天子富有天下然且不憚以身爲犧牲以祠說于上帝鬼神卽此湯兼也雖子墨子之所謂兼

者於湯取法焉且不惟誓命與湯說爲然周詩卽亦猶是也周詩曰王道蕩蕩不偏不黨王道平平不黨不偏其直若矢其易若底君子之所履小人之所視若吾言非語道之謂也古者文武爲正均分賞賢罰暴勿有親戚弟兄之所阿卽此文武兼也雖子墨子之所謂兼者於文武取法焉墨子兼愛

泰誓禹誓湯說周詩皆墨子之詩書也與孔子之詩書同而删定各異以行其說今僞古文採用之人忘之矣

昔者有三苗大亂天命殛之日妖宵出雨血三朝龍生廟犬哭乎市夏冰地坼及泉五穀變化民乃大振高陽乃命元宮禹親把天之瑞令以征有苗四電誘祗有神人面鳥身若瑾以侍搤矢有苗之祥苗師大亂後乃遂幾禹既已克有三苗焉磨爲山川別物上下卿制大極而神民不違天下乃靜則此禹之所以征有苗也還至乎夏王桀天有輅命日月不時寒暑雜至五穀焦死鬼呼國鶴鳴十夕餘天乃

命湯於鑣宮用受夏之大命夏德大亂予既卒其命於天矣往而誅之必使汝堪之湯焉敢奉率其衆是以鄉有夏之境帝乃使陰暴毀有夏之城少少有神來告曰夏德大亂往攻之予必使汝大堪之予既受命於天天命融隆火于夏之城間西北之隅湯奉桀衆以克有屬諸侯於薄薦章天命通于四方而天下諸侯莫敢不賓服則此湯之所以誅桀也還至乎商王紂天不序其德祀用失時兼夜中十日雨土于薄九鼎遷止婦妖宵出有鬼宵吟有女爲男天雨肉棘生乎國道王兄自縱也赤鳥銜珪降周之岐社曰天命周文王伐殷有國泰顛來賓河出綠圖地出乘黃武王踐功夢見三神曰予既沈漬殷紂于酒德矣往攻之予必使汝大堪之武王乃攻狂夫反商之周天賜武王黃鳥之旗王既已克殷成帝之來分主諸神祀紂先王通維四夷而天下莫不賓焉襲湯之緒此即武王之所以誅紂也墨子非攻

此言征有苗事亦必墨子之書經必是舊文而墨子稍附己意者

儒書文王無伐殷事三分服事孔子所以發明文王爲純臣也據墨子則有之必有一家託古者

昔者聖王爲法曰丈夫年二十毋敢不處家女子年十五毋敢不事人此聖王之法也聖王既沒于民次也其欲蚤處家者有所二十年處家其欲晚處家者有所四十年處家以其蚤與其晚相踐後聖王之法十年若純三年而字子生可以二三年矣此不惟使民蚤處家而可以倍與(墨子節用)

墨子恐人敗男女之交故婚嫁特早禮男子三十而娶女子二十而嫁故知爲墨子改制之託先王也

故古聖王制爲葬埋之法曰棺三寸足以朽體衣衾三領足以覆惡以及其葬也下毋及泉上毋通臭壟若參耕之畝則止矣死者既以葬矣生者必無久哭而疾而從事人爲其所能以交相利也此聖王之法也今執厚葬久喪者之言曰厚葬久喪雖使不可以富貧衆寡

定危治亂然此聖王之道也子墨子曰不然昔者堯北教乎八狄道死葬蛩山之陰衣衾三領穀木之棺葛以緘之既氾而後哭滿埳無封已葬而牛馬乘之舜西教乎七戎道死葬南巳之市衣衾三領穀木之棺葛以緘之已葬而市人乘之禹東教乎九夷道死葬會稽之山衣衾三領桐棺三寸葛以緘之絞之不合通之不埳土地之深下毋及泉上無通臭既葬收餘壤其上壟若參耕之畝則止矣若以此若三聖王者觀之則厚葬久喪果非聖王之道故三王者皆貴為天子富有天下豈憂財用之不足哉以為如此葬埋之法墨子節葬

太古不知重魂惟重尸體埃及古王陵至今猶在裹尸亦在博物院焉二婢夾我三良為殉驪山雖暴尚是舊俗故漢陵尚沿其制乃知孔子之制已損之盡制衣衾三領桐棺三寸荀子攻之以為刑徒之禮而墨子制之其為託古猶明韓非所謂孔子墨翟同稱堯舜堯舜不可復生誰使定堯舜之真也

故昔三代聖王禹湯文武欲以天之爲政於天子明說天下之百姓故莫不犓牛羊豢犬彘潔爲粢盛酒醴以祭祀上帝鬼神而求祈福於天我未嘗聞天下之所求祈福於天子者也我所以知天之爲政於天子者也故天子者天下之窮貴也天下之窮富也故於富且貴者當天意而不可不順順天意者兼相愛交相利必得賞反天意者別相惡交相賊必得罰然則是誰順天意而得賞者誰反天意而得罰者子墨子言曰昔三代聖王禹湯文武此順天意而得賞也昔三代之暴王桀紂幽厲此反天意而得罰者也然則禹湯文武其得賞何以也子墨子言曰其事上尊天中事鬼神下愛人然則桀紂幽厲得其罰何以也子墨子曰其事上詬天中詬鬼下賤人墨子天志

夫愛人利人順天之意得天之賞者誰也曰若昔三代聖王堯舜禹湯文武者是也堯舜禹湯文武焉所從事曰從事兼不從事別同上

墨子少條理以孔子多條理爲別因以其制託於先王

何以知天之愛百姓也吾以賢者之必賞善罰暴也何以知賢者之必賞善罰暴也吾以昔者三代之聖王知之故昔也三代之聖王堯舜禹湯文武之兼愛之天下也從而利之移其百姓之意焉率以敬上帝山川鬼神　墨子天志

昔者武王之攻殷誅紂也使諸侯分其祭曰使親者受內祀疏者受外祀故武王必以鬼神為有是故攻殷伐紂使諸侯分其祭若鬼神無有則武王何祭分哉非惟武王之事為然也故聖王其賞也必於祖其僇也必於社賞於祖者何也告分之均也僇於社者何也告聽之中也非惟若書之說為然也且惟昔者虞夏商周三代之聖王其始建國營都日必擇國之正壇置以為宗廟必擇木之脩茂者立以為菆位必擇國之父兄慈孝貞良者以為祝宗必擇六畜之勝腯肥倅毛以為犧牲珪璧琮璜稱財為度必擇五穀之芳黃以為酒醴粢盛故酒醴粢盛與歲上下也故古聖王治天下也故必先鬼神而後

人者此也故曰官府選效必先祭器祭服畢藏於府祝宗有司畢立於朝犧牲不與昔聚羣故古者聖王之爲政若此古者聖王必以鬼神爲其務鬼神厚矣又恐後世子孫不能知也故書之竹帛傳遺後世之子孫咸恐其腐蠹絕滅後世之子孫不得而記故琢之盤盂鏤之金石以重之有恐後世子孫不能敬著以取羊故先王之書聖人一尺之帛一篇之書語數鬼神之有也重有重之此其故何則聖王務之今執無鬼者曰鬼神者固無有則此反聖王之務反聖王之務則非所以爲君子之道也今執無鬼者之言曰先王之書愼無一尺之帛一篇之書語數鬼神之有重有重之亦何書之有哉子墨子曰周書大雅有之大雅曰文王在上於昭于天周雖舊邦其命維新有周不顯帝命不時文王陟降在帝左右穆穆文王令聞不已若鬼神無有則文王既死彼豈能在帝之左右哉此吾所以知周書之鬼也且周書獨鬼而商書不鬼則未足以爲法也然則姑嘗上觀乎商書

曰嗚呼古者有夏方未有禍之時百獸貞蟲允及飛鳥莫不比方矧隹人面胡敢異心山川鬼神亦莫敢不寧若能共允隹天下之合下土之葆察山川鬼神之所以莫敢不寧者以佐謀禹也此吾所以知商周之鬼也且商書獨鬼而夏書不鬼則未足以爲法也然則姑嘗上觀乎夏書禹誓曰大戰于甘王乃命左右六人下聽誓于中軍曰有扈氏威侮五行怠棄三正天用勦絕其命有曰日中今予與有扈氏爭一日之命且爾卿大夫庶人予非爾田野葆士之欲也予共行天之罰也左不共于左右不共于右若不共命御非爾馬之政若不共命是以賞於祖而僇於社賞於祖者何也言分命之均也僇於社者何也言聽獄之事也故古聖王必以鬼神爲賞賢而罰暴是故賞必於祖而僇必於社此吾所以知夏書之鬼也故尚書夏書其次商周之書語數鬼神之有也重有重之此其故何也則聖王務之以若書之說觀之則鬼神之有豈可疑哉於古曰吉日丁卯周代祝社方

歲于社者考以延年壽若無鬼神彼豈有所延年壽哉墨子明鬼

巫馬子謂子墨子曰鬼神孰與聖人明智子墨子曰鬼神之明智於聖人猶聰耳明目之與聾瞽也昔者夏后開使蜚廉採金於山川而陶鑄之於昆吾是使翁難乙卜於白若之龜龜曰鼎成三足而方不炊而自烹不舉而自臧不遷而自行以祭於昆吾之墟上鄉乙又言兆之由曰饗矣逢逢白雲一南一北一西一東九鼎既成遷於三國夏后氏失之殷人受之殷人失之周人受之夏后殷周之相受也數百歲矣使聖人聚其良臣與其桀相而謀豈能智數百歲之後哉而鬼神智之是故曰鬼神之明智於聖人也猶聰耳明目之與聾瞽也墨子耕柱

託禹卜以明鬼神之明智然後能申其明鬼之說

是故子墨子曰爲樂非也何以知其然也曰先王之書湯之官刑有之曰其恒舞于宮是謂巫風其刑君子出絲二衛小人否似二伯黃

徑乃言曰嗚呼舞佯佯黃言孔章上帝弗常九有以亡上帝不順降之百殃其家必壞喪察九有之所以亡者徒從飾樂也於武觀曰啟乃淫溢康樂野于飲食將將銘莧磬以力湛濁于酒渝食于野萬舞翼翼章聞于天天用弗式故上者天鬼弗戒下者萬民弗利墨子非樂六代之樂豈非先王者乎墨子何不引之故知託古以申其說

嘗尚觀於先王之書先王之書所以出國家布施百姓者憲也先王之憲亦嘗有曰福不可請而禍不可諱敬無益暴無傷者乎所以聽獄制罪者刑也先王之刑亦嘗有曰福不可請禍不可諱敬無益暴無傷者乎所以整設師旅進退師徒者誓也先王之誓亦嘗有曰福不可請禍不可諱敬無益暴無傷者乎故子墨子言曰吾當未鹽此盬字之譌數天下之良書不可盡計數大方論數而五者是也墨子非命

福不可請禍不可諱此墨子自申其無命之說其言先王之誓亦皆有此說則此誓蓋墨子之書託先王以明之者孔子之書湯誓

有曰天命殛之甘誓曰天用勦絕其命此何嘗非言命者哉

於仲虺之告曰我聞于夏人矯天命布命于下帝伐之惡龔喪厥師此言湯之所以非桀之執有命也於太誓曰紂夷處不肎事上帝鬼神禍厥先神禔不祀乃曰吾民有命無廖排漏天亦縱之棄而弗葆此言武王所以非紂執有命也墨子非命

仲虺之告今爲僞古文所竊此墨子書之篇名言湯之執有命武王之執有命皆所以託先王而言命之不可恃也今書高宗肜日曰民中絕命咎繇謨曰天命有德誥曰天旣遐終大邦殷之有命康誥曰惟命不如常孔子之言命多矣

墨子專持無命之說以攻孔子翟之意蓋以人人皆以命爲可恃則饑以待食寒以待衣翟仁而愚急欲行其道故堅守此義託之先王當時儒者亦莫如之何也夫即孔子之淺而論之論語則首以學而後知命孔子立名之後命即隨之蓋命所以視其有一定

之理不可强求創孟子所云孔子得不得之義也名則與起撥亂之治矣夫有行而後有命無行是無命也翟獨昧於此而力爭之眞莊子所謂其道大觳徒成其爲才士也夫

今夫有命者言曰我非作之後世也自昔三代有若言以傳流矣今故先生（畢注生當爲王）對之曰夫有命者不志昔也三代之聖善人與意亡昔三代之暴不肖人也何以知之（墨子非命）

墨子謂三代先王不言命夫先王禹湯文武耳而書般庚有曰恪謹天命金縢又曰無墜天之降寶命皆顯明言命者今書中不可縷指然則墨子之言非命非託之先王而何墨子託先王以非命孔子之言命亦何莫非託先王以明斯義哉

聖王之患此也故書之竹帛琢之金石於先王之書仲虺之告曰我聞有夏人矯天命布命于下帝式是惡用闕師此語夏王桀之執有命也湯與仲虺共非之先王之書太誓之言然曰紂夷之居而不肎

事上帝棄闕其先神而不祀也曰我民有命毋勠其務天亦不棄縱而不葆此言紂之執有命也武王以太誓非之有於三代不國有之曰女毋崇天之有命也命三不國亦言命之無也於召公之執令於然且敬哉無天命惟予二人而無造言不自降天之哉得之在於商夏之詩書曰命者暴王作之墨子非命

仲虺之告太誓之言皆墨子之書絕不言命與今書不符可知皆出於託也

禹之總德有之曰允不著惟天民不而葆既防凶心天加之咎不愼厥德天命焉葆仲虺之告曰我聞有夏人矯天命于下帝式是增用爽厥師彼用無爲有故謂矯若有而謂有夫豈爲矯哉昔者桀執有命而行湯爲仲虺之告以非之太誓之言也於去發曰惡乎君子天有顯德其行甚章爲鑑不遠在彼殷王謂人有命謂敬不可行謂祭無益謂暴無傷上帝不常九有以亡上帝不順祝降其喪惟我有周

受之大帝昔紂執有命而行武王爲太誓去發以非之曰子胡不尙考之乎商周虞夏之記從十簡之篇以尙皆無之將何若者也墨子非命

書大誥曰予惟小子不敢替上帝命康誥天乃大命文王固知墨翟非命而言禹湯文武者託古也

墨子攻孔子立命之說引書爲證而今書則頻稱天命足見墨子之書亦墨子删改而成其言皆託古墨子之書而非三代之書其明鬼篇引大雅其命維新則安得謂十簡無之益以見其假託也

墨子以書十簡以上皆無命可徵書之言命者折之

公孟子曰君子必古言服然後仁子墨子曰昔者商王紂卿士費仲爲天下之暴人箕子微子爲天下之聖人此同言而或仁不仁也周公旦爲天下之聖人關叔爲天下之暴人此同服或仁或不仁然則不在古服與古言矣且子法周而未法夏也子之古非古也墨子公孟

禽滑釐問於墨子曰錦繡絺紵將安用之墨子曰惡是非吾用務也

古有無文者得之矣夏禹是也卑小宮室損薄飲食土階三等衣裳細布當此之時黻無所用而務在於完堅殷之盤庚大其先王之室而改遷於殷茅茨不翦采椽不斲以變天下之視當此之時文采之帛將安所施夫品庶非有心也以人主爲心苟上不爲下惡用之二王者以化身先於天下故化隆於其時成名於今世也且夫錦繡絺紵亂君之所造也其本皆興於齊景公喜奢而忘儉幸有晏子以儉鐫之然猶幾不能勝夫奢安可窮哉紂爲鹿臺糟邱酒池肉林宮牆文畫彫琢刻鏤錦繡被堂金玉珍瑋婦女優倡鐘鼓管絃流漫不禁而天下愈竭故卒身死國亡爲天下戮非惟錦繡絺紵之用邪今當凶年有欲予子隋侯之珠者不得賣也珍寶而以爲飾又欲予子一鍾粟者得珠者不得粟得粟者不得珠子將何擇禽滑釐曰吾取粟耳可以救窮墨子曰誠然則惡在事夫奢也長無用好末淫非聖人之所急也故食必常飽然後求美衣必常暖然後求麗居必常安然

後求樂爲可長行可久先質而後文此聖人之務禽滑釐曰善墨子佚文

墨子多託於禹以尙儉之故禹卑宮室以開闢洪荒未善制作之故當是實事故儒墨交稱之至孔子謂致美黻冕墨子謂衣裳細布黻無所用此則各託先王以明其宗旨至於盤庚之世茅茨不翦則不可信且與墨制同其爲墨子所託不待言矣蕭道成謂使我治天下十年當使黃金與糞土同價黃金不可與糞土同錦繡絺紵亦必不可去以非人情也

堯葬於穀林通樹之舜葬於紀市不變其肆禹葬於會稽不變人徒是故先王以儉節葬死也呂氏春秋安死

墨子薄葬託於堯舜禹以發之其義更明

墨者亦尙堯舜道言其德行曰高堂三尺土階三等茅茨不翦采椽不刮食土簋啜土刑糲粱之食藜藿之羹夏日葛衣冬日鹿裘其送死桐棺三寸舉音不盡其哀教喪禮必以此爲萬民之率使天下法

史記太史公自序

墨者所稱堯舜與孔子相反太史公亦知當時諸子皆託古矣

右墨子託古

老聃曰小子少進余語女三王五帝之治天下黃帝之治天下使民心一民有其親死不哭而民不非也堯之治天下使民心親民有為其親殺其殺而民不非也舜之治天下使民心競民孕婦十月生子子生五月而能言不至乎孩而始誰則人始有夭矣禹之治天下使民心變人有心而兵有順殺盜非殺人自為種而天下耳是以天下大駭儒墨皆起其作始有倫而今乎婦女何言哉余語女三皇五帝之治天下名曰治之而亂莫甚焉莊子天運

此老莊之託古以申其在宥無為之宗旨豈知太古之世人獸相爭部落相爭幾經治化乃有三代聖王作為治法安得三皇五帝亂天下之說

古之善爲士者微妙元通深不可識老子道德經

古之善爲道者非以明民將以愚之上同

俈堯之時混吾之美在下其道非獨出人也山不童而用贍澤不弊而養足耕以自養以其餘應良天子故平牛馬之牧不相及人民之俗不相知不出百里而來足故卿而不理靜也其獄一踦腓一踦屨而當死今周公斷指滿稽斷首滿稽斷足滿稽而死民不服非人性也儌也管子侈靡

、此老氏學百里之地雞犬相聞使民老死不相往來卽是義其獄一踦腓一踦屨而當死則老學亦有制度矣

黃帝言曰聲禁重色禁重衣禁重香禁重味禁重室禁重堯有子十人不與其子而授舜舜有子九人不與其子而授禹至公也呂氏春秋去私

黃帝曰帝無常處也有處者乃無處也以言不刑蹇圜道也人之竅九一有所居則八虛八虛甚久則身斃故唯而聽唯止聽而視聽止

以言說一一不欲留留運爲敗圜道也一也齊至貴莫知其原莫知其端莫知其始莫知其終而萬物以爲宗呂氏春秋圜道

黃帝曰芒芒昧昧從天之道與元同氣淮南子繆稱訓

爲天下及國莫如以德莫如行義以德以義不賞而民勸不罰而邪止此神農黃帝之政也呂氏春秋上德

凡言黃帝皆老氏所託古者

右老子託古

楊朱曰太古之人知生之暫來知死之暫往故從心而動不違自然所好當身之娛非所去也故不爲名所勸從性而游不逆萬物所好死後之名非所取也故不爲刑所及名譽先後年命多少非所量也列子楊朱

楊朱曰古語有之生相憐死相捐此語至矣相憐之道非唯情也勤能使逸饑能使飽寒能使溫窮能使達也相捐之道非不相哀也不含

珠玉不服文綿不陳犧牲不設明器也、
楊朱曰伯成子高不以一毫利物舍國而隱耕大禹不以一身自利一體偏枯古之人損一毫利天下不與也悉天下奉一身不取也人人不損一毫人人不利天下天下治矣
楊朱曰豐屋美服厚味姣色有此四者何求於外有此而求外者無猒之性無猒之性陰陽之蠹也忠不足以安君適足以危身義不足以利物適足以害生安上不由於忠而忠名滅焉利物不由於義而義名絕焉君臣皆安物我兼利古之道也並同上

楊朱以爲愛爲宗旨所言以縱慾爲事拔一毫利天下不爲而皆託之於古

右楊子託古

南伯子葵曰子獨惡乎聞之曰聞諸副墨之子副墨之子聞諸洛誦之孫洛誦之孫聞之瞻明瞻明聞之聶許聶許聞之需役需役聞之

於謳於謳聞之玄冥玄冥聞之參寥參寥聞之疑始（莊子大宗師）

如此名目莊子書中甚多蓋隨意假託非眞實有其人其餘諸子亦然

若夫乘道德而浮遊則不然無譽無訾一龍一蛇與時俱化而無肯專為一上一下以和為量浮游乎萬物之祖物物而不物於物則胡可得而累邪此神農黃帝之法則也（莊子山木）

顏淵東之齊孔子有憂色子貢下席而問曰小子敢問回東之齊夫子有憂色何邪孔子曰善哉女問昔者管子有言丘甚善之曰褚小者不可以懷大綆短者不可以汲深夫若是者以為命有所成而形有所適也夫不可損益吾恐回與齊侯言堯舜黃帝之道而重以燧人神農之言彼將內求於己而不得不得則惑人惑則死（莊子至樂）

狶韋氏得之以挈天地伏戲得之以襲氣母維斗得之終古不忒日月得之終古不息堪坏得之以襲崐崘馮夷得之以遊大川肩吾得

之以處太山黃帝得之以登雲天顓頊得之以處玄宮禺强得之立乎北極西王母得之坐乎少廣莫知其始莫知其終彭祖得之上及有虞下及五霸傅說得之以相武丁奄有天下乘東維騎箕尾而比於列星莊子大宗師

莊子寓言人皆知之不知當時風氣實如此

北門成問於黃帝曰帝張咸池之樂於洞庭之野吾始聞之懼復聞之怠卒聞之而惑蕩蕩默默乃不自得莊子天運

齧缺問於王倪四問而四不知齧缺因躍而大喜行以告蒲衣子蒲衣子曰而今乃知之乎有虞氏不及泰氏有虞氏其猶藏仁以要人亦得人矣而未始出於非人泰氏其卧徐徐其覺于于一以己為馬一以己為牛其知情信其德甚眞而未始入於非人莊子應帝王

陽子居見老聃曰有人於此嚮疾彊梁物徹疏明學道不勌如是者可比明王乎老聃曰是於聖人也胥易技係勞形怵心者也且也虎

豹之文來田猨狙之便執斄之狗來藉如是者可比明王乎陽子居蹴然曰敢問明王之治老聃曰明王之治功蓋天下而似不自已化貸萬物而民弗恃有莫舉名使物自喜立乎不測而遊於無有者也同上

莊子寓言無人不託卽老聃亦是託古也

堯讓天下於許由曰日月出矣而爝火不息其於光也不亦難乎時雨降矣而猶浸灌其於澤也不亦勞乎夫子立而天下治而我猶尸之吾自視缺然請致天下許由曰子治天下天下既已治也而我猶代子吾將爲名乎名者實之賓也吾將爲賓乎鷦鷯巢於深林不過一枝偃鼠飲河不過滿腹歸休乎君予無所用天下爲庖人雖不治庖尸祝不越樽俎而代之矣莊子逍遙遊

故昔者堯問於舜曰我欲伐宗膾胥敖南面而不釋然其故何也舜曰夫三子者猶存乎蓬艾之閒若不釋然何哉昔者十日並出萬物

皆照而況德之進乎日者乎莊子齊物
昔者堯攻叢枝胥敖禹攻有扈國為虛厲身為刑戮其用兵不止其求實無已是皆求名實者也而獨不聞之乎莊子人間世
黃帝立為天子十九年令行天下聞廣成子在於空同之上故往見之曰我聞吾子達於至道敢問至道之精吾欲取天地之精以佐五穀以養民人吾又欲官陰陽以遂羣生為之奈何廣成子曰而所欲問者物之質也而所欲官者物之殘也自而治天下雲氣不待族而雨草木不待黃而落日月之光益以荒矣而佞人之心翦翦者又奚足以語至道黃帝退捐天下築特室席白茅閒居三月復往邀之廣成子南首而臥黃帝順下風膝行而進再拜稽首而問曰聞吾子達於至道敢問治身奈何而可以長久廣成子蹶然而起曰善哉問乎來吾語女至道至道之精窈窈冥冥至道之極昏昏默默無視無聽抱神以靜形將自正必靜必清無勞女形無搖女精乃可以長生目

無所見耳無所聞心無所知女神將守形形乃長生慎女內閉女外多知為敗我為女遂於大明之上矣至彼至陽之原也為女入於窈冥之門矣至彼至陰之原也天地有官陰陽有藏慎守女身物將自壯我守其一以處其和故我修身千二百歲矣吾形未嘗衰黃帝再拜稽首曰廣成子之謂天矣莊子在宥

夫赫胥氏之時民居不知所為行不知所之含哺而熙鼓腹而遊民能已此矣及至聖人屈折禮樂以匡天下之形縣跂仁義以慰天下之心而民乃始踶跂好知爭歸於利不可止也此亦聖人之過也莊子馬蹄

門無鬼與赤張滿稽觀於武王之師赤張滿稽曰不及有虞氏乎故離此患也門無鬼曰天下均治而有虞氏治之邪其亂而後治之與赤張滿稽曰天下均治之為願而何計以有虞氏為有虞氏之藥瘍也禿而施髢病而求醫孝子操藥以脩慈父其色燋然聖人羞之

莊子天地

昔者舜問於堯曰天王之用心何如堯曰吾不敖無告不廢窮民苦死者嘉孺子而哀婦人此吾所以用心已舜曰美則美矣而未大也堯曰然則何如舜曰天德而出寧日月照而四時行若晝夜之有經雲行而雨施矣堯曰然則膠膠擾擾乎子天之合也我人之合也夫天地者古之所大也而黃帝堯舜之所共美也故古之王天下者奚為哉天地而已矣莊子天道

文王觀於臧見一丈人釣而其釣莫釣非持其釣有釣者也常釣也文王欲舉而授之政而恐大臣父兄之弗安也欲終而釋之而不忍百姓之無天也於是旦而屬之大夫曰昔者寡人夢見良人黑色而頓乘駁馬而偏朱蹄號曰寓而政於臧丈人庶幾乎民有瘳乎諸大夫蹴然曰先君王也文王曰然則卜之諸大夫曰先君之命王其無它又何卜焉遂迎臧丈人而授之政典法無更偏令無出三年文王

觀於國則列士壞植散羣長官者不成德斔斛不敢入於四竟列士壞植散羣則尙同也長官者不成德則同務也斔斛不敢入於四竟則諸侯無二心也文王於是焉以爲太師北面而問曰政可以及天下乎臧丈人昧然而不應泛然而辭朝令而夜遁終身無聞顏淵問於仲尼曰文王其猶未邪又何以夢爲乎仲尼曰默女無言夫文王盡之也而又何論刺焉彼直以循斯須也莊子田子方

知不得問反於帝宮見黃帝而問焉黃帝曰無思無慮始知道無處無服始安道無從無道始得道知問黃帝曰我與若知之彼與彼不知也其孰是邪黃帝曰彼無爲謂眞是也狂屈似之我與汝終不近也夫知者不言言者不知故聖人行不言之教道不可致德不可至仁可爲也義可虧也禮相僞也故曰失道而後德失德而後仁失仁而後義失義而後禮禮者道之華而亂之首也莊子知北遊

黃帝將見大隗乎具茨之山方明爲御昌寓驂乘張若謵朋前馬昆

闇滑稽後車至於襄城之野七聖皆迷無所問塗適遇牧馬童子問塗焉曰若知具茨之山乎曰然若知大隗之所存乎曰然黃帝曰異哉小童非徒知具茨之山又知大隗之所存請問爲天下小童曰夫爲天下者亦若此而已矣又奚事焉予少而自遊於六合之內予適有瞀病有長者教予曰若乘日之車而遊於襄城之野今予病少痊予又且復遊於六合之外夫爲天下亦若此而已予又奚事焉黃帝曰夫爲天下者則誠非吾子之事雖然請問爲天下小童辭黃帝又問小童曰夫爲天下者亦奚以異乎牧馬者哉亦去其害馬者而已矣黃帝再拜稽首稱天師而退莊子徐無鬼

齧缺遇許由曰子將奚之曰將逃堯曰奚謂邪曰夫堯畜畜然仁吾恐其爲天下笑後世其人與人相食與夫民不難聚也愛之則親利之則至譽之則勸致其所惡則散愛利出乎仁義捐仁義者寡利仁義者衆夫仁義之行唯且無誠且假夫禽貪者器是以一人之斷制

利天下譬之猶一覕也夫堯知賢人之利天下也而不知其賊天下也夫唯外乎賢者知之矣有暖姝者有濡需者有卷婁者所謂暖姝者學一先生之言則暖暖姝姝而私自說也自以爲足矣而未知未始有物也是以謂暖姝者也濡需者豕蝨是也擇疏鬣自以爲廣宮大囿奎蹄曲隈乳間股腳自以爲安室利處不知屠者之一旦鼓臂布草操煙火而已與豕俱焦也此以域進此以域退此其所謂濡需者也卷婁者舜也羊肉不慕蟻蟻慕羊肉羊肉羶也舜有羶行百姓悅之故三徙成都至鄧之虛而十有萬家堯聞舜之賢舉之童土之地曰冀得其來之澤舜舉乎童土之地年齒長矣聰明衰矣而不得休歸所謂卷婁者也同上

舜以天下讓其友北人無擇北人無擇曰異哉后之爲人也居於畎畝之中而遊堯之門不若是而已又欲以其辱行漫我吾羞見之因自投淸冷之淵湯將伐桀因卞隨而謀卞隨曰非吾事也湯曰孰可

曰吾不知也湯又因瞀光而謀瞀光曰非吾事也湯曰孰可曰吾不知也湯曰伊尹何如曰強力忍垢吾不知其他也湯遂與伊尹謀伐桀尅之以讓卞隨卞隨辭曰后之伐桀也謀乎我必以我爲賊也勝桀而讓我必以我爲貪也吾生乎亂世而無道之人再來漫我以其辱行吾不忍數聞也乃自投椆水而死湯又讓瞀光曰智者謀之武者遂之仁者居之古之道也吾子胡不立乎瞀光辭曰廢上非義也殺民非仁也人犯其難我享其利非廉也吾聞之曰非其義者不受其祿無道之世不踐其土況尊我乎吾不忍久見也乃負石而自沈於廬水昔周之興有士二人處於孤竹曰伯夷叔齊二人相謂曰吾聞西方有人似有道者試往觀焉至於岐陽武王聞之使叔旦往見之與之盟曰加富二等就官一列血牲而埋之二人相視而笑曰嘻異哉此非吾所謂道也昔者神農之有天下也時祀盡敬而不祈喜其於人也忠信盡治而無求焉樂與政爲政樂與治爲治不以人之壞自

成也不以人之卑自高也不以遭時自利也今周見殷之亂而遽為政上謀而下行貨阻兵而保威割牲而盟以為信揚行以說衆殺伐以要利是推亂以易暴也莊子讓王

右莊子託古

黄帝書曰形動不生形而生影聲動不生聲而生響無動不生無而生有形必終者也天地終乎與我偕終終進乎不知也道終乎本無始進乎本不久有生則復於不生有形則復於無形不生者非本不生者也無形者非本無形者也生者理之必終者也終者不得不終亦如生者之不得不生而欲恒其生畫其終惑於數也列子天瑞

粥熊曰運轉亡已天地密移疇覺之哉故物損於彼者盈於此成於此者虧於彼損盈成虧隨世隨死往來相接不可省疇覺之哉凡一氣不頓進一形不頓虧亦不覺其成亦不覺其虧亦如人自世至老貌色智態亡日不異皮膚爪髮隨世隨落非嬰孩時有停而不易也

閒不可覺倏至後知杞國有人憂天地崩墜身亡所寄廢寢食者又有憂彼之所憂者因往曉之曰天積氣耳亡處亡氣若屈伸呼吸終日在天中行止奈何憂崩墜乎其人曰天果積氣日月星宿不當墜邪曉之者曰日月星宿亦積氣中之有光耀者只使墜亦不能有所中傷其人曰奈地壞何曉者曰地積塊耳充塞四虛亡處亡塊若躇步跐蹈終日在地上行止奈何憂其壞其人舍然大喜曉之者亦舍然大喜長廬子聞而笑之曰虹蜺也雲霧也風雨也四時也此積氣之成乎天者也山岳也河海也金石也火木也此積形之成乎地者也知積氣也知積塊也奚謂不壞夫天地空中之一細物有中之最巨者難終難窮此固然矣難測難識此固然矣憂其壞者誠爲大遠言其不壞者亦爲未是天地不得不壞則會歸於壞遇其壞時奚爲不憂哉子列子聞而笑曰言天地壞者亦謬言天地不壞者亦謬壞與不壞吾所不能知也雖然彼一也此一也故生不知死死不知生

來不知去去不知來壞與不壞吾何容心哉舜問乎烝曰道可得而有乎曰汝身非汝有也汝何得有夫道舜曰吾身非吾有孰有之哉曰是天地之委形也生非汝有是天地之委和也性命非汝有是天地之委順也孫子非汝有是天地之委蛻也故行不知所往處不知所持食不知所以天地强陽氣也又胡可得而有邪同上

狀不必童童當作同而智童智不必童而狀童聖人取童智而遺童狀衆人近童狀而疏童智狀與我童者近而愛之狀與我異者疏而畏之有七尺之骸手足之異戴髮含齒倚而趣者謂之人而人未必無獸心雖有獸心以狀而見親矣傅翼戴角分牙布爪仰飛伏走謂之禽獸而禽獸未必無人心雖有人心以狀而見疏矣庖犧氏女媧氏神農氏夏后氏蛇身人面牛首虎鼻此有非人之狀而有大聖之德夏桀殷紂魯桓楚穆狀貌七竅皆同於人而有禽獸之心而衆人守一狀以求至智未可幾也黃帝與炎帝戰於阪泉之野帥熊羆狼豹貙

虎爲前鵰鶡鷹鳶爲旗幟此以力使禽獸者也后夔典樂擊石拊石百獸率舞簫韶九成鳳凰來儀此以聲致禽獸者也（此引書可知出孔子後也）然則禽獸之心奚爲異人形音與人異而不知接之之道焉聖人無所不知無所不通故得引而使之焉禽獸之智有自然與人童者其齊欲攝生亦不假智於人也牝牡相偶母子相親避平依險違寒就溫居則有羣行則有列少者居內壯者居外飲則相攜食則鳴羣太古之時則與人同處與人竝行帝王之時始驚駭散亂矣逮於末世隱伏逃竄以避患害今東方介氏之國其國人數數解六畜之語者蓋偏知之所得太古神聖之人備知萬物情態悉解異類音聲會而聚之訓而受之同於人民故先會鬼神魑魅次達八方人民末聚禽獸蟲蛾言血氣之類心智不殊遠也神聖知其如此故其所教訓者無所遺逸焉（列子黃帝）

與佛氏徧教衆生同義而託之太古神聖

殷湯問於夏革曰古初有物乎夏革曰古初無物今惡得物後之人將謂今之無物可乎殷湯曰然則物無先後乎夏革曰物之終始初無極已始或爲終終或爲始惡知其紀然自物之外自事之先朕所不知也殷湯曰然則上下八方有極盡乎革曰不知也湯固問革曰無則無極有則有盡朕何以知之然無極之外復無無極無盡之中復無無盡無極復無無極無盡復無無盡朕以是知其無極無盡也而不知其有極有盡也湯又問曰四海之外奚有革曰猶齊州也湯曰汝奚以實之革曰朕東行至營人民猶是也問營之東復猶營也西行至豳人民猶是也問豳之西復猶豳也朕以是知四海四荒四極之不異是也故大小相含無窮極也含萬物者亦如含天地含萬物也故不窮含天地也故無極朕亦焉知天地之表不有大天地者乎亦吾所不知也然則天地亦物也物有不足故昔者女媧氏練五色石以補其闕斷鼇之足以立四極其後共工氏與顓頊爭爲帝怒

而觸不周之山折天柱絕地維故天傾西北日月星辰就焉地不滿
東南故百川水潦歸焉湯又問物有巨細乎有修短乎有同異乎革
曰渤海之東不知幾億萬里有大壑焉實惟無底之谷其下無底名
曰歸墟八紘九野之水天漢之流莫不注之而無增無減焉其中有
五山焉一曰岱輿二曰員嶠三曰方壺四曰瀛洲五曰蓬萊其山高
下周旋三萬里其頂平處九千里山之中間相去七萬里以爲鄰居
焉其上臺觀皆金玉其上禽獸皆純縞珠玕之樹皆叢生華實皆有
滋味食之皆不老不死所居之人皆仙聖之種一日一夕飛相往來
者不可數焉而五山之根無所連著常隨潮波上下往還不得蹔峙
焉仙聖毒之訴之於帝帝恐流於西極失羣聖之居乃命禺彊使巨
鼇十五舉首而戴之迭爲三番六萬歲一交焉五山始峙而龍伯之
國有大人舉足不盈數步而曁五山之所一釣而連六鼇合負而趣
歸其國灼其骨以數焉於是岱輿員嶠二山流於北極沈於大海仙

聖之播遷者巨億計帝憑怒侵減龍伯之國使阨侵小龍伯之民使短至伏羲神農時其國人猶數十丈從中州以東四十萬里得僬僥國人長一尺五寸東北極有人名曰諍人長九尺荆之南有冥靈者以五百歲爲春五百歲爲秋上古有大椿者以八千歲爲春八千歲爲秋朽壤之上有菌芝者生於朝死於晦春夏之月有蠓蚋者因雨而生見陽而死終髮北之北有溟海者天池也有魚焉其廣數千里其長稱焉其名爲鯤有鳥焉其名爲鵬翼若垂天之雲其體稱焉世豈知有此物哉大禹行而見之伯益知而名之夷堅聞而志之江浦之閒生麽蟲其名曰焦螟羣飛而集於蚊睫弗相觸也栖宿去來蚊弗覺也離朱子羽方晝拭眥揚眉而望之弗見其形䚡俞師曠方夜擿耳俛首而聽之弗聞其聲唯黃帝與容成子居空桐之上同齋三月心死形廢徐以神視塊然見之若嵩山之阿徐以氣聽砰然聞之若雷霆之聲吳楚之國有大木焉其名爲櫾碧樹而冬生實丹而味酸

食其皮汁已憤厥之疾齊州珍之渡淮而北而化為枳焉鸜鵒不踰濟貉踰汶則死矣地氣然也雖然形氣異也性鈞已無相易生皆全已分皆足已吾何以識其巨細何以識其修短何以識其同異哉列子湯問

是故聖人見出以知入觀往以知來此其所以先知之理也度在身稽在人人愛我我必愛之人惡我我必惡之湯武愛天下故王桀紂惡天下故亡此所稽也稽度皆明而不道也譬之出不由門行不從徑也以是求利不亦難乎嘗觀之神農有炎之德稽之虞夏商周之書度諸法士賢人之言所以存亡廢興而非由此道者未之有也列子說符

右列子託古

騶衍睹有國者益淫侈不能尚德若大雅整之於身施及黎庶矣乃深觀陰陽消息而作怪迂之變終始大聖之篇十餘萬言其語閎大不經必先驗小物推而大之至於無垠先序今以上至黃帝史記孟荀列傳

騶衍書史公及劉向時皆見之惜其不傳其言仁義六親猶是儒
術蓋託之黃帝不從孔子也

右騶子託古

堯養無告禹愛辜人湯武及禽獸此先王之所以安危而懷遠也（尸子）
綽子
堯瘦舜墨禹脛不生毛文王日昃不暇飲食故富有天下貴為天子
矣（尸子卷下）
人之言君天下者瑤臺九累而堯白屋黼衣九種而堯大布宮中三
市而堯鶉居珍羞百種而堯糲飯菜粥騏驎青龍而堯素車元駒
禹治水為喪法曰毀必杖哀必三年是則水不救也故使死於陵者
葬於陵死於澤者葬於澤桐棺三寸制喪三月（並同上）

所稱堯禹皆述墨學

神農氏夫負妻戴以治天下堯曰朕之比神農猶旦與昏也（尸子卷下）

有虞氏身有南畝妻有桑田神農并耕而王同上

此皆並耕之說託古以行道者

古者明王之求賢也不避遠近不論貴賤卑爵以下賢輕身以先士故堯從舜於畝畝之中北面而見之不爭禮貌此先王之所以能正天地利萬物之故也尸子明堂

堯問於舜曰何事舜曰事天問何任曰任地問何務曰務人尸子仁意

堯南撫交阯北懷幽都東西至日月之所出入有餘日而不足以治者恕也尸子卷下

務成昭之教舜曰避天下之逆從天下之順天下不足取也避天下之順從天下之逆天下不足失也

舜云從道必吉反道必凶如影如響並同上

右尸子託古

伏犧神農教而不誅黃帝堯舜誅而不怒及至文武各當時而立法

因事而制禮商子更法

昔者昊英之世以伐木殺獸人民少而木獸多黃帝之世不麛不卵官無供備之民死不得用槨事不同皆王者時異也神農之世民耕而食婦織而衣刑政不用而治甲兵不起而王神農既沒以強勝弱以衆暴寡故黃帝作爲君臣上下之儀父子兄弟之禮夫婦妃匹之合內行刀鋸外用甲兵故時變也商子畫策

地方百里者山陵處什一藪澤處什一谿谷流水處什一都邑蹊道處什一惡田處什二良田處什四以此食作夫五萬其山陵谿谷藪澤可以給其材都邑蹊道足以處其民先王制土分民之律也商子徠民

商子有什一什二什四而稅之說而皆託之先王

右商君託古

昔者舜使吏決洪水先令有功而舜殺之禹朝諸侯之君會稽之上防風之君後至而禹斬之以此觀之先令者殺後令者斬則古者先

貫如令矣韓非子飾邪

韓非以法為法故附會古聖韓非蓋法家者流也

古人亟於德中世逐於智當今爭於力古者寡事而備簡樸陋而不盡故有珧銚而推車者古者人寡而相親物多而輕利易讓故有揖讓而傳天下者韓非子八說

黃帝有言曰上下一日百戰下匿其私用試其上上操度量以割其下韓非子揚權

韓非本法家者流尊上抑下刻酷少恩故所稱引如此

堯以天下讓許由許由逃之舍於家人家人藏其皮冠夫棄天下而家人藏其皮冠是不知許由者也韓非子說林

堯之王天下也茅茨不翦采椽不斲糲粢之食藜藿之羹冬日麑裘夏日葛衣雖監門之服養不虧於此矣禹之王天下也身執耒臿以為民先股無胈脛不生毛雖臣虜之勞不苦於此矣以是言之夫

古之讓天子者是去監門之養而離臣虜之勞也韓非子五蠹

此墨子之所託古韓非引之

昔者黃帝合鬼神於泰山之上駕象車而六蛟龍畢方並鎋蚩尤居前風伯進掃雨師灑道虎狼在前鬼神在後騰蛇伏地鳳皇覆上大合鬼神作爲淸角韓非子十過

方士多託黃帝多言鬼神韓非引之瓌奇詭異與佛稱諸天阿修羅乾闥婆緊那羅等

臣聞昔者堯有天下飯於土簋飲於土鉶其地南至交阯北至幽都東西至日月之所出入者莫不賓服堯禪天下虞舜受之作爲食器斬山木而財之削鋸修之迹流漆墨其上輸之於宮以爲食器諸侯以爲益侈國之不服者十三舜禪天下而傳之於禹禹作爲祭器墨染其外而朱畫其內縵帛爲茵蔣席頗緣觴酌有采而樽俎有飾此彌侈矣而國之不服者三十三夏后氏沒殷人受之作爲大路而建

失人地之權皆失也管子山權

昔者桀霸有天下而用不足湯有七十里之薄而用有餘天非獨爲湯雨菽粟而地非獨爲湯出財物也伊尹善通移輕重開闔決塞通於高下徐疾之筴坐起之費時也黃帝問於伯高曰吾欲陶天下而以之爲一家爲之有道乎伯高對曰請刈其莞而樹之吾謹逃其蚤牙則天下可陶而爲一家黃帝曰此若言可得聞乎伯高對曰上有丹沙者下有黃金上有慈石者下有銅金上有陵石者下有鉛錫赤銅上有赭者下有鐵此山之見榮者也管子地數

管子創經重開礦學亦託於禹湯伊尹黃帝

燧人以來未有不以輕重爲天下也共工之王水處什之七陸處什之三乘天勢以隘制天下至於黃帝之王謹逃其爪牙不利其器燒山林破增藪焚沛澤逐禽獸實以益人然後天下可得而牧也至於堯舜之王所以化海內者北用禺氏之玉南貴江漢之珠其勝禽獸

之仇以大夫隨之桓公曰何謂也管子對曰令諸侯之子將委質者皆以雙武之皮卿大夫豹飾列大夫豹幨大夫散其邑粟與其財物以市虎豹之皮故山林之人刺其猛獸若從親戚之仇此君冕服於朝而猛獸勝於外大夫已散其財物萬人得受其流此堯舜之數也管子揆度

又以輕重偏託古皇然古者人與獸爭地其說或有自來

管子對曰夫昔者武王有巨橋之粟貴糴之數桓公曰爲之奈何管子對曰武王立重泉之戍令曰民自有百鼓之粟者不行民舉所最粟以避重泉之戍而國穀二什倍巨橋之粟亦二什倍武王以巨橋之粟二什倍而市繒帛軍五歲毋籍衣於民以巨橋之粟二什倍而衡黃金百萬終身無籍於民准衡之數也管子地數

又以輕重之法託之武王

昔者桀之時女樂三萬人端譟晨樂聞於三衢是無不服文繡衣裳

者伊尹以薄之游女工文繡纂組一純得粟百鍾於桀之國夫桀之國者天子之國也桀無天下憂飾婦女鐘鼓之樂故伊尹得其粟而奪之流此之謂來天下之財（管子輕重甲）

管子曰女華者桀之所愛也湯事之以千金曲逆者桀之所善也湯事之以千金內則有女華之陰外則有曲逆之陽陰陽之議合而得成其天子此湯之陰謀也（同上）

此並以陰謀託之湯伊尹矣故戰國諸子無事不託古

女樂三萬桀之惡未必至是想亦託也湯事女華亦類此

桓公問於管子曰輕重安施管子對曰自理國虙戲以來未有不以輕重而能成其王者也公曰何謂管子對曰虙戲作造六峚以迎陰陽作九九之數以合天道而天下化之（管子輕重戊）

昔者堯之治天下也猶埴之在埏也唯陶之所以為猶金之在鑪恣冶之所以鑄其民引之而來推之而往使之而成禁之而止故堯之

治也善明法禁之令而已矣黃帝之治天下也其民不引而來不推而往不使而成不禁而止故黃帝之治也置法而不變使民安其法者也所謂仁義禮樂者皆出於法此先聖之所以一民者也 管子任法

堯舜古之明主也天下推之而不倦譽之而不厭久遠而不忘者有使民不忘之道也 管子形勢解

古者武王地方不過百里戰卒之衆不過萬人然能戰勝攻取立爲天子而世謂之聖王者知爲之之術也 同上

武王乘文王戡黎伐密伐崇伐邪之後三分有二豈止百里此皆稱孔制而託之古

昔者黃帝得蚩尤而明於天道得大常而察於地利得奢龍而辯於東方得祝融而辯於南方得大封而辯於西方得后土而辯於北方黃帝得六相而天地治神明至蚩尤明乎天道故使爲當時大常察乎地利故使爲廩者奢龍辯乎東方故使爲土師祝融辯乎南方故

萬木草堂叢書

使爲司徒大封辨於西方故使爲司馬后土辨乎北方故使爲李是故春者土師也夏者司徒也秋者司馬也冬者李也昔黃帝以其緩急作五聲以政五鍾令其五鍾一曰青鍾大音二曰赤鍾重心三曰黃鍾灑光四曰景鍾昧其明五曰黑鍾隱其常管子五行

六官之始出管子而亦託之黃帝

黃帝立明臺之議者上觀於賢也堯有衢室之問者下聽於人也舜有告善之旌而主不蔽也禹立諫鼓於朝而備訊唉湯有總街之庭以觀人誹也武王有靈臺之復而賢者進也此古聖帝明王所以有而勿失得而勿忘者也桓公曰吾欲效而爲之其名云何對曰名曰嘖室之議管子桓公問

管子創議院亦託先王

凡萬物陰陽兩生而參視先王因其參而慎所入所出以卑爲卑卑不可得以尊爲尊尊不可得桀舜是也先王之所以最重也得之必

生失之必死者何也唯無得之堯舜禹湯文武孝已斯待以成天下必待以生故先王重之一日不食比歲歉三日不食比歲饑五日不食比歲荒七日不食無國土十日不食無疇類盡死矣先王貴誠信誠信者天下之結也管子樞言

昔者聖王之治其民也不然廢上之法制者必負以恥財厚博惠以私親於民正經而自正矣亂國之道易國之常賜賞恣於已者聖王之禁也管子法禁

昔者聖王之治人也不貴其人博學也欲其人之和同以聽令也同上

此愚民之術而託之古昔聖王

昔者三代之相授也安得二天下而殺之貧民傷財莫大於兵危國憂主莫速於兵此四患者明矣古今莫之能廢也兵當廢而不廢則古今惑也此二者不廢而欲廢之則亦惑也此二者傷國一也黃帝唐虞帝之隆也資有天下制在一人當此之時也兵不廢今德不及

三帝天下不順而求廢兵不亦難乎管子法法

舜自爲詩曰普天之下莫非王土率土之濱莫非王臣所以見盡有之也呂氏春秋愼人

右管子託古

按注王伯厚云疑與咸丘蒙同一說而託之於舜此見今詩未必爲舜古人隨意引用託古之義明矣

五帝先道而後德故德莫盛焉三王先教而後殺故事莫功焉五伯先事而後兵故兵莫彊焉當今之世巧謀並行詐術遞用攻戰不休亡國辱主愈衆所事者末也夏后相與有扈戰於甘澤而不勝六卿請復之夏后相曰不可吾地不淺吾民不寡戰而不勝是吾德薄而教不善也於是乎處不重席食不貳味琴瑟不張鐘鼓不修子女不飭親親長長尊賢使能期年而有扈氏服呂氏春秋先己

夏啟當天地開闢時安得盛琴瑟鐘鼓與五帝三王五伯皆託也

其言六卿周官說蓋出於此

昔者神農氏之有天下也時祀盡敬而不祈福也其於人也忠信盡治而無求焉樂正與爲正樂治與爲治不以人之壞自成也不以人之卑自高也 呂氏春秋誠廉

故子華子曰厚而不博敬守一事正性是喜羣衆不周而務成一能盡能既成四夷乃平唯彼天符不周而周此神農之所以長而堯舜之所以章也 呂氏春秋知度

堯治天下伯成子高立爲諸侯堯授舜舜授禹伯成子高辭諸侯而耕禹往見之則耕在野禹趨就下風而問曰堯理天下吾子立爲諸侯今至於我而辭之故何也伯成子高曰當堯之時未賞而民勸未罰而民畏民不知怨不知說愉愉其如赤子今賞罰甚數而民爭利且不服德自此衰利自此作後世之亂自此始夫子盍行乎無慮吾農事協而耰遂不顧 呂氏春秋長利

堯戰於丹水之浦以服南蠻舜卻苗民更易其俗禹攻曹魏屈驁有扈以行其教三王以上固皆用兵也呂氏春秋召類

神農師悉諸黃帝師大撓帝顓頊師伯夷父帝嚳師伯招帝堯師子州父帝舜師許由禹師大成贄湯師小臣文王武王師呂望周公旦呂氏春秋尊師

周公爲文子武弟安得師之此不待辨戰國人自申其說無往而不託之古人矣

堯葬於穀林通樹之舜葬於紀市不變其肆禹葬於會稽不變人徒是故先王以儉節葬死也非愛其費也非惡其勞也以爲死者慮也先王之所惡惟死者之辱也發則必辱儉則不發故先王之葬必儉必合必同何謂合何謂同葬於山林則合乎山林葬於阪隰則同乎阪隰此之謂愛人呂氏春秋安死

維秦八年歲在涒灘秋甲子朔朔之日良人請問十二紀文信侯曰

嘗得學黃帝之所以誨顓頊矣爰有大圜在上大矩在下汝能法之爲民父母（呂氏春秋序意）

凡帝王者之將興也天必先見祥乎下民黃帝之時天先見大螾大螻黃帝曰土氣勝土氣勝故其色尚黃其事則土及禹之時天先見草木秋冬不殺禹曰木氣勝木氣勝故其色尚青其事則木及湯之時天先見金刃生於水湯曰金氣勝金氣勝故其色尚白其事則金及文王之時天先見火赤烏銜丹書集于周社文王曰火氣勝火氣勝故其色尚赤其事則火（呂氏春秋名類）

神農之治法黃帝誨顓頊之言豈復可考皆託古之言百家多稱黃帝故託黃帝之言尤多發明於此

神農之教曰士有當年而不耕者則天下或受其饑矣女有當年而不績者則天下或受其寒矣故身親耕妻親績所以見致民利也（呂氏春秋愛類）

此亦託古所謂有爲神農之言神農荒遠安得有遺言乎

右呂氏託古

昔在黄帝生而神靈弱而能言幼而徇齊長而敦敏成而登天迺問於天師曰余聞上古之人春秋皆度百歲而動作不衰今時之人年半百而動作皆衰者時世異邪人將失之耶岐伯對曰上古之人其知道者法於陰陽和於術數飲食有節起居有常不妄作勞故能形與神俱而盡終其天年度百歲乃去今時之人不然也以酒爲漿以妄爲常醉以入房以欲竭其精以耗散其眞不知持滿不時御神務快其心逆於生樂起居無節故半百而衰也夫上古聖人之教下也皆謂之虛邪賊風避之有時恬淡虛無眞氣從之精神內守病安從來是以志閑而少欲心安而不懼形勞而不倦氣從以順各從其欲皆得所願故美其食任其服樂其俗高下不相慕其民故曰朴是以嗜欲不能勞其目淫邪不能惑其心愚智賢不肖不懼於物故合於

道所以能年皆度百歲而動作不衰者以其德全不危也（內經上古天眞論）
黃帝曰余聞上古有眞人者提挈天地把握陰陽呼吸精氣獨立守
神肌肉若一故能壽敝天地无有終時此其道生中古之時有至人
者淳德全道和於陰陽調於四時去世離俗積精全神游行天地之
間視聽八達之外此蓋益其壽命而强者也亦歸於眞人其次有聖
人者處天地之和從八風之理適嗜欲於世俗之間无恚嗔之心行
不欲離於世被服章舉不欲觀於俗外不勞形於事內无思想之患
以恬愉爲務以自得爲功形體不敝精神不散亦可以百數其次有
賢人者法則天地象似日月辯列星辰逆從陰陽分別四時將從上
古合同於道亦可使益壽而有極時（同上）
黃帝問曰余聞古之治病惟其移精變氣可祝由而已今世治病毒
藥治其內鍼石治其外或愈或不愈何也岐伯對曰往古人居禽獸
之間動作以避寒陰居以避暑內無眷慕之累外無伸宦之形此恬

憺之世邪不能深入也故毒藥不能治其內鍼石不能治其外故可移精祝由而已（內經移精變氣論）

祝由之科傳流必極古今瓊州生番廣西苗人雲南野人山之野人皆有蠱術亦能移之印度無來由人即穆拉油人有降乩術亦其類也皆野番之俗尚之故祝由必傳自太古若素問文詞皆戰國時語其所稱黃帝岐伯皆託古之詞史記所謂百家多稱黃帝其言不雅馴搢紳難言蓋當時無人不託古而託黃帝尤多也

帝曰上古聖人作湯液醪醴為而不用何也岐伯曰自古聖人之作湯液醪醴者以為備耳夫上古作湯液故為而弗服也中古之世道德稍衰邪氣時至服之萬全（內經湯液醪醴論）

帝曰善其法星辰者余聞之矣願聞法往古者岐伯曰法往古者先知鍼經也（內經八正神明論）

黃帝坐明堂召雷公而問之曰子知醫之道乎雷公對曰誦而頗能

解解而未能別別而未能明明而未能彰足以治羣僚不足治侯王願得受樹天之度四時陰陽合之別星辰與日月光以彰經術後世益明上通神農著至教疑於二皇帝曰善無失之內經著至教論

右內經託古

泰上成鳩之道一族用之萬八千歲鶡冠子王鈇

成鳩氏之道未有離天曲日術者天曲者明而易循也日術者要而易行也龐子曰願聞天曲日術鶡冠子曰其制邑理都使矔習者五家為伍伍為之長十伍為里里置有司四里為扁扁為之長十扁為鄉鄉置師五鄉為縣縣有嗇夫治焉十縣為郡有大夫守焉命曰官屬郡大夫退修其屬縣嗇夫退修其鄉鄉師退修其扁扁長退修其里里有司退修其伍伍長退修其家事相斥正居處相察出入相司里五日報扁扁十日報鄉鄉十五日報縣縣三十日報郡郡四十五日報柱國柱國六十日以聞天子天子七十二日遣使勉有功罰不

如此所以與天地總下情六十日一上聞上惠七十二日一下究此天曲日術也並同上

泰上成鳩之道亦託古也

泰一者執大同之制調泰鴻之氣正神明之位者也故九皇受傳以索其然之所生傳謂之得天之解傳謂之得天地之所始傳謂之道得道之常傳謂之聖人之道與神明相得故曰道德郄始窮初得齊之所出九皇殊制而政莫不效焉故曰泰一泰皇問泰一曰天地人事三者孰急泰一曰愛精養神內端者所以希天天也者神明之所根也醇化四時陶埏無形刻鏤未萌離文將然者也地者承天之演備載以寧者也吾將告汝神明之極天地人事三者復一也鶡冠子泰鴻

五帝在前三王在後上德已衰矣兵知俱起黃帝百戰蚩尤七十二堯代有唐禹服有苗天不變其常地不易其則陰陽不亂其氣生死不俛其位三光不改其用神明不徙其法得失不兩張成敗不兩立

所謂賢不肖者古今一也鶡冠子世兵

右鶡冠子託古

昔者神農之治天下也神不馳於胸中智不出於四域懷其仁誠之心甘雨時降五穀蕃植春生夏長秋收冬藏月省時考歲終獻功以時嘗穀祀於明堂明堂之制有蓋而無四方風雨不能襲寒暑不能傷遷延而入之養民以公其民樸重端慤不忿爭而財足不勞形而功成因天地之資而與之和同是故威厲而不殺刑錯而不用法省而不煩故其化如神其地南至交趾北至幽都東至暘谷西至三危莫不聽從當此之時法寬刑緩囹圄空虛而天下一俗莫懷姦心淮南子主術訓

昔者黃帝治天下而力牧太山稽輔之以治日月之行律治陰陽之氣節四時之度正律歷之數別男女異雌雄明上下等貴賤使強不掩弱眾不暴寡人民保命而不夭歲時熟而不凶百官正而無私上

下調而無尤法令明而不闇輔佐公而不阿田者不侵畔漁者不爭
隈道不拾遺市不豫賈城郭不關邑無盜賊鄙旅之人相讓以財狗
彘吐菽粟於路而無忿爭之心於是日月精明星辰不失其行風雨
時節五穀登孰虎狼不妄噬鷙鳥不妄搏鳳皇翔於庭麒麟游於郊
青龍進駕飛黃伏阜諸北儋耳之國莫不獻其貢職然猶未及虙戲
氏之道也淮南子覽冥訓

　託於極治安得若此此亦託古也

五帝三王輕天下細萬物齊死生同變化抱大聖之心以鏡萬物之
情上與神明爲友下與造化爲人今欲學其道不得其清明玄聖而
守其法籍憲令不能爲治亦明矣淮南子齊俗訓

　細萬物齊生死是道家說彼託之五帝三王又如此攻儒者則謂
　其法籍憲令矣

故神農之法曰丈夫丁壯而不耕天下有受其饑者婦人當年而不

織天下有受其寒者故身自耕妻親織以爲天下先其導民也不貴難得之貨不器無用之物是故其耕不强者無以養生其織不强者無以揜形有餘不足各歸其身衣食饒溢姦邪不生安樂無事而天下均平故孔丘曾參無所施其善孟賁成荆無所行其威淮南子齊俗訓

此許行並耕之說而託始於神農者

是故古者明堂之制下之潤溼弗能及上之霧露弗能入四方之風弗能襲土事不文木工不斲金器不鏤衣無隅差之削冠無觚蠃之理堂大足以周旋理文靜潔足以享上帝禮鬼神以示民知儉節淮南子本經訓

此墨子明堂之制引以託之古

夫鉗且大丙不施轡銜而以善御聞於天下伏戲女媧不設法度而以至德遺於後世何則至虛無純一而不嘍喋苛事也淮南子覽冥訓

禹之趨時也履遺而弗取冠挂而弗顧非爭其先也而爭其得時也

淮南子原道訓

是故禹之決瀆也因水以爲師神農之播穀也因苗以爲教同上

及世之衰也至伏羲氏其道昧昧芒芒然吟德懷和被施頗烈而知乃始昧昧林林皆欲離其童蒙之心而覺視於天地之間是故其德煩而不能一乃至神農黃帝剖判太宗竅領天地襲九窾重九慹提挈陰陽嫥捖剛柔枝解葉貫萬物百族使各有經紀條貫於此萬民睢睢盱盱然莫不竦身而載聽視是故治而不能和下淮南子俶眞訓

故臯陶瘖而爲大理天下無虐刑有貴于言者也師曠瞽而爲太宰晉無亂政有貴于見者也故不言之令不視之見此伏犧神農之所以爲師也淮南子主術訓

臯陶昌言賡歌見於書至明而謂之爲瘖此不待辨諸子皆隨意託古人以成其說不計事實也

昔者夏鯀作三仞之城諸侯背之海外有狡心禹知天下之叛也乃

壞城平池散財物焚甲兵施之以德海外賓伏四夷納職合諸侯於塗山執玉帛者萬國故機械之心藏于胸中則純白不粹神德不全淮南子原道訓

作城之害壞城之利託之鯀禹以申其說

昔東戶季子之世法東戶季子古之人君道路不拾遺耒耜餘糧宿諸晦首使君子小人各得其宜也淮南子繆稱訓

五帝三王殊事而同指異路而同歸晚世學者不知道之所一體德之所總要取成之迹相與危坐而說之鼓歌而舞之故博學多聞而不免於惑淮南子本經訓

取成之迹至危坐而說鼓歌而舞當時託古之風盛極一時

堯之有天下也非貪萬民之富而安人主之位也以為百姓力征強淩弱衆暴寡於是堯乃身服節儉之行而明相愛之仁以和輯之是故茅茨不翦采椽不斲大路不畫越席不緣太羹不和粢食不毇巡

狩行教勤勞天下周流五嶽豈其奉養不足樂哉舉天下而以為社稷非有利焉年衰志憫舉天下而傳之舜猶卻行而脫蹝也淮南子主術訓

故葬薶足以收斂蓋藏而已昔舜葬蒼梧市不變其肆禹葬會稽之山農不易其畝明乎生死之分通乎侈儉之適者也淮南子齊俗訓

故伊尹之興土功也脩脛者使之跖钁強脊者使之負土眇者使之準傴者使之塗各有所宜而人性齊矣同上

禹之時以五音聽治懸鐘鼓磬鐸置鞀以待四方之士為號曰教寡人以道者擊鼓諭寡人以義者擊鐘告寡人以事者振鐸語寡人以憂者擊磬有獄訟者搖鞀當此之時一饋而十起一沐而三捉髮以勞天下之民此而不能達善效忠者則才不足也淮南子氾論訓

自古及今五帝三王未有能全其行者也故易曰小過亨利貞言人莫不有過而不欲其大也同上

昔者五帝三王之蒞政施教必用參五何謂參五仰取象於天俯取

度於地中取法於人淮南子泰族訓

右淮南子託古

少君言於上曰祠竈則致物致物而丹砂可化爲黃金黃金成以爲飲食器則益壽益壽而海中蓬萊僊者可見見之以封禪則不死黃帝是也史記孝武本紀

方士謬託黃帝最易惑人主聽聞

亳人薄誘忌奏祠泰一方曰天神貴者泰一泰一佐曰五帝古者天子以春秋祭泰一東南郊用太牢具七日爲壇開八通之鬼道於是天子令太祝立其祠長安東南郊常奉祠如忌方其後人有上書言古者天子三年一用太牢具祠神三一天一地一泰一天子許之令太祝領祠之忌泰一壇上如其方後人復有上書言古者天子常以春秋解祠祠黃帝用一梟破鏡冥羊用羊祠馬行用一青牡馬泰一皋山山君地長用牛武夷君用乾魚陰陽使者以一牛令祠官領之

如其方而祠於忌泰一壇考史記孝武本紀

方士謬論尙多託於先王

天子既聞公孫卿及方士之言黃帝以上封禪皆致怪物與神通欲放黃帝以嘗接神僊人蓬萊士高世比德於九皇而頗采儒術以文之史記孝武本紀

方士既謬託先王又文飾儒術其計甚巧人主所以易爲所惑也

齊人公孫卿曰今年得寶鼎其冬辛巳朔旦冬至與黃帝時等卿有札書曰黃帝得寶鼎宛侯問於鬼臾區區對曰黃帝得寶鼎神策是歲己酉朔旦冬至得天之紀終而復始於是黃帝迎日推策後率二十歲得朔旦冬至凡二十推三百八十年黃帝僊登於天卿因所忠欲奏之所忠視其書不經疑其妄書謝曰寶鼎事已決矣尙何以爲卿因嬖人奏之上大說召問卿對曰受此書申功申功已死上曰申功何人也卿曰申功齊人也與安期生通受黃帝言無書獨有此鼎

書曰漢興復當黃帝之時漢之聖者在高祖之孫且曾孫也寶鼎出而與神通封禪封禪七十二王唯黃帝得上泰山封申功曰漢主亦當上封上封則能僊登天矣黃帝時萬諸侯而神靈之封居七千天下名山八而三在蠻夷五在中國中國華山首山太室泰山東萊此五山黃帝之所常遊與神會黃帝且戰且學僊患百姓非其道乃斷斬非鬼神者百餘歲然後得與神通黃帝郊雍上帝宿三月鬼臾區號大鴻死葬雍故鴻冢是也其後黃帝接萬靈明廷明廷者甘泉也所謂寒門者谷口也黃帝采首山銅鑄鼎於荊山下鼎既成有龍垂胡髯下迎黃帝黃帝上騎羣臣後宮從上龍七十餘人龍乃上去餘小臣不得上乃悉持龍髯龍髯拔墮黃帝之弓百姓仰望黃帝既上天乃抱其弓與龍胡髯號故後世因名其處曰鼎湖其弓曰烏號史記孝武本紀

方士託古誕謬人皆易知然亦戰國之餘風

濟南人公玉帶上黃帝時明堂圖史記孝武本紀

公玉帶曰黃帝時雖封泰山然風后封鉅岐伯令黃帝封東泰山禪凡山合符然後不死焉同上

按公玉帶尙託黃帝而以不死爲主是老子之學派也

公卿曰古者祠天地皆有樂而神祇可得而禮或曰泰帝使素女鼓五十弦瑟悲帝禁不止故破其瑟爲二十五弦史記孝武本紀

漢時以傳聞爲學未一儒統託古之謬說尙紛紛

右方士託古

門人南海康同薇　番禺羅潤楷初校

門人東莞葉衍華　番禺王覺任覆校

孔子改制考卷四終

門人東莞張伯楨再校

孔子改制考卷五

諸子爭教互攻考

南海康有爲廣廈撰

儒道攻法術家

儒道攻諸子

名法家交攻

名家攻縱橫家

法家攻楊學

人莫不尊知而火馳自是而人非抱有者咸有之匪振以私夫天之道圓圓則無宗無相人能之哉足跌若圓不能自立有形體則礙有牆壁則徹奈之倭哉於是堅壁樹壘立溝壑家紛而封哉自信而攻人自大而滅人爭政者以兵爭教者以舌樹頰立說徒黨角立衍而彌溢佛與婆羅門九十六外道立壇騰辨然則諸子互攻固宜然哉編其諸說考古人之故焉

大弦歌鼓舞以爲樂盤旋揖讓以修禮厚葬久喪以送死孔子之所立也而墨子非之兼愛尚賢右鬼非命墨子之所立也而楊子非之

全性保眞不以物累形楊子之所立也而孟子非淮南子氾論訓

墨子本孔子後學楊子爲老子弟子戰國時諸子雖並爭而兼愛以救人爲我以自私皆切於人情故徒屬滋衆與孔子並故當時楊墨與儒相攻最多

墨子貴兼孔子貴公皇子貴衷田子貴均列子貴虛料子貴別囿其學之相非也數世矣而已皆弇於私也天帝后皇辟公弘廓宏溥介純夏憮冢晊昄皆大也十有餘名而實一也若使兼公虛均衷平易別囿一實則無相非也尸子廣澤

皇子田子料子之學不傳然尸子以與孔墨並稱亦其時既制巨子也貴均貴別其學皆可想貴衷不知若何孟子云子莫執中中衷音義俱同殆即一人也

巫馬子謂子墨子曰子兼愛天下未云利也我不愛天下未云賊也功皆未至子何獨自是而非我哉子墨子曰今有燎者於此一人奉

水將灌之一人摻火將益之功皆未至子何貴於二人巫馬子曰我是彼奉水者之義而非夫摻火者之意子墨子曰吾亦是吾意而非子之意也墨子耕柱

今諸侯異政百家異說則必或是或非或理或亂荀子解蔽

故惠子從車百乘以過孟諸莊子見之棄其餘魚鵜胡飲水數斗而不足鱓鮪入口若露而死智伯有三晉而欲不贍林類榮啟期衣若縣衰而意不慊由此觀之則趣行各異何以相非也淮南子齊俗訓

古者楊墨塞路孟子辭而闢之廓如也後之塞路者有矣竊自比於孟子或曰人各是其所是而非其所非將誰使正之法言吾子

右諸子互攻總義

今天下之士君子之書不可勝載言語不可盡計上說諸侯下說列士其於仁義則大相遠也何以知之曰我得天下之明法以度之墨子天志

書不勝載語不可計則當時子書多甚如今諸教之藏經矣墨子皆徧攻之以爲遠於仁義蓋墨子經上篇以算言理也

右墨攻諸子

禽子問楊朱曰去子體之一毛以濟一世汝爲之乎楊子曰世固非一毛之所濟禽子曰假濟爲之乎楊子弗應禽子出語孟孫陽孟孫陽曰子不達夫子之心吾請言之有使若肌膚獲萬金者若爲之乎曰爲之孟孫陽曰有斷若一節得一國子爲之乎禽子默然有閒孟孫陽曰一毛微於肌膚肌膚微於一節省矣然則積一毛以成肌膚積肌膚以成一節一毛固一體萬分中之一物奈何輕之乎禽子曰吾不能所以答子然則以子之言問老聃關尹則子之言當矣以吾言問大禹墨翟則吾言當矣孟孫陽顧與其徒說他事列子楊朱

拔一毛以濟天下不爲儒攻之墨亦攻之而孟孫陽竟能張其宗旨以紕人楊朱得此後勁老學所由偏天下哉

右墨攻楊朱

魯之南鄙人有吳慮者冬陶夏耕自比於舜子墨子聞而見之吳慮謂子墨子義耳義耳焉用言之哉子墨子曰子之所謂義者亦有力以勞人有財以分人乎吳慮曰有子墨子曰翟嘗計之矣翟慮耕天下而食之人矣盛然後當一農之耕分諸天下不能人得一升粟籍而以爲得一升粟其不能飽天下之饑者既可睹矣翟慮織而衣天下之人矣盛然後當一婦人之織分諸天下不能人得尺布籍而爲得尺布其不能煖天下之寒者既可睹矣翟慮被堅執銳救諸侯之患盛然後當一夫之戰一夫之戰其不御三軍既可睹矣翟以爲不若誦先王之道而求其說通聖人之言而察其辭上說王公大人次匹夫徒步之士王公大人用吾言國必治匹夫徒步之士用吾言行必脩故翟以爲雖不耕而食饑不織而衣寒功賢於耕而食之織而衣之者也故翟以爲雖不耕織乎而功賢於耕織也吳慮謂子墨子

曰義耳義耳焉用言之哉子墨子曰籍設而天下不知耕教人耕與不教人耕而獨耕者其功孰多吳慮曰教人耕者其功多子墨子曰籍設而攻不義之國鼓而使衆進戰與不鼓而使衆進戰而獨進戰者其功孰多吳慮曰鼓而進衆者其功多子墨子曰天下匹夫徒步之士少知義而教天下以義者功亦多何故弗言也若得鼓而進於義則吾義豈不益進哉墨子魯問

吳慮蓋丈人荷蕢沮溺之流專尙躬行獨善其身自食其力然自比於舜則自命甚至蓋亦當時一巨子如顏習齋之比墨子專以救人爲主故辨之甚力

右墨攻吳慮

故孔墨之後儒分爲八墨離爲三取舍相反不同而皆自謂眞孔墨孔墨不可復生將誰使定後世之學乎孔子墨子俱道堯舜而取舍不同皆自謂眞堯舜堯舜不復生將誰使定儒墨之誠乎殷周七百

餘歲虞夏二千餘歲而不能定儒墨之眞今乃欲審堯舜之道於三千餘歲之前意者其不可必乎無參驗而必之者愚也弗能必而據之者誣也故明據先王必定堯舜者非愚則誣也愚誣之學雜反之行明主弗受也墨者之葬也冬日冬服夏日夏服桐棺三寸服喪三月世主以爲儉而禮之儒者破家而葬服喪三年大毀扶杖世主以爲孝而禮之夫是墨子之儉將非孔子之侈也是孔子之孝將非墨子之戾也今孝戾侈儉俱在儒墨而上兼禮之韓非子顯學

孔墨俱改制上託堯舜韓非在儒墨外猶知其託古故得而攻之其教相攻原不足計然儒墨之託古可爲據矣

儒以文亂法俠以武犯禁而人主兼禮之此所以亂也夫離法者罪而諸先王以文學取犯禁者誅而羣俠以私劍養韓非子五蠹

國平養儒俠難至用介士所利非所用所用非所利是故服事者簡其業而游學者日衆是世之所以亂也同

韓非學於荀子本爲儒家然解老喻老專言刑名法術歸宿在老學故攻儒墨也墨子之學以死爲義以救人爲事俠即其流派故與儒並攻當時諸子之學亦無與儒並馳者墨之爲俠猶孔之爲儒或以姓行或以道顯耳

以爲儒者用文亂法而俠者以武犯禁史記老莊申韓列傳

儒者孔子也俠者墨子也流派各分墨子之學不畏死故其學爲俠俠者墨學之號猶孔學之稱儒諸子史中或稱孔墨舉其姓或稱儒俠舉其號至稱儒墨者雜舉之也太史公云者蓋史談爲老學不滿於儒墨也而云二者交譏亦見二學之至盛也

孔墨之弟子皆以仁義之術教導於世然而不免於儡身猶不能行也又況所教乎是何則其道外也淮南子俶眞訓

此老氏學攻儒墨之言老氏內學爲多

夫三年之喪是強人所不及也而以僞輔情也三月之服是絕哀而

迫切之性也夫儒墨不原人情之終始而務以行相反之制五縗之服淮南子齊俗訓

此在儒墨之外而兼譏二教者

今世殊死者相枕也桁楊者相推也刑戮者相望也而儒墨乃始離跂攘臂乎桎梏之間意甚矣哉其無愧而不知恥也莊子在宥

此道家攻儒墨之說

道之所一者德不能同也知之所不能知者辯不能舉也名若儒墨而凶矣故海不辭東流大之至也聖人并包天地澤及天下而不知其誰氏莊子徐無鬼

故有儒墨之是非以是其所非而非其所是莊子齊物

右老攻儒墨

二世責問李斯曰吾有私議而有所聞於韓子也曰堯之有天下也高堂三尺采椽不斲茅茨不翦雖逆旅之宿不勤於此矣冬日鹿裘

夏日葛衣粢糲之食藜藿之羹飯土匭啜土鉶雖監門之養不觳於此矣禹鑿龍門道大夏疏九河曲九防決渟水致之海而股無胈脛無毛手足胼胝面目黎黑遂以死于外葬於會稽臣虜之勞不烈於此矣然則夫所貴於有天下者豈欲苦形勞神身處逆旅之宿口食監門之養手持臣虜之作哉此不肖人之所勉也非賢者之所務也彼賢人之有天下也專用天下適己而已矣此所以貴於有天下也史記李斯列傳

韓非有解老喻老之篇是老氏學故太史公以之與老子同傳此爲楊氏學楊朱爲老子弟子卽老氏學故韓非兼收老楊之學者秦始愚民韓非以老學行之遂至今日然則統論諸子爲害之大莫若韓非關係之重亦莫若韓非矣

右老攻墨學

惠子爲惠王爲國法已成而示諸先生先生皆善之奏之惠王惠王

甚說之以示翟煎曰善惠王曰善可行乎翟煎曰不可惠王曰善而不可行何也翟煎對曰今夫舉大木者前呼邪許後亦應之此舉重勸力之歌也豈無鄭衛激楚之音哉然而不用者不若此其宜也治國有禮不在文辯故老子曰法令滋彰盜賊多有此之謂也淮南子道應訓

翟煎引老子蓋是老學而攻名家者

右老攻名家

問者曰徒術而無法徒法而無術其不可何哉對曰申不害韓昭侯之佐也韓者晉之別國也晉之故法未息而韓之新法又生先君之令未收而後君之令又下申不害不擅其法不一其憲令則姦多故利在故法前令則道之利在新法後令則道之利在故新相反前後相悖則申不害雖十使昭侯用術而姦臣猶有所譎其辭矣故託萬乘之勁韓七十年而不至於霸王者雖用術於上法不勤飾於官之患也公孫鞅之治秦也設告相坐而責其實連什伍而同其罪賞厚

而信刑重而必是以其民用力勞而不休逐敵危而不卻故其國富而兵強然而無術以知姦則以其富強也資人臣而已矣及孝公商君死惠王即位秦法未敗也而張儀以秦殉韓魏惠王死武王即位甘茂以秦殉周武王死昭襄王即位穰侯越韓魏而東攻齊五年而秦不益尺土之地乃城其陶邑之封應侯攻韓八年成其汝南之封自是以來諸用秦者皆應穰之類也故戰勝則大臣尊益地則私封立主無術以知姦也商君雖十飾其法人臣反用其資故乘強秦之資數十年而不至於帝王者法不勤飾於官主無術於上之患也韓非子定法

問者曰主用申子之術而官行商君之法可乎對曰申子未盡於法也申子言治不踰官雖知弗言治不踰官謂之守職可也知而弗言是謂過也人主以一國目視故視莫明焉以一國耳聽故聽莫聰焉今知而弗言則人主尚安假借矣商君之法曰斬一首者爵一級欲

爲官者爲五十石之官斬二首者爵二級欲爲官者爲百石之官官爵之遷與斬首之功相稱也今有法曰斬首者令爲醫匠則屋不成而病不已夫匠者手巧也而醫者齊藥也而以斬首之功爲之則不當其能今治官者智能也今斬首者勇力之所加也以勇力之所加而治智能之官是以斬首之功爲醫匠也故曰二子之於法術皆未盡善也同上

韓非學於申商而並攻之然以軍功爲吏至今猶從焉是亦不可解矣後世英主駕馭臣下多有術相傳此申子之後學哉

故商鞅立法而支解吳起刻削而車裂治國辟若張琴大絃絙則小絃絕矣淮南子繆稱訓

右老攻法術家

公孫龍粲於辭而貿名鄧析巧辯而亂法蘇秦善說而亡國由其道則善無章修其理則巧無名淮南子詮言訓

吳起張儀智不若孔墨而爭萬乘之君此其所以車裂支解也淮南子主術訓今商鞅之啟塞申子之三符韓非之孤憤張儀蘇秦之從橫皆掇取之權一切之術也非治之大本事之恒常可博聞而世傳者也淮南子泰族訓刑名法術縱橫之術施之於一時而不能行於後世者以其權術逐末如烏喙天雄非可常服治天下之大本事之恒常可博聞而世傳者儒道也此尊儒而攻刑名法術縱橫家者

右老攻刑名法術縱橫家

且夫世之愚學皆不知治亂之情讘談多誦先古之書以亂當世之治智慮不足以避穽井之陷又妄非有術之士聽其言者危用其計者亂此亦恐之至大而患之至甚者也俱與有術之士有談說之名而實相去千萬也此夫名同而實有異者也夫世愚學之人比有術

之士也猶螳垤之比大陵也其相去遠矣韓非子姦劫弑臣

先物行先理動之謂前識前識者無緣而忘意度也何以論之詹何坐弟子侍有牛鳴於門外弟子曰是黑牛也而白題詹何曰然是黑牛也而白在其角使人視之果黑牛而以布裹其角以詹子之術嬰衆人之心華焉殆矣故曰道之華也嘗試釋詹子之察而使五尺之愚童子視之亦知其黑牛而以布裹其角也故以詹子之察苦心傷神而後與五尺之愚童子同功是以曰愚之首也韓非子解老

詹何爲前識之學與老又不同故韓非攻之

枝於仁者擢德塞性以收名聲使天下簧鼓以奉不及之法非乎而曾史是已駢於辯者纍瓦結繩竄句遊心於堅白同異之間而敝跬譽無用之言非乎而楊墨是已莊子駢拇

削曾史之行鉗楊墨之口攘棄仁義而天下之德始玄同矣莊子胠篋

故萇弘師曠先知禍福言無遺策而不可與衆同職也公孫龍折辯

抗辭別同異離堅白不可與衆同道也北人無擇非舜而自投清泠之淵不可以爲世儀魯般墨子以木爲鳶而飛之三日不集而不可使爲工也故高不可及者不可以爲人量行不可逮者不可以爲國俗 淮南子齊俗訓

至理精言凡不可乎人情者必不能大行佛說微妙而不能盡人從之儒術以人治人故人人可從

右老攻諸子

周書曰掩雉不得更順其風今若夫申韓商鞅之爲治也捽拔其根蕪棄其本而不窮究其所由生何以至此也鑿五刑爲刻削乃背道德之本而爭於錐刀之末斬艾百姓殫盡太半而忻忻然常自以爲治是猶抱薪而救火鑿竇而出水 淮南子覽冥訓

此儒道攻法術之說

右儒道攻法術家

百家異說名有所出若夫墨楊申商之於治道猶蓋之無一橑而輪之無一幅有之可以備數無之未有害於用也已自以爲獨擅之不通之於天地之情也 淮南子原道訓

右儒道攻諸子

白圭謂魏王曰市邱之鼎以烹雞多洎之則淡而不可食少洎之則焦而不熟然而視之蝺焉美無所可用惠子之言有似於此惠子聞之曰不然使三軍饑而居鼎旁適爲之甑則莫宜之此鼎矣白圭聞之曰無所可用者意者徒加其甑邪白圭之論自悖其少魏王大甚以惠子之言蝺焉美無所可用是魏王以言無所可用者爲仲父也是以言無所用者爲美也 呂氏春秋應言

解在乎白圭之非惠子也公孫龍之說燕昭王以偃兵及應空洛之遇也孔穿之議公孫龍翟煎之難惠子之法此四士者之議皆多故矣不可不獨論 呂氏春秋聽言

魏惠王謂惠子曰上世之有國必賢者也今寡人實不若先生願得傳國惠子辭王又固請曰寡人莫有之國於此者也而傳之賢者民之貪爭之心止矣欲先生之以此聽寡人也惠子曰若王之言則施不可而聽矣王固萬乘之主也以國與人猶尚可施布衣也可以有萬乘之國而辭之此其止貪爭之心愈甚也惠王謂惠子曰古之有國者必賢者也夫受而賢者舜也是欲惠子之爲舜也夫辭而賢者許由也是惠子欲爲許由也傳而賢者堯也是惠王欲爲堯也堯舜許由之作非獨傳舜而由辭也他行稱此今無其他而欲爲堯舜許由故惠王布冠而拘於鄄齊威王幾弗受惠子易衣變冠乘輿而走幾不出乎魏境凡自行不可以幸爲必誠匡章謂惠子於魏王之前曰蝗螟農夫得而殺之奚故爲其害稼也今公行多者數百乘步者數百人少者數十乘步者數十人此無耕而食者其害稼亦甚矣惠王曰惠子施也難以辭與公相應雖然請言其志惠子曰今之城者

或者操大築乎城上或負畚而赴乎城下或操表掇以善睎望若施者其操表掇者也使工女化而爲絲不能治絲使大匠化而爲木不能治木使聖人化而爲農夫不能治農夫施而治農夫者也公何事比施於螣螟乎惠子之治魏爲本其治不治當惠王之時五十戰而二十敗所殺者不可勝數大將愛子有禽者也大術之愚爲天下笑得舉其諱乃請令周太史更著其名圍邯鄲三年而弗能取士民罷潞國家空虛天下之兵四至衆庶誹謗諸侯不譽謝於翟翦而更聽其謀社稷乃存名寶散出土地四削魏國從此衰矣仲父大名也讓國大寶也說以不聽不信聽而若此不可謂工矣不工而治賊天下莫大焉幸而獨聽於魏也以賊天下爲實以治之爲名匡章之非不亦可乎白圭新與惠子相見也惠子說之以彊白圭無以應惠子出白圭告人曰人有新取婦者婦至宜安矜煙視媚行豎子操蕉火而鉅新婦曰蕉火大鉅入於門門中有斂陷新婦曰塞之將傷人之足

此非不便之家氏也然而有大甚者今惠子之遇我尙新其說我有大甚者惠子聞之曰不然詩曰愷悌君子民之父母愷者大也悌者長也君子之德長且大者則爲民父母父母之教子也豈待久哉何事比我於新婦乎詩豈曰愷悌新婦哉誹汙因汙誹辟因辟是誹者與所非同也白圭曰惠子之遇我尙新其說我有大甚者惠子聞而誹之因自以爲爲之父母其非有甚於白圭亦有大甚者 呂氏春秋不屈

白圭似墨子尙質而不尙文者而公孫龍惠子名家者流尙文而不尙質者也孔穿爲孔子六世孫亦儒家者然而白圭惠子相攻甚力以其一文一質宗旨不同所以交譏此皆不該不徧一曲之士也孔子云文質彬彬然後君子二子不知孔子改制文質相因之義故交攻如是

右名法家交攻

趙惠王謂公孫龍曰寡人事偃兵十餘年矣而不成兵不可偃乎公

孫龍對曰偃兵之意兼愛天下之心也兼愛天下不可以虛名爲也必有其實今藺離石入秦而王縞素出總東攻齊得城而王加膳置酒秦得地而王出總齊亡地而王加膳所非兼愛之心也此偃兵之所以不成也今有人於此無禮慢易而求敬阿黨不公而求令煩號數變而求靜暴戾貪得而求定雖黃帝猶若困呂氏春秋審應

公孫龍爲墨子弟子以堅白鳴者故亦言兼愛

右名家攻縱橫家

人君唯無好全生則羣臣皆全其生而生又養生養何也曰滋味也聲色也然後爲養生然則從欲妄行男女無別反於禽獸然則禮義廉恥不立人君無以自守也故曰全生之說勝則廉恥不立管子立政九敗解

全生之說則楊學也

右法家攻楊學

孔子改制考卷五終

門人南海康同懃　番禺羅潤楠初校

門人東莞葉衍華　番禺王覺任覆校

門人東莞張伯楨再校

孔子改制考卷六

南海康有爲廣廈撰

墨老弟子後學考表附

大教之行各有龍象其教力之所噓吹皆有聰敏堅强之士爲之先後疏附奔走禦侮焉雖然讀遼金大理南詔之書其人才光誦於口膾炙於時者寡矣若王猛慕容恪王朴之流才略冠古今獨不能與蕭張房魏爭功臣之享況范增荀彧者哉嗟夫仕非其主功名天枉況事師從教垂於萬世者乎顏冉由賜之徒俎豆莘莘樂舞鏗鏘烹牛莘羊旣苾旣芬翼翼聲宗萬方嚴宏龍袞縫掖甯闔振振若諸子後世可述者其有幾人哉拾遺補墜表附於後此皆當時之誤於攀龍鱗附鳳翼者蓋湮没闇汶於草土不齒數者久矣士青雲之附豈可不善擇耶

墨子弟子後學

孔子弟子七十養徒三千人皆入孝出悌言爲文章行爲儀表教之所成也墨子服役者百八十人皆可使赴火蹈刃死不還踵化之所致也淮南子泰族訓

百八十人死不旋踵疑卽孟勝之事附於墨子者觀其稱孔子之徒曰孝悌文章儀表而稱墨子之徒曰赴火蹈刃死不還踵合於孟勝之傳巨子墨子之答戰死者之父則墨子以死爲教確乎其爲任俠之傳哉耶蘇及摩訶末徒衆僅十二猶能大成況此百八十乎

孔丘墨翟脩先聖之術通六藝之論口道其言身行其志慕義從風而爲之服役者不過數十人使居天子之位則天下徧爲儒墨矣淮南子主術訓

孔墨之後學顯榮於天下者衆矣不可勝數呂氏春秋當染

諸侯放恣處士橫議楊朱墨翟之言盈天下天下之言不歸楊則歸

墨孟子滕文

孟子去墨子楊子爲時不遠而其徒盈天下其道亦可謂盛矣

書傳之微者惟聖人能論之今取新聖人書名之孔墨則弟子句指而受者必衆矣淮南子脩務訓

蓋當時孔墨之號爲聖人久矣託於其名受者必衆然則諸子改制之託於先王有以夫

禽滑釐 許犯 田繫 索盧參

禽滑釐學於墨子許犯學於禽滑釐田繫學於許犯呂氏春秋當染

莊子稱墨子亦並稱禽滑釐禽蓋墨子第一傳道巨子許犯田繫當亦再三傳之巨子也

子墨子曰公輸子之意不過欲殺臣殺臣宋莫能守可攻也然臣之弟子禽滑釐等三百人已持臣守圉之器在宋城上而待楚寇矣墨子公輸

禽滑釐子事子墨子三年手足胼胝面目黧黑役身給使不敢問欲

墨子備梯

禽滑釐之事墨子如此與邵子之事李之才黃勉齋之見朱子皆

備極眞實刻苦宜其冠墨門也

索盧參東方之鉅狡也學於禽滑黎呂氏春秋尊師

孟勝　田襄子　徐弱

墨者鉅子孟勝善荆之陽城君陽城君令守於國毀璜以爲符約曰符合聽之荆王薨羣臣攻吳起兵於喪所陽城君與焉荆罪之陽城君走荆收其國孟勝曰受人之國與之有符今不見符而力不能禁不能死不可其弟子徐弱諫孟勝曰死而有益陽城君死之可矣無益也而絕墨者於世不可孟勝曰不然吾於陽城君也非師則友也非友則臣也不死自今以來求嚴師必不於墨者矣求賢友必不於墨者矣求良臣必不於墨者矣死之所以行墨者之義而繼其業者

也我將屬鉅子於宋之田襄子田襄子賢者也何患墨者之絕世也徐弱曰若夫子之言弱請先死以除路還歿頭前於孟勝因使二人傳鉅子於田襄子孟勝死弟子死之者百八十三人以致令於田襄子欲反死孟勝於荊田襄子止之曰孟子已傳鉅子於我矣當聽遂反死之墨者以為不聽鉅子不察嚴罰厚賞不足以致此今世之言治多以嚴罰厚賞此上世之若客也呂氏春秋上德

墨道尙俠以友失國之故而為之死弟子以其師故而為死者至百餘人輕身尙氣與西教之十三傳弟子皆喪身獅口略同蓋專以悍勝不必其精義也然悍則可畏矣儒者無自命為大賢者亦無人齎送之者墨子巨子有傳授有齎送則必有衣鉢印綬之類矣死而後傳則不並立此如佛之有達賴班禪天主之有教皇矣故謂中國墨學若行必有教皇出焉此所以異於孔子之道乎

相里勤　五侯　若獲　已齒　鄧陵子　相夫氏

相里勤之弟子五侯之徒南方之墨者苦獲已齒鄧陵子之屬俱誦墨經而倍譎不同相謂別墨以堅白同異之辯相訾以觭偶不仵之辭相應以巨子爲聖人皆願爲之尸冀得爲其後世至今不決墨翟禽滑釐之意則是其行則非也莊子天下

相里鄧陵相夫三家見於韓非誠爲當時大宗矣而倍譎不同爭爲後世如儒之孟荀朱陸然一師之門其鬩如市諸教皆然爭爲之尸如宋人之論道統然墨氏有巨子如天主之有教皇故其爭尤甚哉堅白同異之說則公孫龍亦墨子之大宗也

自墨子之死也有相里氏之墨有相夫氏之墨有鄧陵氏之墨故孔墨之後儒分爲八墨離爲三韓非子顯學

公孫龍　桓團　惠施　黃繚

桓團公孫龍辯者之徒飾人之心易人之意能勝人之口不能服人之心辯者之囿也惠施日以其知與人之辯特與天下之辯者爲怪

此其柢也然惠施之口談自以爲最賢曰天地其壯乎施存雄而無術南方有倚人焉曰黃繚問天地所以不墜不陷風雨雷霆之故惠施不辭而應不慮而對徧爲萬物說（莊子天下）

孔穿公孫龍相與論於平原君所深而辯至於藏三牙公孫龍言藏之三牙甚辯孔穿不應少選辭而出明日孔穿朝平原君謂孔穿曰昔者公孫龍之言甚辯孔穿曰然幾能令藏三牙矣雖然難願得有問於君謂藏三牙甚難而實非也謂藏兩牙甚易而實是也不知君將從易而是者乎將從難而非者乎平原君不應明日謂公孫龍曰公無與孔穿辯（呂氏春秋淫辭）

公孫龍名家之學本於墨子經上經下莊子亦以爲學墨者以觭仵不偶之辭相應是也

趙惠王謂公孫龍曰寡人事偃兵十餘年矣而不成兵不可偃乎公孫龍對曰偃兵之意兼愛天下之心也兼愛天下不可以虛名爲也

必有其實今藺離石入秦而王縞素出總東攻齊得城而王加膳置酒秦得地而王出總齊亡地而王加膳所非兼愛之心也此偃兵之所以不成也今有人於此無禮慢易而求敬阿黨不公而求令煩號數變而求靜暴戾貪得而求定雖黃帝猶若困 呂氏春秋審應

公孫龍言兼愛當爲墨學無疑

程繁

程繁問於子墨子曰聖王不爲樂昔諸侯倦於聽治息於鐘鼓之樂士大夫倦於聽治息於竽瑟之樂農夫春耕夏耘秋斂冬藏息於聆缶之樂今夫子曰聖王不爲樂此譬之猶馬駕而不稅弓張而不弛也乃非有血氣者之所不能至邪 墨子三辯

程繁曰子曰聖王無樂此亦樂已若之何其謂聖王無樂也 同上

墨子非樂其徒程繁亦有不安於心者

荊耕柱

子墨子遊荊耕柱子於楚二三子過之食之三升客之不厚二三子復於子墨子曰耕柱子處楚無益矣二三子過之食之三升客之不厚子墨子曰未可智也毋幾何而遺十金於子墨子曰後生不敢死有十金於此願夫子之用也墨子耕柱

管黔敖　高石子

子墨子使管黔敖游高石子於衛衛君致祿甚厚設之於卿高石子三朝必盡言而言無行者去而之齊見子墨子曰君以夫子之故致祿甚厚設我於卿石三朝必盡言而言無行是以去之也衛君無乃以石為狂乎子墨子曰去之苟道受狂何傷古者周公旦非關叔辭三公東處於商蓋人皆謂之狂後世稱其德揚其名至今不息且翟聞之為義非避毀就譽去之苟道受狂何傷高石子曰石去之焉敢不道也昔者夫子有言曰天下無道仁士不處厚焉今衛君無道而貪其祿爵則是我為苟陷人長也子墨子說而召子禽子曰姑聽此

平墨子耕柱

高何　縣子石

高何縣子石齊國之暴者也指於鄉曲學於子墨子呂氏春秋尊師

縣子碩問於子墨子曰為義孰為大務子墨子曰譬若築牆然能築者築能實壤者實壤能欣者欣然後牆成也墨子耕柱

按縣子碩即縣子石

駱滑氂

子墨子謂駱滑氂曰我聞子好勇駱滑氂曰然我聞其鄉有勇士焉吾必從而殺之子墨子曰天下莫不欲與其所好度其所惡今子聞其鄉有勇士焉必從而殺之是非好勇也是惡勇也同上

弦唐子

子墨子南遊使衛關中載書甚多弦唐子見而怪之曰吾夫子教公尚過曰揣曲直而已今夫子載書甚多何有也墨子貴義

朱子謂陸梭山言其弟子靜竟夜不寢讀書而教人束書不觀古

今六祖自謂不識字教主多此類墨子有焉

跌鼻

子墨子有疾跌鼻進而問曰先生以鬼神爲明能爲禍福善者賞之

爲不善者罰之今先生聖人也何故有疾意者先生之言有不善乎

鬼神不明知乎墨子公孟

墨子弟子皆以墨子爲聖人

公尙過

子墨子游公尙過於越公尙過說越王越王大說謂公尙過曰先生

苟能使子墨子於越而教寡人請裂故吳之地方五百里以封子墨

子公尙過許諾遂爲公尙過束車五十乘以迎子墨子於魯曰吾以

夫子之道說越王越王大說謂過曰苟能使子墨子至於越而教寡

人請裂故吳之地方五百里以封子墨子魯問

墨子極能薦其徒屬弟子於時王如游耕柱於楚使管黔敖游高石子於衛游公尚過於越使勝綽事項子牛而其弟子得祿待其師友極厚故其徒屬甚盛

曹公子

曹公子而於宋三年而反睹子墨子曰始吾游於子之門短褐之衣藿羹朝得之則夕弗得祭祀鬼神而以夫子之政家厚始也有家厚謹祭祀鬼神然而人徒多死六畜不蕃身湛於病吾未知夫子之道之可用也墨子魯問

彭輕生子

彭輕生子曰往者可知來者不可知子墨子曰籍設而親在百里之外則遇難焉墨子魯問

勝綽　高孫子

子墨子使勝綽事項子牛項子牛三侵魯地而勝綽三從子墨子聞

之使高孫子請而退之（墨子魯問）

墨子以非攻立義勝綽犯戒故退之亦可見墨子行道之嚴

魏越

子墨子游魏越曰既得見四方之君子則將先語（墨子魯問）

宋鈃　尹文

不累於俗不飾於物不苟於人不忮於衆願天下之安寧以活民命人我之養畢足而止以此白心古之道術有在於是者宋鈃尹文聞其風而悅之作爲華山之冠以自表接萬物以別宥爲始語心之容命之曰心之行以聏合驩以調海內請欲置以爲主見侮不辱救民之鬭禁攻寢兵救世之戰以此周行天下上說下敎雖天下不取强聒而不舍者也（莊子天下）

夷之

墨者夷之因徐辟而求見孟子（孟子滕文）

腹䵍

墨者有鉅子腹䵍居秦其子殺人秦惠王曰先生之年長矣非有他子也寡人已令吏弗誅矣先生之以此聽寡人矣腹䵍對曰墨者之法曰殺人者死傷人者刑此所以禁殺傷人也夫禁殺傷人者天下之大義也王雖爲之賜而令吏弗誅腹䵍不可不行墨子之法不許惠王而遂殺之子人之所私也忍所私以行大義鉅子可謂公矣呂氏春秋去私

墨之鉅子皆有高義如孟勝之死友腹䵍之殺子宜其能風動當世也

謝子　唐姑果

東方之墨者謝子將西見秦惠王惠王問秦之墨者唐姑果唐姑果恐王之親謝子賢於己也對曰謝子東方之辯士也其爲人甚險將奮於說以取少主也王因藏怒以待之謝子至說王王弗聽謝子不

說遂辭而行呂氏春秋去宥

田鳩

墨者有田鳩呂氏春秋首時

墨者師

司馬喜難墨者師於中山王前以非攻曰先生之所術非攻夫墨者師曰然曰今王興兵而攻燕先生將非王乎墨者師對曰然則相國是攻之乎司馬喜曰然墨者師曰今趙興兵而攻中山相國將是之乎司馬喜無以應呂氏春秋應言

墨者師必如儒者之博士西教牧師神甫之類

聶政　荊軻　田光　高漸離

聶政者軹深井里人也殺人避仇濮陽嚴仲子與韓相俠累有欲恐誅求人可以報俠累者至齊齊人或言聶政嚴仲子至門請數反聶政曰老母在政身未敢以許人也久之聶政母死乃西至濮陽見嚴

仲子曰前日所以不許仲子者徒以親在今不幸母以天年終仲子所欲報仇者為誰請得從事焉嚴仲子具告曰臣之仇韓相俠累俠累又韓君之季父也聶政乃辭獨行杖劍至韓韓相俠累方坐府上持兵戟而衛侍者甚衆聶政直入上階刺殺俠累史記刺客傳

荆卿好讀書擊劍愛燕之狗屠及善擊筑者高漸離燕之處士田光先生知其非庸人也僂行見荆軻曰光與子相善燕人莫不知今太子聞光壯盛之時不知吾形已不逮也幸而教之曰燕秦不兩立願先生留意也光竊不自外言足下於太子也願足下過太子於宮荆軻曰謹奉教田光曰吾聞之長者為行不使人疑之今太子告光曰所言者國之大事也願先生勿泄是太子疑光也夫為行而使人疑之非節俠也因自殺以激荆卿荆卿遂見太子至秦秦王發圖圖窮而匕首見因左手把秦王之袖而右手持匕首揕之未至身秦王起於是左右前殺軻其明年秦并天下逐太子丹荆軻之客皆亡高漸

離變名姓爲人庸保匿作於宋子宋子傳客之聞於秦始皇秦始皇召見人有識者乃曰高漸離也秦皇帝惜其善筑重赦之使擊筑稍益近之高漸離乃以鉛置筑中舉筑朴秦始皇不中於是遂誅高漸離（同上）

田光之行義與孟勝略同當爲墨學

太史公曰吾嘗過薛其俗閭里率多暴桀子弟與鄒魯殊問其故曰孟嘗君招致天下任俠姦人入薛中蓋六萬餘家矣（史記孟嘗君傳）

墨學任俠其流或爲强暴蓋有之六百餘家蓋盛極矣

右戰國墨子後學

朱家　田仲

魯朱家者與高祖同時魯人皆以儒教而朱家用俠聞所藏豪士以百數（史記游俠傳）

楚田仲以俠聞喜劍父事朱家自以爲行弗及田仲已死而雒陽有

劇孟周人以商賈爲資而劇孟以任俠顯諸侯同上

季布 季心

季布者楚人也爲氣任俠有名於楚史記季布欒布列傳

季布弟季心氣蓋關中遇人恭謹爲任俠方數千里士皆爭爲之死同上

劇孟 王孟 瞯氏 周庸 白氏 韓無辟 薛況 韓況

韓孺 郭解 籍少公 樊仲子 趙王孫 高公子 郭公仲

鹵公孺 兒長卿 田君孺 姚氏 杜氏 仇景 趙他羽

趙調

盎曰劇孟雖博徒然母死客送葬車千餘乘此亦有過人者且緩急人所有夫一旦有急叩門不以親爲解不以存亡爲辭天下所望者獨季心劇孟耳史記袁盎鼂錯列傳

符離人王孟亦以俠稱江淮之間是時濟南瞯氏陳氏陳周庸亦以

豪聞景帝聞之使盡誅此屬其後代諸白梁韓無辟陽翟薛況俠韓孺紛紛復出焉史記游俠列傳

郭解軹人也字翁伯善相人者許負外孫也解父以任俠孝文時誅死及解年長折節爲儉以德報怨厚施而薄望然其自喜爲俠益甚臨晉籍少公素不知解解冒因求出關籍少公已出解解轉入太原所過輒告主人家吏逐之跡至籍少公少公自殺口絕

自是之後爲俠者極衆敖而無足數者然關中長安樊仲子槐里趙王孫長陵高公子西河郭公仲太原鹵公孺臨淮兒長卿東陽田君孺雖爲俠而逡逡有退讓君子之風至若北道姚氏西道諸杜南道仇景東道趙他羽公子南陽趙調之徒此盜跖居民間者耳曷足道哉此乃鄉者朱家之羞也並同上

灌夫

夫不善文學好任俠以然諾史記魏其武安侯傳

鄭當時　汲黯

孝文時當時以任俠自喜脫張羽於阸聲聞梁楚閒孝景時爲太子舍人每五日洗沐常置驛馬長安諸郊請謝賓客夜以繼日至明旦常恐不徧當時好黃老言其慕長者如恐不稱（漢書鄭當時傳）

黯爲人性倨少禮面折不能容人之過合己者善待之不合己者不能忍見士亦以此不附焉然好學游俠任氣節內行脩絜好直諫數犯主之顏色常慕傅柏袁盎之爲人也（史記汲鄭列傳）

宛俠　野王俠　種代俠

宛亦一都會也俗雜好事業多賈其任俠交通潁川故至今謂之夏人（史記貨殖傳）

野王好氣任俠衛之風也

種代石北也地邊胡數被寇人民矜懻忮好氣任俠（並同上）

游俠之風開於墨氏故所載游俠諸人皆列爲墨子後學

原涉　杜君敖　韓幼孺　繡君賓　漕中叔子少游

原涉字巨先祖父武帝時以豪桀徙茂陵季父爲茂陵秦氏所殺涉居谷口半歲所自劾去官欲報仇谷口豪桀爲殺秦氏亡命歲餘逢赦出郡國諸豪及長安五陵諸爲氣節者皆歸慕之（漢書游俠列傳）

自哀平間郡國處處有豪桀然莫足數其名聞州郡者霸陵杜君敖池陽韓幼孺馬領繡君賓西河漕中叔皆有謙退之風

中叔子少游復以俠聞於世云（並同上）

右西漢墨子後學

劉林

時趙繆王子林好奇數任俠於趙魏閒多通豪猾（後漢王昌傳）

隗崔

季父崔素豪俠能得衆聞（後漢隗囂傳）

王遵

遵少豪俠有才辯後漢隗囂傳

竇融

連結閭里豪傑以任俠爲名後漢竇融傳

馬嚴　馬敦

初兄子嚴敦並喜譏議而通輕俠客後漢馬援傳

杜保

杜季良豪俠好義憂人之憂樂人之樂清濁無所失父喪致客數郡畢至後漢馬援傳

杜碩

杜篤子碩豪俠以貨殖聞後漢文苑列傳

王渙

渙少好俠尚氣力後漢循吏列傳

鄭颯　董騰

中常侍鄭颯中黃門董騰並任俠 後漢千乘貞王伉傳

右東漢墨子後學

老子弟子後學

以本爲精以物爲粗以有積爲不足澹然獨與神明居古之道術有在於是者關尹老聃聞其風而悅之建之以常無有主之以大一以濡弱謙下爲表以空虛不毀萬物爲實關尹曰在己無居形物自著其動若水其靜若鏡其應若響芴乎若亡寂乎若清同焉者和得焉者失未嘗先人而常隨人老聃曰知其雄守其雌爲天下谿知其白守其辱爲天下谷人皆取先己獨取後曰受天下之垢人皆取實己獨取虛無藏也故有餘巋然而有餘其行身也徐而不費無爲也而笑巧人皆求福己獨曲全曰苟免於咎以深爲根以約爲紀曰堅則毀矣銳則挫矣常寬容於物不削於人可謂至極關尹老聃乎古之博大眞人哉 莊子天下

關尹

老子脩道德其學以自隱無名爲務居周久之見周之衰迺遂去至關關令尹喜曰子將隱矣彊爲我著書於是老子迺著書上下篇言道德之意五千餘言而去莫知其所終史記老莊申韓列傳

楊朱孟孫陽心都子

陽子居南之沛老聃西遊於秦邀於郊至於梁而遇老子老子中道仰天而嘆曰始以汝爲可教今不可也陽子居不答至舍進盥漱巾櫛脫屨戶外膝行而前曰向者弟子欲請夫子夫子行不閒是以不敢今閒矣請問其故老子曰而睢睢盱盱而誰與居大白若辱盛德若不足陽子居蹵然變容曰敬聞命矣其往也舍者迎將其家公執席妻執巾櫛舍者避席煬者避竈其反也舍者與之爭席矣莊子寓言

子居即朱音轉蓋楊朱也論語太師摯史記作太師疵書西伯戡黎史記作伐飢此類書傳甚多古人亟音不重字也故楊朱即老

子弟子

禽子問楊朱曰去子體之一毛以濟一世汝爲之乎楊子曰世固非一毛之所濟禽子曰假濟爲之乎楊子弗應禽子出語孟孫陽孟孫陽曰子不達夫子之心吾請言之有侵若肌膚獲萬金者若爲之乎曰爲之孟孫陽曰有斷若一節得一國子爲之乎禽子默然有閒孟孫陽曰一毛微於肌膚肌膚微於一節省矣然則積一毛以成肌膚積肌膚以成一節一毛固一體萬分中之一物奈何輕之乎禽子曰吾不能所以荅子然則以子之言問老聃關尹則子之言當矣以吾言問大禹墨翟則吾言當矣孟孫陽顧與其徒說他事列子楊朱

拔一毛以濟天下不爲儒攻之墨亦攻之而孟孫陽竟能張其宗旨以紿人楊朱得此後勁老學所由徧天下哉

楊子之鄰人亡羊既率其黨又請楊子之豎追之楊子曰嘻亡一羊何追者之衆鄰人曰多歧路既反問獲羊乎曰亡之矣曰奚亡之曰

歧路之中又有歧焉吾不知所之所以反也楊子戚然變容不言者移時不笑者竟日門人怪之請曰羊賤畜又非夫子之有而損言笑者何哉楊子不答門人不獲所命弟子孟孫陽出以告心都子心都子他日與孟孫陽偕入而問曰昔有昆弟三人游齊魯之間同師而學進仁義之道而歸其父曰仁義之道若何伯曰仁義使我愛身而後名仲曰仁義使我殺身以成名叔曰仁義使我身名並全彼三術相反而同出於儒孰是孰非邪楊子曰人有濱河而居者習於水勇於泅操舟鬻渡利供百口裹糧就學者成徒而溺死者幾半本學泅不學溺而利害如此若以為孰是孰非心都子嘿然而出孟孫陽讓之曰何吾子問之迂夫子答之僻吾惑愈甚心都子曰大道以多歧亡羊學者以多方喪生學非本不同非本不一而末異若是唯歸同反一為亡得喪子長先生之門習先生之道而不達先生之況也哀哉列子說符

孟孫陽心都子俱稱楊朱爲先生又能闡楊朱之意以拒外教當爲楊朱兩大弟子

庚桑楚南榮趎

老聃之役有庚桑楚者偏得老聃之道以北居畏壘之山莊子庚桑楚

南榮趎贏糧七日七夜至老子之所同上

昔者南榮疇耻聖道之獨亡於己身淬霜露敕蹻趹跋涉山川冒蒙荆棘百舍重跰不敢休息南見老聃受教一言精神曉泠鈍聞條達欣然七日不食如饗太牢是以明照四海名施後世達略天地察分秋毫稱譽葉語至今不休此所謂名可彊立者淮南子修務訓

莊子作南榮趎蓋趎疇亦音轉也

莊周

莊子者蒙人也名周周嘗爲蒙漆園吏與梁惠王齊宣王同時其學無所不闚然其要本歸於老子之言故其著書十餘萬言大抵率寓

言也（史記老莊申韓列傳）

列禦寇（百豐）

子列子窮容貌有饑色客有言之於鄭子陽曰子列禦寇蓋有道之士也居君之國而窮君無乃爲不好士乎鄭子陽令官遺之粟數十秉子列子出見使者再拜而辭使者去子列子入其妻望而拊心曰聞爲有道者妻子皆得逸樂今妻子有饑色矣君過而遺先生食先生又弗受也豈非命也哉子列子笑而謂之曰君非自知我也以人之言而遺我粟也至已而罪我也有罪且以人言此吾所以不受也（呂氏春秋觀世）

子列子適衛食於道見百歲髑髏攓蓬而指顧謂其弟子百豐曰惟予與彼知而未嘗生未嘗死也（列子天瑞）

彭蒙　田駢　愼到　接子　環淵　顏斶

公而不當易而無私決然無主趣物而不兩不顧於慮不謀於知於

物無擇與之俱往古之道術有在於是者彭蒙田駢慎到聞其風而悅之齊萬物以為首曰天能覆之而不能載之地能載之而不能覆之大道能包之而不能辯之知萬物皆有所可有所不可故曰選則不徧教則不至道則無遺者矣是故慎到棄知去己而緣不得已泠汰於物以為道理曰知不知將薄知而後鄰傷之者也謑髁無任而笑天下之尚賢也縱脫無行而非天下之大聖椎拍輐斷與物宛轉舍是與非苟可以免不師知慮不知前後魏然而已矣推而後行曳而後往若飄風之還若羽之旋若磨石之隧全而無非動靜無過未嘗有罪是何故夫無知之物無建己之患無用知之累動靜不離於理是以終身無譽故曰至於若無知之物而已無用賢聖夫塊不失道豪傑相與笑之曰慎到之道非生人之行而至死人之理適得怪焉田駢亦然學於彭蒙得不教焉彭蒙之師曰古之道人至於莫之是莫之非而已矣其風窢然惡可而言常反人不見觀而不免於魭

斷其所謂道非道而所言之韙不免於非彭蒙田駢愼到不知道雖然概乎皆嘗有聞者也（莊子天下）

愼到趙人田駢接子齊人環淵楚人皆學黃老道德之術因發明序其指意故愼到著十二論環淵著上下篇而田駢接子皆有所論焉（史記孟子荀卿列傳）

君子曰蠋知足矣歸眞反璞則終身不辱（戰國策齊策）

按蠋稱引老子又以知足不辱自處必老子後學也

鬼谷　蘇秦（蘇代 蘇厲）　州侯　張儀　陳軫　史舉　甘茂（甘羅）

虞卿　范雎　蔡澤　尉繚

齊之蘇秦楚之州侯秦之張儀可謂態臣者也（荀子臣道）

蘇秦者東周雒陽人也東事師於齊而習之於鬼谷先生（史記蘇秦傳）

蘇秦之弟曰代代弟蘇厲見兄遂亦皆學（同上）

張儀者魏人也始嘗與蘇秦俱事鬼谷先生學術（史記張儀列傳）

陳軫者游說之士與張儀俱事秦惠王皆貴重爭寵同上

甘茂者蔡人也事下蔡史舉先生學百家之說史記樗里子甘茂列傳

甘茂有孫曰甘羅同上

太史公云然亦戰國之策士也則甘羅亦學縱橫之術者也

虞卿者游說之士也躡蹻擔簦說趙孝成王一見賜黃金百鎰白璧一雙再見爲趙上卿故號虞卿史記平原君虞卿列傳

虞卿所著有因揣摩政謀則虞卿亦縱橫家也

范雎者魏人也字叔游說諸侯欲事魏王家貧無以自資乃先事魏中大夫須賈史記范雎蔡澤傳

蔡澤者燕人也游學干諸侯同上

大梁人尉繚來說秦王曰以秦之彊諸侯譬如郡縣之君臣但恐諸侯合從翕而出不意此乃智伯夫差湣王之所以亡也願大王毋愛財物賂其豪臣以亂其謀不過亡三十萬金則諸侯可盡史記秦始皇本紀

縱橫家乃鬼谷子後學其原實出於老子是即爲老子後學

申不害　韓非

申子之學本於黃老而主刑名著書二篇號曰申子（史記老莊申韓列傳）韓非者韓之諸公子也喜刑名法術之學而其歸本於黃老（同上）

申韓之學皆出老子蓋老子爲陰謀之宗攻去仁義自重刑名乃勢之必然其託爲道德乃刑名之術耳其所謂道以無爲爲本故視萬物爲芻狗以天地聖人爲不仁與孔子之以仁爲天心義正相反根本如此枝葉安得不爲刑名法術哉

右戰國老子後學

河上丈人　安期生　毛翕公　樂瑕公　樂臣公　蓋公　蒯通　田叔

樂臣公學黃帝老子其本師號曰河上丈人不知其所出河上丈人教安期生安期生教毛翕公毛翕公教樂瑕公樂瑕公教樂臣公樂

臣公教蓋公蓋公教於齊高密膠西爲曹相師史記樂毅傳贊

樂臣公善修黃帝老子之言顯聞於齊稱賢師史記樂毅列傳

蒯通者善爲長短說論戰國之權變爲八十一首通善齊人安期生安期生嘗干項羽項羽不能用其策已而項羽欲封此兩人兩人終不肯受亡去史記田儋列傳

上一條敘老學名家巨子宗派最詳其大盛於漢尙於文景者當卽此厤河上丈人五傳至蓋公河上丈人於老子當去不遠矣然蒯通尙及見安期生安期生嘗干項羽或者壽過人歟稱蓋公教於齊則當時老學亦開門授徒如儒者矣

田叔者趙陘城人也其先齊田氏苗裔也叔喜劍學黃老術於樂臣公所叔爲人刻廉自喜喜游諸公史記田叔列傳

樂巨公當卽樂臣公也

右秦漢閒老子後學

黃石 張良

去後五日復蚤來五日良夜半往有頃父亦來喜曰當如是出一編書曰讀是則爲王者師後十年興十三年孺子見我濟北穀城山下黃石即我已遂去不見旦日視其書迺太公兵法良因異之常習誦居下邳爲任俠 漢書張良傳

詔報曰黃石公記曰柔能制剛弱能制彊 後漢臧宮傳

黃石自是老學然解傳兵法蓋老學講弱彊張歙故爲兵家之祖

曹參

孝惠元年除諸侯相國法更以參爲齊丞相參之相齊齊七十城天下初定悼惠王富於春秋參盡召長老諸先生問所以安集百姓而齊故諸儒以百數言人人殊參未知所定聞膠西有蓋公善治黃老言使人厚幣請之既見蓋公蓋公爲言治道貴清靜而民自定推此具言之參於是避正堂舍蓋公焉其治要用黃老術 漢書曹參傳

乘秦苛法後以清靜為治久亂思休未嘗無補然未嘗興禮立制
不嚮儒術乃苟且之治也

陳平

陳平陽武戶牖鄉人也少時家貧好讀書治黃帝老子之術漢書陳平傳

陳平以奇計聞則所治黃老之術亦不外弱强張歙之術矣

王仲

王景字仲通樂浪諵邯人也八世祖仲本瑯邪人其人好道術明天文諸呂作亂齊哀王襄謀發兵而數問於仲及濟北王興居反欲委兵師仲仲懼禍及乃浮海東奔樂浪山中因而家焉後漢書循吏列傳

孝文帝　竇太后

然孝文帝本好刑名之言史記儒林列傳

刑名本於老子則文帝亦老子後學也

會竇太后治黃老言不好儒術史記孝武本紀

會竇太好黃老言（漢書禮樂志）

竇太后好黃老言而嬰蚡趙綰等務隆推儒術（漢書田蚡傳）

張恢　鼂錯　宋孟　劉帶　鄧章

鼂錯潁川人也學申商刑名於軹張恢生所與雒陽宋孟及劉帶同師（漢書鼂錯列傳）

漢初時申商之學尙大行以承秦舊俗故賈生鼂錯明申商（史記太史公自序）

漢初時人多兼治百家守道不篤者然如賈誼則幾於醇儒如治安策皆孔子大義戴記採之爲禮察保傅吐辭爲經矣不得以申商黜之

鄧先時子章以脩黃老言顯諸公間（漢書鼂錯列傳）

劉安

淮南王安爲人好書鼓琴不喜弋獵狗馬馳騁亦欲以行陰德拊循

百姓流名譽招致賓客方術之士數千人作爲內書二十一篇外書甚衆又有中篇八卷言神仙黃白之術亦二十餘萬言漢書淮南王安傳

淮南子以老學爲宗且老學養魄本與神仙長生學相近也

上復興神仙方術之事而淮南有枕中鴻寶苑秘書書言神僊使鬼物爲金之術及鄒衍重道延命方世人莫見漢書劉向傳

儒書言淮南王學道招會天下有道之人傾一國之尊下道術之士是以道術之士並會淮南奇方異術莫不爭出王遂得道論衡道虛

淮南時五經博士弟子未立孔學未一老墨並立諸子相爭淮南好學廣爲捜羅至今猶可考當時雜敎也

司馬季主

夫司馬季主者楚賢大夫游學長安通易經術黃帝老子博聞遠見史記日者傳

司馬談

太史公學天官於唐都受易於楊何習道論於黃子史記太史公自序

王生　張釋之

王生者吾爲黃老言處士也嘗召居廷中三公九卿盡會立王生老人曰吾韤解顧謂張廷尉爲我結韤釋之跪而結之史記張釋之馮唐列傳

直不疑　張歐

不疑學老子言其所臨爲官如故唯恐人知其爲吏跡也不好立名稱爲長者史記萬石張叔列傳

爲善無近名難知如陰守黑守雌老學本棄名也

御史大夫張叔者名歐安邱侯說之庶子也孝文時以治刑名言事太子然歐雖治刑名家其人長者景帝時尊重常爲九卿同上

鄭當時　汲黯

鄭當時字莊陳人也莊好黃老之言史記汲鄭列傳

黯學黃老之言治官理民好清靜擇丞史而任之其治責大指而已

不苛小（同上）

田生　韓安國

御史大夫韓安國者梁城安人也後徙睢陽嘗受韓子雜家說於騶田生所（史記韓長儒列傳）

劉德

德字路叔少修黃老術有智略（漢書楚元王傳）

郅都　甯成　周陽由　司馬安　趙禹　張湯　王朝　義縱

平氏　朱彊　杜衍　王溫舒　楊皆　麻戊　楊贛　成信

尹齊　楊僕　減宣　杜周

郅都者陽人也以郎事孝文帝孝景時都爲中郎將遷爲中尉是時民朴畏罪自重而都獨先嚴酷（史記酷吏傳）

郅都嚴酷致行法不避貴戚是申韓後學

甯成者穰人也以郎謁者事景帝好氣爲人小吏必陵其長吏爲人

上操下如束溼薪滑賊任威稍遷至濟南都尉史記酷吏列傳

甯成亦申韓後學故其治近郅都然觀其本傳有云致產數千金爲任俠則甯成亦墨氏流派也

周陽由者父趙兼以淮南王舅父侯周陽故因姓周陽氏由以宗家任爲郎事孝文及景帝景帝時由爲郡守武帝即位吏治尚循謹甚然由居二千石中最爲暴酷驕恣所愛者撓法活之所憎者曲法誅滅之史記酷吏列傳

司馬安之文惡

趙禹者斄人以佐史補中都官用廉爲令史事太尉亞夫亞夫爲丞相禹爲丞相史府中皆稱其廉平然亞夫弗任曰極知禹無害然文深不可以居大府

張湯者杜人也其父爲長安丞出湯爲兒守舍還而鼠盜肉其父怒笞湯湯掘窟得盜鼠及餘肉劾鼠掠治傳爰書訊鞫論報并取鼠與

肉具獄磔堂下其父見之視其文辭如老獄吏大驚遂使書獄

王朝齊人也以術至右內史邊通學長短剛暴彊人也官再至濟南相

義縱河東人也為少年時嘗與張次公俱攻剽為羣盜縱有姊姁以醫幸王太后王太后問有子兄弟為官者乎姊曰有弟無行不可太后乃告上拜義姁弟縱為中郎補上黨郡中令治敢行少蘊藉縣無逋事舉為第一遷為長陵及長安令直治行不避貴戚以捕案太后外孫修成君子仲上以為能遷為河內都尉至則族滅其豪穰氏之屬河內道不拾遺

平氏朱彊杜衍杜周為縱爪牙之吏任用遷為廷史（史記酷吏列傳）

王溫舒者陽陵人也少時椎埋為姦已而補縣亭長數廢為吏以治獄至廷史事張湯遷為御史

徒諸名禍猾吏與從事河內則楊皆麻戊關中楊贛成信等

尹齊者東郡茌平人以刀筆稍遷至御史

楊僕者宜陽人也以千夫爲吏河南守案舉以爲能遷爲御史

減宣者楊人也以佐史無害給事河東守府衛將軍青使買馬河東見宣無害言上徵爲大廄丞

杜周外寬內深次骨周爲廷尉其治大放張湯而善候上所欲擠者因而陷之

至若蜀守馮當暴挫廣漢李貞擅磔人東郡彌僕鋸項天水駱壁推咸河東褚廣妄殺京兆無忌馮翊殷周蝮鷙水衡閻奉朴擊賣請何足數哉何足數哉 並同上

酷吏傳所載諸人深文刻酷皆刑名家也故列爲申韓後學卽爲老子後學

主父偃

主父偃齊臨淄人也學長短縱橫之術 史記主父偃傳

李少君

如武帝之時有李少君以祠竈辟穀卻老方見上上尊重之論衡道虛

田廣明　田延年　嚴延年　尹賞尹立

田廣明以郎爲天水司馬功次遷河南都尉以殺伐爲治漢書酷吏列傳

田延年以材略給事大將軍莫府霍光重之遷爲長史出爲河東太守選拔尹翁歸等以爲爪牙誅鉏豪彊姦邪不敢發

嚴延年少學法律爲人短小精悍敏捷於事然疾惡泰甚中傷者多尤巧爲獄文

尹賞爲江夏太守捕格江賊及所誅吏民甚多坐殘賊免子立爲京兆尹皆尚威嚴上並同

蔡勳

蔡邕字伯喈陳留圉人也六世祖勳好黃老平帝時爲郿令後漢蔡邕傳

右西漢老子後學

安丘先生 耿況 子弇 王伋

耿弇字伯昭扶風茂陵人也父況字俠游以明經爲郎與王莽從弟伋共學老子於安丘先生後爲朔調連率弇少好學習父業 後漢耿弇傳

安丘先生當前漢末老學尚有大師如此時雖儒學一統而老學亦終不能滅至桓帝頻遣使祀之晉時益盛唐宋後另立爲一教於一代制度風俗科舉之外力亦大矣墨子當時與孔子爭教兼行號稱儒墨而儒學一統之後熸火不然蓋老學尚陰清靜自私有合乎人之性者且自然易行墨學太苦莊生所謂天下不堪其去王遠人所難從故一微卽滅也

任隗

隗字仲和少好黃老清靜寡欲 後漢任隗傳

杜房

余嘗過故陳令同郡杜房見其讀老子書言老子用恬淡養性致壽

數百歲今行其道寧能延年卻老乎（新論祛蔽）

成翊世

成翊世字季明少好學深明道術（後漢杜根傳）

欒巴

欒巴字叔元魏郡內黃人也好道遷豫章太守郡土多山川鬼怪小人常破貲産以祈禱巴素有道術能役鬼神乃悉毀壞房祀翦理姦誣於是妖異自消（後漢欒巴傳）

王景

王景字仲通樂浪䛁邯人也八世祖仲本琅邪人其人好道術明天文景少學易遂廣闚衆書又好天文術數之事（後漢循吏傳）

折像

折像字伯式廣漢雒人也能通京氏易好黃老言（後漢方術傳）

高恢　矯慎

梁鴻友人京兆高恢少好老子隱於華陰山中後漢逸民傳

矯慎字仲彥扶風茂陵人也少學黃老同上

樊曄子融

樊曄字仲華南陽新野人也爲天水太守政嚴猛好申韓法子融有俊才好黃老不肯爲吏後漢酷吏傳

周紆

周紆字文通下邳徐人也爲人刻削少恩好韓非之術後漢酷吏列傳

陽球

陽球字方正漁陽泉州人也性嚴厲好申韓之學郡吏有辱其母者球結少年數十人殺吏滅其家後漢酷吏列傳

桓帝

延熹中桓帝事黃老道後漢循吏列傳

延熹八年春正月遣中常侍左悺之苦縣祠老子後漢桓帝紀

十一月壬子德陽殿西閤黄門北寺火延及廣義神虎門燒殺人使
中常管霸之苦縣祠老子同上
老至唐極尊奉爲玄元皇帝然始於漢時特祠者爲左悺管霸以
陰召陰亦理所感歟
是時學者稱東觀爲老氏臧室道家蓬萊山後漢竇章傳
蓋自史公不斷定老子爲何人自後漢時已以藏史之老聃爲著
書之老子矣道家蓬萊則方士之說已與老子合爲一矣

張角

鉅鹿張角自稱大賢良師奉事黄老道畜養子弟跪拜首過符水咒
說以療病後漢皇甫嵩傳

張陵子衡　孫魯

魯字公旗初祖父陵順帝時客於蜀學道鶴鳴山中造作符書以惑
百姓受其道者輒出米五斗故謂之米賊陵傳子衡衡傳於魯魯遂

自號師君其來學者初名爲鬼卒後號祭酒祭酒各領部衆衆多者名曰理頭皆校以誠信不聽欺妄有病但令首過而已諸祭酒各起義舍於路同之亭傳懸置米肉以給行旅食者量腹取足過多則鬼能病之犯法者先加三原然後行刑不置長吏以祭酒爲理民夷信向焉（後漢劉焉傳）

角祖張道陵者也爲老學一變有跪拜有符咒有療病變老子之虛而爲實遂大盛於晉世號爲五斗米道名臣如謝安王獻之郗愔輩皆事之盜賊如盧循孫恩輩皆事之遂爲一大宗元世尙封爲天師明時位依在衍聖公之上雍正時雖降爲五品然人閒盛尊之但有符咒而不療病耳蓋言術而不言道故不光大否則爲中國之天主矣張角於老學化精爲粗而老學強慧能於佛學撇粗歸精而佛學衰何哉蓋人爲血氣之軀本不能與於精絕之道故諸教之大行者莫不精粗並舉而粗者乃最盛行亦可推其故

矣

右東漢老子後學

墨老弟子後學表

當戰國秦漢之世孔道大行徒屬彌滿天下然墨學力熾於戰國老學熾餘於漢初當漢武以前幾於鼎立哉今屬門人等表之以備考古教者有所徵焉

墨子弟子後學表一　戰國

墨翟
- 禽滑釐
  - 許犯
    - 田繫
  - 巨子
  - 索盧參　以上見呂氏春秋
- 孟勝　巨子
  - 田襄子　巨子
  - 徐弱　以上見呂氏春秋
- 相里勤
- 五侯
- 苦獲
- 已齒

鄧陵子 以上見莊子

相夫氏 見韓非

背巨子

公孫龍

按墨子經上經下大取小取始倡堅白異同之說而公孫龍傳之遂開辯學爲墨學之大派

桓團

惠施 黃繚 以上見莊子

二人爲墨子弟子與否不可知然莊子云桓團公孫龍辯者之徒則桓團爲公孫龍同時辯學大宗而惠施以堅白鳴又與墨子甚近均爲墨子弟

子無疑

程繁

荆耕柱

管黔滶

高石子

高何

縣子碩

按呂氏春秋縣子石卽此人

駱滑氂

弦唐子

跌鼻

公尚過

曹公子

彭輕生子

勝綽

高孫子

魏越以上見墨子

宋鈃

尹文以上見莊子

二人宗旨禁攻寢兵與墨子非攻兼愛同孟子宋牼卽是人鈃牼轉音而孟子稱之爲先生其亦墨門大宗矣

夷之見孟子

按告子倘及與墨子相辯則夷子距墨子甚近且其時儒墨相攻正力夷

腹䵍巨子

謝子

之亦必一巨子故唐姑果以上見呂氏春秋

援儒入墨以證其說

纏子 見論衡

三人俱在秦惠王時年次稍後故列再傳

墨者師 見呂氏春秋

田鳩 見呂氏春秋

名氏不可考然在中山未亡時且為大師其年行甚高必墨子巨子無疑故列為一傳

聶政

荊軻

田光

高漸離 以上見史記

墨子弟子後學表二 西漢

朱家——田仲

朱家弟子 劇孟

季布——弟心

王孟

瞯氏

周庸

白氏

韓無辟

薛況

韓孺

郭解

籍少公

樊仲子

趙王孫

高公子
郭公子
鹵公孫
兒長卿
田君孫

姚氏
杜氏
仇景
趙他羽
趙調

灌夫
鄭當時
汲黯

按墨學至漢武誅戮殆盡今可考者皆武帝以前其

後無聞焉儒術一統君權獨尊俠者無所容其身矣

宛俠　萬章

野王俠　樓護

廼代俠　陳遵

按三人一則逢迎石顯一則出入五侯一則沉湎於酒皆於俠無關而漢書列於游俠可謂無識故但見於表而不箸於篇

原涉

杜君敖

韓幼孺

繡君賓

墨子弟子後學表三 東漢

漕中叔子少游

劉林

隗崔

王遵

竇融

馬嚴

馬敦

杜保

通東漢之世稱俠者惟杜季良一人其他不過云好之而已墨學亡矣

杜碩

王渙

鄭颯

董騰

老子弟子後學表一 戰國

老聃——關尹

- 關尹
  - 楊朱
    - 孟孫陽
    - 心都子 見列子
  - 庚桑楚
    - 南榮趎 見莊子

莊周 莊周雖從田子方而歸本老子故列老學

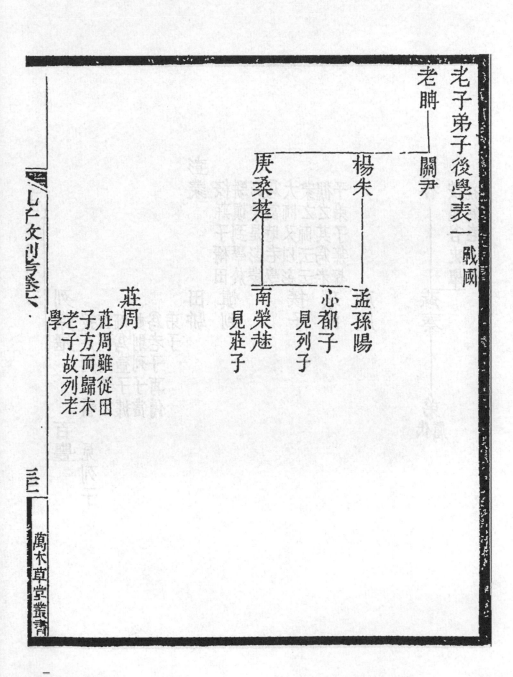

列禦寇——百豐　見列子

按莊列二書皆稱列子之師爲壺子據此則列子當爲老子再傳弟子

田駢

彭蒙

按莊子稱田駢慎到學於彭蒙是彭蒙爲當時老學大師又以彭蒙之師云云觀之其爲老子弟子無疑

慎到

接子

環淵

顏斶

鬼谷——蘇秦——弟代
　　　　　　　弟厲

按鬼谷史舉親爲老子弟

子與否不可張儀
知然傳縱橫
之術弟子徧
天下其年代
甚先故列爲
老子一傳
職國游說之
士皆縱橫家
皆老子後學
如寒泉子景
鮭周最川犇
之可馬錯李
髻馮草楊達
獻則冷向秦
客鄉造淳于
長馬煖昭奚
恤黃歇段痒
段于越人堆
琴頓弱姚賈
鄒忌段干綸
張丑樓後公
孫閉夏侯章
公孫戌韓拾
子靳尚昭通
左爽公孫弘
景舍江乙凡

三十四人見戰國策又鶡冠子語雜黃老弟子龐煖龐煖然其所傳不詳故均附于表而不著于篇

陳軫

史舉
甘茂
孫羅

申不害

虞卿

范雎

蔡澤

韓非

尉繚

老子弟子後學表二秦楚之際

河上丈人—安期生—毛翕公—樂瑕公—樂臣公—蓋公

蒯通

田叔

老子弟子後學表三西漢

黃石公—張良

曹參 蓋公弟子

陳平

王仲

孝文帝

竇太后

張恢

鼂錯　鄧章

宋孟

劉帶

劉安

司馬季主

司馬談

王生

張釋之
直不疑
張歐
鄭當時
汲黯
田生
郅都

韓安國
劉德
寗成
周陽由
司馬安

趙禹
張湯
王朝
義縱
平氏
朱彊
杜衍
王溫舒
楊皆
麻戊
楊贛
成信
尹齊

楊僕
減宣
杜周
主父偃
李少君
田廣明
四延年
嚴延年
尹賞　子立
蔡勳

老子弟子後學表四 東漢

安丘先生
耿況　子弇
王伋

任隗

杜房

成翊世

欒巴

王景

折像

高恢

矯慎

樊曄 子融

周紆

陽球

桓帝

張角

張陵 子衡 孫魯

孔子改制考卷六終

門人南海康同懃 番禺羅潤楠初校

門人東莞葉衍華 番禺王覺任覆校

門人東莞張伯楨再校

孔子改制考卷七

南海康有爲廣厦撰

儒教爲孔子所創考

孔子創儒顯證

孔子自明創儒大義

孔子弟子後學發明創儒大義

異教非儒專攻孔子知儒爲孔子所特創

孔子創儒後其服謂之儒服

孔子創儒後其書謂之儒書

孔子創儒後諸弟子傳其口說謂之儒說

孔子創儒後從其教者謂之儒生

僞周官謂儒以道得民漢藝文志謂儒出於司徒之官皆劉歆亂教倒戈之邪說也漢自王仲任前並舉儒墨皆知孔子爲儒教之

主皆知儒爲孔子所創僞古說出而後忽塞掩蔽不知儒義以孔子脩述六經僅博雅高行如後世鄭君朱子之流安得爲大聖哉章學誠直以集大成爲周公非孔子唐貞觀時以周公爲先聖而黜孔子爲先師乃謂特識而不知爲愚横狂悖矣神明聖王改制教主既降爲一抱殘守闕之經師宜異教敢入而相爭也今發明儒爲孔子教號以著孔子爲萬世教主

禮義由孔氏出鹽鐵論論儒

儒教禮制義理皆孔子所制此條最可據蓋漢諸儒皆知之

儒家之宗孔子也墨家之祖墨翟也且案儒道傳而墨法廢者儒之道義可爲而墨之法議難從也論衡案書

王仲任時尚知孔子爲儒者之宗周禮儒以道得民之說盡未行也又知儒道傳而墨法廢又知儒之道義可爲墨之法議難從兩兩對校合韓非論衡觀之可見二家興廢之由亦知儒於先王無

與矣

世之顯學儒墨也儒之所至孔丘也墨之所至墨翟也韓非子顯學

孔子修成康之道述周公之訓以敎七十子使服其衣冠修其篇籍故儒者之學生焉孔子集語引淮南子要略

儒者之學生焉一語爲孔子創儒敎之確據今幸得此微言以考見吾敎所自出然則劉歆抑儒爲九流其罪直上通於天矣或者惑於修成康述周公以爲孔子之道皆本諸此不知此卽劉歆所據作僞經以奪孔子者然改制託古當時諸子皆然韓非謂儒墨皆稱先王五蠹又謂儒墨俱道堯舜而取舍不同顯學夫稱先王而不同非託而何通乎此儒爲孔子所創益明矣

魯國服儒者之禮行孔子之術淮南子齊俗訓

儒爲孔子所創故服其禮而行其術所謂魯人皆以儒敎也

右孔子創儒顯證一

魯哀公問於孔子曰夫子之服其儒服歟孔子對曰丘少居魯衣逢掖之衣長居宋冠章甫之冠丘聞之也君子之學也博其服也鄉丘不知儒服哀公曰敢問儒行孔子對曰遽數之不能終其物悉數之乃留更僕未可終也哀公命席孔子侍曰儒有席上之珍以待聘夙夜強學以待問懷忠信以待舉力行以待取其自立有如此者儒有衣冠中動作愼其大讓如慢小讓如僞大則如威小則如愧其難進而易退也粥粥若無能也其容貌有如此者儒有居處齊難其坐起恭敬言必先信行必中正道塗不爭險易之利冬夏不爭陰陽之和愛其死以有待也養其身以有爲也其備豫有如此者儒有不寶金玉而忠信以爲寶不祈土地立義以爲土地不祈多積多文以爲富難得而易祿也易祿而難畜也非時不見不亦難得乎非義不合不亦難畜乎先勞而後祿不亦易祿乎其近人有如此者儒有委之以貨財淹之以樂好見利不虧其義劫之以衆沮之以兵見死不更其

守鷙蟲攫搏不程勇者引重鼎不程其力往者不悔來者不豫過言
不再流言不極不斷其威不習其謀其特立有如此者儒有可親而
不可劫也可近而不可迫也可殺而不可辱也其居處不淫其飲食
不溽其過失可微辨而不可面數也其剛毅有如此者儒有忠信以
爲甲胄禮義以爲干櫓戴仁而行抱義而處雖有暴政不更其所其
自立有如此者儒有一畝之宮環堵之室篳門圭窬蓬戶甕牖易衣
而出并日而食上答之不敢以疑上不答不敢以諂其仕有如此者
儒有今人與居古人與稽今世行之後世以爲楷適弗逢世上弗援
下弗推讒諂之民有比黨而危之者身可危也而志不可奪也雖危
起居竟信其志猶將不忘百姓之病也其憂思有如此者儒有博學
而不窮篤行而不倦幽居而不淫上通而不困禮之以和爲貴忠信
之美優游之法慕賢而容衆毀方而瓦合其寬裕有如此者儒有內
稱不辟親外舉不辟怨程功積事推賢而進達之不望其報君得其

志苟利國家不求富貴其舉賢援能有如此者儒有聞善以相告也
見善以相示也爵位相先也患難相死也久相待也遠相致也其任
舉有如此者儒有澡身而浴德陳言而伏靜而正之上弗知也麤而
翹之又不急為也不臨深而為高不加少而為多世治不輕世亂不
沮同弗與異弗非也其特立獨行有如此者儒有上不臣天子下不
事諸侯慎靜而尚寬強毅以與人博學以知服近文章砥厲廉隅雖
分國如錙銖不臣不仕其規為有如此者儒有合志同方營道同術
並立則樂相下不厭久不相見聞流言不信其行本方立義同而進
不同而退其交友有如此者溫良者仁之本也敬慎者仁之地也寬
裕者仁之作也孫接者仁之能也禮節者仁之貌也言談者仁之文
也歌樂者仁之和也分散者仁之施也儒皆兼此而有之猶且不敢
言仁也其尊讓有如此者儒有不隕穫於貧賤不充詘於富貴不慁
君王不累長上不閔有司故曰儒今眾人之命儒也妄常以儒相詬

病孔子至舍哀公館之聞此言也言加信行加義終沒吾世不敢以儒爲戲禮記儒行

此篇是孔子爲其教所定之行如佛之有百法明門禪之有百丈法規考後漢人行誼皆與之合而程子譏爲漢儒之說此不知孔子教術之大者也如儒有上不臣天子樊英實行之而朱子以爲行之大過矣人性萬品而以一律限之自謂析理於秋毫豈知聖人之理廣博無量不可以一端盡哉吾有儒行傳編漢人爲之

子謂子夏曰女爲君子儒無爲小人儒論語雍也

儒爲孔子時創教名孔子且口自述之箸於論語但儒爲教名雖爲儒教中人而或爲大儒或爲小儒或爲雅儒或爲俗儒或爲通儒或爲愚儒或爲迂儒陋儒此君子小人之別也如轅固公孫弘皆學六經則皆儒也而轅爲君子弘爲小人以轅正學直言弘曲學阿世也

右孔子自明創儒大義

孟子曰逃墨必歸於楊逃楊必歸於儒歸斯受之而已矣（孟子盡心）

孟子爲儒教大宗楊墨門下多有逃而歸之者孟子道廣歸則受之如後世之自佛還俗者不必追其旣往昌黎送靈徹詩所謂材調眞可惜朱丹在磨研方將歛之道且欲冠其巓廣吾道之招徠甚得孟子意也若儒是先王之敎則墨子曰述禹湯文武何所逃而何所歸哉以其爲孔子創立之敎楊墨鼎立故其門下有逃有歸耳若陳良之徒陳相學於許行是逃儒而歸於墨者也

秦昭王問孫卿子曰儒無益於人之國孫卿子曰儒者法先王隆禮義謹乎臣子而致貴其上者也人主用之則埶在本朝而宜不用則退編百姓而慤必爲順下矣雖窮困凍餧必不以邪道爲貪無置錐之地而明於持社稷之大義嗚呼而莫之能應然而通乎財萬物養百姓之經紀埶在人上則王公之材也在人下則社稷之臣國君之

寶也雖隱於窮閻漏屋人莫不貴之道誠存也仲尼將為司寇沈猶氏不敢朝飲其羊公慎氏出其妻慎潰氏踰境而徙魯之粥牛馬者不豫賈必蚤正以待之也居於闕黨闕黨之子弟罔不必分有親者取多孝弟以化之也儒者在本朝則美政在下位則美俗儒之為人下如是矣荀子儒效

一明儒效便舉孔子所謂宗師仲尼也

大儒者善調一天下者也無百里之地則無所見其功輿固馬選矣而不能以至遠一日而千里則非造父也弓調矢直矣而不能以射遠中微則非羿也用百里之地而不能以調一天下制彊暴則非大儒也彼大儒者雖隱於窮閻漏屋無置錐之地而王公不能與之爭名在一大夫之位則一君不能獨畜一國不能獨容成名況乎諸侯莫不願得以為臣用百里之地而千里之國莫能與之爭勝笞棰暴國齊一天下而莫能傾也是大儒之徵也其言有類其行有禮其舉

事無悔其持險應變曲當與時遷徙與世偃仰千舉萬變其道一也是大儒之稽也其窮也俗儒笑之其通也英傑化之嵬瑣逃之邪說畏之衆人媿之通則一天下窮則獨立貴名天不能死地不能埋桀跖之世不能汙非大儒莫之能立仲尼子弓是也故有俗人者有俗儒者有雅儒者有大儒者不學問無正義以富利為隆是俗人者也逢衣淺帶解果其冠略法先王而足亂世術繆學雜舉不知法後王而一制度不知隆禮義而殺詩書其衣冠行偽已同於世俗矣然而不知惡者其言議談說已無以異於墨子矣然而明不能別呼先王以欺愚者而求衣食焉得委積足以揜其口則揚揚如也隨其長子事其便辟舉其上客億然若終身之虜而不敢有他志是俗儒者也法後王一制度隆禮義而殺詩書其言行已有大法矣然而明不能齊法教之所不及聞見之所未至則知不能類也知之曰知之不知曰不知內不自以誣外不自以欺以是尊賢畏法而不敢怠傲是雅

儒者也法先王統禮樂一制度以淺持博以古持今以一持萬苟仁義之類也雖在鳥獸之中若別白黑倚物怪變所未嘗聞也所未嘗見也卒然起一方則舉統類而應之無所儗㤰張法而度之則晻然若合符節是大儒者也同上

儒創自孔子見於論語此條亦最詳明然儒者但服儒服從儒禮者便得有此名如爲墨爲道爲僧之類莊子鄭人緩也爲儒儒以詩禮發冢既已爲儒尚有君子小人之別也自僞周禮昧沒此義乃與師對舉謂儒以道得民於是儒爲通道藝之人而儒尊焉今從祀文廟之賢亦僅稱先儒不知其爲大儒乎雅儒乎抑爲曲儒俗儒小人儒乎蓋久而忘其本矣若稱先僧先道何貴之有

論德使能而官施之者聖王之道也儒之所謹守也荀子王霸

老子言失德後仁又言不尚賢不使能大與孔子論德使能之義相悖故明爲儒道也

傷國者何也曰以小人尚民而威以非所取於民而巧是傷國之大災也大國之主也而好見小利是傷國其於聲色臺謝園囿也愈厭而好新是傷國不好循正其所以有啖啖常欲人之有是傷國三邪者在匈中而又好以權謀傾覆之人斷事其外若是則權輕名辱社稷必危是傷國者也大國之主也不隆本行不敬舊法而好詐故若是則夫朝廷羣臣亦從而成俗不隆禮義而好傾覆也朝廷羣臣之俗若是則夫衆庶百姓亦從而成俗於不隆禮義而好貪利矣君臣上下之俗莫不若是則地雖廣權必輕人雖衆兵必弱刑罰雖繁令不下通夫是之謂危國是傷國者也儒者爲之不然必將曲辨朝廷必將隆禮義而審貴賤若是則士大夫莫不敬節死制者矣百官則將齊其制度重其官秩若是則百吏莫不畏法而遵繩矣關市幾而不征質律禁止而不偏如是則商賈莫不敦愨而無詐矣百工將時斬伐佻其期日而利其巧任如是則百工莫不忠信而不楛矣縣鄙

將輕田野之稅省刀布之斂罕舉力役無奪農時如是則農夫莫不朴力而寡能矣士大夫務節死制然而兵勁百吏畏法循繩然後國常不亂商賈敦慤無詐則商旅安貨通財而國求給矣百工忠信而不楛則器用巧便而財不匱矣農夫樸力而寡能則上不失天時下不失地利中得人和而百事不廢是之謂政令行風俗美以守則固以征則彊居則有名動則有功此儒之所謂曲辨也（荀子王霸）

佚而治約而詳不煩而功治之至也秦類之矣雖然則有其諰矣兼是數具者而盡有之然而懸之以王者之功名則倜倜然其不及遠矣是何也則其殆無儒耶（荀子彊國）

孔子創儒教齊魯之間先行之太史公謂魯人以儒教是也儒者傳道不爲其國但以教爲主如佛氏及今耶回諸教皆然務欲人國之行其教也自魯至秦相去二千里當時各國自爲風氣自爲政教譏察甚嚴山河阻絕舟輿不接非如今日輪船鐵路地球可

以旬日至也故孔子西行不到秦秦奉儒甚遲荀子謂秦無儒者欲秦之從儒而秦立博士七十人諸生皆誦說詩書法孔子則孔教大行於秦矣

儒者儒也儒之爲言無也不易之術也千舉萬變其道不窮六經是也若夫君臣之義父子之親夫婦之別朋友之序此儒者之所謹守日切磋而不舍也韓詩外傳

齊宣王問匡倩曰儒者博乎曰不也王曰何也匡倩對曰博貴梟勝者必殺梟殺梟者是殺所貴也儒者以爲害義故不博也又問曰儒者弋乎曰不也弋者從下畏於上者也是從下傷君也儒者以爲害故不弋又問儒者鼓瑟乎曰不也夫瑟以小絃爲大聲以大絃爲小聲是大小易序貴賤易位儒者以爲害義故不鼓也宣王曰善韓非子外儲

春秋大一統者天地之常經古今之通誼也今師異道人異論百家

殊方指意不同是以上亡以持一統法制數變下不知所守臣愚以爲諸不在六藝之科孔子之術者皆絕其道勿使並進邪辟之說滅息然後統紀可一而法度可明民知所從矣（漢書董仲舒列傳）

平原君曰儒之爲名何取爾子高曰取包衆美兼六藝動靜不失中道（孔叢子儒服）

所以貴儒術者貴其處謙推讓以道盡人（鹽鐵論國病）

孟子傷楊墨之議大奪儒家之論（論衡對作）

楊墨攻儒者仲任知之

右孔子弟子後學發明創儒大義

儒者曰親親有術尊賢有等言親疏尊卑之異也其禮曰喪父母三年其妻後子三年伯父叔父弟兄庶子其戚族人五月若以親疏爲歲月數則親者多而疏者少矣是妻後子與父同也若以尊卑爲歲月數則是尊其妻子與父母同而親伯父宗兄而卑子也逆孰大焉

其親死列尸弗登屋窺井挑鼠穴探滌器而求其人焉以爲實在則戇愚甚矣如其亡也必求焉僞亦大矣取妻身迎祇禔爲僕秉轡授綏如仰嚴親昏禮威儀如承祭祀顛覆上下悖逆父母下則妻子妻子上侵事親若此可謂孝乎儒者迎妻妻之奉祭祀子將守宗廟故重之應之曰此誣言也其宗兄守其先宗廟數十年死喪之期兄弟之妻奉其先之祭祀弗散則喪妻子三年必非以守奉祭祀也夫憂妻子以大負絫有曰所以重親也爲欲厚所至私輕所至重豈非大姦也哉有強執有命以說議曰壽夭貧富安危治亂固有天命不可損益窮達賞罰幸否有極人之知力不能爲焉羣吏信之則怠於分職庶人信之則怠於從事不治則亂農事緩則貧貧且亂政之本而儒者以爲道敎是賊天下之人者也且夫繁飾禮以淫人久喪僞哀以謾親立命緩貧而高浩居倍本棄事而安怠傲貪於飲酒惰於作務陷於饑寒危於凍餒無以違之是若人氣鼸鼠藏而羝羊視賁彘

起君子笑之怒曰散人焉知良儒夫夏乞麥禾五穀既收大喪是隨子姓皆從得厭飲食畢治數喪足以至矣因人之家翠以為恃人之野以為尊富人有喪乃大說喜曰此衣食之端也儒者曰君子必服古言然後仁應之曰所謂古之者皆嘗新矣而古人服之則君子也然則必法非君子之服言非君子之言而後仁乎又曰君子循而不作應之曰古者羿作弓仔作甲奚仲作車巧垂作舟然則今之鮑函車匠皆君子也而羿仔奚仲巧垂皆小人邪且其所循人必或作之然則其所循皆小人道也又曰君子勝不逐奔揜函弗射施則助之胥車應之曰皆仁人也則無說而相與仁人以其取舍是非之理相告無故從有故也弗知從有知也無辭必服見善必遷何故相若兩暴相爭其勝者欲不逐奔揜函弗射施則助之胥車雖盡能猶且不得為君子也意暴殘之國也聖將為世除害興師誅罰勝將因用傳術令士卒曰毋逐奔揜函勿射施則助之胥車暴亂之人也得活天

下害不除是爲羣殘父母而深賤世也不義莫大焉又曰君子若鐘擊之則鳴弗擊不鳴應之曰夫仁人事上竭忠事親得孝務善則美有過則諫此爲人臣之道也今擊之則鳴弗擊不鳴隱知豫力恬漠待問而後對雖有君親之大利弗問不言若將有大寇亂盜賊將作若機辟將發也他人不知己獨知之雖其君親皆在不問不言是夫大亂之賊也以是爲人臣不忠爲子不孝事兄不弟交遇人不貞良夫執後不言之朝物見利使已雖恐後言君若言而未有利焉則高拱下視會噎爲深曰惟其未之學也用誰急遺行遠矣夫一道術學業仁義也皆大以治人小以任官遠施用徧近以循身不義不處非理不行務興天下之利曲折周旋利則止此君子之道也以所聞孔某之行則本與此相反謬也齊景公問晏子曰孔子爲人何如晏子不對公又復問不對景公曰以孔某語寡人者衆矣俱以賢人也今寡人問之而子不對何也晏子對曰嬰不肖不足以知賢人雖然嬰

聞所謂賢人者人人之國必務合其君臣之親而弭其上下之怨孔某之荆知白公之謀而奉之以石乞君身幾滅而白公僇嬰聞賢人得上不虛得下不危言聽於君必利人教行下必於上是以明言而易知也行易而從也行義可謀乎民謀慮可通乎君臣今孔某深慮同謀以奉賊勞思盡知以行邪勸下亂上教臣殺君非賢人之行也入人之國而與人之賊非義之類也知人不忠趣之為亂非仁義之也逃人而後謀避人而後言行義不可明於民謀慮不可通於君臣嬰不知孔某之有異於白公也是以不對景公曰嗚乎貺寡人者衆矣非夫子則吾終身不知孔某之與白公同也孔某之齊見景公景公說欲封之以尼谿以告晏子晏子曰不可夫儒浩居而自順者也不可以教下好樂而淫人不可使親治立命而怠事不可使守職宗喪循哀不可使慈民機服勉容不可使導衆孔某盛容修飾以蠱世弦歌鼓舞以聚徒繁登降之禮以示儀務趨翔之節以勸衆儒學不

可使議世勞思不可以補民絫壽不能盡其學當年不能行其禮積財不能贍其樂繁飾邪術以營世君盛爲聲樂以淫遇民其道不可以期世其學不可以導衆今君封之以利齊俗非所以導國先衆公曰善於是厚其禮留其封敬見而不問其道孔乃恚怒於景公與晏子乃樹鴟夷子皮於田常之門告南郭惠子以所欲爲歸於魯有頃閒齊將伐魯告子貢曰賜乎舉大事於今之時矣乃遣子貢之齊因南郭惠子以見田常勸之伐吳以教高國鮑晏使毋得害田常之亂勸越伐吳三年之內齊吳破國之難伏尸以言術數孔某之誅也孔某爲魯司寇舍公家而奉季孫季孫相魯君而走季孫與邑人爭門關決植孔某窮於蔡陳之閒藜羹不糂十日子路爲享豚孔某不問肉之所由來而食號人衣以酤酒孔某不問酒之所由來而飲哀公迎孔某席不端弗坐割不正弗食子路進請曰何其與陳蔡反也孔某曰來吾與女曩與女爲苟生今與女爲苟義夫饑約則不辭妄取

以活身贏飽僞行以自飾汙邪詐僞孰大於此孔某與其門弟子閒坐曰夫舜見瞽叟就然此時天下圾乎周公旦非其人也邪何爲亦舍家室而託寓也孔某所行心術所至也其徒屬弟子皆效孔某子貢季路輔孔悝亂乎衞陽貨亂乎齊佛肸以中牟叛漆雕刑殘莫大焉夫爲弟子後生其師必脩其言法其行力不足知弗及而後已今孔某之行如此儒士則可以疑矣非儒墨子

親親尊賢喪服親迎皆六經禮義之大者所謂三代同之而墨子一則曰儒者曰再則曰其禮曰三則曰儒者迎妻攻之爲逆爲僞爲誣爲大奸然則親親尊賢喪服親迎皆孔子所創而非先王之舊最爲明據矣墨子同動引禹湯文武者若是先王之舊墨子豈敢肆口慢罵至景公晏子與田常白公前後不同時誣不待辨至攻及褫衣酤酒等於市人角口益爲異教攻誣所見墨子倒戈叛逆輕蔑恣肆而已孟子攻其無父何屬大端昌黎似未讀此篇攘

斥佛老者豈能謂孔墨以相用反若疑孟子攻之過甚耶然今幸得此篇從仇家親供大題考見孔子創教名目義旨儒之爲孔敎遂成鐵証矣直道守節所謂倨傲自順崇喪玉藻容經所謂噲噎爲深立命機服盛容弦歌鼓舞登降趨翔皆孔子大義從異敎所攻亦可攷儒家宗旨矣

子墨子與程子辯稱於孔子程子曰非儒何故稱於孔子也（墨子公孟）

夷子曰儒者之道古之人若保赤子此言何謂也之則以爲愛無差等施由親始（孟子滕文）

古之人若保赤子是書康誥之言墨子亦稱說詩書何夷之以屬之儒者於墨無關何哉此亦絕異之論蓋六經爲孔子所定以爲儒書墨子所稱之詩書乃墨子自定別是一書莊子天下篇所謂苦獲已齒鄧陵子之屬俱誦墨經是也蓋詩書是舊典孔墨皆改制皆託先王并用其名其徒俱尊爲經而實各行其道各成其書故

夷之以康誥爲儒者之道則爲孔子之書非先王之書可見若眞是康誥則墨子日稱文武豈肯獨讓儒者哉藉異端之口以證六經爲孔子之作又見於孟子之書此條最爲明據

右異教非儒專攻孔子知儒爲孔子所特創

魯哀公問於孔子曰夫子之服其儒服與孔子對曰丘少居魯衣縫掖之衣長居宋冠章甫之冠丘聞之也君子之學也博其服也鄉丘不知儒服禮記儒行

儒服衣因魯制冠因宋制可考見儒服所自來亦如殷輅周冕合集而成哀公蓋聞人有儒服之名而問之孔子託於鄉服而答之然衣朝鮮之衣冠本朝之冠雖生長異地而裝束雜遝苟非刱制亦覺不倫矣

孔子對曰生乎今之世志古之道居今之俗服古之服舍此而爲非者不亦鮮乎哀公曰然則今夫章甫句屨紳帶而搢笏者此皆賢乎

大戴記哀公

章甫句屨紳帶搢笏蓋孔子所改定之儒服也孝經所謂非先王之法服不敢服孟子所謂服堯之服此所謂服古之服

魯哀公問於孔子曰紳委章甫有益於仁乎孔子蹵然曰君號然也資衰苴杖者不聽樂非耳不能聞也服使然也黼衣黻裳者不茹葷非口不能味也服使然也且丘聞之好肆不守折長者不爲市竊其有益與其無益君其知之矣 荀子哀公問

儒者創爲儒服時人多有譏之否亦以爲行道自行道無須變服之詭異豈知易其衣服而不從其禮樂喪服人得攻之若不易其服人得遁於禮樂喪服之外人不得譏之此聖人不得已之苦心故立改正朔易服色之制佛亦必令去髮衣袈裟而後爲皈依也

子路性鄙好勇力志伉直冠雄雞佩豭豚陵暴孔子孔子設禮稍誘子路子路後儒服委質因門人請爲弟子 史記仲尼弟子列傳

冠雄雞佩豭豚可見春秋衣服甚詭聽人所爲或雄雞之冠爲當
時勇士之服乎

孔子外變二三子之服 鹽鐵論殊路

當時凡入儒教者必易其服乃號爲儒可望而識略如今僧道衣
服之殊異矣

公孟子戴章甫搢笏儒服而以見子墨子曰君子服然後行乎其行
然後服乎 墨子公孟

公孟蓋孔子後學故儒服凡儒服者百數條皆章甫句屨逢掖搢
笏

莊子見魯哀公哀公曰魯多儒士少爲先生方者莊子曰魯少儒哀
公曰擧魯國而儒服何謂少乎莊子曰周聞之儒者冠圜冠者知天
時履句屨者知地形緩佩玦者事至而斷君子有其道者未必爲其
服也爲其服者未必知其道也公固以爲不然何不號於國中曰無

此道而爲此服者其罪死於是哀公號之五日而魯國無敢儒服者獨有一丈夫儒服而立乎公門公卽召而問以國事千轉萬變而不窮莊子曰以魯國而儒者一人耳可謂多乎（莊子田子方）

莊子固多寓言而魯人化孔子之教舉魯國皆儒服則當時實事矣

田贊衣儒衣而見荆王荆王曰先生之衣何其惡也（新序雜事）

今夫子必儒服而見王事必大逆（莊子說劍）

當時新教異服有極尊之者必有極惡之者略如後世僧道然爲儒見王必衣儒服如今僧見君上及貴人亦衣袈裟也

子高衣長裾振褎袖方屐麤翣見平原君君曰吾子亦儒服乎子高曰此布衣之服非儒服也儒服非一也平原君曰請吾子言之答曰夫儒者居位行道則有袞冕之服統御師旅則有介冑之服從容徒步則有若穿之服故曰非一也平原君曰儒之爲名何取爾子高曰

取包眾美兼六藝動而不失中道孔叢子儒服

叔孫通儒服漢王憎之迺變其服服短衣楚製史記劉敬叔孫通列傳

豐沛隸楚漢高是楚人叔孫通媚說取容故服楚製然則漢高至文景五世百年及蕭曹羣臣盈庭皆楚製矣史漢作於儒術大盛之後多沒舊制而不道今人讀經旣熟忘忽其故以爲長衣乃從古皆然豈知孔子創儒服制爲衣裳褒衣逢掖乃有長衣耳鷸冠子齊魯爲紳之徒皆肆長衣孔叢子子高振長裾然則自齊魯之外多短衣矣楚自若敖蚡冒始啟山林開闢不過數百年去野番舊俗不遠吳越尚斷髮文身取蔽體豈能爲長衣廣裳以自文飾楚靈奢侈不過取資秦之復陶耳今秦西短衣不過如吾楚製之舊然彼教士猶尚長衣則凡有教之人莫不以長衣爲貴矣

初沛公引兵過陳留酈生謁軍門上謁曰高陽賤民酈食其竊聞沛公暴露將兵助楚討不義敬勞從者願得望見口畫天下便事使者

入通沛公方洗問使者曰何如人也使者對曰狀貌類大儒衣儒衣冠測注沛公曰為我謝之言我方以天下為事未暇見儒人也（史記酈生陸賈列傳）

酈生被儒衣往說漢王迺非也

騎士曰沛公不好儒諸侯冠儒冠來者沛公輒解其冠溲溺其中與人言常大罵未可以儒生說也（並同上）

漢高是一無賴子又遠處沛豐不知孔子之大道猶吾鄉人曉起見僧輒唾為不祥不論其為高僧與否也其後為酈陸所化過魯能以太牢祀孔子則重儒矣

夫儒服先王之服也（新序雜事）

劾壽王吏八百石古之大夫服儒衣（漢書律歷志）

漢至武帝時儒教一統盛誦五經故以為古之大夫盛服儒衣也

文學褒衣博帶竊周公之服鞠躬踧踖竊仲尼之容（鹽鐵論利議）

漢武之後儒既一統爲國教賢良文學褒衣博帶以儒服爲章服矣

衣儒衣冠儒冠而不能行其道非眞儒也（鹽鐵論刺議）

子夏從孔子之教時孔子已有君子儒小人儒之別從者既多雖從其教服其服而不行其道者固多如今僧穿衲衣而不守戒法當時議之故以爲非眞儒也

衣冠有以殊於鄉曲（鹽鐵論相刺）

漢高尚有溺儒冠事蓋儒者衣冠殊異一望可知

進賢冠古緇布冠也文儒者之服也（後漢輿服志）

漢世用孔子之制緇布冠即玄即章甫孔子所創之儒冠至是行於天下

假儒衣書服而讀之三月不歸孰曰非儒也（法言孝至）

當時讀儒書必言服儒服則儒者之辨不僅在其書并在其服矣

今衣袈裟而誦佛書是僧也若不剃髮不衣袈裟而僅讀佛典天下斷無有目爲僧者聖者之立法制其外以養其內故外之冠服亦甚巨矣

右孔子創儒後其服謂之儒服

公及齊侯邾子盟于顧齊人責稽首因歌之曰魯人之皋數年不覺使我高蹈唯其儒書以爲二國憂左傳哀二十一年

御覽八百九十七引論衡儒書稱孔子與顏淵俱登魯東山孔子集語附

唯其儒書以爲二國憂至論衡時尚以六經傳記爲儒書猶今稱二教書爲佛典道藏皆以其教名吾今徧孔子改制考孔子大義考孔子微言考周漢文字記寫定五經七十子後學記統名儒者還其本也

哀公二十一年孔子方沒儒書大行如此所謂魯以儒教也凡教主皆生前其道大行佛回亦然惟遠方外國乃遲之又久耳白香

山詩雜林賈人購之東坡詩高麗使臣購之李杜詩文生前而冠絕當時朱子集注身後而行於金文人大師其力猶能自行如此況聖人乎

夫儒以六藝爲法史記太史公自序

詩春秋學之美者也皆衰世之造也儒者循之以教導於世淮南子氾論訓

春秋之爲孔子作人皆知之詩亦爲孔子作人不知也儒者多以二學爲教蓋詩與春秋尤爲表裏也

孔子所傳宰予問五帝德及帝繫姓儒者或不傳史記五帝本紀

此出戴記眞乃儒者所共傳而史公以爲儒者不傳不可解蓋劉歆變亂五帝故竄改以抑之以爲此乃明說或有不傳也

夫五經亦漢家之所立儒生善政大義皆出其中論衡程材

傳言黃帝龍顏顓頊戴午帝嚳駢齒堯眉八采舜目重瞳禹耳三漏湯臂再肘文王四乳武王望陽周公背僂皋陶馬口孔子反宇斯十

二聖者皆在帝王之位或輔主憂世世所共聞儒所共說在經傳者校著可信若夫短書俗記竹帛胥文非儒者所見衆多非一 論衡骨相

儒書所載權變非一 論衡答佞

儒書稱堯舜之德至優至大 論衡儒增

儒書又言溟涬澒氣未分之類也及其分離淸者爲天濁者爲地如說易之家儒書之言天地始分形體尙少相去近也 論衡談天

夫如是儒書之文難以實事案附從以知鳳皇未得實也 論衡講瑞

儒書言舜葬於蒼梧禹葬於會稽者 論衡書虛

儒書稱楚養由基善射 論衡儒增

儒書言衛有忠臣弘演

儒書言楚熊渠子出見寢石以爲伏虎

儒書稱魯般墨子之巧刻木爲鳶飛之三日而不集

儒書言禽息薦百里奚繆公未聽禽息出當門仆頭碎首而死

儒書言荊軻爲燕太子刺秦王

儒書言董仲舒讀春秋專精一思志不在他三年不窺園菜

儒書言夏之方盛也遠方圖物貢金九牧鑄鼎象物而爲之備並同上

儒書言齊王疾痟使人之宋迎文摯論衡道虛

右孔子創儒後其書謂之儒書

儒者學學儒矣傳先師之業習口說以教論衡定賢

傳者傳學不妄一言先師古語到今具存同上

傳先師之業習口說以教是漢時傳孔學大法劉歆攻博士謂信口說而背傳說於是今學亡矣

儒者說曰太平之時人民侗長百歲左右氣和之所生也論衡氣壽

春秋言太平遠近大小如一地球一統之後乃有此時煩惱憂悲已無不食土性鹽類質養生日精此言必驗

儒者論曰天地故生人論衡物勢

儒者曰天氣也論衡談天

儒者說孔子周流應聘不濟閔道不行論衡問孔

儒者曰日朝見出陰中論衡說日

儒者曰冬日短夏日長

儒者或曰日月有九道

儒者論曰天左旋日月之行不繫於天

儒者說曰日行一度

儒者謂日月之體皆至圓

儒者說日及工伎之家皆以日為一並同上

儒者之說又言人君失政天為異論衡譴告

文王得赤雀武王得白魚赤烏儒者論之以為雀則文王受命魚烏則武王受命論衡初稟

儒者說鳳皇騏驎為聖王來以為鳳皇騏驎仁聖禽也論衡指瑞

儒者咸稱鳳皇之德欲以表明王之治 論衡指瑞

春秋曰西狩獲麟死麟人以示孔子孔子曰孰爲來哉孰爲來哉反袂拭面泣涕沾襟儒者說之以爲天以麟命孔子孔子不王之聖也 同上

儒者之論自說見鳳皇麒麟而知之 論衡講瑞

儒者論太平瑞應皆言氣物卓異朱草醴泉翔鳳甘露景星嘉禾萐脯蓂莢屈軼之屬 論衡是應

儒者又言太平之時屈軼生於庭之末若草之狀主指佞人 同上

儒者之議以爲人死有命 論衡命義

儒者說夫婦之道取法於天地 論衡自然

如儒者之言五代皆一受命 論衡恢國

儒者論曰王者推行道德受命於天 同上

儒者論聖人以爲前知千歲後知萬世 論衡實知

中庸至誠之道可以前知緯書以秦繼周何疑之有

儒者或見其義說不空生論衡祭意

京房易傳曰上不儉下不節盛火數起燔宮室儒說火以明爲德而主禮後漢五行志

五年二月隴西地震儒說民安土者也將大動行大震九月匈奴單于於除難鞬叛遣使發邊郡兵討之

七年九月癸卯京都地震儒說奄官無陽施猶婦人也是時和帝與中常侍鄭衆謀奪竇氏權德之因任用之及幸常侍蔡倫二人始並用權

又先儒言瑞與非時則爲妖孽而民訛言生龍語皆龍孽也

儒說諸侯專權則其應多在日所宿之國

中元元年十一月甲子晦日有蝕之在斗二十度斗爲廟主爵祿儒說十一月甲子時王日也又爲星紀主爵祿其占重

十六年五月戊午晦日有蝕之在柳十五度儒說五月戊午猶十一月甲子也又宿在京都其占重後二歲宮車晏駕

永元七年四月辛亥朔日有蝕之在觜觿爲葆旅主收斂儒說葆旅宮中之象收斂貪妒之象並同上

五行之學出於洪範爲孔門一說今五行志多出於尚書家歐陽夏侯氏故爲儒說

諸儒或曰今五星失晷天時謬錯辰星久而不效太白出入過度熒惑進退見態鎮星繞帶天街歲星不舍氐房以爲諸如此占歸之國家後漢書蘇竟傳附

右孔子創儒後諸弟子傳其口說謂之儒說

孟子孫卿儒術之士戰國策劉向序

始皇并有天下燔燒詩書坑殺儒士同上

於是徵從齊魯之儒生博士七十人至乎泰山下史記封禪書

沛公不好儒諸客冠儒冠來者沛公輒解其冠溲溺其中與人言常大罵未可以儒生說也史記酈陸列傳

諸弟子儒生隨臣久矣史記叔孫通列傳

軹有儒生史記郭解列傳

自孔子卒京師莫崇庠序唯建元元狩之間文辭粲如也作儒林傳史記太史公自序

太學之制自古未立故謂自孔子卒後未崇庠序至武帝始立故謂粲如史記時儒未一統故史公創作此傳如後世之考敎派創之宜也後世儒學一統無人不在儒中倘何專傳之立者後漢之後經新歆之亂制蓋已不知此義矣

天之道不在仲尼乎仲尼駕說者也不在茲儒乎如將復駕其所說則莫若使諸儒金口而木舌法言學行

通天地人曰儒通天地而不通人曰伎法言君子

凡從孔子教衣儒衣冠讀儒書者便謂之儒其上者聖儒次者大儒通儒名儒若夫通天地人則大儒之列也楊子之言尊儒太過忘教旨矣彼固知假儒衣書服而讀之孰曰非儒則亦知儒不過服儒衣讀儒書而已

鄉部親民之吏皆用儒生 後漢左雄傳

雄又奏徵海內名儒為博士 後漢左雄傳

前此蓋選吏人及百家者自是小吏皆儒生為之儒道大行而後世吏道雜而多端甚者乃至白丁捐納而歸咎於儒無益人國可乎

世儒學者好信師而是古 論衡問孔

使世孔子則七十子之徒今之儒生也 同上

是故儒者稱論皆言孔子之後當封以泗水卻流為証 論衡書虛

五經以道為務事不如道道行事立無道不成然則儒生所學者道

也（論衡程材）

儒生治本

儒生擿經窮竟聖意（並同上）

五經之儒抱經隱匿（論衡佚文）

唐虞夏殷同載在二尺四寸儒者推讀朝夕講習（論衡宣漢）

孔子傳五經皆用二尺四寸簡漢時猶然

案仲舒之書不違儒家不及孔子（論衡案書）

儒家之徒董無心（論衡福虛）

著作者為文儒說經者為世儒（論衡書解）

世儒說聖人之經解賢者之傳義理廣博無不實見故在官常位位最尊者為博士門徒聚衆招會千里身雖死亡學傳於後（論衡書解）

今賢儒懷古今之學負荷禮義之重（論衡狀留）

夫儒生禮義也耕戰飲食也貴耕戰而賤儒生是棄禮義求飲食也

論衡非韓

儒者之在世禮義之舊防也

今儒者之操重禮愛義

官不可廢道不可棄儒生道官之吏也以為無益而棄之是棄道也並同上

儒生學大義以道事論衡量知

文儒懷先王之道含百家之言論衡效力

能博學問謂之上儒論衡別通

而儒生以學問為力論衡效力

儒生力多者博達疏通故博達疏通儒生之力也同上

猶博士之官儒生所由興也論衡別通

或與論立說結連篇章者文人鴻儒也論衡超奇

故夫能說一經者為儒生博覽古今者為通人采掇傳書以上書奏

記者爲文人能精思著文連結篇章者爲鴻儒故儒生過俗人通人勝儒生文人踰通人鴻儒超文人夫鴻儒所謂超而又超者也以超之奇退與儒生相料文軒之比於徹車錦繡之方於縕袍也其相過遠矣

然鴻儒世之金玉也奇而又奇矣奇而又奇才相超乘皆有品差儒生說名於儒門過俗之遠也並同上

夫儒生之所以過文吏者學問日多簡練其性雕琢其材也論衡量知

知文吏儒生筆同而儒生胸中之藏尚多奇餘

文吏儒生有似於此俱有材能並用筆墨而儒生奇有先王之道並同上

後世以法律治天下幾等於秦經義僅供帖括文章之用無關治事則通學大儒與筆帖式同矣

夫儒生與文吏程材而儒生多有經傳之學論衡量知

儒生不爲非而文吏好爲姦者文吏少道德而儒生多仁義也夫文吏之學學治文書也當與木土之匠同科安得程於儒生哉並同上

儒生材無不能敏業無不能達志不有爲今俗見不習謂之不能睹不爲謂之不達科用累能故文吏在前儒生在後是從朝廷謂之也如從儒堂訂之則儒生在上文吏在下矣論衡程材

論者多謂儒生不及彼文吏見文吏利便而儒生陸落則詆訾儒生以爲淺短稱譽文吏謂之深長是不知儒生亦不知文吏也儒生文吏皆有材智非文吏材高而儒生智下也文吏更事儒生不習也謂文吏更事儒生不習可也謂文吏深長儒生淺短知妄矣世俗共短儒生儒生之徒亦自相少何則並好仕學宦用吏爲繩表也儒生有闕俗共短之文吏有過俗不敢訾歸非於儒生付是於文吏也夫儒生材非下於文吏又非所習之業非所當爲也然世俗共短之者見將不好用也將之不好用之者事多已不能理須文吏以領之也夫

論善謀能施用累能期於有益文吏理煩身役於職職判功立將尊其能儒生栗栗不能當劇將有煩疑不能効力力無益於時則官不及其身也將以官課材材以官爲驗是故世俗常高文吏賤下儒生儒生之下文吏之高本由不能之將世俗之論緣將好惡今世之將材高知深通達衆凡舉綱持領事無不定其置文吏也備數滿員足以輔已志志在修德務在立化則夫文吏瓦石儒生珠玉也夫文吏能破堅理煩不能守身則亦不能輔將儒生不習於職長於匡救將相傾側諫難不懼案世間能建蹇蹇之節成三諫之議令將檢身自勑不敢邪曲者率多儒生同上

吏道是周秦以來任官之舊仕學院中人也儒是以教任職如外國教士之入議院者其後雜用武夫世爵高門詩賦帖括皆非儒矣而詩賦帖括託於儒門而以僞亂眞至於今日身爲儒而口不談道若與俗人同則教之盡失而仍以教託之悲夫

程材量知言儒生文吏之材不能相過以儒生修大道以文吏曉簿書道勝於事故謂儒生頗愈文吏也此職業外相程相量也其內各有所以爲知未實謝也夫儒生能說一經自謂通大道以驕文吏文吏曉簿書自謂文無害以戲儒生各持滿而自藏非彼而是我不知所爲短不悟於己未足論衡訓之將使愼然各知所之夫儒生所短不徒以不曉簿書文吏所劣不徒以不通大道也反以閉闇不覽古今不能各自知其所業之事未具足也二家各短不能自知也世之論者而亦不能訓之如何夫儒生之業五經也南面爲師旦夕講授章句滑習義理究備於五經可也五經之後秦漢之事無不能知者短也夫知古不知今謂之陸沉然則儒生所謂陸沉者也五經之前至於天地始開帝王初立者主名爲誰儒生又不知也夫知今不知古謂之盲瞽五經比於上古猶爲今也徒能說經不曉上古然則儒生所謂盲瞽者也儒生猶曰上古久遠其事闇昧故經不載而師不

說也夫三王之事雖近矣經雖不載義所連及五經所當共知儒生
所當審說也論衡謝短
秦燔五經坑殺儒士五經之家所共聞也秦何起而燔五經何感而
坑儒生秦則前代也漢國自儒生之家也從高祖至今朝幾世歷年
迄今幾載初受何命復獲何瑞得天下難易孰與殷周家人子弟學
問歷幾歲人問之曰居宅幾年祖先何爲不能知者愚子弟也然則
儒生不能知漢事世之愚蔽人也溫故知新可以爲師古今不知稱
師如何彼人問曰二尺四寸聖人文語朝夕講習義類所及故可務
知漢事未載於經名爲尺籍短書比於小道其能知非儒者之貴也
儒不能覩曉古今欲各別說其經事義類乃以不知爲貴也同上

本朝幾世幾年漢之儒生猶多不識陋亦極矣與今鄉曲之士專
窮舉業者同尊敎之餘決多專陋印度羅馬亦然當時錄五經文
倘長二尺四寸其餘尺籍謂之短書以長短爲貴賤猶今之分大

字本小字本也

九月甲午試儒生四十餘人上第賜位郎中次太子舍人下第者罷之詔曰孔子歎學之不講不講則所識日忘今者儒年踰六十去離本土營求糧資不得專業結童入學白首空歸長委農野永絕榮望朕甚愍焉其依科罷者聽爲太子舍人後漢書獻帝紀

兩漢書所言儒者皆指孔子後學詳見孔子道行

右孔子創儒後從其教者謂之儒生

門人南海康同懃　番禺羅潤楠初校

門人東莞葉衍華　番禺王覺任覆校

門人東莞張伯楨再校

孔子改制考卷七終

孔子改制考卷八

南海康有爲廣廈撰

廼上古昔尚勇競力亂萌慘黷天閔振救不救一世而救百世乃生神明聖王不爲人主而爲制法主天下從之民萌歸之自戰國至後漢八百年間天下學者無不以孔子爲王者靡有異論也自劉歆以左氏破公羊以古文僞傳記攻今學之口說以周公易孔子以述易作於是孔子遂僅爲後世博學高行之人而非復爲改制立法之教主聖王祇爲師統而不爲君統詆素王爲怪謬或且以爲僭竊盡以其權歸之人主於是天下議事者引律而不引經尊勢而不尊道其道不尊其威不重而教主微教主旣微生民不嚴不化益頑益愚皆去孔子素王之故異哉王義之誤惑不明數千載也夫王者之正名出於孔氏何謂之王一畫貫三才謂之王天下歸往謂之王天下不歸往民皆散而去之謂之匹夫以勢力把持其民謂之霸殘賊民者謂之民賊夫王不王專視民之聚散向背名之非謂其黃屋左纛威權無上也後世有天下者稱帝以

王封其臣子則有親王郡王等名六朝則濫及善書嬪及奴隸皆
爲王若將就世俗通達之論識言之則王者人臣之一爵更何足
以重孔子亦何足以爲僭異哉然今中國圓顱方趾者四萬萬其
執民權者二十餘朝問人歸往孔子乎抑歸往嬴政楊廣乎既天
下義理制度皆從孔子天下執經釋菜俎豆莘莘皆不歸往嬴政
楊廣而歸往大成之殿闕里之堂共尊孔子孔子有歸往之實即
有王之實有王之實而有王之名乃其固然然大聖不得已而行
權猶謙遜曰假其位號託之先王託之魯君爲寓王爲素王云爾
故夫孔子以元統天天猶在孔子所統之內於無量數天之中而
有一地於地上無量國中而爲一王其於孔子曾何足數但考其
當時則事實同稱徵以後世則文字有號察其實義則天下歸往
審其通名則人臣之爵而上昧神聖行權偶託之文法下忘天下
歸往同上之徽稱於素王則攻以僭悖之義於民賊私其牙爪則

許以貫三才之名何其舛哉今徧考秦漢之說證明素王之義庶幾改制教主尊號威力日光復熒而教亦再明云爾．

丘爲制法之主黑綠不代蒼黃春秋緯援神契

聖人不空生必有所制以顯天心丘爲木鐸制天下法春秋緯演孔圖

孔胸文曰制作定世符運春秋緯演孔圖

孔子爲制法之主所謂素王也論語曰天生德於予天之未喪斯文也匡人其如予何所謂不空生必有所制也左傳仲子有文在手曰爲魯夫人十六國春秋劉淵左手有文曰淵彭神符有文在手曰神符東觀漢記公孫述自言手文有奇瑞數移書中國上賜述書曰瑞應手掌成文亦非吾所知僭僞之人尚應符瑞況制作之聖治萬世者乎

孟子曰王者之迹熄而詩亡詩亡然後春秋作孟子離婁下

春秋天子之事是故孔子曰知我者其惟春秋乎罪我者其惟春秋

乎（孟子滕文下）

考孔子道至可信據莫若孟子時周命未盡王名未去而孟子一生不至周未嘗一勸諸侯尊周但勸諸侯行王政云以齊王猶反手故李泰伯攻之雖以孟子爲不臣可矣然此實後世一端之義也孟子大義云民爲貴但以民義爲主其能養民教民者則爲王其殘民賊民者則爲民賊周自幽厲後威靈不能及天下已失天子之義孔子因其實而降爲風夷爲列國史記儒林傳謂周道亡於幽厲孟子謂三代之失天下也以不仁蓋自周至幽厲孔子以爲周亡春秋天子之事作劉向淮南董生所謂春秋繼周也孟子傳孔子之微言李覯安足以知之宋人僅知尊王攘夷之義宜其反却視不信也

周室既衰諸侯恣行仲尼悼禮廢樂崩進修經術以達王道匡亂世反之於正見其文辭爲天下制儀法垂六藝之統紀於後世（史記太史公自）

孔子之時上無明君下不得任用故作春秋垂空文以斷禮義當一王之法同上

當一王之法即董子所謂以春秋當新王也

是以孔子明王道干七十餘君莫能用故西觀周室論史記舊聞興於魯而次春秋上記隱下至哀之獲麟約其文辭去其煩重以制義法王道備人事浹七十子之徒口受其傳指為有所刺譏褒諱挹損之文辭不可以書見也史記十二諸侯年表

有非力之所能致而自致者西狩獲麟受命之符是也然後託乎春秋正不正之間而明改制之義一統乎天子而加憂於天下之憂也務除天下所患而欲以上通五帝下極三王以通百王之道繁露符瑞

董子醇儒發改周受命之說昭晰如是孔門相傳之非常異義也

右孔子為制法之王顯證

成周宣謝災何以書記災也外災不書此何以書新周也何注孔子以春秋當新王上黜杞下新周而故宋因天災中興之樂器示周不復興故繫宣謝於成周使若國文黜而新之從為王者後記災也公羊宣十六年

王降為風夷於諸侯蓋孔子大義詩云赫赫宗周褒姒滅之周道亡於幽厲自是孔子以春秋繼周改周之制以周與宋同為二王後故詩之三頌託王魯新周故宋之義運之三代傳之口說著之公羊穀梁大發明於董子太史公劉向何休皆無異辭示周不與孔子乃作何邵公所謂非常異義太史公所謂不可書見口授弟子者也

故孔子立新王之道明其貴志以反和見其好誠以滅偽其有繼周之弊故若此也繁露玉杯

董子直謂孔子為新王繼周董子一醇儒豈能為此悖謬之論蓋

孔門口說之傳也

春秋作新王之事變周之制當正黑統而殷周爲王者之後絀夏改號禹謂之帝錄其後以小國故曰絀夏存周以春秋當新王（繁露三代改制）

董生更以孔子作新王變周制以殷周爲王者之後大言炎炎直著宗旨孔門微言口說於是大著孔子爲改制教主賴董生大明

故春秋應天作新王之事時正黑統王魯尚黑絀夏親周故宋樂宜親招舞故以虞錄親樂制宜商合伯子男爲一等（繁露三代改制）

春秋曰杞伯來朝王者之後稱公杞何以稱伯春秋上黜夏下存周以春秋當新王春秋當新王者奈何曰王者之法必正號絀王謂之帝封其後以小國使奉祀之下存二王之後以大國使服其服行其禮樂稱客而朝（同上）

惟王者然後改元立號春秋託新王受命於魯故因以錄即位明王者當繼天奉元養成萬物（公羊隱元年注）

今所謂新王必改制者非改其道非變其理受命於天易姓更王非繼前王而王也若一因前制修故業而無有所改是與繼前王而王者無以別受命之君天之所大顯也事父者承意事君者儀志事天亦然今天大顯已物襲所代而率與同則不顯不明非天志故必徙居處更稱號改正朔易服色者無他焉不敢不順天志而明自顯也若夫大綱人倫道理政治教化習俗文義盡如故亦何改哉故王者有改制之名無易道之實孔子曰無爲而治者其舜乎言其主堯之道而已此非不易之效與問者曰物改而天授顯矣其必更作樂何也曰樂異乎是制爲應天改之樂爲應人作之彼之所受命者必民之所同樂也是故大改制於初所以明天命也更作樂於終所以見天功也繁露楚莊王篇

春秋爲新王凡五見親周故宋王魯凡再見新王受命改制數數見孔子爲繼周之王至明

右孔子爲新王

孔子作春秋先正王而繫萬事見素王之文焉漢書董仲舒傳

董生爲漢醇儒漢書亦錄其素王之說見空王之文何礙焉

孔子既西狩獲麟自號素王爲後世受命之君制明王之法六藝論

麟出周亡故立春秋制素王授當興也春秋緯元命苞

孟子曰三代之失天下也以不仁孟子之時周命未改然孟子已以爲亡史記所謂周道亡於幽厲平王之後王降爲風威靈不振孔子改制以春秋繼周故立素王之制也

子夏曰仲尼爲素王顏淵爲司徒古微書論語緯

孔子爲素王乃出于子夏等尊師之名素王空王也佛亦號空王又號法王凡教主尊稱皆取譬於人主何異焉

仲尼爲匹夫而稱素王中論貴驗

制春秋之義著素王之法風俗通窮通

子夏六十四人共撰仲尼微言以事素王古微書論語緯

論語爲微言緯則其說也素王之稱非徒公羊家乃齊魯論語家之說但古文家乃剷去之宋儒誤拾其緒耳

曾子撰斯問曰孝文手駮不同何子曰吾作孝經以素王無爵祿之賞斧鉞之誅故稱明王之道曾子辟席復坐子曰居吾語女順遜以避禍災與先王以託權孝經緯鉤命訣

孝經家亦稱素王且云託先王以明權此則孔子之自稱矣文王沒而文王在茲天生德於予聖人亦何遜焉

恬澹元聖素王之道莊子天道

莊生爲老學然亦稱孔子爲素王蓋素王之名徧天下矣

孔子之通智過於萇弘勇服於孟賁足躡郊菟力招城關能亦多矣然而勇力不聞伎巧不知專行孝道以成素王事亦鮮矣淮南子主術訓

淮南出自伍被之流爲雜家稱孔子之諱而亦尊爲素王可知王

號爲天下達尊其云專行孝道蓋孔子之仁以父母爲本實儒教宗旨淮南實能直揭之矣

是以孔子歷七十二君冀道之一行而得施其德使民生於全育烝庶安土萬物熙熙各樂其終卒不遇故睹麟而泣哀道不行德澤不洽於是退作春秋明素王之道以示後人思施其惠未嘗輟忘是以百王尊之志士法焉誦其文章傳今不絕 說苑貴德

百王尊志士法是所謂衆所歸往也尊之爲王又何疑焉

孔子作春秋以示王意然則孔子之春秋素王之業也諸子之傳書素相之事也觀春秋以見王意讀諸子以睹相指 論衡超奇

孔子不王素王之業在於春秋 論衡定賢

孔子自因魯史記而修春秋制素王之道 盧欽公羊序

右孔子爲素王

王者孰謂謂文王也注文王周始受命之王天之所命故上繫天端

方陳受命制正月故假以爲王法不言謚者法其生不法其死與後王共之人道之始也（公羊隱元年）

孔子質統爲素王文統則爲文王孔子道致太平實爲文王法生不法死則此文王是孔子非周文王易見矣王愆期謂文王卽孔子蓋有傳授也

子畏於匡曰文王既沒文不在茲乎天之將喪斯文也後死者不得與於斯文也天之未喪斯文也匡人其如予何（論語子罕）

文王既沒而文在茲孔子之爲文王盖可據此出論語非僻書也

孔子曰文王既沒文不在茲乎文王之文傳在孔子孔子爲漢制文傳在漢也（論衡佚文）

春秋曰王正月傳曰王者孰謂謂文王也曷爲先言王而後言正月王正月也何以謂之王正月曰王者必受命而後王王者必改正朔易服色制禮樂一統於天下所以明易姓非繼仁通以己受之於天

也王者受命而王制此月以應變故作科以奉天地故謂之王正月也繁露三代改制

論語文王既沒文不在茲孔子已自任之王愆期謂文王者孔子也最得其本人祇知孔子爲素王不知孔子爲文王也或文或質孔子兼之王者天下歸往之謂聖人天下所歸往非王而何猶佛稱爲法王云爾

文王見禮壞樂崩道孤無主故禮經三百威儀三千禮緯稽命徵

周文王時無禮壞樂崩之說禮經威儀皆孔子所制此文王非孔子而何

若孔子爲文王

孔子懼作春秋春秋天子之事也是故孔子曰知我者其爲春秋乎罪我者其爲春秋乎聖王不作諸侯放恣處士橫議楊朱墨翟之言盈天下孟子滕文

孔子作春秋而世一治孔子沒而楊墨起聖王不作卽指孔子與
堯舜既沒一例
故凡言議期命是非以聖王爲師而聖王之分榮辱是也 荀子王論
今聖王沒名守慢奇辭起名實亂是非之形不明則雖守法之吏誦數之儒亦皆亂也 荀子正名
孔子改制首先正名公孫龍以堅白之說亂之荀子攻之所謂聖王卽是孔子
論德使能而官施之者聖王之道儒之所謹守也 荀子王霸
聖王之道卽孔子之道故儒謹守之
世子曰功及子孫光輝百世聖王之道莫美於恕故子先言春秋詳已而略人因其國而容天下 繁露俞序
右孔子爲聖王
孔子仁知且不蔽故學亂術足以爲先王者也一家得周道舉而用

之不蔽於成積也荀子解蔽

稱孔子足爲先王卽莊生謂墨子離於天下其去王也遠矣謂墨子不能爲王也語可反勘一家得周道舉用之墨子謂孔子法周未法夏則上先王爲孔子尤明

春秋經世先王之志莊子齊物

莊生猶知孔子爲先王蓋田子方所傳若以此先王非孔子則春秋爲何人所作耶孔子曰吾志在春秋則先王之爲孔子益信莊生累稱孔子一曰素王一曰先王一曰神明聖王此非徒莊生之特識實天下之通稱

夫儒服先王之服也新序雜事

哀公問夫子之服其儒服與是儒服爲孔子改制之服儒者尊孔子爲先王因尊其服爲先王之服此孔門相傳之微言也

禮起於何也曰人生而有欲欲而不得則不能無求求而無度量分

界則不能不爭爭則亂亂則窮先王惡其亂也故制禮義以分之以養人之欲給人之求使欲必不窮乎物物必不屈於欲兩者相持而長是禮之所起也荀子禮論

凡孔子後學中引禮皆孔子之禮所稱先王皆孔子非三代先王也

故先王聖人安爲之立中制節一使足以成文理則舍之矣然則何以分之曰至親以期斷是何也曰天地則已易矣四時則已徧矣其在宇中者莫不更始矣故先王案以此象之也然則三年何也曰加隆焉案使倍之故再期也由九月以下何也曰案使不及也故三年以爲隆緦小功以爲殺期九月以爲閒上取象於天下取象於地中取則於人人所以羣居和一之理盡矣故三年之喪人道之至文者也夫是之謂至隆是百王之所同古今之所一也荀子禮論

三年喪爲孔子之制則此先王非孔子而何

先王有不忍人之心斯有不忍人之政矣孟子公孫丑上

孟子所稱之仁政盡與公羊合皆孔子之仁政也所稱先王卽孔子孟子全書皆然

守先王之道以待後之學者孟子滕文下

先王之道卽孔子之道所謂篤信好學守死善道也

今有仁心仁聞而民不被其澤不可法於後世者不行先王之道也孟子離婁上

詩云不愆不忘率由舊章遵先王之法而過者未之有也

事君無義進退無禮言則非先王之道者猶沓沓也並同上

春秋之於世事也善復古譏易常欲其法先王也然而介以一言曰王者必改制繁露楚莊王

先王制樂所以節百事樂緯叶圖徵

王制是孔子之後大賢所記先王之事五經異義

右孔子為先王

後王之成名刑名從商爵名從周文名從禮散名之加於萬物者則從諸夏之成俗曲期（荀子正名）

當荀子之時周德雖衰天命未改秦又未帝而立爵名從周與商並舉則所謂後王者上非周王後非秦帝非素王之孔子而何孟子稱孔子為先王荀子稱孔子為後王其實一也云爵名從周而刑名文名不從周則所謂後王正名者非孔子而何然則以為禮名刑名文名為周人之舊而非孔子所改制者其誤不待言矣

天地始者今日是也百王之道後王是也君子審後王之道而論於百王之前若端拜而議（荀子不苟）

孔子改制為人道之始故謂今日為天地之始

故曰欲觀聖王之迹則於其粲然者矣後王是也彼後王者天下之君也舍後王而道上古譬之是猶舍己之君而事人之君也（荀子非相）

以後王爲天下之君荀子之尊孔子可謂極矣王者往君者羣孔子能羣天下人非天下之君而何

繆學雜舉不知法後王而一制度不知隆禮義而殺詩書其衣冠行僞已同於世俗矣荀子儒效

諸子雜稱神農黃帝而不法孔子所謂繆學雜舉也

法後王一制度隆禮義而殺詩書其言行已有大法矣荀子儒效

言志意之求不下於士言道德之求不二後王道過三代謂之蕩法二後王謂之不雅

百家之說不及後王則不聽也並同上

王者之制道不過三代法不貳後王荀子王制

荀子之言皆爲當時戰國諸子高談神農黃帝者說法

是散名之在人者也是後王之成名也荀子正名

狀變而實無別而爲異者謂之化有化而無別謂之一實此事之所

以稽實定數也此制名之樞要也後王之成名不可不察也同上

凡荀子稱後王者皆孔子也

右孔子爲後王

夫王者始受命改制布政施教於天下自公侯至於庶人自山川至於草木昆蟲莫不一一繫於正月故云正敎之始公羊隱元年注

王者必改制繁露楚莊王

故王者有改制之名無易道之實同上

董子謂春秋作新王之事變周之文而從殷之質於三代改制一篇大發其義然則所稱王者改制卽孔子也

王者必受命而後王繁露三代改制

王者受命而王同上

孔子受端門之命非王者而何

春秋傳曰合伯子男以爲一爵或曰合從子貴中也以春秋名鄭忽

忽者鄭伯也此未踰年之君當稱子嫌爲改赴故名之也地有三等不變至爵獨變何地比爵爲質故不變王者有改道之文無改道之實白虎通爵篇

此春秋公羊家之說所稱王者即指孔子蓋師說相傳皆以春秋當新王也

故王者受命改正朔不順數而往必迎來而受之者授受之義也繁露二端

右孔子爲王者

今春秋緣魯以言王義殺隱桓以爲遠祖宗定哀以爲考妣至尊且高至顯且明其基壤之所加潤澤之所被條條無疆前是常數十年鄰之幽人近其墓而高明大國齊宋離不言會微國之君卒葬之禮錄而辭繁遠夷之君內而不外當此之時魯無鄙疆諸侯之伐哀者皆言我邾婁庶其鼻我邾婁大夫其於我無以親以近之故乃得顯

明隱桓親春秋之先人也益師卒而不日於稷之會言成宋亂以遠外也黃池之會以兩伯之辭言不以爲外以近內也繁露奉本

諸侯來朝者得褒邾婁儀父稱字滕薛稱侯荆得人介葛盧得名內出言如諸侯來曰朝大夫來曰聘王道之意也繁露王道

緣魯以言王義孔子之意專明王者之義不過言託于魯以立文字即如隱桓不過託爲王者之遠祖定哀爲王者之考妣齊宋但爲大國之譬邾婁滕侯亦不過爲小國先朝之影所謂其義則丘取之也自僞左出後人乃以事說經于是周魯隱桓定哀邾滕皆用考据求之痴人說夢轉增疑惑知有事而不知有義于是孔子之微言沒而春秋不可通矣尙賴有董子之說得以明之不然諸侯來曰朝內出言如魯無鄙疆董子何愚若此所謂辭之重意之複必有美者存焉

故春秋應天作新王之事時正黑統王魯尙黑絀夏親周故宋三代改制

詩有三頌周頌魯頌商頌孔子寓新周故宋王魯之義不然魯非王者何得有頌哉自僞毛出而古義湮于是此義不復知惟太史公孔子世家有焉公羊傳春秋託王于魯何注頻發此義人或疑之不知董子亦大發之蓋春秋之作在義不在事故一切皆託不獨魯爲託卽夏商周之三統亦皆託也

春秋王魯託隱公以爲始受命王因儀父先與隱公盟可假以見褒賞之法故云爾 公羊隱元年注

曹無大夫公子手何以書憂內也注春秋託王於魯因假以見王法明諸侯有能從王者征伐不義克勝有功當襃之故與大夫大夫敵君不貶者隨從王者大夫得敵諸侯也 公羊成二年

滕侯卒傳何以不名微國也微國則其稱侯何不嫌也注所傳聞之世未可卒所以稱侯而卒者春秋王魯託隱公以爲始受命王滕子先朝隱公春秋褒之以禮嗣子得以其禮祭故稱侯見其義 公羊隱七年

滕侯薛侯來朝傳其兼言之何微國也注春秋託隱公以為始受命王滕薛先朝隱公故褒之 公羊隱十一年

無駭帥師入極傳展無駭也不氏疾始滅也春秋之始也注春秋託王者始起所當誅也 公羊隱二年

春秋王魯以魯為天下化首明親來被王化漸漬禮義者在可備責之域故從內小惡舉也 公羊隱元年注

春秋王魯明當先自詳正躬自厚而薄責於人故略外也王者不治夷狄錄戎者來者勿拒去者勿追 同上

八月宋公和卒注春秋王魯死當有王文聖人之為文辭孫順不可言崩故貶外言卒所以褒內也宋稱公者殷後也王者封二王後地方百里爵稱公客待之而不臣也 公羊隱三年

辛亥宿男卒注宿本小國不當卒所以卒而日之者春秋王魯以隱公為始受命王宿男先與隱公交接故卒褒之也 公羊隱八年

公子友如齊莅盟注春秋王魯故言莅以見王義使若王者遣使臨諸侯盟飭以法度言來盟亦因魯都以見王義使若來之京師盟白事於王不加莅者來就魯魯已尊矣（公羊僖三年）

齊侯來獻戎捷注言獻捷繫戎者春秋王魯因見王義古者方伯征伐不道諸侯交格而戰者誅絕其國獻捷於王者（公羊莊三十一年）

春秋王魯因其始來聘明夷狄能慕王化修聘禮受正朔者當進之故使稱人也（公羊莊二十三年注）

王者起所以必改質文者爲承衰亂救人之失也天道本下親親而質省地道敬上尊尊而文煩故王者始起先本天道以治天下質而親親及其衰敝其失也親親而不尊故後王起法地道以治天下文而尊尊及其衰敝其失也尊尊而不親故復反之於質也質家爵三等者法天之有三光也文家爵五等者法地之有五行也合三從子者制由中也（公羊桓十一年注）

春秋定哀之間文致太平欲見王者治定無所復爲譏唯有二名故譏之此春秋之制也公羊定六年注

右孔子託王於魯

其或繼周者雖百世可知也論語爲政

繼周者卽孔子也百世可知百世以俟聖人而不惑由百世之下等百世之王莫之能違是也

夫殷變夏周變殷春秋變周三代之禮不同何古之從淮南子氾論訓

以春秋爲變周可爲孔子改制之證且以春秋爲一代當淮南時已知此蓋莫不知孔子爲改制之素王矣

孔子曰夏道不亡商德不作商德不亡周德不作周德不亡春秋不作春秋作而後君子知周道亡也說苑君道

孟子曰三代之失天下也以不仁孟子之時周之天下未嘗失也孔子以夏殷周爲三代以春秋爲一代繼周在春秋也

紀子伯者何無聞焉爾注春秋有改周受命之制孔子畏時遠害又知秦將燔詩書其說口授相傳至漢公羊氏及弟子胡毋生等乃始記于竹帛故有所失也公羊隱二年

孔子曰吾因行事加吾王心焉假其位號以正人倫繁露俞序

孟子曰春秋天子之事王愆期以文王爲孔子自漢前莫不以孔子爲素王春秋爲改制之書其他尙不足信董子號稱醇儒豈爲誕謾而發春秋作新王當新王者不勝枚舉若非口說傳授董生安能大發之出自董子亦可信矣且云變周之制繼周之弊以周爲王者之後故詩以王降爲風論語其或繼周百世可知皆指春秋王道而言淮南子曰殷變夏周變殷春秋變周說苑曰夏道不亡殷德不作殷道不亡周德不作周道不亡春秋不作皆以春秋爲一王之治諸說並同尙賴口說流傳今得考素王之統者賴是而傳耳

孔子曰詩人疾之不能默丘疾之不能伏是以東西南北七十說而不用然後退而修王道作春秋垂之萬世之後天下折中焉鹽鐵論相刺

周道衰廢孔子爲魯司寇諸侯害之大夫壅之孔子知言之不用道之不行也是非二百四十二年之中以爲天下儀表貶天子退諸侯討大夫以達王事而已矣子曰我欲載之空言不如見之於行事之深切著明也夫春秋上明三王之道下辨人事之紀別嫌疑明是非定猶豫善善惡惡賢賢賤不肖存亡國繼絶世補敝起廢王道之大者也史記太史公自序

春秋亂世討大夫升平世退諸侯太平世貶天子

夫子行說七十諸侯無定處意欲使天下之民各得其所而道不行退而修春秋采毫毛之善貶纖介之惡人事浹王道備精和聖制上通於天而麟至此天之知夫子也說苑至公

孔子曰丘作春秋始於元終於麟王道成也春秋緯元命苞

西狩獲麟曰吾道窮矣故因史記作春秋以當王法其辭微而指博後世學者多錄焉史記儒林傳

所謂素王者以當王法即董子所謂假位號以正人倫也

故許止雖弒君而不罪趙盾以縱賊而見書此仲尼所以垂王法漢世所宜遵前脩也後漢書霍諝傳

降周迄孔成於王道揚子法言

孔子曰易本陰陽以譬於物也掇序帝乙箕子高宗著德易者所以昭天道定王業也上術天聖考諸近世采美善以見王事言帝乙箕子高宗明有法也美帝乙之嫁妹順天地之道以立嫁娶之義義立則妃匹正妃匹正則王化全易緯

於乎吾王言其不出而死乎哀哉曾子起曰敢問何謂王言孔子不應曾子懼肅言摳衣下席曰弟子知其不孫也得夫子之閒也難是以敢問也孔子不應大戴禮王言

說春秋者曰二百四十二年人道浹王道備善善惡惡撥亂世反諸正莫近於春秋若此者人道王道適具足也論衡正說

或說春秋二百四十二年者上壽九十中壽八十下壽七十孔子據中壽三世而作三八二十四故二百四十年也又說為赤制之中數也又說二百四十二年人道浹王道備

紀十二公享國之年凡有二百四十二凡此以立三世之說矣實孔子紀十二公者以為十二公事適足以見王義耶並同上

春秋之時騏驎嘗嫌於王孔子而至論衡講瑞

故孔子不王作春秋以明意案春秋虛文業以知孔子能王之德論衡定賢

使孔子得王春秋不作論衡書虛

孔子謂顏淵曰吾服汝忘也汝之服於我亦忘也以孔子為君顏淵為臣尚不能譴告況以老子為君文子為臣乎論衡自然

孔子爲君顏淵爲臣卽所謂仲尼爲素王顏淵爲素相也

右孔子爲制法之王總義

門人南海康同薇　番禺羅潤楠初校

門人東莞葉衍華　番禺王覺任覆校

門人東莞張伯楨再校

孔子改制考卷八終

孔子改制考卷九

孔子創儒教改制考

南海康有為廣廈撰

凡大地教主無不改制立法也諸子已然矣中國義理制度皆立於孔子弟子受其道而傳其教以行之天下移易其舊俗若冠服三年喪親迎井田學校選舉尤其大而著者今採傳記發其一隅以待學者引伸觸長焉其詳別為專書矣

有非力之所能致而自致者西狩獲麟受命之符是也然後託乎春秋正不正之間而明改制之義（繁露符瑞）

夫殷變夏周變殷春秋變周三代之禮不同何古之從（淮南子氾論訓）

以春秋為變周可為孔子改制之證且以春秋為一代當淮南子時已如此蓋莫不知孔子為改制素王矣

周室既衰諸侯恣行仲尼悼禮廢樂崩追修經術以達王道匡亂世

反之於正見其文辭為天下制義法垂六藝之統紀於後世史記太史公自序

禮義由孔氏出鹽鐵論論儒

儒教禮制義理皆孔子所制此條最可據蓋漢諸儒皆知之

春秋曰王正月傳曰王者孰謂謂文王也曷為先言王而後言正月王正月也何以謂之王正月曰王者必受命而後王王者必改正朔易服色制禮樂一統於天下所以明易姓非繼仁通以己受之於天下也王者受命而王制此月以應變故作科以奉天地故謂之王正月也王者改制作科奈何曰當十二色厤各法而正色逆數三而復絀三之前曰五帝帝迭首一色順數五而相復禮樂各以其法象其宜順數四而相復咸作國號遷宮邑易官名制禮作樂故湯受命而王應天變夏作殷號時正白統親夏故虞絀唐謂之帝堯以神農為赤帝作宮邑於下洛之陽名相官曰尹爵謂之帝舜以軒轅為黃帝

推神農爲九皇作宮邑於豐名相官曰宰作武樂制文禮以奉天武王受命作宮邑於鎬制爵五等作象樂繼文以奉天周公輔成王受命作宮邑於洛陽成文武之制作汋樂以奉天殷湯之後稱邑示天之變反命故天子命無常唯命是德慶故春秋應天作新王之事時正黑統王魯尚黑絀夏親周故宋樂宜親招武故以虞錄親樂制宜商合伯子男爲一等然則其略說奈何曰三正以黑統初正日月朔于營室斗建寅天統氣始通化物物見萌達其色黑故朝正服黑首服藻黑正路輿質黑馬黑大節綬幘尚黑旗黑大寶玉黑郊牲黑犧牲角卵冠于阼昏禮逆于庭喪禮殯于東階之上祭牲黑牡薦尚肝樂器黑質法不刑有懷任新產者是月不殺聽朔廢刑發德具存二王之德也親赤統故日分平明平明朝正正白統奈何曰正白統者厤正日月朔于虛斗建丑天統氣始蛻化物物始芽其色白故朝正服白首服藻白正路輿質白馬白大節綬幘尚白旗白大寶玉白郊

牲白犧牲角繭冠于堂昏禮逆于堂喪事殯于楹柱之間祭牲白牡薦尚肺樂器白質法不刑有身懷任是月不殺聽朔廢刑發德具存二王之後也親黑統故日分鳴晨鳴晨朝正正赤統奈何曰正赤統者大節綏幘尚赤旗赤大寶玉赤郊牲騂犧牲角栗冠于房昏禮逆于戶喪禮殯于西階之上祭牲騂牡薦尚心樂器赤質法不刑有身重懷藏以養微是月不殺聽朔廢刑發德具存二王之後也親白統故日分夜半夜半朝正改正之義奉元而起古之王者受命而王改制稱號正月服色定然後郊告天地及羣神遠追祖禰然後布天下諸侯廟受以告社稷宗廟山川然後感應一其司三統之變近夷遐方無有生煞者獨中國然而三代改正必以三統天下曰三統五端化四方之本也天始廢始施地必待中是故三代必居中國法天奉本執端要以統天下朝諸侯也是以朝正之義天子純統色衣諸侯統衣纏緣紐大夫士以冠參近夷以綏遐方各衣其服而朝所以明

乎天統之義也其謂統　三正者曰正者正也統致其氣萬物皆應而正統正其餘皆正凡歲之要在正月也法正之道正本而末應正內而外應動作舉錯靡不變化隨從可謂法正也故君子曰武王其似正月矣春秋曰杞伯來朝王者之後稱公杞何以稱伯春秋上黜夏下存周以春秋當新王春秋當新王者奈何曰王道之法必正號絀王謂之帝封其後以小國使奉祀之下存二王之後以大國使服其服行其禮樂稱客而朝故同時稱帝者五稱王者三所以昭五端通三統也是故周人之王尚推神農爲九皇而改號軒轅謂之黃帝因存帝顓頊帝嚳帝堯之帝號絀虞而號舜曰帝舜錄五帝以小國下存禹之後於杞存湯之後於宋以方百里爵稱公皆使服其服行其禮樂稱先王客而朝春秋作新王之事變周之制當正黑統而殷周爲王者之後絀夏改號禹謂之帝錄其後以小國故曰絀夏存周以春秋當新王不以杞侯弗同王者之後也稱子又稱伯何見殊之

小國也黃帝之先謚四帝之後謚何也曰帝號必存五帝代首天之色號至五而反周人之王軒轅直首天黃號故曰黃帝云帝號尊而謚卑故四帝後謚也帝尊號也錄以小何曰遠者號尊而地小近者號卑而地大親疏之義也故王者有不易者有再而復者有三而復者有四而復者有五而復者有九而復者明此通天地陰陽四時日月星辰山川人倫德侔天地者稱皇帝天佑而子之號稱天子故聖王生則稱天子崩遷則存爲三王絀滅則爲五帝下至附庸絀爲九皇下極其爲民有一謂之三代故雖絕地廟位祝牲猶列於郊號宗於代宗故曰聲名魂魄施於虛極壽無疆何謂再而復四而復春秋鄭忽何以名春秋曰伯子男一也辭無所貶何以爲一曰周爵五等春秋三等春秋何三等曰王者以制一商一夏一質一文商質者主天夏文者主地春秋者主人故三等也主天法商而王其道佚陽親親而多仁樸故立嗣予子篤母弟妾以子貴冠昏之禮字子以父別眇

夫婦對坐而食喪禮別葬祭禮先縢夫妻昭穆別位制爵三等祿士
二品制郊宮明堂員其屋高嚴侈員惟祭器員玉厚九分白藻五絲
衣制大上首服嚴員鸞輿尊蓋法天列象垂四鸞樂載鼓用錫儛儛
溢員先毛血而後用聲正刑多隱親戚多諱封禪於尙位主地法夏
而王其道進陰尊尊而多義節故立嗣與孫篤世子妾不以子稱貴
號昏冠之禮字子以母別眇夫婦同坐而食喪禮合葬祭禮先亨婦
從夫為昭穆制爵五等祿士三品制郊宮明堂方其屋卑汙方祭器
方玉厚八分白藻四絲大下首服卑退鸞輿卑法地周象載垂二鸞
樂設鼓用纖施儛儛溢方先亨而後用聲正刑天法封壇於下位主
天法質而王其道佚陽親親而多質愛故立嗣子子篤母弟妾以子
貴昏冠之禮字子以父別眇夫婦對坐而食喪禮別葬祭禮先嘉疏
夫婦昭穆別位制爵三等祿士二品制郊宮明堂內員外橢其屋如
倚靡員橢祭器橢玉厚七分白藻三絲衣長前衽首服員轉鸞輿尊

蓋備天列象垂四鸞樂程鼓用羽籥儛儛溢楯先用玉聲而後亨正
刑多隱親儆多赦封壇於左位主地法文而王其道進陰尊尊而多
禮文故立嗣予孫篤世子妾不以子稱貴號昏冠之禮字子以母別
眇夫婦同坐而食喪禮合葬祭禮先秬鬯婦從夫爲昭穆制爵五等
祿士三品制郊宮明堂內方外衡其屋習而衡祭器衡同作秩機玉
厚六分白藻三絲衣長後衽服首習而垂流鸞輿卑備地周象載垂
二鸞樂縣鼓用萬儛儛溢衡先亨而後用樂正刑天法封壇於左位
四法修於所故祖於先帝故四法如四時然終而復始窮則反本四
法之天施符受聖人王法則性命形乎先祖大昭乎王君故天將授
舜主天法商而王祖錫姓爲姚氏至舜形體太上而員首而明有二
童子性長於天文純於孝慈天將授禹主地法夏而王祖錫姓爲姒
氏至禹生發於背形體長長足肵疾行先左隨以右勞左佚右也性
長於行習地明水天將授湯主天法質而王祖錫姓爲子氏謂契母

吞元鳥卵生契契先發於胸性長於人倫至湯體長專小足左扁而右便勞右佚左也性長於天光質易純仁天將授文王主地法文而王祖錫姓姬氏謂后稷母姜原履天之跡而生后稷后稷長於邰土播田五穀至文王形體博長有四乳而大足性長於地文勢故帝使禹臯論性知殷之德陽德也故以子爲姓知周之德陰德也故以姬爲姓故殷王改文以男書子周王以女書姬故天道各以其類動非聖人孰能明之（繁露三代改制）

孔子作春秋改制之說雖雜見他書而最精詳可信據者莫如此篇稱春秋當新王者凡五稱變周之制以周爲王者之後與王降爲風周道亡於幽厲同義故以春秋繼周爲一代至於親周故宋王魯三統之說亦著焉皆爲公羊大義其他絀虞絀夏五帝九皇六十四民皆聽孔子所推姓姚姓姒姓子姓姬皆聽孔子所象白黑方圓異同世及皆爲孔子所制雖名三代實出一家特廣爲條

理以待後人之行故有再三四五九之復博厚配地高明配天遊入其中乃知宗廟之美百官之富別有世界推之不窮邵子謂日月星辰齊照耀皇王帝霸大鋪舒惟孔子乃有之董子爲第一醇儒安能妄述無稽之謬說此蓋孔門口說相傳非常異義不敢筆之於書故雖公羊未敢驟著其說至董生時時世殊易乃敢著於竹帛故論衡謂孔子之文傳於仲舒也苟非出自醕實如董生者雖有此說亦不敢信之矣幸董生此篇猶傳足以證明孔子改制大義

春秋之於世事也善復古譏易常欲其法先王也然而介以一言曰王者必改制繁露楚莊王

今所謂新王必改制者非改其道非變其理受命於天易姓更王非繼前王而王也若一因前制修故業而無有所改是繼前王而王者無以別受命之君天之所大顯也事父者承意事君者儀志事天亦

然今天大顯已物襲所代而率與同則不顯不明非天志故必徙居處更稱號改正朔易服色者無他焉不敢不順天志而明自顯也若夫大綱人倫道理政治教化習俗文義盡如故亦何改哉故王者有改制之名無易道之實孔子曰無爲而治者其舜乎言其主堯之道而已此非不易之效歟問者曰物改而天授顯矣其必更作樂何也曰樂異乎是制爲應天改之樂爲應人作之彼之所受命者必民之所同樂也是故大改制於初所以明天命也更作樂於終所以見天功也同上

故孔子立新王之道明其貴志以反和見其好誠以滅僞其有繼周之弊故若此也繁露王杯

故王者受命改正朔不順數而往必迎來而受之者授受之義也繁露二端

莊子以孔子爲神明聖王孟子稱先王荀子法後王當時多有以

孔子爲王者卽秘緯亦以素王稱之公羊王者孰謂謂文王論語文王旣沒文不在茲蓋孔子改制文質三統素者質也質家則稱之素王文家則稱爲文王春秋改周之文從殷之質故春秋緯多言素王而公羊首言文王者則又見文質可以周而復之義也繁露之言王者受命改制正與緯言孔子受端門之命同孔子旣爲素王則百王受治亦固其所改制之說何足怪哉

孔子之時上無明君下不得任用故作春秋垂空文以斷禮義當一王之法史記太史公自序

是以孔子明王道干七十餘君莫能用故西觀周室論史記舊聞興於魯而次春秋上記隱下至哀之獲麟約其文辭去其煩重以制義法王道備人事浹七十子之徒口受其傳指爲有所刺譏褒諱挹損之文辭不可以書見也史記十二諸侯年表

夫子行說七十諸侯無定處意欲使天下之民各得其所而道不行

退而修春秋采毫毛之善貶纖介之惡人事浹王道備精和聖制上通於天而麟至此天之知夫子也說苑至公

五帝殊時不相沿樂三王異世不相襲禮樂極則憂禮粗則偏矣及夫敦樂而無憂禮備而不偏者其唯大聖乎禮記樂記

立權度量考文章改正朔易服色殊徽號異器械別衣服此其所得與民變革者也禮記大傳

揭改制大義

故聖人事窮而更爲法弊而改制非樂變古易常也將以救弊扶衰黜淫濟非以調天地之氣順萬物之宜也淮南子泰俗訓

春秋有改制之說蓋初漢先師所共傳共知故淮南猶有是說不止董子矣

右明孔子改制總義

顏淵問爲邦子曰行夏之時乘殷之輅服周之冕樂則韶舞論語衛靈

此條爲改制之確證譬如今日言用元朝之歷乘明朝車戴國
朝朝帽聽宋朝戲曲豈非大異聞乎非聖人豈能定之

子張問十世可知也子曰殷因於夏禮所損益可知也周因於殷禮所損益可知也其或繼周者雖百世可知也論語爲政

淮南子殷變夏春秋變周三代之禮不同以春秋爲一代說苑夏道不亡殷德不作殷道不亡周德不作周道不亡春秋不作以此證之繼周者春秋也百世以俟聖人由百世之後等百世之王以春秋治百世也百世之後窮則變通又有三統也此改制之微言也

子路曰衞君待子而爲政子將奚先子曰必也正名乎子路曰有是哉子之迂也奚其正子曰野哉由也君子於其所不知蓋闕如也名不正則言不順言不順則事不成事不成則禮樂不興禮樂不興則刑罰不中刑罰不中則民無所措手足故君子名之必可言也言之

必可行也君子於其言無所苟而已矣論語子路

荀子有正名篇董子有深察名號篇皆孔學大義荀子謂後王之成名刑名從商爵名從周文名從禮散名之加於萬物者則從諸夏之成俗曲期旣云從商從周則後王非商周可知非孔子而何刑名爵名文名散名非改制而何此條爲論語微言孔子改制明義也蓋改制必改名而制乃定

曾子撰斯問曰孝文手駮不同何子曰吾作孝經以素王無爵祿之賞斧鉞之誅故稱明王之道曾子辟席復坐子曰居吾語女順遜以避禍災與先王以託權孝經緯鉤命訣

右孔子與弟子商定改制大義

宰我曰以予觀於夫子賢於堯舜遠矣子貢曰見其禮而知其政聞其樂而知其德由百世之後等百世之王莫之能違也自生民以來未有夫子也孟子公孫丑

孔子堯舜後世疑其差等王陽明有堯舜萬鎰孔子九千鎰說固爲大謬朱子謂孔子賢於堯舜在事功似矣然不知孔子改制治定百世乃爲功德無量不然區區删述僅比老彭宰我不誠阿好哉

傷國者何也曰以小人尙民而威以非所取於民而巧是傷國之大災也大國之主也而好見小利是傷國其於聲色臺謝園囿也愈厭而好新是傷國不好循正其所以有啖啖常欲人之有是傷國三邪者在匈中而又好以權謀傾覆之人斷事其外若是則權輕名辱社稷必危是傷國者也大國之主也不隆本行不敬舊法而好詐故若是則夫朝廷羣臣亦從而成俗不隆禮義而好傾覆也朝廷羣臣之俗若是則夫衆庶百姓亦從而成俗於不隆禮義而好貪利矣君臣上下之俗莫不若是則地雖廣權必輕人雖衆兵必弱刑罰雖繁令不下通夫是之謂危國是傷國者也儒者爲之不然必將曲辨朝廷

必將隆禮義而審貴賤若是則士大夫莫不貴節死制者矣百官則將齊其制度重其官秩若是則百吏莫不畏法而遵繩矣關市譏而不征質律禁止而不偏如是則商賈莫不敦愨而無詐矣百工將時斬伐佻其期日而利其巧任如是則百工莫不忠信而不楛矣縣鄙將輕田野之稅省刀布之斂罕舉力役無奪農時如是則農夫莫不朴力而寡能矣士大夫務節死制然後兵勁百吏畏法修繩然後國常不亂商賈敦愨無詐則商旅安貨通財而國求給矣百工忠信而不楛則器用巧便而財不匱矣農夫朴力而寡能則上不失天時下不失地利中得人和而百事不廢是之謂政令行風俗美以守則固以征則彊居則有名動則有功此儒之所謂曲辨也荀子王霸

荀子所言與孟子告齊宣王中庸九經之義相出入蓋同爲孔子所嫡傳者也然僞經一出而凡百制度遂歸周制其知爲儒制者蓋亦寡焉荀子以爲儒者爲之又曰此儒者之所謂曲辨孔子爲

儒教之祖改制之義不昭然若揭哉

禮起於何也曰人生而有欲欲而不得則不能無求求而無度量分界則不能不爭爭則亂亂則窮先王惡其亂也故制禮義以分之以養人之欲給人之求使欲必不窮乎物物必不屈於欲兩者相持而長是禮之所起也故禮者養也芻豢稻粱五味調香所以養口也椒蘭芬苾所以養鼻也雕琢刻鏤黼黻文章所以養目也鐘鼓管磬琴瑟竽笙所以養耳也疏房檖貌越席牀第几筵所以養體也故禮者養也君子既得其養又好其別曷謂別曰貴賤有等長幼有差貧富輕重皆有稱者也故天子大路越席所以養體也側載睪芷所以養鼻也前有錯衡所以養目也和鸞之聲步中武象趨中韶護所以養耳也龍旂九斿所以養信也寢兕持虎蛟韅絲末彌龍所以養威也故大路之馬必倍至教順然後乘之所以養安也孰知夫出死要節之所以養生也孰知夫出費用之所以養財也孰知夫恭敬辭讓之

所以養安也孰知夫禮義文理之所以養情也故人苟生之爲見若者必死苟利之爲見若者必害苟怠惰偷懦之爲安若者必危苟情說之爲樂若者必滅故人一之於禮義則兩得之矣一之於情性則兩喪之矣故儒者將使人兩得之者也墨者將使人兩喪之者也是儒墨之分也荀子禮論

論語有子曰禮之用和爲貴先王之道斯爲美莊子謂墨子不與先王同毁古之禮樂先王卽孔子託以制禮者也墨子以繩墨自矯以自苦爲極無以養人之欲無以給人之求乖戾不和使人憂悲故其道大觳其行難爲不可以爲聖王之道也老子謂五色令人目盲五音令人耳聾五味令人口爽馳騁畋獵令人心發狂難得之貨令人行妨塞人之情蔽人之欲是亂天下也又曰禮者忠信之薄而亂之首開魏晉情談放誕之風乖謬尤甚老墨皆攻孔子之禮制者也

百王之道後王是也君子審後王之道而論於百王之前若端拜而議荀子不苟

故曰欲觀聖王之跡則於其粲然者矣後王是也荀子非相

當荀子之前則有禹湯文武謂之先王可爲百王之法論於百王之前後王之道如此今孔子其誰當之世之治古文者若猶以春秋王正月之王爲周王者其謬可見

今夫辟地殖穀以養生送死銳金石雜草藥以攻疾各知構室屋以避暑雨累臺榭以避潤溼入知親其親出知尊其君內有男女之別外有朋友之際此聖人之德教儒者受之傳之以教誨於後世今夫晚世之惡人反非儒者曰何以儒爲如此人者是非本也說苑建本

耕鑿醫藥宮室五倫劉向以爲出於儒者非知孔子改制豈能爲是言

右孔子弟子後學發明改制大義

且夫繁飾禮以淫人久喪僞哀以謾親立命緩貧而高浩居（墨子非儒）夫儒浩居而自順者也不可以教下好樂而淫人不可使親治立命而怠事不可使守職宗喪循哀不可使慈民機服勉容不可使導衆孔某盛容修飾以蠱世弦歌鼓舞以聚徒繁登降之禮以示儀務趨翔之節以勸衆（上同）

公孟子曰國亂則治之治則爲禮樂國治則從事國富則爲禮樂子墨子曰國之治治之廢則國之治亦廢國之富也從事故富也從是廢則國之富亦廢故雖治國勸之無饜然後可也今子曰國治則爲禮樂亂則治之是譬猶噎而穿井也死而求醫也古者三代暴王桀紂幽厲薾爲聲樂不顧其民是以身爲刑僇國爲戾虛者皆從此道也公孟子曰無鬼神又曰君子必學祭祀子墨子曰執無鬼而學祭禮是猶無客而學客禮也是猶無魚而爲魚罟也公孟子謂子墨子曰子以三年之喪爲非子之三日之喪亦非也（三日當爲三月）子墨子曰子

以三年之喪非三日之喪是猶果謂撅者不恭也公孟子謂子墨子曰知有賢於人則可謂知乎子墨子曰愚之知有以賢於人而愚豈可謂知矣哉公孟子曰三年之喪學吾之慕父母子墨子曰夫嬰兒子之知獨慕父母而已父母不可得也然號而不止此其故何也即愚之至也然則儒者之知豈有以賢於嬰兒子哉子墨子曰問於儒者何故爲樂曰樂以爲樂也子墨子曰子未我應也今我問曰何故爲室曰冬避寒焉夏避暑焉室以爲男女之別也則子告我爲室之故矣今我問曰何故爲樂曰樂以爲樂也是猶曰何故爲室曰室以爲室也子墨子謂程子曰儒之道足以喪天下者四政焉儒以天爲不明以鬼爲不神天鬼不說此足以喪天下又厚葬久喪重爲棺椁多爲衣衾送死若徙三年哭泣扶後起杖後行耳無聞目無見此足以喪天下又弦歌鼓舞習爲聲樂此足以喪天下又以命爲有貧富壽夭治亂安危有極矣不可損益也爲上者行之不必聽治矣爲下

者行之不必從事矣此足以喪天下程子曰甚矣先生之毀儒也子墨子曰儒固無此各四政者而我言之則是毀也今儒固有此四政者而我言之則非毀也告聞也（墨子公孟）

墨子尙質貴用故力攻孔子之禮樂厚葬久喪最甚他篇攻三年喪皆不明此謂以三年攻三日（三日當三月之誤）猶果爲撅者不恭以同非先王之制並是創造若是三代舊教大周定禮墨子豈敢肆口詆訶且又舉與自己所制之三月喪同比哉蓋當時考据通博之人彼此皆知非三代之制矣墨子以儒喪三年愚若嬰兒忘本逐識此孟子所以謂二本也樂以爲樂乃懽樂之樂孔子因人之情而文之乃制度至精處墨子聽聞未審乃謂猶室以爲室以此亟之箸書非惟誕肆亦太粗心若夫尊天明鬼孔學中固有之義墨子不過竊而提倡何得據而全有之

爲圃者曰子奚爲者邪曰孔丘之徒也爲圃者曰子非夫博學以擬

聖於于以蓋衆獨弦哀歌以賣名聲於天下者乎汝方將忘汝神氣墮汝形骸而庶幾乎而身之不能治何暇治天下乎莊子天地

孔子爲創教之人儒服周遊人皆得別識之此爲圓是老學者故譏孔子

古者非不知繁升降槃還之禮也蹀采齊肆夏之容也以爲曠日煩民而無所用故制禮足以佐實喻意而已矣古者非不能陳鐘鼓盛筦簫揚干戚奮羽旄以爲費財亂政制樂足以合歡宣意而已喜不羨於音非不能竭國麋民虛府殫財含珠鱗施綸組節束追送死也以爲窮民絶業而無益於槁骨腐肉也淮南子齊俗訓

此道家攻儒之說而益知采齊肆夏羽旄干戚綸組節束爲孔子所定之禮矣

夫弦歌鼓舞以爲樂盤旋揖讓以修禮厚葬久喪以送死孔子之所立也而墨子非之淮南子氾論訓

墨子之所非則弦歌揖讓久喪之禮皆爲孔子所改必非先王之舊矣

右據異教攻儒專攻制度知制爲孔子所改

子路性鄙好勇力志伉直冠雄雞佩豭豚陵暴孔子孔子設禮稍誘子路子路後儒服委質因門人請爲弟子（史記仲尼弟子列傳）

冠雄雞佩豭豚可見春秋衣服甚詭聽人所爲或雄雞之冠爲當時勇士之服乎

孔子外變二三子之服（鹽鐵論殊路）

當時凡入儒教者必易其服乃號爲儒可望而識略如今僧道衣服之殊異矣

魯哀公問於孔子曰夫子之服其儒服與孔子對曰丘少居魯衣縫掖之衣長居宋冠章甫之冠丘聞之也君子之學也博其服也鄉丘不知儒服（禮記儒行）

儒服衣因魯制冠因宋制可考見儒服所自來亦如殷輅周冕合集而成哀公蓋聞人有儒服之名而問之孔子託於鄉服而答之然衣朝鮮之衣冠本朝之冠雖生長異地而裝束雜還苟非刱制亦覺不倫矣

魯哀公問於孔子曰紳委章甫有益於仁乎孔子蹴然曰君號然也資衰苴杖者不聽樂非耳不能聞也服使然也黼衣黻裳者不茹葷非口不能味也服使然也且丘聞之好肆不守折長者不爲市竊其有益與其無益君其知之矣荀子哀公問

儒者創爲儒服時人多有議之者亦以爲行道自行道無須變服之詭異豈知易其衣服而不從其禮樂喪服人得攻之若不易其服人得逍於禮樂喪服之外人不得議之此聖人不得已之苦心故立改正朔易服色之制佛亦必令去髮衣袈裟而後皈依也

莊子見魯哀公哀公曰魯多儒士少爲先生方者莊子曰魯少儒哀

公曰舉魯國而儒服何謂少乎莊子曰周聞之儒者冠圜冠者知天時履句屨者知地形緩佩玦者事至而斷君子有其道者未必爲其服也爲其服者未必知其道也公固以爲不然何不號於國中曰無此道而爲此服者其罪死於是哀公號之五日而魯國無敢儒服者獨有一丈夫儒服而立乎公門公卽召而問以國事千轉萬變而不窮莊子曰以魯國而儒者一人耳可謂多乎（莊子田子方）

莊子固多寓言而魯人化孔子之教舉魯國皆儒服則當時實事矣

進賢冠古緇布冠也文儒者之服也（後漢輿服志）

漢世用孔子之制緇布冠卽玄卽章甫孔子所創之儒冠至是行於天下

右明儒服爲孔子創制

九月紀履綸來逆女傳曰外逆女不書此何以書譏何譏爾譏始不

親迎也始不親迎昉於此乎前此矣前此則曷爲始乎此託始焉爾曷爲託始焉爾春秋之始也（公羊隱二年）

夫人姜氏至自齊其不言翬之以來何也公親受之于齊侯也子貢曰冕而親迎不已重乎孔子曰合二姓之好以繼萬世之後何謂已重乎（穀梁桓公三年）

古未嘗有親迎之禮尊男卑女從古已然孔子始發君聘於臣男先下女創爲親迎之義故當時陳於哀公公訝其重蓋爲孔子空言也託於紀履繻逆女之事譏其非禮以著春秋一王之大義後世行親迎之禮是用此制通於此制而後敬之如賓夫婦之道乃不苦穀梁同義僞左以卿爲君逆女則是巡撫委道員往直隸迎婦何足勞孔子之筆削哉

公曰寡人願有言然冕而親迎不已重乎孔子愀然作色而對曰合二姓之好以繼先聖之後以爲天地宗廟社稷之主君何謂已重乎

大戴禮記
哀公問

孔子最重父子然夫婦不重則父子不親故特制親迎之禮以重其事至於服冕以事非先王故哀公疑之

孔子曰易本陰陽以譬於物也撥序帝乙箕子高宗著德易者所以昭天道定王業也上術先聖考諸近世采美善以見王事言帝乙箕子高宗明有法也美帝乙之嫁妹順天地之道以立嫁娶之義義立則妃匹正妃匹正則王化全易緯卷上

取妻身迎祇禍為僕秉轡授綏如仰嚴親昏禮威儀如承祭祀墨子非儒

儒者迎妻妻之奉祭祀子將守宗廟故重之上同

古者夫婦之好一男一女而成家室之道及後士一妾大夫二諸侯有姪娣九女而已鹽鐵論散不足

此條猶可考舊制男女平等自後世尊陽抑陰乃廣備妾媵以繁子姓泰西一男一女猶中國古法也

右明孔子親迎之制

公儀仲子之喪檀弓免焉仲子舍其孫而立其子檀弓曰何居我未之前聞也趨而就子服伯子於門右曰仲子舍其孫而立其子何也伯子曰仲子亦猶行古之道也昔者文王舍伯邑考而立武王微子舍其孫腯而立衍也夫仲子亦猶行古之道也子游問諸孔子孔子曰否立孫禮記檀弓

孔子三統雖有世有及而春秋之制尊尊多義節法夏法文篤世子立嗣予孫公羊明大居正之義儀禮有承重之服與檀弓此條皆明世嫡至今制襲爵猶行之名分既定民無爭心立子舊制也立孫孔子所改之制也

主天法商而王其道佚陽親親而多仁樸故立嗣予子篤母弟妻以子貴繁露三代改制

右明孔子立嗣之制

宰我問三年之喪期已久矣君子三年不爲禮禮必壞三年不爲樂樂必崩舊穀既沒新穀既升鑽燧改火期可已矣子曰食夫稻衣夫錦於女安乎曰安女安則爲之夫君子之居喪食旨不甘聞樂不樂居處不安故不爲也今女安則爲之宰我出子曰予之不仁也子生三年然後免於父母之懷夫三年之喪天下之通喪也予也有三年之愛於其父母乎論語陽貨

宰我爲孔門高弟威德大賢後世不肖之人猶能勉而行三年之喪豈有宰我反欲短喪者證以滕國父兄百官之不欲滕魯先君莫之行可知大周通禮本無此制孔子厚於父子故特加隆爲三年禮記三年問云至親以期斷孟子公孫丑曰爲朞之喪猶愈於已與宰我所稱可已矣可見古制父母朞年墨子公孟子謂墨子子以三年之喪爲非子之三月之喪亦非也墨子謂子以三年之喪非三月之喪是猶果謂撅者不恭也三月之喪墨子改制墨子

非儒故攻三年之喪以均非時制皆是創義故謂同爲不恭也

儒者曰親親有術尊賢有等言親疏尊卑之異也其禮曰喪父母三年其妻後子三年伯父叔父弟兄庶子期戚族人五月墨子非儒

此數條雖攻儒之言然從仇家之辭更可證改制之實若三年喪親迎好樂立命果是三王之制墨子稱述三代者豈能非之

子墨子謂公孟子曰喪禮君與父母妻後子死三年喪服伯父叔父兄弟期族人五月姑姊舅甥皆有數月之喪或以不喪之間誦詩三百弦詩三百歌詩三百舞詩三百若用子之言則君子何日以聽治庶人何日以從事墨子公孟

大功廢業則小功不廢墨子不知此義其宗旨貴用故以此相難然所攻喪禮即今禮經所稱三百之詩即今詩經可見詩禮皆孔子之作

景公祭路寢聞哭聲問梁邱據對曰魯孔子之徒也其母死服喪三

年哭泣甚哀公曰豈不可哉晏子曰古聖人非不能也而不爲者知其無補於死者而深害生事故也墨子佚文

無補死者深害生事是墨子薄葬短喪之所由豈知乘車曠左齒馬有誅所以廣敬況罔極之恩創深痛巨三年之愛報以三年人人親親而天下平足立者數寸之土而翔步須廣庭大原若掂足而黃泉則數寸之土誰敢立之故莊子以爲離天下之心去王遠也

齊宣王欲短喪公孫丑曰爲朞之喪猶愈於已乎孟子曰是猶或紾其兄之臂子謂之姑徐徐云爾亦教之孝弟而已矣王子有其母死者其傅爲之請數月之喪公孫丑曰若此者何如也曰是欲終之而不可得也雖加一日愈於已謂夫莫之禁而弗爲者也孟子盡心

宰我稱舊穀既沒新穀既升鑽燧改火期已可矣禮記三年問稱至親以期斷此條公孫丑稱爲朞之喪而敘爲短喪蓋以孔子所改三年之制律之故以爲短喪以宰我之問及至親以期斷之說

考之當時蓋父母服期也今日本及歐洲各國皆服期亦用穀沒火改之義羅馬舊制則三年與孔子同孔子最本孝故以孝經傳

曾子以爲天經地義獨加隆爲三年也

晏子對曰西郭徒居布衣之士盆成括也父之孝子兄之順弟也又嘗爲孔子門人今其母不幸而死祔柩未葬家貧身老子孺恐力不能合祔是以悲也晏子春秋外篇

爲孔子門人從孔子之禮故當合葬與詩檀弓互證

景公上路寢聞哭聲曰吾若聞哭聲何爲者也梁丘據對曰魯孔丘之徒鞠語者也明於禮樂審於服喪其母死葬埋甚厚服喪三年哭泣甚疾同上

從儒教守儒律者喪服最其大別時人得而辨之

刻死而附生謂之墨刻生而附死謂之惑殺生而送死謂之賊大象其生以送其死使死生終始莫不稱宜而好善是禮義之法式也儒

者是矣荀子禮論

薄葬厚葬殉葬皆舊制也墨子修薄葬之義立短喪之制生不歌死不服桐棺三寸而無椁以為法式是之謂刻死而附生桓魋石椁三年不成孔子譏之是之謂刻生而附死秦穆之薨三良殉葬詩人哀之是之謂殺生而送死皆非儒者禮義之法式也以此證喪禮之制為孔子所改定無疑矣

故先王聖人安為之立中制節一使足以成文理則舍之矣然則何以分之曰至親以期斷是何也曰天地則已易矣四時則已偏矣其在宇中者莫不更始矣故先王案以此象之也然則三年何也曰加隆焉案使倍之故再期也由九月以下何也曰案使不及也故三年以為隆緦小功以為殺期九月以為閒上取象於天下取象於地中取則於人人所以羣居和一之理盡矣故三年之喪人道之至文者也夫是之謂至隆是百王之所同古今之所一也荀子禮論

儒者破家而葬服喪三年大毀扶杖世主以爲孝而禮之顯學 韓非子

孔子傳教蓋以三年喪爲第一義父子天性人心同具故易於感動世主以爲孝而禮之蓋孔教流行之實情也

季武子成寢杜氏之葬在西階之下請合葬焉許之入宮而不敢哭武子曰合葬非古也自周公以來未之有改也 禮記檀弓

繁露三代改制質文雖有別葬合葬而質家別葬文家合葬白虎通曰合葬所以固夫婦之道春秋定制蓋以合葬故詩云死則同穴孔子合葬於防與此互證舊制蓋別葬故檀弓以爲非古歟

孔子既得合葬於防曰吾聞之古也墓而不墳今丘也東西南北之人也不可以弗識也於是封之崇四尺 禮記檀弓

孔子尚魂貴精送形而往迎精而返故尙廟而不尙墓以周遊故識以四尺之墳否則不墳矣墳是權制墓是經制合葬是孔子定制

遣車視牢具疏布輤四面有章置於四隅載粻有子曰非禮也喪奠脯醢而已禮記雜記

喪奠脯醢蓋孔子所改之制而有子述之遣車視牢具蓋舊制也

夫三年之喪非强而致之聽樂不樂食旨不甘思慕之心未能絕也晚世風流俗敗嗜慾多禮義廢君臣相欺父子相疑怨尤充胸思心盡亡被衰戴絰戲笑其中雖致之三年失喪之本也淮南子本經訓

子生三年然後免於父母之懷故制喪三年所以報父母之恩也期年之喪通乎諸侯三年之喪通乎天子禮之經也同上

子夏三年之喪畢見於孔子孔子與之琴使之弦援琴而弦衎衎而樂作而曰先王制禮不敢不及也子曰君子也閔子騫三年之喪畢見於孔子孔子與之琴使之弦援琴而弦切切而悲作而曰先王制禮不敢過也孔子曰君子也子貢問曰閔子哀不盡子曰君子也子夏哀已盡子曰君子也賜也惑敢問何謂孔子曰閔子未盡能斷之

以禮故曰君子也子夏哀已盡能引而致之故曰君子也夫三年之喪固優者之所屈劣者之所勉齊宣王謂田過曰吾聞儒者喪親三年喪君三年君與父孰重田過對曰殆不如父重王忿然怒曰然則爲何去親而事君田過對曰非君之土地無以處吾親非君之祿無以養吾親非君之爵位無以尊顯吾親受之君致之親凡事君所以爲親也宣王邑邑而無以應說苑修文

惟儒者喪親乃服三年然則非儒者不爲三年喪可知此最明矣

右明喪葬之制爲孔子改定者

何言乎王正月大一統也何注夫王者始受命改制布政施教於天下自公侯至於庶人自山川至於草木昆蟲莫不一一繫於正月故云政教之始公羊隱公元年

周有千八國諸侯盡京師之地不足以容不合事理孝經緯附錄

王制有一千八百國之說此云不合事理則周時必無此制而爲

孔子所改者明矣百里亦孔子之制此發明孔子建國之義

李斯議曰周文武所封子弟同姓甚衆然後屬疏遠相攻擊如仇讎諸侯相誅伐周天子弗能禁止今海內賴陛下神靈一統皆爲郡縣諸子弟功臣以公賦稅重賞賜之甚足易制天下無異意則安寧之術也置諸侯不便史記秦始皇本紀

春秋開端發大一統之義孟荀並傳之李斯預聞斯義故請始皇罷侯爲郡縣固春秋義也有列侯則有相爭故封建誠非聖人意也

右孔子定削封建大一統之制

河陽冬言狩獲麟春言狩者蓋据魯變周之春以爲冬去周之正而行夏之時公羊哀公十四年何注

何氏言春言狩者變周之春以爲冬去周之正而行夏之時此說與論語顏淵問爲邦之說同苟非改制以爲百王法不幾聖人爲

悖理之尤哉然則歷學亦孔子所改定者

孔子承周之弊行夏之時知繼十一月正者當用十三月也天道左旋改正者右行何也改正者非改天道也但改日月耳日月右行故改正亦右行也 白虎通三正

右明授時乃孔子之制

聖人制井田之法而口分之一夫一婦受田百畝以養父母妻子五口爲一家公田十畝卽所謂什一而稅也廬舍二畝半凡爲田一頃十二畝半八家而九頃共爲一井故曰井田廬舍在內貴人也公田次之重公也私田在外賤私也 公羊宣公十五年何注

季康子欲以田賦使冉有訪諸仲尼仲尼不對私於冉有曰求來汝不聞乎先王制土籍田以力而砥其遠邇賦里以入而量其有無任力以夫而議其老幼於是乎有鰥寡孤疾有軍旅之出則徵之無則已其歲收田一井出稯禾秉芻缶米不是過也先王以爲足若子季

孫欲其法也則有周公之籍矣若欲犯法則苟而賦又何訪焉語國

魯爲秉禮之國季爲世祿之家先祖周公之籍尚不能守季雖不道當不如是此必無之事也蓋制土籍田實爲孔子定制但世多是古而非今故不得不託先王以明權且以遠禍矣井田孔子之制也

右明孔子制土籍田之制

當春秋時廢選舉之務置不肖於位輒退絕之以生過失至於君臣忿爭出奔國家之所以昏亂社稷之所以危亡故皆錄之錄所奔者爲受義者明當受賢者不當受惡人也公羊隱公元年何注

夏四月辛卯尹氏卒傳曰其稱尹氏何貶曷爲貶譏世卿世卿非禮也公羊隱公三年

世卿之制自古爲然蓋由封建來者也孔子患列侯之爭封建可削世卿安得不譏讀王制選士造士俊士之法則世卿之制爲孔

子所削而選舉之制爲孔子所創昭昭然矣選舉者孔子之制也

右明選舉爲孔子之制

殺人者死傷人者刑是百王之所同未有知其所由來者也荀子正論

舜命皋陶明於五刑宥過無大刑故無小虞書詳言之成王命康叔敬明乃罰殺越人于貨愍不畏死罔不憝康誥詳言之而議兵篇引帝堯之治天下也蓋殺一人刑二人而天下治正論篇引書曰刑罰世輕世重惡得謂未有知其所由來者哉況說者謂治古者無肉刑有象刑以爲治古如是又惡得謂是百王之所同哉此實爲孔子託先王以明改制之證也

右明孔子定刑罰之制

孔子曰丘吹律定姓一言得土曰宮三言得火曰徵五言得水曰羽七言得金曰商九言得木曰角樂緯

孔子吹律自知殷後論衡奇怪篇

繁露三代改制質文篇知殷德爲陽德以子爲姓周德爲陰德以姬爲姓又曰非聖人其誰知之然則姓者孔子所定也不然吹律而定雖師曠之聰所不能蓋聖人託言之耳姓者孔子之制也

孔子生不知其父若母匿之吹律自知殷宋大夫子氏之世也不按圖書不聞人言吹律精思自知其世聖人前知千歲之驗也 論衡實知

孔子創姓故託於吹律耳豈有吹律能定世乎

右明孔子定姓之義

子曰吾自衞反魯然後樂正雅頌各得其所 論語子罕

詩樂皆作於歸魯之後時孔子六十二歲矣

子曰先進於禮樂野人也後進於禮樂君子也如用之則吾從先進 論語先進

野人質家也君子文家也孔子作春秋改周之文從殷之質故從先進

孔子曰丘援律而吹命陰得羽之宮樂緯

孔子謂子夏曰禮以修外樂以制內丘已矣夫禮緯

禮者所以治人之魄也樂者所以治人之魂也魂魄治則內外修而聖人之能事畢矣禮樂爲孔子之制作故曰丘已矣夫

右明孔子定禮樂之義

六經所以明君父之尊天地之開闢皆有教也春秋緯說題辭

孔子論經有鳥化爲書孔子奉以告天赤雀集書上化爲黃玉刻曰孔提命作應法爲赤制春秋緯演孔圖

五經之興可謂作矣論衡對作

孔子作法五經運之天地稽之圖象質於三王施於四海同上

此爲孔子作六經之明證

孝經者篇題就號也所以表指括意敘中書名出義見道日箸孝經鉤命訣

孔子在庶惪無所施功無所就志在春秋行在孝經同上

孔子制作孝經使七十二弟子向北辰而磬折使曾子抱河洛事北向孔子簪縹筆絳單衣向北辰而拜孝經援神契

孔子曰欲觀我褒貶諸侯之志在春秋崇人倫之行在孝經孝經緯

徐子以告夷子夷子曰儒者之道古之人若保赤子此言何謂也孟子滕文

古之人如保赤子為書康誥文此為文武之道墨子諸篇莫不稱說文武安肯盡割以歸儒者取墨子一讀可見而夷子乃歸之於儒可知康誥為孔子之書而二十八篇之書亦皆出孔子矣若墨子所引之書乃墨子所定與孔子之經各別其或辭亦略同而義必相反可知其他篇名之同異多寡亦必不同其謂之同者當亦採之先王而附以己意各定其書以行其教令墨子中所引書篇如相年皆二十八篇之所無蓋墨子之論墨經指此與吾孔子之

經不相關其他經亦類此故謂六經皆孔子所作以此推之若王鳴盛孫星衍之徒引墨子之書以解百篇之逸偽彼未知學術之源固不足責此幸出孟子尤可信據也

恤由之喪哀公使孺悲之孔子學士喪禮士喪禮於是乎書禮記雜記

劉歆變亂後咸以禮為周公之制然恤由喪之前未有士喪禮士喪禮由此出則禮為孔子之所制作此條可為證據

王道缺而詩作周室廢禮義壞而春秋作詩春秋學之美者也皆衰世之造也儒者循之以教導於世豈若三代之盛哉淮南子氾論訓

以詩春秋為衰世之造儒者所教不若三代之盛則詩亦非三代之文可知蓋皆為孔子所作漢人皆知之

王制是孔子之後大賢所記先王之事五經異義

此尚知王制為孔門大賢之記異於以為文帝博士刺取者矣

孔子所以定五經者何以為孔子居周之末世王道凌遲禮樂廢壞

强陵弱衆暴寡天子不敢誅方伯不敢伐閔道德之不行故周流應聘冀行其道德自衞反魯自知不用故追定五經以行其道故孔子曰書曰孝乎惟孝友于兄弟施於有政是亦爲政也孔子未定五經如何周衰道微綱散紀亂五教廢壞故五常之經咸失其所象易失理則陰陽萬物失其性而乖設法謗之言並作書三千篇作詩三百篇而歌謠怨誹也白虎通五經

五經皆出於孔子所以不云作者以盤庚周誥諸篇之類實有舊文故云定也

仲尼不遇故論六經以俟來辟後漢張衡傳

張衡是古學何知六經爲孔子所論定

孔子不得富貴矣周流應聘行說諸侯智窮策困還定詩書論衡問孔

六經之文聖人之語動言天者欲化無道懼愚者之言非獨吾心亦天意也論衡譴告

孔子之門講習五經五經皆習庶幾之才也論衡別通

秦漢諸子無不以六經爲孔子所作者書言稽古使爲當時之史筆則無古可稽中國開於大禹當夏時必有征伐之威加於外夷者故世以中國爲中夏亦如秦漢唐之世交涉於外國者多故號稱中國爲大秦爲漢人爲唐人也當舜之時禹未立國安得有夏而舜典有蠻夷猾夏之語合此二條觀之書非聖人所作何人所作哉然則諸經亦莫不然矣

右明孔子作經以改制

門人南海康同懃　番禺羅潤楠初校

門人東莞葉衍華　番禺王覺任覆校

孔子改制考卷九終　東莞張伯楨再校

孔子改制考卷十

南海康有爲廣厦撰

六經皆孔子改制所作考

孔子爲教主爲神明聖王配天地育萬物無人無事無義不圍範于孔子大道中乃所以爲生民未有之大成至聖也而求孔子之大道乃無一字僅有弟子所記之語錄曰論語據赴告策書鈔謄之斷爛朝報曰春秋耳若詩書禮樂易皆伏羲夏商文王周公之舊典于孔子無與則孔子僅爲後世之賢士大夫比之康成朱子尙未及也豈足爲生民未有範圍萬世之至聖哉章實齋謂集大成者周公也非孔子也其說可謂背謬極矣然如舊說詩書禮樂易皆周公作孔子僅在明者述之之列則是說豈非實錄哉漢以來皆祀孔子爲先聖也唐貞觀乃以周公爲先聖而黜孔子爲先師孔子以聖被黜可謂極背謬矣然如舊說詩書禮樂易皆周公

作孔子僅在刪贊之列孔子之僅爲先師而不爲先聖比干伏生申公豈不宜哉然以詩書禮樂易爲先王周公舊典春秋爲赴告策書乃劉歆創僞古文後之說也歆欲奪孔子之聖而改其聖法故以周公易孔子也漢以前無是說也漢以前咸知孔子爲改制教主知孔子爲神明聖王莊生曰春秋經世先王之志荀子曰孔子明智且不蔽故其術足以爲先王也故宰我以爲賢于堯舜子貢以爲生民未有也孔子之爲教主爲神明聖王何在曰在六經六經皆孔子所作也漢以前之說莫不然也學者知六經爲孔子所作然後孔子之爲大聖爲教主範圍萬世而獨稱尊者乃可明也知孔子爲教主六經爲孔子所作然後知孔子撥亂世致太平之功凡有血氣者皆日被其殊功大德而不可忘也漢前舊說猶有存者披錄而發明之拯墜日于虞淵洗霿霧于千載庶幾大道復明聖文益昭焉

孔子所作謂之經弟子所述謂之傳又謂之記弟子後學展轉所口傳謂之說凡漢前傳經者無異論故惟詩書禮樂易春秋六藝爲孔子所手作故得謂之經如釋家佛所說爲經禪師所說爲論也弟子所作無敢僭稱者後世亂以僞古增以傳記樂本無文于是南朝增周禮禮記謂之七經唐又不稱春秋增三傳謂之九經宋明道時增孟子甚至增僞訓詁之爾雅亦冒經名爲十三經又增大戴記爲十四經僭僞紛乘經名謬甚朱子又分禮記大學首章爲經餘章爲傳則又以一記文分經傳益更異矣皆由不知孔子所作乃得爲經之義今正定舊名惟詩書禮樂易春秋爲六經而于經中雖繫辭之粹懿喪服之敦慤亦皆復其爲傳如論語孟子大小戴記之精粹亦不得不復其爲傳以爲經佐而爾雅僞左咸黜落矣今正明于此六經文辭雖孔子新作而書名實沿舊俗之名蓋無徵不信不信民弗從欲國人所共尊而易信從也

詩舊名有三千餘篇今三百五篇爲孔子作齊魯韓三家所傳是也

詩皆孔子作也古詩三千孔子間有採取之者然清廟生民皆經塗改堯典舜典僅備點竄既經聖學陶鑄亦爲聖作況六經同條詩春秋表裏一字一義皆大道所託觀墨氏所攻及儒者所循可知爲孔子之辭矣

子墨子謂公孟子曰喪禮君與父母妻後子死三年喪服伯父叔父兄弟期族人五月姑姊舅甥皆有數月之喪或以不喪之間誦詩三百弦詩三百歌詩三百舞詩三百若用子之言則君子何日以聽治庶人何日以從事、墨子公孟

墨子開口便稱禹湯文武而力攻喪禮三年期月之服非儒篇稱爲其禮以此禮專屬之儒者而儒在當時與楊墨對舉爲孔子教號見儒爲孔子創教及儒墨對舉篇則此禮及詩非孔子所作而何三百之數亦

衍弦誦歌舞與禮記王制世子學禮學詩可與可立乃孔門雅言而墨子攻之以爲君子無暇聽治庶人無暇從事反而觀之則詩三百爲孔子所作至明據矣

詩春秋學之美者也皆衰世之造也儒者循之以教導於世豈若三代之盛哉以詩春秋爲古之道而貴之又有未作詩春秋之時淮南子氾論訓

春秋之爲孔子作人皆知之詩亦爲孔子作人不知也儒者多以二學爲教蓋詩與春秋尤爲表裏也儒者乃循之以教導于世則老墨諸子不循之以教可知也詩作于文武周公成康之盛又有商湯伊尹高宗而以爲衰世之造非三代之盛故以爲非古非孔子所作而何

右詩爲孔子所作

書 舊名舊有三千餘篇百二十國今二十八篇孔子作伏生所傳

本是也

堯典皋陶謨棄稷謨禹貢洪範皆孔子大經大法所存其文辭自堯典光被四表格于上下九族既睦平章百姓協和萬邦暘谷幽都南訛朔易禹貢之旣修太原至于岳陽覃懷厎績至于衡漳九山刊旅九川滌源九澤既陂四海會同六府孔修四事交正皆整麗諧雅與易乾坤卦辭雲行雨施品物流形大明終始六位時乘雲從龍風從虎聖人作萬物覩本乎天者親上本乎地者親下略同皆純乎孔子之文也況堯典制度巡狩語辭與王制全同洪範五行與春秋災異全同故爲孔子作也其般盤周誥呂刑聱牙之字句容據舊文爲底草而大道皆同全經孔子點竄故亦爲孔子之作

問說書者欽明文思以下誰所言也曰篇家也篇家誰也孔子也然則孔子鴻筆之人也自衛反魯然後樂正雅頌各得其所也鴻筆之

奮蓋斯時也論衡須頌

說書自欽明文思以下則自堯典直至秦誓言全書也直指為孔子稱為鴻筆著作于自衛反魯之時言之鑿鑿如此仲任頗雜古學何以得此蓋今學家所傳授故微言時露今得以考知書全為孔子所作賴有此條仲任亦可謂有非常之大功也存此可謂尙書為孔子所作之鐵案

夷子曰儒者之道古之人若保赤子此言何謂也孟子滕文公上

古之人若保赤子在今書康誥中考墨子動稱三代聖王文武動引書則康誥亦墨者公有之物斷不肯割歸之於儒夷子欲援儒入墨以其道治其身以彼教之書說人必不見聽引儒書以折儒乃能相服然則二十八篇之中康誥夷子稱為儒者之道與彼墨教無關雖為文武之道實是儒者之道以此推之二十八篇皆儒書皆孔子所作至明若夫墨子所引之書乃墨子所刪定與孔子

雖同名而選本各殊卽有篇章辭句取材偶同而各明其道亦自大相反如墨子兼愛篇周詩曰王道蕩蕩不偏不黨王道平平不黨不偏其直如矢其易若底君子之所履小人之所視孔子於王道四語乃採之爲洪範其直如矢四語採之爲大雅而墨子則以爲詩今無從考其是詩是書要孔墨之各因舊文剪裁爲書可見矣若七患篇所引禹七年水湯七年旱皆今書所無若孔書甘誓墨子明鬼則作禹誓其中有曰日中今予與有扈氏爭一日之命且爾卿大夫庶人予非爾田野葆士之欲也予共行天之罰也五語皆孔書所無蓋墨子所定也若湯誓則作湯說是又篇名互岐若非樂所引武觀曰啟乃淫溢康樂野于飲食將將銘莧磬以力湛濁于酒渝食于野萬舞翼翼章聞于天天用弗式非命篇所引禹之總德有之曰允不著惟天民不而葆旣防凶心天加之咎不愼厥德天命焉葆此皆篇名與辭皆今書所無者又非樂所引湯

之官刑有之曰其恒舞于宮是謂巫風其刑君子出絲二衞小人否似二伯黃徑乃言曰嗚呼舞侔侔黃言孔章上帝弗祥九有以亡上帝不順降之百殃其家必壞喪尙同引先王之書術令之道曰惟口出好興戎又引先王之書相年之道曰夫建國設都乃作后王君公否用泰也輕大夫師長否用佚也維辯使治天均皆今書所無惟王肅僞古文採其辭而亦不敢用其篇名其他秦誓仲虺之告皆然可知孔墨之引書雖同其各自選材成篇絕不相同知墨子之自作定一書則知孔子之自作定一書矣對勘可明

右書爲孔子所作

禮 舊名三代列國舊制見予所著舊制考今十七篇孔子作高堂生傳木是也即今儀禮今文十七篇皆完好爲孔子完文漢前皆名爲禮無名儀禮亦無名士禮者自劉歆僞作周官自以爲經禮而抑孔子十七篇爲儀禮又僞天子巡狩等禮三十九篇今目爲

逸禮而抑儀禮爲士禮辨詳僞經考

文王兄禮壞樂崩道孤無主故禮經三百威儀三千禮緯命徵

王徵期謂文王即孔子

恤由之喪哀公使孺悲之孔子學士喪禮士喪禮于是乎書禮記雜記

士喪禮在儀禮中後世皆以爲周公舊禮然既是大周通禮爲秉禮之邦哀公爲周藩侯恤由之喪哀公命禮官開具典禮儀注可矣何待問之孔子何待尊人詣孔子受學且士喪禮既爲大周通禮則行之天下頒之邦國家有其書綴學之士皆能知之何待孔子又何爲至此于是乎書也士喪禮出于孔子至孺悲而後學恤由之喪而後書非孔子所作而何孔子制作已久至哀公使孺悲來學乃寫授之以爲國禮自此始也士喪禮一盤執事者四人故晏嬰墨翟譏孔子盛容飾繁登降又謂窮年積財不能殫其禮墨翟譏厚葬久喪皆與今士喪禮合墨子日稱禹湯文武而敢肆

意攻擊故知喪禮爲孔子所制作而非禹湯文武之制作也

宰我問三年之喪期已久矣君子三年不爲禮禮必壞三年不爲樂樂必崩舊穀既沒新穀既升鑽燧改火期可已矣子曰食夫稻衣夫錦於女安乎曰安女安則爲之夫君子之居喪食旨不甘聞樂不樂居處不安故不爲也今女安則爲之宰我出子曰予之不仁也子生三年然後免於父母之懷夫三年之喪天下之通喪也予也有三年之愛於其父母（論語陽貨）

宰我爲聖門高弟大賢若三年之喪是當時國制天下人人皆已服從今日雖極不肖之人不能守禮亦必勉强素服從未聞有發言吐論以爲應改短爲期喪者豈有聖門高弟大賢而背謬惡薄若此即使背謬惡薄亦不過私居失禮而已奚有公然與師長辨攻時王之制以爲只可服期不應三年之久者且此事既是時王之制與孔子辨亦無益即孔子從之亦當上書時王言之而二千

年來亂篡弒賊之人踵接肩望亦未聞有人敢改短喪者匪特不敢改亦未有人敢言短喪者但日益加隆如舅姑加三年妾母加期嫂叔加大功而已而高弟大賢乃敢犯大不韙為必不可之舉以攻時王之制有是理乎蓋三年喪為孔子所改故宰我據舊俗服期以與孔子商略謂孔子何必增多為三年蓋當創改之時故弟子得以質疑問難也論語此條古今皆疑不能明非通當時改制之故宜其不能明也

子張問曰書云高宗諒闇三年不言何謂也子曰何必高宗古之人皆然論語憲問

高宗諒闇既見于書而子張尚疑問其有否則當時絕無故子張不信而疑問之也若如後世誰不行三年之喪豈足疑問孔子援引只得一高宗乃告子張曰古之人皆然若皆然則高宗何獨稱而子張何必疑問蓋孔子所改制故子張疑而問之

儒者曰親親有術尊賢有等言親疏尊卑之異也其禮曰喪父母三年其妻後子三年伯父叔父弟兄庶子其戚族人五月若以親疏爲歲月之數則親者多而疏者少矣是妻後子與父同也若以尊卑爲歲月數則是尊其妻子與父母同而親伯父宗兄而卑子也逆孰大焉其親死列尸弗登屋窺井挑鼠穴探滌器而求其人焉以爲實在則戇愚甚矣如其亡也必求焉僞亦大矣取妻身迎祗褍爲僕秉轡授綏如仰嚴親昏禮威儀如承祭祀顛覆上下悖逆父母下則妻子妻子上侵事親若此可謂孝乎儒者迎妻妻之奉祭祀子將守宗廟故重之應之曰此誣言也其宗兄守其先宗廟數十年死喪之其兄弟之妻奉其先之祭祀弗散則喪妻子三年必非以守奉祭祀也夫憂妻子以大負絫有曰所以重親也爲欲厚所至私輕所至重豈非大姦也哉墨子非儒

諸子羣書皆以儒墨對舉雖孟子亦云逃墨必歸於楊逃楊必歸

於儒又標名墨者夷之下云儒者之道若是之類不勝枚舉已見儒墨對舉相攻等篇墨子開口便稱禹湯文武若儒爲禹湯文武之舊墨子不敢肆口慢罵韓非謂儒之所至孔子也故知儒爲孔子創教之名故墨子指其名述其說而攻之喪父母妻後子三年伯父叔父弟子期升屋而號娶妻親迎皆今之儀禮而墨子攻儒者謂爲其禮是於墨氏無預者詈爲大逆大僞戇愚誣言大姦則禮爲孔子之制而非禹湯文武之制儀禮一書爲孔子所作而非周公所作可爲明據

公孟子謂子墨子曰子以三年之喪爲非子之三月之喪亦非也子墨子曰子以三年之喪非三月之喪是猶果謂撅者不恭也公孟子謂子墨子曰知有賢於人則可謂知乎子墨子曰愚之知有以賢於人而愚豈可謂知矣哉公孟子三年之喪學吾之慕父母子墨子曰夫嬰兒子之知獨慕父母而已父母不可得也然號而不止此其故

何也卽愚之至也然則儒者之知豈有以賢于嬰兒子哉墨子公孟

孔子創三年之喪墨子創三月之喪蓋當時喪禮無定制故聽教主隨意改作漢時尚無喪制故翟方進服喪三十六日王侚服喪六年至晉武帝乃始定從孔子之制服喪三年孔子謂予也有三年之愛於其父母故公孟子亦謂三年之喪學吾之慕父母

滕定公薨世子謂然友曰昔者孟子嘗與我言於宋於心終不忘今也不幸至於大故吾欲使子問於孟子然後行事然友之鄒問於孟子孟子曰不亦善乎親喪固所自盡也曾子曰生事之以禮死葬之以禮祭之以禮可謂孝矣諸侯之禮吾未之學也雖然吾嘗聞之矣三年之喪齊疏之服飦粥之食自天子達於庶人三代共之然友反命定爲三年之喪父兄百官皆不欲曰吾宗國魯先君莫之行吾先君亦莫之行也至於子之身而反之不可且志曰喪祭從先祖曰吾有所受之也孟子滕文

孟子所謂禮者三年之喪齊疏之服飦粥之食乃今儀禮士喪禮
中之制古今所通而滕之父兄百官皆不欲則如今之親郡王貝
勒貝子至四品宗室大學士至翰詹科道以下會議皆不盡諾矣
如果大周通禮大周會典大周律例有此定制滕之人臣雖背謬
何至舉國若狂昏號秉禮之邦何以自周公伯禽至平公無一服
從周制者滕則自叔繡至文公數十君亦皆顯悖王朝定制自成
康至宣王王靈赧翟獨不畏變禮易服則君流乎又著明志亦無
之則當時會典通禮無三年之制至明然則此禮非孔子所作而
、何與宰我問短喪合觀之其義自明
處喪之法將奈何哉曰哭泣不秩聲翁縗絰垂涕處倚廬寢苫枕凷
又相率強不食而為飢薄衣而為寒使面目陷隰顏色黧黑耳目不
聰明手足不勁強不可用也又曰上士之操喪也必扶而能起杖而
能行以此共三年若法若言行若道使王公大人行此則必不能蚤

朝五官六府辟草木實倉廩使農夫行此則必不能蚤出夜入耕稼樹藝使百工行此則必不能修舟車爲器皿矣使婦人行此則必不能夙興夜寐紡績織紝細計厚葬爲多埋賦之財者也計久喪爲久禁從事者也財以成者扶而埋之後得生者而久禁之以此求富此譬猶禁耕而求穫也富之說無可得焉是故求以富家而既已不可矣欲以衆人民意者可邪其說又不可矣今惟毋以厚葬久喪者爲政君死喪之三年父母死喪之三年妻與後子死者五皆喪之三年然後伯父叔父兄弟孽子其族人五月姑姊甥舅皆有月數則毀瘠必有制矣使面目陷陬顏色黧黑耳目不聰明手足不勁强不可用也又曰上士操喪也必扶而能起杖而能行以此共三年若法若言行若道苟其飢約又若此矣是故百姓冬不仞寒夏不仞暑作疾病死者不可勝計也墨子節葬

哭泣不絕聲縗絰倚廬寢苫枕由三年期月喪服皆今儀禮喪服

之制而墨子攻之墨子曰稱禹湯文武若是三代先王舊制墨子
不敢肆攻其爲孔子所作可見

景公上路寢聞哭聲曰吾若聞哭聲何爲者也梁邱據對曰魯孔丘之徒鞠語者也明于禮樂審于服喪其母死葬埋甚厚喪三年哭泣甚疾公曰豈不可哉而色說之晏子曰古者聖人非不知能繁登降之禮制規矩之節行表綴之數以教民以爲煩人留日故制禮不羨於便事非不知能揚干戚鐘鼓竽瑟以勸衆也以爲費財留工故制樂不羨於和民非不知能累世殫國以奉死哭泣處哀以持久也而不爲者知其無補死者而深害生者故不以導民（晏子外篇）

惟孔子之徒乃能明于禮樂審于服喪三年哭泣而晏子攻之益可知禮樂爲孔子所作凡此皆從鄰證而得之

右禮爲孔子所作

樂　舊名鄭衛之聲倡優侏儒獶雜子女是令六代之樂黃帝咸池

堯大章舜大韶禹大夏湯大頀文王象武王武皆孔子作制氏所
傳是也孔子新作雅樂故放鄭聲鄭聲之名爲鄭如今崑曲弋陽
腔之以地得名也蓋當時所風行天下者非徒一國之樂

子墨子曰問於儒者何故爲樂曰樂以爲樂也子墨子曰子未我應
也今我問曰何故爲室曰冬避寒焉夏避暑焉室以爲男女之別也
則子告我爲室之故矣今我問曰何故爲樂曰樂以爲樂也是猶曰
何故爲室曰室以爲室也墨子公孟

墨子問儒者何故爲樂然則非儒者不爲樂矣儒爲孔子所創故
知樂爲孔子所制墨子乃敢肆其輕薄詆誹也樂所以爲樂懽樂
之義乃眞爲樂之故也墨子乃云猶室以爲室戲侮之甚可見異
教相攻無所不至此孟荀所不能不發憤者歟

是故子墨子曰爲樂非也何以知其然也曰先王之書湯之官刑有
之曰其恒舞于宮是謂巫風其刑君子出絲二衞小人否似二伯黃

徑乃言曰嗚呼舞佯佯黃言孔章上帝弗常九有以亡上帝不順降之百殃其家必壞喪察九有之所以亡者徒從飾樂也於武觀曰啟乃淫溢康樂野于飲食將將銘莧磬以力湛濁于酒渝食于野萬舞翼翼章聞于天天用弗式故上者天鬼弗戒下者萬民弗利是故子墨子曰今天下士君子誠將欲求興天下之利除天下之害當在樂之為物將不可不禁而止也（墨子非樂）

王者治定制禮功成作樂未制作之時取先王之禮樂宜于今者用之堯曰大章舜曰簫韶夏曰大夏殷曰大護周曰大武各取其時民所樂者名之（公羊隱五年何注）

黃帝之樂曰咸池（樂緯聲儀）

顓頊之樂曰五莖

帝嚳之樂曰六英

堯樂曰大章

舜樂曰簫韶

禹樂曰大夏

殷樂曰大護

周曰酌

孔子曰簫韶者舜之遺音也並同上

樂則韶舞論語顏淵

故春秋應天作新王之事時正黑統王魯尚黑絀夏親周故宋樂宜親招武故以虞錄親樂繁露三代改制

樂聲要眇其傳最難以其音節鏗鏘寄之于聲易于變失三百篇之古樂存于漢者大戴投壺僅存關雎卷耳葛覃鵲巢騶虞鹿鳴白駒伐檀等八篇漢人樂府至六朝僅存上之回艾如張將進酒廿四曲六朝樂府至唐僅存淸波白鳩烏棲子夜等六十四曲唐之黃河遠上見于宋吳曾能改齋漫錄尙有音節餘則亡矣宋詞

之九張機滚板尾聲至元而亡元九宮曲譜北曲亦至今亡矣晋荀勖復古樂之八十四調至龜茲樂入而廢耶律破晋而取之宋金則亡之矣龜茲四旦二十八調至宋而亡宋之十六字調至元而亡元九調工上尺合士生一凡五六今則僅用七字調而已通計古今樂無能久存者漢以後文字日備然自漢至元三百年前之樂無一存者即樂器亦自琴瑟易而箏琶今則箏琶亦廢曲聲之存于今者最古僅有明嘉靖之崑曲然自梆子亂彈出後亦幾等廣陵散矣嘉靖去今僅三百餘歲若嘉靖前之樂則無幾微之存漢章帝謁魯孔子廟堂尚能陳六代之樂安有黄帝堯舜至章帝將三千年而咸池韶樂乃能存乎觀墨子之所攻故知孔子之制作明矣韶樂託之於舜有揖讓之盛德民主之大公尤孔子所願望故春秋錄之制氏傳其鏗鏘鼓舞是也漢藝文志雅琴五種孔子之樂聲哉又有周歌聲曲折七十篇久佚矣

子墨子謂公孟子曰喪禮君與父母妻後子死三年喪服伯父叔父兄弟期族人五月姑姊舅甥皆有數月之喪或以不喪之間誦詩三百弦詩三百歌詩三百舞詩三百若用子之言則君子何日以聽治庶人何日以從事公孟子曰國亂則治之治則爲禮樂國治則從事國富則爲禮樂子墨子曰國之治治之廢則國之治亦廢國之富也從事故富也從事廢則國之富亦廢故雖治國勸之無饜然後可也今子曰國治則爲禮樂亂則治之是譬猶噎而穿井也死而求醫也古者三代暴桀紂幽厲薾爲聲樂不顧其民是以身爲刑僇國爲戾虛者皆從此道也墨子公孟

攻服喪及誦詩無暇聽治從事富而後教文以禮樂攻爲噎而穿井死而求醫此墨子偏攻詩禮樂者指明喪禮歌詩三百舞詩三百弦詩三百而後攻之可爲禮詩樂皆孔子作之明證若出于三代先王墨子不應歸之儒者而攻之

子墨子謂程子曰儒之道足以喪天下者四政焉儒以天爲不明以鬼爲不神天鬼不說此足以喪天下又厚葬久喪重爲棺槨多爲衣衾送死若徙三年哭泣扶後起杖後行耳無聞目無見此足以喪天下又弦歌鼓舞習爲聲樂此足以喪天下墨子公孟

墨子攻儒而述其喪禮曰重爲棺槨多爲衣衾三年哭泣弦歌鼓舞習爲聲樂皆孔子儀禮詩樂之說故知禮樂爲孔子作而非先王

仲尼之齊見景公景公說之欲封之以爾稽以告晏子晏子對曰不可彼浩裾自順不可以教下好樂緩於民不可使親治立命而建事不可守職厚葬破民貧國久傷道哀費日不可使子民行之難者在內而傳者無其外故異於服勉於容不可以道衆而馴百姓自大賢之滅周室之卑也威儀加多而民行滋薄聲樂繁充而世德滋衰今孔丘盛聲樂以侈世飾弦歌鼓舞以聚徒繁登降之禮趨翔之節以

觀衆博學不可以儀世勞思不可以補民兼壽不能殫其教當年不能究其禮積財不能贍其樂繁飾邪術以營世君盛爲聲樂以淫愚其民（晏子外篇）

晏子曰夫儒浩居而自順者也不可以教下好樂而淫人不可使親治立命而怠事不可使守職宗喪循哀不可使慈民機服勉容不可使導衆孔某盛容脩飾以蠱世弦歌鼓舞以聚徒繁登降之禮以示儀務趨翔之節以勸衆儒學不可使議世勞思不可以補民絫壽不能盡其學當年不能行其禮積財不能贍其樂繁飾邪術以營世君盛爲聲樂以淫遇民（墨子非儒）

墨子尚儉故稱晏子攻孔子盛聲樂以淫民侈世飾弦歌鼓舞繁登降趨翔以聚徒觀衆今考儀禮登降趨翔之節最繁諸生以時習禮其家最盛至于高祖圍魯弦歌之音不輟故知禮樂二經爲孔子所制若夫當時淫禮俗樂則是時固有之孔門所不聽亦非

墨子之所攻也

右樂爲孔子所作

易　舊名孔子卜得陽豫又得坤乾是今上下二篇孔子作楊何施孟梁丘京所傳本是也卦彖爻象之辭皆散附本卦僞古本分之抑爲十翼亂孔子篇數之次第者也繫辭太史公自序稱爲大傳則傳而非經說卦出宣帝河內老屋與序卦雜卦皆僞書非孔子作

西伯蓋卽位五十年其囚羑里蓋益易之八卦爲六十四卦（史記周本紀）

自伏羲作八卦周文王演三百八十四爻而天下治（史記日者傳）

易始八卦而文王六十四其益可知也（法言問神篇）

是以宓犧氏之作易也緜絡天地經以八卦文王附六爻孔子錯其象而彖其辭（漢書楊雄傳）

易曰宓戲氏仰觀象於天俯觀法於地觀鳥獸之文與地之宜近取

諸身遠取諸物于是始作八卦以通神明之德以類萬物之情至于殷周之際紂在上位逆而暴物文王以諸侯順命而行道天人之占可得而効于是易重六爻漢書藝文志

易言伏羲作八卦前是未有八卦伏羲造之故曰作也文王圖八自演爲六十四故曰衍論衡對作

伏羲得八卦非作之文王得成六十四非演也論衡正說

伏羲作八卦文王演爲六十四孔子作彖象繫辭三聖重業易乃具足論衡謝短

據史記周本紀曰者傳法言問神篇漢書藝文志楊雄傳論衡對作篇皆謂文王重卦爲六十四卦三百八十四爻無有以爲作卦辭者是自漢以前皆以爲孔子作無異辭惟王輔嗣以六十四卦爲伏羲所自重周易正義論卦辭爻辭誰作云一說以卦辭爻辭並是文王所作按繫辭云易之興也其于中古乎作易者其有憂

患乎又曰易之興也其當殷之末世周之盛德耶當文王與紂之事耶鄭學之徒並依此說也則影響附會妄變楊何傳史公之眞說其可信乎至周公作爻辭之說西漢前無之漢書藝文志云人更三聖韋昭注曰伏羲文王孔子即正義所引乾鑿度云垂皇策者犧卦道演德者文成命者孔通卦驗又云蒼牙通靈昌之成孔演命明道經晉紀瞻曰昔庖犧畫八卦陰陽之理盡矣文王仲尼係其遺業三聖相承共同一致稱易準天無復其餘也（見晉書紀瞻傳）亦無有及周公者唯左傳昭二年韓宣子來聘見易象與魯春秋曰吾乃今知周公德涉及周公此蓋劉歆竄亂之條與今學家不同歆周官爾雅月令無事不託於周公易爻辭之託于周公亦此類唯馬融學出于歆故以爲爻辭周公所作（見周易正義論卦辭爻辭誰作）或以爻辭並是文王作周易正義論卦辭爻辭誰作云以爲驗爻辭多是文王後事升卦六四王用享于岐山武王克殷之後始追號文王

爲王若爻辭是文王所制不應云王用享于岐山又明夷六五箕子之明夷武王觀兵之後箕子始被囚奴文王不宜豫言箕子之明夷又既濟九五東鄰殺牛不如西鄰之禴祭說者皆云西鄰謂文王東鄰謂紂文王之時紂尚南面豈容自言已德受福勝殷又欲抗君之國遂言東西相鄰而已如正義言爻辭又不得爲文王作則藝文志謂文王重易六爻作上下篇者謬矣三聖無周公然則舍孔子誰作之哉故易之卦爻始畫于犧文易之辭全出于孔子十翼之名史遷父受易于楊何未之聞殆出于劉歆之說按史記孔子世家有文言說卦而無序卦雜卦漢藝文志亦無雜卦論衡正說孝宣皇帝之時河內女子發老屋得逸易禮尚書各一篇奏之宣帝下示博士然後易禮尚書各益一篇此說易益一篇蓋說卦也隋志及秦焚書周易獨以卜筮得存唯失說卦三篇後河內女子得之易既以卜筮得存自商瞿傳至楊何以至史遷未嘗

云亡失又未嘗有序卦雜卦論衡以說卦出于宣帝時則史遷所未覩其爲後出之僞書孔子世家爲僞竄可知王充云益易一篇隋志云失三篇因河內得之事而附序卦雜卦是序卦雜卦爲劉歆僞作可見三篇非孔子作明矣繫辭歐陽永叔葉水心以爲非孔子作考其辭頻稱子曰蓋孔子弟子所推補者故史遷以爲大傳也彖象與卦辭爻辭相屬分爲上下二篇乃孔子所作原本歆以上下二篇屬之演爻之文王旣不可通因以已所僞作之序卦雜卦附之河內女子所得之事而以爲孔子作十篇爲十翼奪孔子所作而與之文王周公以己所作而冒之孔子譸張爲幻可笑可駭然孔子作傳而非經易有十翼而非止上下二篇則二千年相沿無有能少窺其作僞之迹者矣今援引漢以前說發露大旨

定易上下二篇爲孔子所作

伏犧作八卦丘合而演其文讀而出其神作春秋以改亂制春秋緯

此條則以演六十四卦亦歸孔子矣然謂演其文或指八卦之辭言之而六十四卦仍文王所演歟但文辭則一字皆孔子所作

右易爲孔子所作

春秋　舊名墨子云百國春秋公羊云不脩春秋楚語教之春秋是今十一篇孔子作公羊穀梁所傳胡毋生董子所傳本是也春秋爲孔子作古今更無異論但僞古學出力攻改制并剗削筆削之義以爲赴告策書孔子據而書之而善惡自見杜預倡之朱子尤主之若此則聖人爲一謄錄書手何得謂之作乎今特辨此言作春秋者不勝錄略引數條以成例爾

孔子懼作春秋春秋天子之事也孔子曰知我者其惟春秋乎罪我者其惟春秋乎　孟子盡心

孔子成春秋而亂臣賊子懼　孟子滕文

王者之迹熄而詩亡詩亡然後春秋作　孟子離婁

孔子作春秋先正王而繫萬事見素王之文焉（漢書董仲舒傳）

仲尼之作春秋也上探正天端（繁露俞序）

孔子受端門之命制春秋之義使子貢等十四人求周史記得百二十國寶書九月經立（春秋緯攷異郵）

孔子作春秋陳天人之制記異考符（春秋緯握誠圖）

哀十四年春西狩獲麟作春秋九月書成（春秋緯演孔圖）

孔子曰丘作春秋始于元終于麟王道成也（春秋緯元命苞）

孔子曰丘作春秋天授演孔圖（春秋緯演孔圖）

孔子曰詩人疾之不能默丘疾之不能伏是以東西南北七十說而不用然後退而修王道作春秋垂之萬世之後天下折中焉（鹽鐵論相刺）

孔子因史記作春秋上至隱公下訖哀公十四年十二公據魯親周故殷運之三代約其文而指博（史記孔子世家）

周德不亡春秋不作春秋作而後君子知周道亡也（說苑君道）

于是退作春秋明素王之道說苑貴德

以爲孔子作春秋爲赤制而斷十二公後漢書公孫述傳

孔子得史記以作春秋及其立義創意襃貶賞誅不復因史記者耶思自出于胸中也論衡超奇

孔子作春秋以示王意然則孔子之春秋素王之業也同上

故孔子不王作春秋以明意論衡定賢

問周道不弊孔子不作春秋春秋之作起周道弊也如周道不弊孔子不作者未必無孔子之才無所起也夫如是孔子之作春秋未可以觀聖有若孔子之業者未可知賢也曰周道弊孔子起而作之同上

使孔子得王春秋不作論衡書解

至周之時人民久薄故孔子作春秋論衡齊世

玄之聞也孔子脐周道衰亡已有聖德無所施用作春秋以見志其言少從以爲天下法五經異義

孔子作春秋周何王時也自衞反魯然後樂正春秋作矣自衞反魯哀公時也自衞何君也俟孔子以何禮而孔子反魯作春秋乎孔子錄史記以作春秋史記本名春秋乎制作以爲經乃歸春秋也論衡謝短

論作春秋之時制作以爲經最詳

孔子周世多力之人也作春秋祕書微文無所不定論衡效力

右春秋爲孔子所作

仲尼作經本一而已申鑒時事

詩書禮春秋或因或作而成於仲尼乎其益可知也楊子問神

孔子定六經以行其道白虎通五經

六經之作皆有據論衡書解

孔子修成康之道述周公之訓以教七十子使服其衣冠修其篇籍故儒者之學生焉淮南說林

治世有孔子之經潛夫論思賢

孔子作法五經運之天地稽之圖象質於三王施於四海春秋緯演孔圖

此義與中庸君子之道本諸身徵之庶民考諸三王而不謬建諸天地而不悖質諸鬼神而無疑百世以俟聖人而不惑同若其直指五經爲孔子作尤爲明顯自劉歆篡亂諸經歸之周公而孔子制作之義晦矣幸賴孔門口說遺文猶有存者足以證知吉光片羽可謂鴻寶

孔子曰文王既沒文不在茲乎文王之文傳在孔子孔子爲漢制文傳在漢也受天之文文人宜遵五經六藝爲文論衡佚文

五經六藝之文孔子爲漢制之則五經六藝非孔子所作而何王仲任猶傳微言哉

孔子之胸有文曰制作定世符運春秋緯演孔圖

孔子謂老聃曰某治詩書禮樂易春秋六經莊子天運

古之人其備乎配神明醇天地育萬物和天下澤及百姓明于本數

係于末度六通四辟小大精粗其運無乎不在其明而在數度者舊法世傳之史尙多有之其在於詩書禮樂者鄒魯之士縉紳先生多能明之詩以道志書以道事禮以道行樂以道和易以道陰陽春秋以道名分其數散於天下而設於中國者百家之學時或稱而道之天下大亂賢聖不明道德不一天下多得一察焉以自好譬如耳目鼻口皆有所明不能相通猶百家衆技也皆有所長時有所用雖然不該不徧一曲之士也判天地之美析萬物之理察古人之全寡能備於天地之美稱神明之容是故內聖外王之道闇而不明鬱而不發天下之人各爲其所欲焉以自爲方悲夫百家往而不反必不合矣後世之學者不幸不見天地之純古人之大體道術將爲天下裂莊子天下

莊子學出田子方田子方爲子夏弟子故莊生爲子夏再傳實爲孔子後學其天下篇徧論當時學術自墨子宋鈃田駢愼到關尹

老聃惠施莊周亦自列一家而皆以爲耳目鼻口僅明一義不該
不徧一曲之士不見純體而裂道術云鄒魯之士縉紳先生能明
之縉紳是儒衣鄒魯皆孔子後學則古人非孔子而何所以尊孔
子者云配神明醇天地育萬物和天下澤及百姓明于本數繫于
末度六通四闢小大精粗其運無乎不在又開篇稱爲神明聖王
自古尊孔子論孔子未有若莊生者雖子思稱孔子曰洋洋乎發
育萬物峻極于天上律天時下襲水土不若莊子之該舉子貢有
若宰我所稱益不若子思矣固由莊生之聰辨故一言而能舉其
大亦由莊生曾爲後學能知其深也後世以論語見孔子僅見其
庸行以春秋見孔子僅見其撥亂之制以心學家論孔子僅見其
本數之端倪以考據家論孔子僅見其末度之一二有莊生之說
乃知孔子本數末度小大精粗無乎不在信乎惟天爲大固與後
儒井牖之見異也云詩以道志書以道事禮以道行樂以道和易

以道陰陽春秋以道名分朱子謂其以一字斷語如大斧斫下非知之深安能道得六經之大義六經之次序皆賴莊生傳之云其明而在數度其在詩書禮樂皆孔子所作數度殆卽緯歟莊子又稱孔子繙十二經以見老子十二經者六經六緯也孔子後學傳六經以散于天下設教于中國于孔學傳經傳教之緒亦賴此而明莊生稱孔子內聖外王與荀子聖者盡倫者也王者盡制者也悲其闇而不明鬱而不發歎後學者不見之不幸而疾呼道術之將裂衞道之深雖孟荀之放淫辭而衞大道豈有過哉特莊生閎世過深以爲濁世不可與莊語故危言寓言重言故爲曼衍遂千年無知莊生者或以古人屬禹湯文武則開端云天下之治方術者多矣皆以其有爲不可加指當時春秋戰國創教立說之諸子而言故謂爲治方術論衡謂孔子諸子之傑者也孔子在當時道未一統孔墨並稱儒墨相攻故列在當時天下治方術諸家之內

若古之人爲三代先王則當言古今之爲治道多矣不當言天下之治方術文質三正循環遞嬗三王方聽人人用二代之禮樂何嘗以爲無以加故知古之人非三代先王也既非三代先王則古之人爲孔子尤確而古之人所爲詩書禮樂非孔子而何能明莊子此篇可明當時諸子紛紛創教益可明孔子創儒其道最大而六經爲孔子所作可爲鐵案

五經之興可謂作矣 論衡對作

丘生蒼際觸期稽度爲赤制故作春秋以明文命綴紀譔書定禮樂 尚書緯考靈曜

此云撰書定禮則書禮爲孔子所作明矣

聖人之制經以遺教後賢也譬猶巧倕之爲規矩準繩以遺後工也 潛夫論讚學

据周史以立新經 春秋緯演孔圖

聖人不空生必有所制以顯天心丘爲木鐸制天下法（春秋緯演孔圖）

丘爲制法之主黑綠不代蒼黃（春秋緯援神器）

右總論六經爲孔子所作

門人南海康同勲　番禺羅潤楠初校

門人東莞葉衍華　番禺王覺任覆校

孔子改制考卷十終

門人東莞張伯楨再校

孔子改制考卷十一

南海康有爲廣廈撰

孔子改制託古考

孟子曰大人者言不必信惟義所在斯言也何爲而發哉大人莫若孔子其爲孔子改制六經言耶慈母之養子也託之鬼神古昔以聳善戒惡聖人愛民如子其智豈不若慈母乎子思曰無徵不信不信民弗從欲徵信莫如先王傅曰可與立未可與權易曰巽以行權權者知輕重之謂撥亂救民硜硜必信義孰重輕巽辭託先王俾民信從以行權救患孔子乎將爲硜硜必信之小人乎抑爲唯義所在之大人乎況寓言尤諸子之俗哉

子曰吾作孝經以素王無爵祿之賞斧鉞之誅故稱明王之道曾子避席復坐子曰居吾語女順孫以避災禍與先王以託權孝經緯鉤命訣

孔子改制託古大義全見於此一曰素王之誅賞一曰與先王以

託權守經之徒可與立者也聖人但求有濟於天下則言不必信
惟義所在無徵不信不信民不從故一切制度託之三代先王以
行之若謂聖人行事不可依託則是以硜硜之小人律神化之孔
子矣布衣改制事大駭人故不如與之先王既不驚人自可避禍
文王周始受命之王天之所命故上繫天端方陳受命制正月故假
以爲王法（公羊隱元年何注）
春秋以新王受命而文王爲受命之王故假之以爲王法一切制
度皆從此出必託之文王者董子繁露所謂時詭其實以有所諱
也必如是而後可以避禍而後可以託王論語文王既沒文不在
茲乎孔子明以自謂矣何邵公非嫡傳口說何敢謂爲假乎
仲尼之作春秋也上探正天端王公之位萬民之所欲下明得失起
賢才以得後聖故引史記理往事正是非見王公史記十二公之間
皆衰世之事故門人惑孔子曰吾因其行事而加乎王心焉以爲見

之空言不如行事博深切明繁露俞序

孔子明得失見成敗疾時世之不仁失王道之體故緣人情赦小過傳又明之曰君子辭也孔子曰吾因行事加吾王心焉假其位號以正人倫因其成敗以明順逆同上

孔子以布衣而改亂制加王心達王事不得不託諸行事以明其義當時門人猶惑之況門外者乎此孔子之微言董子能發明之有非力之所能致而自至者西狩獲麟受命之符是也然後託乎春秋正不正之間而明改制之義一統乎天子而加憂於天下之憂也務除天下之所患而欲上通五帝下極三王以通百王之道繁露符瑞

孔子受天命改亂制通三統法後王託古改制之義此條最為顯碻可無疑矣

託記高祖以來事可及問聞知者猶曰我但記先人所聞辟制作之害公羊哀十四年何注

略與鈎命訣義同本文自明顯邵公蓋深知口說者

春秋假行事以見王法聖人爲文辭孫順善善惡惡不可正言其罪公羊莊十年何注

太史公曰余聞董生曰周道衰廢孔子爲魯司寇諸侯害之大夫壅之孔子知言之不用道之不行也是非二百四十二年之中以爲天下儀表貶天子退諸侯討大夫以達王事而已矣子曰我欲載之空言不如見之於行事之深切著明也史記太史公自序

太史公董生嫡傳春秋之學皆有口說相傳故深知孔子託古改制之義

明春秋之道亦通於三王非主假周以爲漢制而已公羊桓三年何注

夏殷周三統皆孔子所託故曰非主假周也

昔者三代聖王既沒天下失義後世之君子或以厚葬久喪以爲仁也義也孝子之事也或以厚葬久喪以爲非仁義非孝子之事也曰

二子者言則相非行即相反皆曰吾上祖述堯舜禹湯文武之道者也而言即相非行即相反於此乎後世之君子皆疑惑乎二子者言也（墨子節葬）

厚葬久喪孔子之制當時未有定論墨子攻之爲言相非行相反則儒教託古之義不待辨

孔子墨子俱道堯舜而取舍不同皆自謂眞堯舜堯舜不復生將誰使定儒墨之誠乎（韓非子顯學）

孔子稱堯舜五服五章山龍藻火大章韶樂而墨子稱堯舜土階茅茨夏葛冬裘所謂取舍不同也皆自謂眞堯舜可見當時託古於先王之風韓非猶及知之

且夫世之愚學皆不知治亂之情讘䛟多誦先古之書以亂當世之治（韓非子姦劫弑臣）

夫稱上古之傳頌辯而不慤道先王仁義而不能正國者此亦可以

戲而不可以爲治也韓非子外儲說左

春秋之於世事也善復古譏易常欲其法先王也然而介以一言曰王者必改制自僻者得此以爲辭曰古苟可循先王之道何莫相因世迷是閒以疑正道而信邪言甚可患也繁露楚莊王

孔子之作春秋託新王以改制而其於世事則欲人之法先王豈不自相刺謬不知改制者孔子之隱志法先王者春秋之託詞在當時莫知其故自後世口說微言流布天下改制之義既彰僻者乃有先王之道何莫相因之說蓋猶未明託之義反以爲口實而相難也

古者天下散亂莫之能一是以諸侯竝作語皆道古以害今飾虛言以亂實人善其所私學以非上之所建立史記秦始皇紀

侯字疑子字之誤蓋謂諸子竝作道古虛言皆託先王以非當世也

孔子曰我欲觀夏道是故之杞而不足徵也吾得夏時焉我欲觀殷道是故之宋而不足徵也吾得坤乾焉坤乾之義夏時之等吾以是觀之禮記禮運

夏殷之禮皆無徵而僅得坤乾之義夏時之等何爲尚有此瑣碎喪祭之典如檀弓所雜稱引者然則爲儒者之稱託何疑

春秋王魯託隱公以爲始受命王因儀父先與隱公盟可假以見褒貶之法公羊隱元年何注

此發諸侯歸命新王蒙褒之制孔子託此以見義

定哀多微辭主人習其讀而問其傳則未知己之有罪焉爾公羊定元年傳

孟子道性善言必稱堯舜孟子滕文

孟子書多稱引堯舜故言性善亦託之堯舜以明其旨董子亦言性善蓋皆公羊家言也

予觀春秋國語其發明五帝德帝繫姓章矣顧弟弗深考其所表見

盈廷會議具奏無一人以爲可者若大周會典大周通禮顯有此條且上溯夏殷會要皆有之百官議奏能引志曰觀瞻具在有不知而公然違悖者乎與宰我問短喪齊宣王欲短喪三說參考之自悟其爲孔子新改之制託古以爲三代矣而尤莫若此條之明晰　國朝滿洲臣工皆服喪百日乾隆時舒赫德請令滿洲臣工一律服三年喪不行舒赫德卽孟子也以今證古何足異乎

子張曰書云高宗諒陰三年不言何謂也子曰何必高宗古之人皆然君薨百官總已以聽於冢宰三年（論語憲問）

孔子立三年喪之制而著之於書蓋古者高宗嘗獨行之孔子託古定制故推之爲古之人皆然

子張問曰書云高宗三年不言言乃讙有諸仲尼曰胡爲其不然也古者天子崩王世子聽於冢宰三年（禮記檀弓）

義同上

王曰寡人有疾寡人好貨對曰昔者公劉好貨詩云乃積乃倉乃裹餱糧于橐于囊思戢用光弓矢斯張干戈戚揚爰方啟行故居者有積倉行者有裹糧也然後可以爰方啟行王如好貨與百姓同之於王何有王曰寡人有疾寡人好色對曰昔者太王好色愛厥妃詩云古公亶父來朝走馬率西水滸至於岐下爰及姜女聿來胥宇當是時也內無怨女外無曠夫王如好色與百姓同之於王何有孟子梁惠王

公劉太王皆非好貨好色之君而孟子乃託之以勉宣王蓋當時人情背厚古而薄今儒者之說又遷遠而難於信故必借古人以為據然後使其無疑而易於入此雖孟子引導時君之法而儒家之善於託古亦可見矣淮南子所謂故為道者必託之神農黃帝而後能入說此類是也

古者冠縮縫今也衡縫故喪冠之反吉非古也禮記檀弓

幼名冠字五十以伯仲死謚周道也絰也者實也掘中霤而浴毀竈

以綴足及葬毁宗躐行出于大門殷道也學者行之禮記檀弓

縣子曰綌衰繐裳非古也禮記檀弓

質家親親先立娣文家尊尊先立姪嫡子有孫而死質家親親先立弟文家尊尊先立孫其雙生也質家据見立先生文家据本意立後生公羊隱元年何注

質家文家孔子所託三統之別號春秋詭辭詭實故不必言夏殷周而曰質家文家也

譏始不親迎也何注禮所以必親迎者所以示男先女也於廟者告本也夏后氏逆於庭殷人逆於堂周人逆於戶公羊隱三年傳

古未有親迎之禮蓋尊男卑女從古已然孔子始發君聘臣男下女創為親迎之義故於春秋著之何邵公所云夏殷周之逆蓋皆儒者假託以為說不然親迎果為三代所有煌煌鉅典昭布天下而孔子何為獨陳於哀公之前而公訝其已重一若聞所未聞者

見大戴禮哀公問於孔子墨子亦稱三代先王而譏儒者親迎祗褍若僕蓋孔子創制託古耳

二月三月皆有王者二月殷之正月也三月夏之正月也王者存二王之後使統其正朔服其服色行其禮樂所以尊先聖通三統師法之義恭讓之禮於是可得而觀之公羊隱三年何注

春秋於十一月十二月十三月皆書王餘則無之蓋三正皆孔子特立而託之三王其實秦漢皆用十月疑古亦當有因未必用三正也

黃帝之樂曰咸池樂緯動聲儀

顓頊之樂曰五莖

帝嚳之樂曰六英

堯樂曰大章

舜樂曰簫韶

禹樂曰大夏

殷曰大頀

周曰酌

孔子曰簫韶者舜之遺音也並同上

王者治定制禮功成作樂未制作之時取先王之禮樂宜於今者用之堯曰大章舜曰簫韶夏曰大夏殷曰大頀周曰大武各取其時民所樂者名之公羊隱五年何注

繁露三代改制質文篇禮樂各以其法象其宜又曰春秋應天作新王之事王魯絀夏親周故宋樂宜親招武故以虞錄親樂制宜商可見孔子託古以定樂制不然凡樂律音曲恒易失傳難以傳之五百年者孔子去黃帝頊嚳已二千餘載堯舜夏商亦千餘載烏得有聞韶忘味之理乎其託無疑矣

樂所由來者尚也必不可廢有節有侈有正有淫矣賢者以昌不肖

者以亡昔古朱襄氏之治天下也多風而陽氣畜積萬物散解果實不成故士達作爲五絃瑟以來陰氣以定羣生昔葛天氏之樂三人操牛尾投足以歌八闋一曰載民二曰玄鳥三曰遂草木四曰奮五穀五曰敬天常六曰建帝功七曰依地德八曰總禽獸之極昔陶唐氏之始陰多滯伏而湛積水道壅塞不行其原民氣鬱閼而滯著筋骨瑟縮不達故作爲舞以宣導之昔黃帝令伶倫作爲律伶倫自大夏之西乃之阮隃之陰取竹於嶰谿之谷以生空竅厚鈞者斷兩節間其長三寸九分而吹之以爲黃鐘之宮吹曰舍少次制十二筒以之阮隃之下聽鳳凰之鳴以別十二律其雄鳴爲六雌鳴亦六以比黃鐘之宮適合黃鐘之宮皆可以生之故曰黃鐘之宮律呂之本黃帝又命伶倫與榮將鑄十二鐘以和五音以施英韶以仲春之月乙卯之日日在奎始奏之命之曰咸池帝顓頊生自若水實處空桑乃登爲帝惟天之合正風乃行其音若熙熙淒淒鏘鏘帝顓頊好其音

乃令飛龍作效八風之音命之曰承雲以祭上帝乃令鱓先爲樂倡
鱓乃偃寢以其尾鼓其腹其音英英帝嚳命咸黑作爲聲歌九招六
律六英有倕作爲鼙鼓鐘磬吹苓管壎篪鞀椎鍾帝嚳乃令人抃或
鼓鼙擊鐘磬吹苓展管篪因令鳳鳥天翟舞之帝嚳大喜乃以康帝
德帝堯立乃命質爲樂質乃效山林谿谷之音以歌乃以麋𩊚置缶
而鼓之乃附石擊石以象上帝玉磬之音以致舞百獸瞽叟乃拌五
絃之瑟作以爲十五弦之瑟命之曰大章以祭上帝舜立命延乃拌
瞽叟之所爲瑟益之八弦以爲二十三弦之瑟帝舜乃命質修九招
六列六英以明帝德禹立勤勞天下日夜不懈通大川決壅塞鑿龍
門降通漻水以導河疏三江五湖注之東海以利黔首於是命皋陶
作爲夏籥九成以昭其功殷湯即位夏爲無道暴虐萬民侵削諸侯
不用軌度天下患之湯於是率六州以討桀罪功名大成黔首安寧
湯乃命伊尹作爲大護歌晨露修九招六列以見其善周文王處岐

諸侯去殷三淫而翼文王散宜生曰殷可伐也文王弗許周公旦乃作詩曰文王在上於昭于天周雖舊邦其命維新以繩文王之德武王即位以六師伐殷六師未至以銳兵克之於牧野歸乃薦俘馘于京太室乃命周公爲作大武成王立殷民反王命周公踐伐之商人服象爲虐于東夷周公遂以師逐之至于江南乃爲三象以嘉其德故樂之所由來者尚矣非獨爲一世之所造也呂氏春秋古樂

按孔子三百篇據大戴投壺篇僅傳關雎卷耳葛覃鵲巢騶虞鹿鳴白駒伐檀八篇漢時上之回艾如張等樂府至六朝僅傳二十四篇六朝子夜清商白紵烏棲等曲至唐時僅傳六十餘曲唐時詩皆入律旗亭雛鬟皆歌詩人絕句至宋時見吳曾能改齋漫錄僅傳黃河遠上一詩之節拍宋詞及九張機滾拍其音節元時已亡今樂府古音傳于今者祇有明嘉靖時之魏良輔若元時北曲之音節已亡矣至於樂律則隋時蘇祇婆之龜茲二十八調宋時

已亡宋時十六調至今已亡笛孔中勾字一調今亦亡矣曲樂之音節要眇宮商分析尤易舛錯苟失傳人即不可考由此推之樂無能傳至五百年者孔子於黃帝顓嚳相去二千餘年唐虞夏商亦千餘歲安能傳至漢章帝時尚舞六代之樂其爲孔子所託無疑故墨子敢非之也

禹之法猶存而夏不世王　荀子君道

按論語中庸禮記禮運稱夏禮能言杞不足徵既不足徵則禹之法度典章今日安有存乎此爲儒託古無疑矣

古者百王之一天下臣諸侯也未有過封內千里者也　荀子彊國

按此與孟子所引夏后殷之盛未有過千里之說同

古者湯以亳武王以鄗皆以百里之地也　荀子議兵

湯居亳武王居鄗皆百里之地也　荀子正論

按孟子齊宣王謂文王之囿七十里孟子謂於傳有之則當時事

實也面既七十里以百里大國計之已占其七分豈復成國哉當時境地寥廓隨地皆可遷徙隨地皆可墾拓非有如今日此疆彼界之嚴也則非百里明矣乃孟子謂文王以百里荀子謂湯武皆百里之地可知百里爲孔子之制託古以明之耳又賈子新書欲天下之治安莫若衆建諸侯而少其力所謂力少則易使以義國少則無邪心賈子發明孔子制者也

凡禮事生飾歡也送死飾哀也祭祀飾敬也師旅飾威也是百王之所同古今之所一也未有知其由來者也荀子禮論

故三年之喪人道之至文者也夫是之謂至隆是百王之所同古今之所一也荀子禮論

按事生送死祭祀師旅之禮國家重典也既爲百王所同則皇皇鉅制彪曜古今豈有不知厥由來者哉何以夏禮殷禮杞宋皆不足徵且既爲百王所同何以墨子所稱述者又不同也至墨子喪

制三月孔子三年故滕文欲行之父兄百官皆不欲援引先君以撓之不然是爲百王所同古今一致滕文行之百官敢誣先君以不孝者哉可無疑於孔子託先王者矣

古者什一而藉古者曷爲什一而藉什一者天下之中正也多乎什一大桀小桀寡乎什一大貉小貉什一者天下之中正也什一行而頌聲作矣公羊宣十五年傳

按孟子貉稽言吾欲二十而取一孟子攻之蓋非孔子中正之制也古無是制孔子託之耳

作三軍傳曰古者上卿下卿上士下士公羊襄十一年傳

三代前無是制孔子託之耳與管子法法之言四士說同

子曰大哉堯之爲君也巍巍乎惟天爲大唯堯則之蕩蕩乎民無能名焉論語泰伯

民無能名固見堯之大然亦可考見堯無事實流傳凡孔墨所稱

同爲託古也

夫學者載籍極博猶考信於六藝詩書雖缺然虞夏之文可知也史記伯夷列傳

按三代以上茫昧無稽列子所謂若覺若夢若存若亡也虞夏之文舍六經無從考信韓非言堯舜不復生將誰使定儒墨之誠可見六經中先王之行事皆孔子託之以明其改作之義詩書雖缺句疑劉歆僞竄

孔子曰殷路車爲善而色尚白史記殷本紀

董子三代改制質文篇詳言之孔子立三統之義

子謂韶盡美矣又盡善也謂武盡美矣未盡善也論語八佾

孔子最尊禪讓故特託堯舜已詳孔子特尊堯舜篇韶樂卽孔子所定之樂繁露三代改制質文篇春秋應天作新王之事時正黑統王魯尚黑絀夏親周故宋樂宜親韶武故以虞錄親樂非孔子

之樂而何

儒者稱法古而言訾當世賤所見而貴所聞鹽鐵論論誹

子路問於孔子曰請釋古之學而行由之意可乎孔子曰不說苑建本

今世儒者之說主人不善今之所以爲治而語已治之功不審官法之事不察姦邪之情而皆道上古之傳譽先王之成功韓非子顯學

儒者道上古譽先王託古以易當世也

據古人以應當世猶辰參之錯膠柱而調瑟固而難合矣孔子所以不用於世而孟軻賤於諸侯也鹽鐵論相刺

文學守死渣滓之語而終不移夫往古之事昔有之語已可覩矣鹽鐵論國病

今以近世觀之自以目有所見耳有所聞世殊而事異同上

此蓋當時攻儒者之託古然則託古之風沿襲已久故人皆得知而攻之也

孔子修成康之道述周公之訓以教七十子使服其衣冠修其篇籍故儒者之學生焉淮南子要略

孔子先反門人後雨甚至孔子問焉曰爾來何遲也曰防墓崩孔子不應三孔子泫然流涕曰吾聞之古者不修墓禮記檀弓

易墓非古也同上

葬義孟子發之至詳不過備棺槨藏骸體而已孔子重魂不重魄故有廟祭而無墓祭記所謂送形而往迎精而反是也門人厚葬顏子猶非之蓋厚葬修墓乃是舊制孔子反言非古正是託古

孔子曰五帝出受籙圖尚書緯璇機鈐

帝嚳以上朴略難傳唐虞以來煥炳可法同上

自三皇以下天命未去饗善使一姓不再命尚書緯帝命驗

河圖曰倉帝之治八百二十歲立戊午蔀尚書緯運期授

黃帝冠黃文白帝冠白文黑帝冠黑文春秋緯合誠圖

黃帝德冠帝位

黃帝德問太一長生之道太一曰齊戒六丁道乃可成

黃帝布迹必稽功務法

黃帝遊元扈洛水上與大司馬容光左右輔周昌等百二十二人臨

觀鳳凰銜圖置帝前再拜受圖

伏羲龍身牛首渠肩達掖山準日角奯目珠衡長九尺有一寸望之

廣視之專（並同上）

堯時氣充盛上感皇天景星出（春秋緯感精符）

黃帝坐於扈閣鳳凰銜書至帝前其中得五始之文（春秋緯卷三十五）

黃帝伏羲皆茫渺無可攷觀於宰我問於孔子曰昔者予聞諸榮

伊言黃帝三百年請問黃帝者人耶抑非人耶何以至於三百年

乎孔子曰予禹湯文武成王周公可勝觀耶夫黃帝尚矣女何以

爲先生難言之（見大戴禮五帝德）然則三皇五帝之事列子所謂若存若

亡若覺若夢安有上世之遺書黃白之帝冠黃帝覿鳳凰銜圖伏羲之龍身牛首瑰瑀詭瑣知此之實蹟耶其爲稱託何疑

孔子對曰生乎今之世志古之道居今之俗服古之服舍此而爲非者不亦鮮乎哀公曰然則今夫章甫句屨紳帶而搢笏者此皆賢乎大戴記哀公

章甫句屨紳帶搢笏蓋孔子所改定之儒服也孝經所謂非先王之法服不敢服孟子所謂服堯之服此所謂服古之服皆託也

文學褒衣博帶竊周公之服鹽鐵論利議

儒服創自孔子哀公見而驚問而云竊周公之服知必孔子之託周公也

古者稅什一豐年補敗不外求者上下皆足也穀梁莊二十八年傳

古者十一籍而不稅初稅畝非正也古者三百步爲里名曰井田井田者九百畝公田居一私田稼不善則非吏公田稼不善則非民初

稅畝者非公之去公田而履畝十取一也以公之與民爲已悉矣古者公田爲居井竈葱韭盡取焉穀梁宣十五年傳

古者立國家百官具農工皆有職以事上古者有四民有士民有商民有農民有工民夫甲非人人之所能爲也作丘甲非正也穀梁成元年傳

非先王之法服不敢服非先王之法言不敢道非先王之德行不敢行孝經卿大夫章

法服者儒服也儒服爲孔子之服魯哀公之問孔子曰夫子之服其儒服與此云先王蓋孔子託也

子曰夫召我者而豈徒哉如有用我吾其爲東周乎論語陽貨

平王東遷而周亡故孔子作春秋絀周王魯宜以春秋爲繼周之一代託始於隱公適當平世何尙東周之可爲乎此言爲東周蓋託也

孔子改制考卷十一終

門人南海康同懃　番禺羅潤楠初校

門人東莞葉衍華　番禺王覺任覆校

門人東莞張伯楨再校

孔子改制考卷十二

南海康有爲廣廈撰

孔子改制法堯舜文王考

孔子法堯舜文王總義

孔子法堯舜

孔子法文王

孔子改制後弟子後學皆稱堯舜

孔子改制後弟子後學皆稱文王

堯舜爲民主爲太平世爲人道之至儒者舉以爲極者也然吾讀昔自虞書外未嘗有言堯舜者召誥曰我不可不監於有夏亦不可不監於有殷又曰我不敢知曰有夏服天命惟有歷年我不敢知曰有殷受天命惟有歷年又曰丕若有夏歷年式勿替有殷歷年多方曰非天庸釋有夏非天庸釋有殷立政曰古之人迪惟有

夏亦越成湯戚丕釐上帝之耿命皆夏殷並舉無及唐虞者蓋古者大朝惟有夏殷而已故開口輒引以爲鑒堯舜在洪水未治之前中國未闢故周書不稱之惟周官有唐虞稽古建官惟百之言然是僞書不足稱也呂刑有三后矣皇帝清問下民古人主無稱皇帝者蓋上帝也則亦無稱堯舜者若虞書堯典之盛爲孔子手作觀論衡所述欽明文思以下爲孔子作臯陶有蠻夷猾夏之辭堯舜時安得有夏其爲孔子所作至明矣韓非謂孔墨同稱堯舜而取舍相反堯舜不可復生誰使定孔墨之眞由斯以推堯舜自讓位盛德然太平之盛蓋孔子之七佛也孝經緯所謂託先王以明權孔子撥亂升平託文王以行君主之仁政尤注意太平託堯舜以行民主之太平然其惡爭奪而重仁讓昭有德發文明易曰言不盡意其義一也特施行有序始於麤糲而後致精華詩託始文王書託始堯舜春秋始文王終堯舜易曰言不盡意聖人之意

其猶可推見乎後儒一孔之見限於亂世之識大鵬翔於寥廓而羅者猶守其藪澤悲夫

仲尼祖述堯舜憲章文武 禮記中庸

孔子改制專託堯舜文武公羊既發大義子思傳之與公羊合可謂獨提宗旨發揭微言孔子最尊文王之讓德志在文王然墨子謂孔子法周而未法夏荀子謂孔子一家得周道舉而用之故亦並稱文武也

昔者三代聖王既沒天下失義後世之君子或以厚葬久喪爲仁也義也孝子之事也或以厚葬久喪以爲非仁義非孝子之事也曰二子者言則相非行則相反皆曰吾上祖述堯舜禹湯文武之道者也 墨子節葬

孔子厚葬久喪墨子薄葬短喪相非相反而皆自謂堯舜禹湯文武之道此與韓非顯學篇謂孔子墨翟俱道堯舜而取舍不同皆

自謂眞堯舜堯舜不可復生誰使定堯舜之眞全合此兩書觀之藉仇家之口以明事實可知六經中之堯舜文王皆孔子民主君主之所寄託所謂盡君道盡臣道事君治民止孝止慈以爲軌則不必其爲堯舜文王之事實也若堯舜文王之爲中國古聖之至爲中國人人所尊慕孔墨皆託以動衆不待言矣

右孔子法堯舜文王總義

君子曷爲爲春秋撥亂世反諸正莫近諸春秋則未知其爲是與其諸君子樂道堯舜之道與末不亦樂乎堯舜之知君子也公羊哀十四年傳

春秋始於文王終於堯舜蓋撥亂之治爲文王太平之治爲堯舜孔子之聖意改制之大義公羊所傳微言之第一義也

堯舜當古歷象日月星辰百獸率舞鳳凰來儀春秋亦以王次春上法天文四時具然後爲年以敬授民時崇德致麟乃得稱太平道同者相稱德合者相友故曰樂道堯舜之道公羊哀十四年何注

春秋據亂未足爲堯舜之道至終致太平乃爲堯舜之道

孔子曰行夏之時乘殷之輅服周之冕樂則韶舞放鄭聲遠佞人道而行之於世雖非堯舜之君則亦堯舜也新語思務

孔子生於亂世思堯舜之道東西南北灼頭濡足庶幾世主之悟鹽鐵論大論

曰若稽古帝堯曰放勳欽明文思安安允恭克讓光被四表格于上下克明俊德以親九族九族既睦平章百姓百姓昭明協和萬邦黎民於變時雍乃命羲和欽若昊天厯象日月星辰敬授人時分命羲仲宅嵎夷曰暘谷寅賓出日平秩東作日中星鳥以殷仲春厥民析鳥獸孳尾申命羲叔宅南交平秩南訛敬致日永星火以正仲夏厥民因鳥獸希革分命和仲宅西曰昧谷寅餞納日平秩西成宵中星虛以殷仲秋厥民夷鳥獸毛毨申命和叔宅朔方曰幽都平在朔易日短星昴以正仲冬厥民隩鳥獸氄毛帝曰咨汝羲暨和朞三百有六

旬有六日以閏月定四時成歲允釐百工庶績咸熙帝曰疇咨若時
登庸放齊曰胤子朱啓明帝曰吁嚚訟可乎帝曰疇咨若予采驩兜
曰都共工方鳩僝功帝曰吁靜言庸違象恭滔天帝曰咨四岳湯湯
洪水方割蕩蕩懷山襄陵浩浩滔天下民其咨有能俾乂僉曰於鯀
哉帝曰吁咈哉方命圮族岳曰异哉試可乃已帝曰往欽哉九載績
用弗成帝曰咨四岳朕在位七十載汝能庸命巽朕位岳曰否德忝
帝位曰明明揚側陋師錫帝曰有鰥在下曰虞舜帝曰俞予聞如何
岳曰瞽子父頑母嚚象傲克諧以孝烝烝乂不格姦帝曰我其試哉
女于時觀厥刑于二女釐降二女于嬀汭嬪于虞帝曰欽哉愼徽五
典五典克從納于百揆百揆時叙賓于四門四門穆穆納于大麓烈
風雷雨弗迷帝曰格汝舜詢事考言乃言底可績三載汝陟帝位舜
讓于德弗嗣正月上日受終于文祖在璿璣玉衡以齊七政肆類于
上帝禋于六宗望于山川徧於羣神輯五瑞既月乃日覲四岳羣牧

班瑞于羣后歲二月東巡守至於岱宗柴望秩于山川肆覲東后協時月正日同律度量衡修五禮五玉三帛二生一死贄如五器卒乃服五月南巡守至于南岳如岱禮八月西巡守至于西岳如初十有一月朔巡守至于北岳如西禮歸格于藝祖用特五載一巡守羣后四朝敷奏以言明試以功車服以庸肇十有二州封十有二山濬川象以典刑流宥五刑鞭作官刑扑作教刑金作贖刑眚災肆赦怙終賊刑欽哉欽哉惟刑之恤哉流共工于幽州放驩兜于崇山竄三苗于三危殛鯀于羽山四罪而天下咸服二十有八載帝乃殂落百姓如喪考妣三載四海遏密八音月正元日舜格于文祖詢于四岳闢四門明四目達四聰咨十有二牧曰食哉惟時柔遠能邇惇德允元而難任人蠻夷率服舜曰咨四岳有能奮庸熙帝之載使宅百揆亮釆惠疇僉曰伯禹作司空帝曰俞咨禹汝平水土惟時懋哉禹拜稽首讓于稷契暨皋陶帝曰俞汝往哉帝曰棄黎民阻饑汝后稷播時

百穀帝曰契百姓不親五品不遜汝作司徒敬敷五敎在寛帝曰臯陶蠻夷猾夏寇賊姦宄汝作士五刑有服五服三就五流有宅五宅三居惟明克允帝曰疇若予工僉曰垂哉帝曰俞咨垂汝共工垂拜稽首讓于殳斨暨伯與帝曰俞往哉汝諧帝曰疇若予上下草木鳥獸僉曰益哉帝曰俞咨益汝作朕虞益拜稽首讓于朱虎熊羆帝曰俞往哉汝諧帝曰咨四岳有能典朕三禮僉曰伯夷帝曰俞咨伯汝作秩宗夙夜惟寅直哉惟清伯拜稽首讓于夔龍帝曰俞往欽哉帝曰夔命汝典樂敎胄子直而溫寛而栗剛而無虐簡而無傲詩言志歌永言聲依永律和聲八音克諧無相奪倫神人以和夔曰於予擊石拊石百獸率舞帝曰龍朕堲讒說殄行震驚朕師命汝作納言夙夜出納朕命惟允帝曰咨汝二十有二人欽哉惟時亮天功三載考績三考黜陟幽明庶績咸熙分北三苗舜生三十徵庸三十在位五十載陟方乃死尚書堯典

堯典一字皆孔子作凡有四証王充論衡何書自欽明文思以下何人所作也曰篇家也篇家者誰也鴻筆之人也鴻筆之人何人也曰孔子也則仲任尚知此說其證一堯典制度與王制全同巡狩一章文亦全同王制爲素王之制其證二文辭若光被四表格于上下克明峻德以親九族等調諧詞整與乾卦彖辭爻辭雲行雨施品物流形大明終始六位時乘同並爲孔子文筆其證三夏爲禹年號堯舜時禹未改號安有夏而不云蠻夷猾唐猾虞而云猾夏蓋夏爲大朝中國一統實自禹平水土後乃通西域故周時人動稱夷夏華夏如近代之稱漢唐故雖以孔子之聖便文稱之亦曰猾夏也證四春秋詩皆言君主惟堯典特發民主義自欽若昊天後即舍嗣而巽位或四岳共和或師錫在下格文祖而集明堂闢四門以開議院六宗以祀變生萬物象刑以期刑措若斯之類皆非常異義託焉故堯典爲孔子之微言素王之鉅制莫過於

此

堯舜氏作通其變使民不倦神而化之使民宜之易繫辭

孔子墨子俱道堯舜而取舍不同皆自謂眞堯舜堯舜不復生將誰使定儒墨之誠乎殷周七百餘歲虞夏二千餘歲而不能定儒墨之眞今乃欲審堯舜之道於三千歲之前意者其不可必乎無參驗而必之者愚也弗能必而據之者誣也故明據先王必定堯舜者非愚則誣也韓非子顯學

儒墨同道堯舜而相反當時託堯舜如許行託神農百家稱黃帝出於時風學人頗知之韓非雖不足信據而並在儒墨外謂其無參驗不可必亦見其時外論孝經緯所謂託先王以明權非聖人孰可行之

子曰大哉堯之爲君也惟天爲大惟堯則之蕩蕩乎民無能名焉論語泰伯

黨人稱大哉孔子無所成名與孔子稱堯同荀子列子皆謂五帝
不傳政堯無政傳安能名之
子曰無爲而治者其舜也與夫何爲哉恭己正南面而已矣論語衛靈
子曰舜其大知也與舜好問而好察邇言隱惡而揚善執其兩端用
其中於民其斯以爲舜乎禮記中庸
子曰舜其大孝也與德爲聖人尊爲天子富有四海之內宗廟饗之
子孫保之故大德必得其位必得其祿必得其名必得其壽同上
孔子曰舜其至孝矣五十而慕孟子告子
故孔子曰孝弟之至通於神明光於四海舜之謂也新序雜事第一
孔子曰簫韶者舜之遺音也温潤以和似南風之至其爲音如寒暑
風雨之動物如物之動人雷動禽獸風雨動魚龍仁義動君子財色
動小人是以聖人務其本樂緯動聲儀
樂則韶舞論語衛靈

子謂韶盡美矣又盡善也　論語八佾

以虞錄親樂　繁露三代改制

孔子錄樂取韶韶樂即孔子樂辨見前

河圖命紀也圖天地帝王終始存亡之期錄代之矩使帝王受命用吾道述堯理代平制禮放唐之文化洽作樂名斯在　尚書緯璇機鈐

若稽古帝曰重華欽翼皇象建寅授正朔　尚書緯尚書中候

右孔子法堯舜

子畏於匡曰文王既沒文不在茲乎天之將喪斯文也後死者不得與於斯文也天之未喪斯文也匡人其如予何　論語子罕

孔子以文自任直繼文王絕不辭讓反覆言之號爲斯文並不以爲謙法事出論語此爲孔門微言至可信據

元年春王正月王者孰謂謂文王也　公羊隱元年傳

春秋曰王正月傳曰王者孰謂謂文王也　繁露三代改制

文王周始受命之王天之所命故上繫天端方陳受命制正月故假以為王法不言謚者法其生不法其死與後王共之人道之始也公羊隱元年何注

文王但假為王法非真王也又云法生不法死與後王共之生文王為誰非孔子而何開宗明義特揭徵號此為孔門微言知其本原乃可通大道

文王見禮壞樂崩道孤無主故禮經三百威儀三千正經三百五動儀三千四禮緯稽命徵

周文王之時無禮壞樂崩然則此文王非孔子而何故禮經三百威儀三千皆孔子所制

王者孰謂謂文王也疑三代謂疑文王春秋緯元命苞

引文王者文王始受命制法度公羊文九年何注

王者無求曰是子也繼文王之體守文王之法度文王之法無求而

求故譏之也公羊文九年傳

凡後世誦儒書任儒統衣儒服皆所謂繼文王之體守文王之法度者

孔子曰文王既沒文不在茲乎文王之文在孔子孔子之文在仲舒論衡超奇

孔子曰文王既沒文不在茲乎文王之文傳在孔子孔子爲漢制文傳在漢也論衡佚文

周文王爲周制孔子之文王爲漢制

古者詩三千餘篇及至孔子去其重取可施於禮義上采契后稷中述殷周之盛至幽厲之缺謂於衽席故曰關雎之亂以爲風始鹿鳴爲小雅始文王爲大雅始淸廟爲頌始三百五篇孔子皆絃歌之以求合韶武雅頌之音禮樂自此可得而述以備王道成六藝史記孔子世家

子夏問曰關雎何以爲國風始也孔子曰關雎至矣乎夫關雎之人

仰則天俯則地幽幽冥冥德之所藏紛紛沸沸道之所行如神龍變化斐斐文章大哉關雎之道也萬物之所繫羣生之所懸命也河洛出書圖麟鳳翔乎郊不由關雎之道則關雎之事將奚由至矣哉夫六經之策皆歸論汲汲蓋取之乎關雎關雎之事大矣哉馮馮翊翊自東自西自南自北無思不服子其勉强之思服之天地之間生民之屬王道之原不外此矣子夏喟然歎曰大哉關雎乃天地之基也詩曰鐘鼓樂之（韓詩外傳）

四始之義韓詩史遷皆同此爲孔門微言大義關雎鹿鳴文王淸廟皆文王之詩也生民公劉思文皆文王遠祖而詩反在後蓋孔子以文王至德託始焉爾詩託始文王書託始堯舜春秋始終之蓋孔子聖心所託焉自僞毛詩大序以風雅頌爲四始於是託始文王之義滅焉始者初哉首基之謂豈可以風雅頌當之不可通亦極矣而僞假子夏之作雖有史記韓詩之證人亦信之豈不異

後有光是非先後與自吾得由也惡言不入於門是非禦侮與尚書太傳西伯戡耆

有聞曰邈然遠望洋洋乎翼翼乎必作此樂也黯然黑幾然而長以王天下以朝諸侯者其惟文王乎師襄子避席再拜曰善師以為文王之操也故孔子持文王之聲知文王之為人韓詩外傳

啻乎仲尼潛心於文王矣達之法言問神

文武之道未墜於地在人賢者識其大者不賢者識其小者莫不有文武之道焉夫子焉不學而亦何常師之有論語子張

子曰文武之政布在方策其人存則其政舉禮記中庸

此三條雖並稱文武墨子稱孔子法周未嘗法夏中庸論語稱孔子從周故兼稱武王其實孔子之心但法文王武未盡善孔子有不滿意焉

右孔子法文王

孟子道性善言必稱堯舜孟子滕文

孔子之道託之堯舜故孟子言必稱之凡孟子之堯舜卽孔子也

顏淵曰舜何人也予何人也有爲者亦若是孟子滕文

堯舜與人同耳孟子離婁

堯舜之知而不徧物急先務也堯舜之仁不徧愛人急親賢也孟子盡心

孔子之道務民義爲先親賢爲大堯舜之道也

堯舜之道孝弟而已矣子服堯之服誦堯之言行堯之行是堯而已矣孟子告子

孔子之道在仁孝弟也者其爲仁之本故堯舜之道孝弟而已

欲爲君盡君道欲爲臣盡臣道二者皆法堯舜而已矣不以舜之所以事堯事君不敬其君者也不以堯之所以治民治民賊其民者也孟子離婁

自以爲是不可與入堯舜之道孟子盡心

夫曰堯舜擅讓是虛言也是淺者之傳陋者之說也不知順逆之理小大至不至之變者也未可與及天下之大理者也世俗之為說者曰堯舜不能教化是何也曰朱象不化是不然也堯舜至天下之善教化者也南面而聽天下生民之屬莫不振動從服以化順之然而朱象獨不化是非堯舜之過朱象之罪也堯舜者天下之英也朱象者天下之嵬一時之瑣也今世俗之為說者不怪朱象而非堯舜豈不過甚矣哉　荀子正論

夫堯舜者一天下者也不能加毫末於是矣　荀子王制

請成相道聖王堯舜尚賢身辭讓許由善卷重義輕利行顯明堯讓賢以為民氾利兼愛德施均辨治上下貴賤有等明君臣堯授能舜遇時尚賢推德天下治雖有賢聖適不遇世孰知之堯不德舜不辭妻以二女任以事大人哉舜南面而立萬物備舜授禹以天下尚得推賢不失序外不避仇內不阿親賢者予禹勞心力堯有德干戈不

用三苗服舉舜甽畝任之天下身休息荀子成相

古者帝堯之治天下也蓋殺一人刑二人而天下治荀子議兵

子夏讀書畢見夫子夫子問焉子何爲於書對曰書之論事也昭昭若日月之明離離若參辰之錯行上有堯舜之道下有三王之義商所受於夫子者志弗敢忘也雖退而窮居河濟之間深山之中壞室編蓬爲戶於中彈琴詠先王之道則可謂發憤慷慨矣尚書大傳略說

子張曰堯舜之王一人不刑而天下治何則教誠而愛深也今一夫而被此五刑子龍子曰未可謂能爲書孔子曰不然也五刑有此教尚書大傳甫刑

堯者高也饒也言其隆興煥炳最高明也舜者推也循也言其推行道德循堯緒也尚書大傳略說

堯典可以觀美尚書大傳甫刑

詩之於事也昭昭乎若日月之光明燎燎乎如星辰之錯行上有堯

舜之道下有三王之義韓詩外傳

然則觀物之動而先覺其萌絶亂塞害於將然而未行之時春秋之志也其明至矣非堯舜之智知禮之本孰能當此繁露仁義法

苟能述春秋之法致行其道豈徒除禍哉乃堯舜之德也繁露俞序

化大行故法不犯法不犯故刑不用刑不用則堯舜之功德此大治之道也繁露身之養

堯舜之盛尚書載之史記太史公自序

儒書稱堯舜之德至優至大天下太平論衡儒增

五帝三王顏淵獨慕舜者知己步騶有同也論衡案書

聖王莫過堯舜堯舜之治最爲平矣論衡是應

今文學言治則稱堯舜鹽鐵論相刺

孟子曰堯舜之道非遠人也而人不思之耳鹽鐵論執務

孔子祖述堯舜孟子言必稱堯舜尤多託以爲人道之極故隨事

皆稱焉下仿此

萬章問曰舜往于田號泣于旻天何爲其號泣也孟子曰怨慕也萬章曰父母愛之喜而不忘父母惡之勞而不怨然則舜怨乎曰長息問於公明高曰舜往于田則吾既得聞命矣號泣于旻天于父母則吾不知也公明高曰是非爾所知也夫公明高以孝子之心爲不若是恝我竭力耕田共爲子職而已矣父母之不我愛於我何哉帝使其子九男二女百官牛羊倉廩備以事舜於畎畝之中天下之士多就之者帝將胥天下而遷之焉爲不順於父母如窮人無所歸天下之士悅之人之所欲也而不足以解憂好色人之所欲妻帝之二女而不足以解憂富人之所欲富有天下而不足以解憂貴人之所欲貴爲天子而不足以解憂人悅之好色富貴無足以解憂者惟順於父母可以解憂人少則慕父母知好色則慕少艾有妻子則慕妻子仕則慕君不得於君則熱中大孝終身慕父母五十而慕者予於大

舜見之矣（孟子萬章）

孟子曰天下大悅而將歸己視天下悅而歸己猶草芥也惟舜爲然不得乎親不可以爲人不順乎親不可以爲子舜盡事親之道而瞽瞍厎豫瞽瞍厎豫而天下化瞽瞍厎豫而天下之爲父子者定此之謂大孝（孟子離婁）

舜爲法於天下可傳於後世我猶未免爲鄉人是則可憂也憂之如何如舜而已矣（孟子離婁）

大舜有大焉善與人同舍己從人樂取於人以爲善自耕稼陶漁以至爲帝無非取於人者取於人以爲善是與人爲善者也故君子莫大乎與人爲善（孟子公孫丑）

如是則舜禹還至王業還起功壹天下名配舜禹物由有可樂如是其美焉者乎（荀子王霸）

昔者舜之治天下也不以事詔而萬物成（荀子解蔽）

好義者衆矣而舜獨傳者壹也 同上

法禹舜而能揜迹者邪 荀子賦篇

昔舜巧於使民而造父巧於使馬舜不窮其民造父不窮其馬是舜無失民造父無失馬 荀子哀公

舜不登而高不行而遊拱揖於天下而天下稱仁 尚書大傳略說

昔者舜欲以樂傳敎於天下 呂氏春秋察傳

右孔子改制後弟子後學皆稱堯舜

於乎不顯文王之德之純蓋曰文王之所以爲文也純亦不已 禮記中庸

文王所以爲文卽孔子也孔子之道純粹不可以已

公明儀曰文王我師也 孟子滕文

如恥之莫若師文王師文王大國五年小國七年必爲政於天下矣 孟子離婁

諸侯有行文王之政者七年之內必爲政於天下矣 孟子離婁

以文王為師孔子之法也文王既沒文不在茲則師文王而師孔子也

待文王而後興者凡民也若夫豪傑之士雖無文王猶興（孟子盡心）

孟子去孔子少遠義僅私淑而崛然接大道之傳所謂豪傑也

昔者文王之治岐也耕者九一仕者世祿關市譏而不征澤梁無禁罪人無孥老而無妻曰鰥老而無夫曰寡老而無子曰獨幼而無父曰孤此四者天下之窮民而無告者文王發政施仁必先斯四者詩云哿矣富人哀此煢獨（孟子梁惠）

文王之政即孔子井田學校之仁政也

所謂西伯善養老者制其田里教其樹畜導其妻子使養其老五十非帛不煖七十非肉不飽不煖不飽謂之凍餒文王之民無凍餒之老者此之謂也（孟子盡心）

養老亦孔子之仁政

伯夷辟紂居北海之濱聞文王作興曰盍歸乎來吾聞西伯善養老者太公辟紂居東海之濱聞文王作興曰盍歸乎來吾聞西伯善養老者天下有善養老則仁人以爲已歸矣孟子盡心

文王以民力爲臺爲沼而民歡樂之謂其臺曰靈臺謂其沼曰靈沼樂其有麋鹿魚鼈古之人與民偕樂故能樂也孟子梁惠

靈臺亦孔子三雍之制

文王之囿方七十里芻蕘者往焉雉兎者往焉與民同之民以爲小不亦宜乎孟子梁惠

宣王問於春子曰寡人欲行孝弟之義爲之有道乎春子曰昔者衛聞之樂正子曰文王之治岐也五十者杖於家六十者杖於鄉七十者杖於朝朝當作國見君揖杖八十者杖於朝見君揖杖君曰趣見客毋俟朝以朝乘車輲輪御爲僕送至於家而孝弟之義達於諸侯九十杖而朝見君建杖君曰趣見毋俟朝以朝車送之舍天子重鄉養卜

筮巫醫御於前祝咽祝哽以食乘車輲輪胥與就膳徹送至於家君如有欲問明日就其室以珍從而孝弟之義達於四海此文王之治岐也君如欲行孝弟之大義盍反文王之治岐尚書大傳略說

詩云憂心悄悄慍于羣小孔子也肆不殄厥慍亦不隕厥問文王也孟子盡心

由湯至於文王五百有餘歲若伊尹萊朱則見而知之若文王則聞而知之由文王至於孔子五百有餘歲若太公望散宜生則見而知之若孔子則聞而知之同上

文王亦可謂大儒已矣韓詩外傳

文王卒受天命作物配天制法任地行三明親親尚賢民明教通于四海大戴記少閒

天之命文王非諄諄然有聲音也文王在位而天下大服施政而物皆聽命則行禁則止搖動而不逆天之道故曰天乃大命文王文王

受命尙書大傳康誥

若此而不爲意者蓋法文王也呂覽開春

右孔子改制後弟子後學皆稱文王

門人南海康同懃　番禺羅潤楠初校

門人東莞葉衍華　番禺王覺任覆校

門人東莞張伯楨再校

孔子改制考卷十二終

孔子改制考卷十三

南海康有爲廣厦撰

孔子改制弟子時人據舊制問難考

孔子改制弟子據舊制問難

孔子改制時人據舊制問難

弟子仍舊制孔子以所改之制定之

時人仍舊制弟子以孔子所改之制告之

孔子改制後弟子從之而舍舊制

孔子改制後時人從之而舍舊制

時人惑舊制後學以孔子所改之制闢之

時人別創新制後學以孔子所改之制折之

孔子以布衣改周之制本天論因人情順時變裁自聖心雖游夏不能贊一辭然人情多安舊習難與圖始驟予更革鮮不駭疑雖

以帝王之力變法之初固莫不銜撅驚蹷者況以一士之力依託古先創立新法者哉後世尊用孔子之制視爲固然吾考其時雖高弟子猶徬徨有惑言況時人耶今略考當時事實以著改制之難焉

宰我問三年之喪期已久矣君子三年不爲禮禮必壞三年不爲樂樂必崩舊穀既沒新穀既升鑽燧改火期可已矣子曰食夫稻衣夫錦於女安乎曰安女安則爲之夫君子之居喪食旨不甘聞樂不樂居處不安故不爲也今女安則爲之宰我出子曰予之不仁也子生三年然後免於父母之懷夫三年之喪天下之通喪也予也有三年之愛於其父母乎論語陽貨

論語爲天下功令之書童習之千年而此章滋疑無有能斷者三年之喪若是大周通禮之制豈有聖門高弟大賢而惡薄若是且敢攻難於聖師之前乎近世雖有不肖子假有大故猶不敢公然

短爲期喪衣冠猶緣飾蓋白豈有高弟大賢日漸聖訓而悖謬過之若以宰我故陳此論以待聖誨他事猶可安有顯犯名教冒不韙惡薄之名而爲此哉蓋三年喪爲孔子新改定之制期喪蓋是舊俗宰我故據舊制與孔子論之今泰西自羅馬外各國及日本服期用宰我之說也記云至親以期斷三年之喪加隆焉爾已可知期是舊俗三年是孔子加隆者三年之喪自古實無定制

子張問曰書云高宗三年不言言乃讙有諸仲尼曰胡爲其不然也古者天子崩王世子聽於冢宰三年 禮記檀弓

子張曰書云高宗諒陰三年不言何謂也子曰何必高宗古之人皆然君薨百官總己以聽於冢宰三年 論語憲問

高宗服三年喪如後世晉武帝周武帝宋孝宗及 國朝耳子張通博夫何不信而問其有諸孔子云古之人皆然而又別無所聞蓋孔子所託也

子張曰女子必漸乎二十而後嫁何也孔子曰十五許嫁而後從夫是陽動而陰應男唱而女隨之義也以爲纘組紃織紝者女子之所有事也黼黻文章之義婦人之所有大功也必十五以往漸乎二十然後可以通乎此事通乎此事然後乃能上以孝於舅姑下以事夫養子也孔叢子嘉言

孔子之道造端夫婦詩存葛覃桃夭言可許嫁蓋婚姻以時所以慎乎情欲之感也若舊制尊男抑女則有過時不及時者矣組紃織紝黼黻文章二十然後可通孔子改制而重女學如此

子見南子子路不說夫子矢之曰予所否者天厭之天厭之論語雍也

孔子立男女遠別之制著於六經與門人講論熟矣而見南子子路剛者疑夫子言行之不合也故夫子呼天以明之蓋當時舊制見國君必及其夫人如今泰西諸國皆然夫子雖改之初猶未能遽行也

子路曰衞君待子而爲政子將奚先子曰必也正名乎子路曰有是哉子之迂也奚其正子曰野哉由也君子於其所不知蓋闕如也名不正則言不順言不順則事不成事不成則禮樂不興禮樂不興則刑罰不中刑罰不中則民無所措手足故君子名之必可言也言之必可行也君子於其言無所苟而已矣論語子路

考周末諸子並起剏教析言破律名實混淆孔子惡其害道改制亟以正名爲先春秋正名分王制誅亂作咸莽斯恉於是荀子正名董子深察名號皆發明孔子大義而惠施公孫龍輩始不得以倍譎詭辨之言惑亂天下蓋二千年之治皆孔子名學治之也子路不知故謬相詰難耳

子路曰桓公殺公子糾召忽死之管仲不死曰未仁乎子曰桓公九合諸侯不以兵車管仲之力也如其仁如其仁論語憲問

子貢曰管仲非仁者與桓公殺公子糾不能死又相之子曰管仲相

桓公霸諸侯一匡天下民到于今受其賜微管仲吾其被髮左衽矣

同上

舊制論人當如後世儒者責魏徵之於太宗曹彬之於藝祖薄其德而沒其功而聖人論事重功不重德有能救世全民者則與之春秋美齊桓存亡繼絶之功而於管仲無貶辭二子所由疑問歟

公儀仲子之喪檀弓免焉仲子舍其孫而立其子檀弓曰何居我未之前聞也趨而就子服伯子於門右曰仲子舍其孫而立其子何也伯子曰仲子亦猶行古之道也子游問諸孔子孔子曰否立孫 禮記檀弓

子貢曰冕而親迎不已重乎孔子曰合二姓之好以繼萬世之後何謂已重乎 穀梁桓二年

子貢尙以親迎爲已重與宰我疑三年喪爲已久正同蓋皆舉舊制以詰難孔子之新制者

曾子撰斯問曰孝文乎駁不同何子曰吾作孝經以素王無爵祿之

賞斧鉞之誅故稱明王之道曾子辟席復坐子曰居吾語汝順遜以避禍災與先王以託權孝經緯鉤命訣

孔子改制託先王稱素王此條最明然騐改舊制自然交駁不同曾子親見之故訝之如此

右孔子改制弟子據舊制問難

公曰寡人願有言然冕而親迎不已重乎孔子愀然作色而對曰合二姓之好以繼先聖之後以為天地社稷宗廟之主君何謂已重乎大戴哀公問於孔子

親迎之禮墨子非儒攻為娶妻親迎祗褍若僕蓋孔子創儒所改定之制也俟堂俟著實是舊俗至今猶行之孔子作春秋於紀履緰來逆女發明男下女之大義譏不親迎以為孔子所改定故哀公疑其已重也若大周舊制服行有素習而安之俟堂無譏何有已重之疑乎

魯哀公問於孔子曰夫子之服其儒服與孔子對曰丘少居魯衣逢掖之衣長居宋冠章甫之冠丘聞之也君子之學也博其服也鄉丘不知儒服（禮記儒行）

儒服是孔子改制故哀公見而疑問孔子遜詞答之然章甫縫掖實爲從儒教者所服（見孔子創儒篇）如僧之著僧伽棃然故謂之儒冠儒服也

右孔子改制時人據舊制問難

子路有姊之喪可以除之矣而弗除也孔子曰何弗除也子路曰吾寡兄弟而弗忍也孔子曰先王制禮行道之人皆弗忍也子路聞之遂除之（禮記檀弓）

孔子定姊妹出嫁降服大功子路不忍欲同之昆弟也當時孔子初改制故門人隨其意之所欲如此

伯魚之母死期而猶哭夫子聞之曰誰與哭者門人曰鯉也夫子曰

嘻其甚也伯魚聞之遂除之禮記檀弓

孔子定母喪期伯魚欲同之父當時初改制故如此

右弟子仍舊制孔子以所改之制定之

哀公問於有若曰年饑用不足如之何有若對曰盍徹乎曰二吾猶不足如之何其徹也論語顏淵

徹是孔子改定之制實皆什一胥舊制什而取二故哀公疑其不可行

右時人仍舊制弟子以孔子所改之制告之

曾子謂子思曰伋吾執親之喪也水漿不入於口者七日子思曰先王之制禮也過之者俯而就之不至焉者跂而及之故君子之執親之喪也水漿不入於口者三日杖而后能起禮記檀弓

孔子定制親喪水漿不入口者三日曾子過之故子思正之

子思之母死於衞赴於子思哭於廟門人至曰庶氏之母死何爲哭

於孔氏之廟乎子思曰吾過矣吾過矣遂哭於他室禮記檀弓

子上之母死而不喪門人問諸子思曰昔者子之先君子喪出母乎曰然子之不使白也喪之何也子思曰昔者吾先君子無所失道道隆則從而隆道汚則從而汚伋則安能爲伋也妻者是爲白也母不爲伋也妻者是不爲白也母故孔氏之不喪出母自子思始也同上

喪出母是舊制故孔氏先世行之孔子改制不喪出母

右孔子改制後弟子從之而舍舊制

魯人有朝祥而莫歌者子路笑之夫子曰由爾責於人終無已夫三年之喪亦已久矣夫子路出夫子曰又多乎哉踰月則其善也禮記檀弓

朝祥暮歌義實未善但制爲新創魯人能從敎已極難得故孔子不復責之

右孔子改制後時人從之而舍舊制

滕定公薨世子謂然友曰昔者孟子嘗與我言於宋於心終不忘今

也不幸至於大故吾欲使子問於孟子然後行事然友之鄒問於孟子孟子曰不亦善乎親喪固所自盡也曾子曰生事之以禮死葬之以禮祭之以禮可謂孝矣諸侯之禮吾未之學也雖然吾嘗聞之矣三年之喪齊疏之服飦粥之食自天子達於庶人三代共之然友反命定爲三年之喪父兄百官皆不欲曰吾宗國魯先君莫之行吾先君亦莫之行也至於子之身而反之不可且志曰喪祭從先祖曰吾有所受之也謂然友曰吾他日未嘗學問好馳馬試劒今也父兄百官不我足也恐其不能盡於大事子爲我問孟子然友復之鄒問孟子孟子曰然不可以他求者也孟子滕文

三年喪若是大周通禮則魯如今兗州知府滕如今滕縣知縣安有自伯禽至悼公自叔繡至文公未行之理李賢張居正奪情一事羅倫趙用賢艾中行之流紛紛彈劾豈有魯爲周公之國秉禮之邦而化外若是乎至於父兄百官不欲則又自親郡王至宗室

九卿科道會議無以爲然者如三年喪爲周制何至盈廷悖謬爭議大禮至於短喪如此至於引志曰則又援據典文律例云受之先祖則又篤守祖宗成法驚疑違駁如此必非周制可知合宰我短喪考之蓋爲孔子改制而孟子傳教至易明矣

齊宣王欲短喪公孫丑曰爲朞之喪猶愈於已乎孟子曰是猶或紾其兄之臂子謂之姑徐徐云爾亦教之孝弟而已矣王子有其母死者其傅爲之請數月之喪公孫丑曰若此者何如也曰是欲終之而不可得也雖加一日愈於已謂夫莫之禁而弗爲者也孟子盡心

如公孫丑言宣王蓋服朞與宰我所請短爲期喪合蓋孔子既加隆爲三年自以期爲短喪矣然當時自無定制與漢人同王修服喪六年趙宣二十六年翟方進三十六日今泰西亦然然泰西雖無定制厚薄聽人然服朞爲多故公孫丑以爲愈也

齊宣王謂田過曰吾聞儒者親喪三年君與父孰重田過對曰殆不

如父重王忿然曰曷爲士去親而事君對曰非君之土地無以處吾親非君之祿無以養吾親非君之爵無以尊顯吾親受之於君致之於親凡事君以爲親也宣王悒然韓詩外傳

孔子改制惟親喪三年儒者行之故宣王怪而問之

戴盈之曰什一去關市之征今茲未能請輕之以待來年然後已何如孟子曰今有人日攘其鄰之雞者或告之曰是非君子之道曰請損之月攘一雞以待來年然後已如知其非義斯速已矣何待來年孟子滕文

什一是孔子改定之制當時實未能行孟子傳教發明之戴盈之欲行此制而未能故先稍輕待來年乃行之也

萬章問曰詩云娶妻如之何必告父母信斯言也宜莫如舜舜之不告而娶何也孟子曰告則不得娶男女居室人之大倫也如告則廢人之大倫以懟父母是以不告也萬章曰舜之不告而娶則吾旣得

聞命矣帝之妻舜而不告何也曰帝亦知告焉則不得妻也孟子萬章
魯季姬遇鄫子於防使鄫子來請已可知古娶妻無媒不待告父
母孔子改定此制託之於詩故萬章疑之
任人有問屋廬子曰禮與食孰重曰禮重色與禮孰重曰禮重曰以
禮食則飢而死不以禮食則得食必以禮乎親迎則不得妻不親迎
則得妻必親迎乎屋廬子不能對明日之鄒以告孟子孟子曰於答
是也何有不揣其本而齊其末方寸之木可使高於岑樓金重於羽
者豈謂一鈎金與一輿羽之謂哉取食之重者與禮之輕者而比之
奚翅食重取色之重者與禮之輕者而比之奚翅色重往應之曰紾
兄臂而奪之食則得食不紾則不得食則將紾之乎踰東家牆而摟
其處子則得妻不摟則不得妻則將摟之乎孟子告子
儒教至戰國既大行而時人猶多據舊制以攻孔子之制者二年
喪親迎尤為數見可見改制之難

齊宣王問曰文王之囿方七十里有諸孟子對曰於傳有之曰若是其大乎曰民猶以爲小也曰寡人之囿方四十里民猶以爲大何也曰文王之囿方七十里芻蕘者往焉雉兔者往焉與民同之民以爲小不亦宜乎臣始至於境問國之大禁然後敢入臣聞郊關之內有囿方四十里殺其麋鹿者如殺人之罪則是方四十里爲阱於國中民以爲大不亦宜乎孟子梁惠

孔子所定民之公囿孟子傳敎發明之故齊宣王疑之

齊宣王問曰湯放桀武王伐紂有諸孟子對曰於傳有之曰臣弒其君可乎曰賊仁者謂之賊賊義者謂之殘殘賊之人謂之一夫聞誅一夫紂矣未聞弒君也孟子梁惠

湯武革命順天應人聖人上奉天下愛民豈其使一人肆於民上春秋義失民則不君孟子述其大義故以爲誅殘賊齊宣王駭此異義故疑問之

右時人惑舊制後學以孔子所改之制闢之

白圭曰吾欲二十而取一何如孟子曰子之道貉道也萬室之國一人陶則可乎曰不可器不足用也曰夫貉五穀不生惟黍生之無城郭宮室宗廟祭祀之禮無諸侯幣帛饔飧無百官有司故二十取一而足也今居中國去人倫無君子如之何其可也陶以寡且不可以爲國況無君子乎欲輕之於堯舜之道者大貉小貉也欲重之於堯舜之道者大桀小桀也孟子告子

什一是孔子改定之制孔子託之堯舜者白圭更欲加而上之

右時人別創新制後學以孔子所改之制折之

門人南海康同懃 番禺羅潤楠初校

門人東莞葉衍華 番禺王覺任覆校

孔子改制考卷十三終

門人東莞張伯楨再校

孔子改制考卷十四

南海康有為廣夏撰

諸子攻儒考

春秋時諸子攻儒

戰國時諸子攻儒

秦時諸子攻儒

兩漢時諸子攻儒

冒頓之冠漢耶律之入宋皆於大朝一統犯之若夫稱戈並起滎陽成皋之戰邯鄲之走鄱陽之攻高光明祖所固然當戰國時孔道未一諸子並起不揣德量力咸欲篡統其墨老二家駸駸乎項羽王郎陳友諒故相攻尤力哉易曰龍戰于野其血玄黃陰疑於陽必戰諸子自張其教陰疑於陽者也然聖道至中人所歸往偏蔽之道人焉而敗今輯諸子之相攻明仲尼之不可毀也然而儒

為孔子所創非先王所傳益明矣

子入太廟每事問或曰孰謂鄹人之子知禮乎入太廟每事問子聞之曰是禮也 論語八佾

孔子以博學知禮聞時人已久忌之尋隙摘瑕時時攻難或之語帶譏嘲如此

叔孫武叔毀仲尼子貢曰無以為也仲尼不可毀也他人之賢者丘陵也猶可踰也仲尼日月也無得而踰焉人雖欲自絕其何傷於日月乎多見其不知量也 論語子張

叔孫武叔公然毀孔子於子貢之前尤其悍然相詆者毀辭雖不知其如何然可見當時貴人之難相容矣

微生畝謂孔子曰丘何為是栖栖者與無乃為佞乎孔子曰非敢為佞也疾固也 論語憲問

孔子周流席不暇暖微生畝譏其為佞而孔子答以疾固亦可見

詩人諷刺雖聖人亦不免針鋒相對者

子擊磬於衛有荷蕢而過孔氏之門者曰有心哉擊磬乎既而曰鄙哉硜硜乎莫已知也斯已而已矣深則厲淺則揭論語憲問

楚狂接輿歌而過孔子曰鳳兮鳳兮何德之衰往者不可諫來者猶可追已而已而今之從政者殆而論語微子

長沮桀溺耦而耕孔子過之使子路問津焉長沮曰夫執輿者爲誰子路曰爲孔丘曰是魯孔丘與曰是也曰是知津矣問於桀溺桀溺曰子爲誰曰爲仲由曰是魯孔丘之徒與對曰然曰滔滔者天下皆是也而誰以易之且而與其從辟人之士也豈若從辟世之士哉耰而不輟

子路從而後遇丈人以杖荷蓧子路問曰子見夫子乎丈人曰四體不勤五穀不分孰爲夫子植其杖而芸並同上

公伯寮愬子路於季孫子服景伯以告曰夫子固有惑志於公伯寮

吾力猶能肆諸市朝論語憲問

景公上路寢聞哭聲曰吾若聞哭聲何爲者也梁邱據對曰魯孔丘之徒鞠語者也明於禮樂審於服喪其母死葬埋甚厚服喪三年哭泣甚疾公曰豈不可哉而色悅之晏子曰古者聖人非不知能繁登降之禮制規矩之節行表綴之數以教民以爲煩人留日故制禮不羨於便事非不知能揚干戚鐘鼓竽瑟以勸衆也以爲費財留工故制樂不羨于和民非不知能累世殫國以奉死哭泣處哀以持久也而不爲者知其無補死者而深害生者故不以導民今品人飾禮煩事羨樂淫民崇死以害生三者聖王之所禁也賢人不用德毀俗流故三邪得行于世是非賢不肖雜上妄說邪故好惡不足以導衆此三者路世之政單事之教也公曷爲不察聲受而色悅之晏子春秋外篇

墨子引之不知爲晏子原文與否然晏子豚肩不掩豆澣衣以朝與孔子盛禮樂宗旨自不同尼谿之沮必是實事晏攻儒亦攻儒

之禮樂厚葬久喪立命數者當是改制大義故人皆得知而攻之

始吾望儒而貴之今吾望儒而疑之晏子春秋外篇

淮南子謂晏子爲孔子後學故望儒而貴之其後叛教自立則疑之也

晏子對曰是迺孔子之所以不逮舜孔子行一節者也晏子春秋外篇

孔門後學皆謂孔子賢於堯舜且推爲生民未有蓋素王改制以範圍古今百王受治也觀晏子之言可知當時譏彈無不與聖門針鋒相對者

仲尼之齊見景公景公說之欲封之以爾稽以告晏子晏子對曰不可彼浩裾自順不可以教下好樂緩於民不可使親治立命而建事不可守職厚葬破民貧國久喪道哀費日不可使子民行之難者在內而傳者無其外故異于服勉于容不可以道眾而馴百姓自大賢之滅周室之卑也威儀加多而民滋薄聲樂繁充而世德滋衰今孔

丘盛聲樂以侈世飾弦歌鼓舞以聚徒繁登降之禮趨翔之節以觀衆博學不可以儀世勞思不可以補民兼壽不能殫其教當年不能究其禮積財不能贍其樂繁飾邪術以營世君盛爲聲樂以淫愚其民其道也不可以示世其教也不可以導民今欲封之以移齊國之俗非所以導衆存民也公曰善于是厚其禮而留其封敬見不問其道仲尼迺行晏子春秋外傳

晏子對曰君其勿憂魯君弱主也孔子聖相也君不如陰重孔子設以相齊孔子强諫而不聽必驕魯而有齊君勿納也夫絶于魯無主于齊孔子困矣居朞年孔子去魯之齊景公不納故困于陳蔡之間同上

景公說將欲以尼谿田封孔子晏嬰進曰夫儒者滑稽而不可軌法倨傲自順不可以爲下崇喪遂哀破産厚葬不可以爲俗游說乞貸不可以爲國自大賢之息周室既衰禮樂缺有間今孔子盛容飾繁

登降之禮趨詳之節累世不能殫其學當年不能究其禮君欲用之以易齊俗非所以先細民也史記孔子世家

昭王將以書社地七百里封孔子楚令尹子西曰王之使使諸侯有如子貢者乎曰無有王之輔相有如顏回者乎曰無有王之將率有如子路者乎曰無有王之官尹有如宰予者乎曰無有且楚之祖封於周號爲子男五十里今孔丘述三王之法明周召之業王若用之則楚安得世世堂堂方數千里者乎夫文王在豐武王在鎬百里之君卒王天下今孔丘得據土壤賢弟子爲佐非楚之福也同上

孔子見子桑伯子子桑伯子不衣冠而處弟子曰夫子何爲見此人乎曰其質美而無文吾欲說而文之孔子去子桑伯子門人不說曰何爲見孔子乎曰其質美而文繁吾欲說而去其文說苑修文

少正卯在魯與孔子竝孔子之門三盈三虛論衡講瑞

少正卯在孔子時爲一國大師能與孔子爭教其才可想

右春秋時諸子攻儒

孔某之齊見景公景公說欲封之以尼谿以告晏子晏子曰不可夫儒浩居而自順者也不可以教下好樂而淫人不可使親治立命而怠事不可使守職宗喪循哀不可使慈民機服勉容不可使導衆孔丘盛容脩飾以蠱世弦歌鼓舞以聚徒繁登降之禮以示儀務趨翔之節以勸衆儒學不可使議世勞思不可以補民累壽不能盡其學當年不能行其禮積財不能贍其樂繁飾邪術以營世君盛為聲樂以淫愚民其道不可以期世其學不可以導衆今君封之以利齊俗非所以導國先衆墨子非儒

且夫繁飾禮以淫人久喪偽哀以謾親立命緩貧而高浩居倍本棄事而安怠傲貪於飲酒惰於作務陷於飢寒危於凍餒無以違之是若人氣鼸鼠藏而羝羊視賁彘起君子笑之怒曰散人焉知良儒夫夏乞麥禾五穀既收大喪是隨子姓皆從得厭飲食畢治數喪足以

至矣因人之家翠以為侍人之野以為尊富人有喪乃大說喜曰此
衣食之端也同上

婚冠喪祭相禮必以儒者如佛之齋醮故事蓋禮為孔禮舍孔門外無知之者也亦可見諸儒行道之苦心矣後世冠婚喪事一以巫祝主之而儒者又不知禮節無怪孔教之日衰也

其徒屬弟子皆效孔丘子貢季路輔孔悝亂乎衞陽虎亂乎齊佛肸以中牟叛黍雕刑殘莫大焉夫為弟子後生其師必脩其言法其行力不足知弗及而後已今孔丘之行如此儒士則可以疑矣墨子非儒

諸賢急於行道如負禮器詩書見陳涉之類耳墨子有意攻之故深文其言

孔子見景公曰先生素不見晏子乎對曰晏子事三君而得順焉是有三心所以不見也公告晏子晏子曰三君皆欲其國安是以嬰得順也聞君子獨立不慙于影今孔子伐樹削迹不自以為辱身窮陳

蔡不自以爲約始吾望儒貴之今則疑之景公祭路寢聞哭聲問梁丘據對曰魯孔子之徒也其母死服喪三年哭泣甚哀公曰豈不可哉晏子曰古者聖人非不能也而不爲者知其無補於死者而深害生事故也（墨子佚文）

墨子攻儒以久喪厚葬爲第一義故託晏子以攻之

夫弦歌鼓舞以爲樂盤旋揖讓以脩禮厚葬久喪以送死孔子之所立也而墨子非之（淮南子氾論訓）

魯平公將出嬖人臧倉者請曰他日君出則必命有司所之今乘輿已駕矣有司未知所之敢請公曰將見孟子曰何哉君所爲輕身以先於匹夫者以爲賢乎禮義由賢者出而孟子之後喪踰前喪君無見焉公曰諾樂正子入見曰君奚爲不見孟軻也曰或告寡人曰孟子之後喪踰前喪是以不往見也曰何哉君所謂踰者前以士後以大夫前以三鼎而後以五鼎與曰否謂棺槨衣衾之美也曰非所謂

踰也貧富不同也樂正子見孟子曰克告於君君爲來見也嬖人有臧倉者沮君君是以不果來也曰行或使之止或尼之行止非人所能也吾之不遇魯侯天也臧氏之子焉能使予不遇哉（孟子梁惠）

孟子將行道而有臧倉之沮尹士之譏程子則有孔文仲之劾朱子則有林栗胡宏沈繼祖之劾至謂喫菜事魔挾二尼爲妾拽孔子之木象其子盜牛從古已然況以孔子之聖猶伐樹於宋削迹於陳微服避禍餓至七日奚有於區區之譏乎

然友反命定爲三年之喪父兄百官皆不欲曰吾宗國魯先君莫之行吾先君亦莫之行也至於子之身而反之不可且志曰喪祭從先祖曰吾有所受之也謂然友曰吾他日未嘗學問好馳馬試劍今也父兄百官不我足也恐其不能盡於大事子爲我問孟子（孟子滕文）

儒者創敎非先王之舊法故滕父兄百官考於舊志不肯相從

有爲神農之言者許行自楚之滕踵門而告文公曰遠方之人聞君

行仁政願受一廛而爲氓文公與之處其徒數十人皆衣褐捆屨織席以爲食陳良之徒陳相與其弟辛負耒耜而自宋之滕曰聞君行聖人之政是亦聖人也願爲聖人氓陳相見許行而大悅盡棄其學而學焉陳相見孟子道許行之言曰滕君則誠賢君也雖然未聞道也賢者與民並耕而食饔飧而治今也滕有倉廩府庫則是厲民而以自養也惡得賢孟子滕文

道者並耕之道倉廩府庫儒者之道滕文公首尊儒術許行欲以其道易天下故先攻儒

萬章問曰或謂孔子於衞主癰疽於齊主侍人瘠環有諸乎孟子曰否不然也好事者爲之也孟子萬章

當時諸子並行而儒道至顯故時人妬而誣之

淳于髡曰先名實者爲人也後名實者自爲也夫子在三卿之中名實未加於上下而去之仁者固如此乎孟子告子

曰魯繆公之時公儀子爲政子柳子思爲臣魯之削也滋甚若是乎賢者之無益於國也

曰昔者王豹處於淇而河西善謳緜駒處於高唐而齊右善歌華周杞梁之妻善哭其夫而變國俗有諸內必形諸外爲其事而無其功者髡未嘗覩之也是故無賢者也有則髡必識之同上

淳于髡與惠施同派殆名家者流也名家爲墨氏之後學故亦攻儒

無趾語老聃曰孔丘之於至人其未邪彼何賓賓以學子爲彼且蘄以諔詭幻怪之名聞不知至人之以是爲已桎梏邪莊子德充符

孔子之道尙名老學不尙名故莊子假託而攻之

名公器也不可多取仁義先王之蘧廬也止可以一宿而不可以久處莊子天運

此亦莊子述老子之言以攻孔子

意而子見許由許由曰堯何以資汝意而子曰堯謂我汝必躬服仁義而明言是非許由曰而奚來爲軹夫堯既已黥汝以仁義而劓汝以是非矣汝將何以遊夫遙蕩恣睢轉徙之塗乎意而子曰雖然吾願遊於其藩許由曰不然夫盲者無以與乎眉目顏色之好瞽者無以與乎青黃黼黻之觀意而子曰夫无莊之失其美據梁之失其力黃帝之亡其知皆在鑪捶之間耳莊子大宗師

枝於仁者擢德塞性以收名聲使天下簧鼓以奉不及之法非乎而曾史是已駢於辯者纍瓦結繩竄句遊心於堅白同異之間而敝跬譽無用之言非乎而楊墨是已莊子駢拇

自虞氏招仁義以撓天下也天下莫不奔命於仁義是非以仁義易其性與故嘗試論之自三代以下者天下莫不以物易其性矣小人則以身殉利烈士則以身殉名大夫則以身殉家聖人則以身殉天下同上

及至聖人蹩躠爲仁踶跂爲義而天下始疑矣澶漫爲樂摘僻爲禮而天下始分矣故純樸不殘孰爲犧樽白玉不毁孰爲珪璋道德不廢安取仁義性情不離安用禮樂五色不亂孰爲文采五聲不亂孰應六律夫殘樸以爲器工匠之罪也毁道德以爲仁義聖人之過也

莊子馬蹄

故跖之徒問於跖曰盜亦有道乎跖曰何適而無有道邪夫妄意室中之藏聖也入先勇也出後義也知可否知也分均仁也五者不備而能成大盜者天下未之有也由是觀之善人不得聖人之道不立跖不得聖人之道不行天下之善人少而不善人多則聖人之利天下也少而害天下也多故曰脣竭則齒寒魯酒薄而邯鄲圍聖人生而大盜起掊擊聖人縱舍盜賊而天下始治矣夫川竭而谷虛丘夷而淵實聖人已死則大盜不起天下平而無故矣聖人不死大盜不止雖重聖人而治天下則是重利盜跖也爲之斗斛以量之則并與

斗斛而竊之爲之權衡以稱之則并與權衡而竊之爲之符璽以信之則并與符璽而竊之爲之仁義以矯之則并與仁義而竊之何以知其然邪彼竊鉤者誅竊國者爲諸侯諸侯之門而仁義存焉則是非竊仁義聖知邪故逐於大盜揭諸侯竊仁義并斗斛權衡符璽之利者雖有軒冕之賞弗能勸斧鉞之威弗能禁此重利盜跖而使不可禁者是乃聖人之過故曰魚不可脫於淵國之利器不可以示人彼聖人者天下之利器也非所以明天下也故絶聖棄知大盜乃止擿玉毀珠小盜不起焚符破璽而民朴鄙掊斗折衡而民不爭殫殘天下之聖法而民始可與論議擢亂六律鑠絶竽瑟塞瞽曠之耳而天下始人含其聰矣滅文章散五采膠離朱之目而天下始人含其明矣毀絶鉤繩而棄規矩攦工倕之指而天下始人有其巧矣故曰大巧若拙削曾史之行鉗楊墨之口攘棄仁義而天下之德始玄同矣彼人含其明則天下不鑠矣人含其聰則天下不累矣人含其知

則天下不惑矣人含其德則天下不僻矣彼曾史楊墨師曠工倕離朱者皆外立其德而以爚亂天下者也法之所無用也（莊子胠篋）

而且說明邪是淫於色也說聰邪是淫於聲也說仁邪是亂於德也說義邪是悖於理也說禮邪是相於技也說樂邪是相於淫也說聖邪是相於藝也說知邪是相於疵也天下將安其性命之情之八者存可也亡可也天下將不安其性命之情之八者乃始臠卷愴囊而亂天下也而天下乃始尊之惜之甚矣天下之惑也豈直過也而去之邪乃齊戒以言之跪坐以進之鼓歌以儛之吾若是何哉（莊子在宥）

爲圃者曰子奚爲者邪曰孔丘之徒也爲圃者曰子非夫博學以擬聖於于以蓋衆獨弦哀歌以賣名聲於天下者乎汝方將忘汝神氣墮汝形骸而庶幾乎而身之不能治而何暇治天下乎子往矣無乏吾事（莊子天地）

孔子西藏書于周室子路謀曰由聞周之徵藏史有老聃者免而歸

居夫子欲藏書則試往因焉孔子曰善往見老聃而老聃不許於是
繙十二經以說老聃中其說曰大謾願聞其要孔子曰要在仁義老
聃曰請問仁義人之性邪孔子曰然君子不仁則不成不義則不生
仁義眞人之性也又將奚爲矣老聃曰請問何謂仁義孔子曰中心
物愷兼愛無私此仁義之情也老聃曰意幾乎後言夫兼愛不亦迂
乎無私焉乃私也夫子若欲使天下无失其牧乎則天地固有常矣
日月固有明矣星辰固有列矣禽獸固有羣矣樹木固有立矣夫子
亦放德而行循道而趨已至矣又何偈偈乎揭仁義若擊鼓而求亡
子焉意夫子亂人之性也莊子天道

莊子雖攻儒而甚得儒之實故錄之

商大宰蕩問仁於莊子莊子曰虎狼仁也曰何謂也莊子曰父子相
親何爲不仁曰請問至仁莊子曰至仁無親大宰曰蕩聞之無親則
不愛不愛則不孝謂至仁不孝可乎莊子曰不然夫至仁尙矣孝固

不足以言之此非過孝之言也不及孝之言也夫南行者至於郢北面而不見冥山是何也則去之遠也故曰以敬孝易以愛孝難以愛孝易而忘親難忘親易使親忘我難使親忘我易兼忘天下難兼忘天下易使天下兼忘我難夫德遺堯舜而不爲也利澤施於萬世天下莫知也豈直大息而言仁孝乎哉夫孝悌仁義忠信貞廉此皆自勉以役其德者也不足多也故曰至貴國爵并焉至富國財并焉至願名譽并焉是以道不渝莊子天運

孔子圍於陳蔡之間七日不火食大公任往弔之曰子幾死乎曰然子惡死乎曰然任曰子嘗言不死之道東海有鳥焉名曰意怠其爲鳥也翂翂翐翐而似無能引援而飛迫脅而棲進不敢爲前退不敢爲後食不敢先嘗必取其緒是故其行列不斥而外人卒不得害是以免於患直木先伐甘井先竭子其意者飾知以驚愚脩身以明汙昭昭乎如揭日月而行故不免也莊子山木

老子之學藏身甚固運用甚巧後世多用之其與儒有陰陽之分飾知驚愚脩身明汙揭日月而行所謂陽也然多蒙禍患但儒者直道而行不肯爲老學之曲則全耳

老萊子之弟子出薪遇仲尼反以告曰有人於彼脩上而趨下末僂而後耳視若營四海不知其誰氏之子老萊子曰是上也召而來仲尼至曰上去汝躬矜與汝容知斯爲君子矣仲尼揖而退蹙然改容而問曰業可得進乎老萊子曰夫不忍一世之傷而驁萬世之患抑固窶邪亡其畧弗及邪惠以歡爲驁終身之醜中民之行進焉耳相引以名相結以隱與其譽堯而非桀不如兩忘而閉其所譽反無非傷也動無非邪也聖人躊躇以興事以每成功奈何哉其載焉終矜爾（莊子外物）

儒以詩禮發冢大儒臚傳曰東方作矣事之若何小儒曰未解裙襦口中有珠詩固有之曰青青之麥生於陵陂生不布施死何含珠爲

接其鬢壓其顪儒以金椎控其頤徐別其頰無傷口中珠同上

莊子詆老子之學以攻孔子內外篇中開口輙言之可知當時聲滿天下矣名爲孔子所特立其攻之曰以俶詭幻怪之名聞又曰獨絃哀歌以賣名聲於天下又曰飾知驚愚脩身以明汙又曰相引以名蓋皆取名爲實賓爲身贅之意也詩書禮樂爲孔子所定其攻之曰性情不離安用禮樂又曰澶漫爲樂摘僻爲禮又曰聖人死大盜止斗斛權衡符璽所以重盜跖而不可禁皆聖人之過也又曰說禮是相於伎說樂是相於淫又曰儒以詩禮發冢蓋皆祖尙老子清淨無爲之旨以相攻詆也仁以愛人義以正我古今之公理推之東西南北而皆準者也其攻之曰黥人以仁義劓人以是非蹩躠爲仁踶跂爲義以聖人爲利器而大盜乃攘臂其中以博學爲擬聖而天下不可爲俗無親者至愛而狼虎爲仁自勉者役德而天下易性其顛倒乎是非謬悖其議論祇顧一時之安

不恤天下之亂老氏之禍慘哉彼固知孔子之改制立教而故爲刺謬者也迨至天下篇則尊之爲神明聖王且以裂天下者咎諸子之道術然則莊子亦知言者哉

孔子西遊於衛顔淵問師金曰以夫子之行爲奚如師金曰惜乎而夫子其窮哉顔淵曰何也師金曰夫芻狗之未陳也盛以篋衍巾以文繡尸祝齊戒以將之及其已陳也行者踐其首脊蘇者取而爨之而已將復取而盛以篋衍巾以文繡遊居寢臥其下彼不得夢必且數眯焉今而夫子亦取先王已陳芻狗取弟子遊居寢臥其下故伐樹於宋削迹於衛窮於商周是非其夢邪圍於陳蔡之間七日不火食死生相與鄰是非其眯邪夫水行莫如用舟而陸行莫如用車以舟之可行於水也而求推之於陸則沒世不行尋常古今非水陸與周魯非舟車與今蘄行周於魯是猶推舟於陸也勞而無功身必有殃彼未知夫無方之傳應物而不窮者也且子獨不見夫桔槔者乎

引之則俯舍之則仰彼人之所引非引人也故俯仰而不得罪於人

故夫三皇五帝之禮義法度不矜於同而矜於治故譬三皇五帝之禮義法度其猶柤梨橘柚邪其味相反而皆可於口故禮義法度者應時而變者也今取猨狙而衣以周公之服彼必齕齧挽裂盡去而後慊觀古今之異猶猨狙之異乎周公也故西施病心而矉其里其里之醜人見而美之歸亦捧心而矉其里其里之富人見之堅閉門而不出貧人見之挈妻子而去之走彼知美矉而不知矉之所以美惜乎而夫子其窮哉莊子天運

古今水陸周魯舟車之說蓋譏孔子之託古以改制春秋新周王魯之事故曰行周於魯是猶推舟於陸也勞而無功

莊子曰周聞之儒者冠圜冠者知天時履句屨者知地形緩佩玦者事至而斷君子有其道者未必為其服也為其服者未必知其道也莊子田子方

孔子遊乎緇帷之林休坐乎杏壇之上弟子讀書孔子弦歌鼓琴奏曲未半有漁父者下船而來鬚眉交白被髮揄袂行原以上距陸而止左手據膝右手持頤以聽曲終而招子貢子路二人俱對客指孔子曰彼何為者也子路對曰魯之君子也客問其族子路對曰族孔氏客曰孔氏者何治也子路未應子貢對曰孔氏者性服忠信身行仁義飾禮樂選人倫上以忠於世主下以化於齊民將以利天下此孔氏之所治也又問曰有土之君與子貢曰非也侯王之佐與子貢曰非也客乃笑而還行言曰仁則仁矣恐不免其身苦心勞形以危其真嗚呼遠哉其分於道也子貢還報孔子孔子推琴而起曰其聖人與乃下求之至於澤畔方將杖拏而引其船顧見孔子還鄉而立孔子反走再拜而進客曰子將何求孔子曰曩者先生有緒言而去上不肖未知所謂竊待下風幸聞咳唾之音以卒相上也客曰嘻甚矣子之好學也孔子再拜而起曰上少而脩學以至于今六十九歲

矣無所得聞至教敢不虛心客曰同類相從同聲相應固天之理也吾請釋吾之所有而經子之所以子之所以者人事也天子諸侯大夫庶人此四者自正治之美也四者離位而亂莫大焉官治其職人憂其事乃無所陵故田荒室露衣食不足徵賦不屬妻妾不和長少無序庶人之憂也能不勝任官事不治行不清白羣下荒怠功美不有爵祿不持大夫之憂也廷無忠臣國家昏亂工技不巧貢職不美春秋後倫不順天子諸侯之憂也陰陽不和寒暑不時以傷庶物諸侯暴亂擅相攘伐以殘民人禮樂不節財用窮匱人倫不飭百姓淫亂天子有司之憂也今子既上無君侯有司之勢而下無大臣職事之官而擅飾禮樂選人倫以化齊民不泰多事乎莊子漁父

魯哀公問於顏闔曰吾以仲尼為貞幹國其有瘳乎曰殆哉圾乎仲尼方且飾羽而畫從事華辭以支為旨忍性以視民而不知不信受乎心宰乎神夫何足以上民彼宜汝與予頤與誤而可矣今使民離

實學僞非所以覩民也爲後世慮不若休之難治也施於人而不忘非天布也莊子列禦寇

莊子漁父列禦寇非真文前人辨之已詳以其流傳甚久亦莊子之後學也故存之

語曰流丸止於甌臾流言止於智者此家言邪學之所以惡儒者也荀子大略

按家言邪學指戰國諸子之攻儒者也

仲尼閒居子貢入侍而有憂色子貢不敢問出告顏回顏回援琴而歌孔子聞之果召回入問曰若奚獨樂回曰夫子奚獨憂孔子曰先言爾志曰吾昔聞之夫子曰樂天知命故不憂回所以樂也孔子愀然有閒曰有是言哉汝之意失矣此吾昔日之言爾請以今言爲正也汝徒知樂天知命之無憂未知樂天知命有憂之大也今告若其實脩一身任窮達知去來之非我亡變亂於心慮爾之所謂樂天知

命之無憂也憂吾脩詩書正禮樂將以治天下遺來世非但脩一身治魯國而已而魯之君臣日失其序仁義益衰性情益薄此道不行一國與當年其如天下與來世矣吾始知詩書禮樂無救於治亂而未知所以革之之方此樂天知命者之所憂雖然吾得之矣夫樂而知者非古人之所謂樂知也無樂無知是眞樂眞知故無所不樂無所不知無所不憂無所不爲詩書禮樂何棄之有革之何爲列子仲尼

此是華嚴第八地境界

周秦諸子多剏異說其以爲孔子顏子之言本不足據惟引用樂天知命兩語出於繫辭蓋列子遠在孔子後亦讀孔子書從老氏以叛教者也其曰修詩書正禮樂可知六經皆孔子手作而分見於諸經之義理制度爲孔子者無疑矣

孔子明帝王之道應時君之聘伐樹於宋削迹於衛窮於商周圍於陳蔡受屈於季氏見辱於陽虎戚戚然以至於死此天民之遑遽者

也列子楊朱

楊朱曰原憲窶於魯子貢殖於衛原憲之窶損生子貢之殖累身然則窶亦不可殖亦不可其可者焉在曰可在樂生可在逸身故善樂生者不窶善逸身者不殖同上

楊子之鄰人亡羊既率其黨又請楊子之豎追之楊子曰嘻亡一羊何追者之衆鄰人曰多歧路既反問獲羊乎曰亡之矣曰奚亡之曰歧路之中又有歧焉吾不知所之所以反也楊子戚然變容不言者移時不笑者竟日門人怪之請曰羊賤畜又非夫子之有而損言笑者何哉楊子不答門人不獲所命弟子孟孫陽出以告心都子心都子他日與孟孫陽偕入而問曰昔有昆弟三人游齊魯之間同師而學進仁義之道而歸其父曰仁義之道若何伯曰仁義使我愛身而後名仲曰仁義使我殺身以成名叔曰仁義使我身名並全彼三術相反而同出於儒孰是孰非邪楊子曰人有濱河而居者習於水勇

於泗操舟鬻渡利供百口裹糧就學者成徒而溺死者幾半本學泗不學溺而利害如此若以爲孰是孰非心都子嘿然而出孟孫陽讓之曰何吾子問之迂夫子答之僻吾惑愈甚心都子曰大道以多歧亡羊學者以多方喪生學非本不同非本不一而末異若是唯歸同反一爲亡得喪子長先生之門習先生之道而不達先生之況也哀哉列子說符

韓非子顯學篇儒分爲八墨分爲三後師各分門戶所造不同故多歧也且孔子條理紛繁無所不有莊生以爲明本數繫末度其義理之多可想矣多而攻之爲歧蓋有以也然方其體者無轉圜之用得一面者無肆應之功道烏可以執一哉何歧之有也

故曰農戰之民千人而有詩書辯慧者一人焉千人者皆怠於農戰矣商君書農戰

詩書禮樂善脩仁廉辯慧國有十者上無使守戰國以十者治敵至

必削不至必貧（同上）

攻儒者亦多端然無有商韓之無道者詩書禮樂固勿論仁廉善脩亦惡之此眞異聞戰國時精論謬論無所不有如此

雖有詩書鄉一束家一員獨無益於治也非所以反之術也（商君書農戰）

國有禮有樂有詩有書有善有修有孝有悌有廉有辯國有十者上無使戰必削至亡國無十者上有使戰必興至王（商君書去強）

國用詩書禮樂孝悌善修治者敵至必削國不至必貧（同上）

攻及孝悌尤爲悖謬豈秦固貴不孝不悌乎相攻至此固不可以理論矣

仁者能仁於人而不能使人仁義者能愛於人而不能使人相愛是以知仁義之不足以治天下也（商君書畫策）

辯慧亂之贊也禮樂淫佚之徵也慈仁過之母也任譽姦之鼠也（商君書說民）

故事詩書談說之士則民游而輕其君商君書算地

六蝨曰禮樂曰詩書曰修善曰孝悌曰誠信曰貞廉曰仁義曰非兵曰羞戰國有十二者上無使農戰必貧至削十二者成羣此謂君之治不勝其臣官之治不勝其民此謂六蝨勝其故也十二者成僕必削商君書靳令

詩書禮樂仁義皆棄絶亦不復責誠信貞廉亦以爲蝨則是以欺貪爲能治乎橫議之無理至此孟子所謂於禽獸奚難也然敢發此論其心思亦不可解矣

禹貢亦著山川高下原隰而不知大道之遙鹽鐵論論鄒

此鄒衍攻儒而及禹貢謂禹貢爲孔子之筆也

鄒子疾晩世之儒墨不知天地之弘昭曠之道將一曲而欲道九折守一隅而欲知萬方猶無準平而欲知高下無規矩而欲知方圓也鹽鐵論論鄒

鄒子之學有君臣上下六親亦與儒同而史遷多微辭以其疾儒也其道自小推至大又謂治各有宜陳義必甚多惜於今不傳

田子讀書曰堯時太平宋子曰聖人之治以致此乎彭蒙在側越次答曰聖法之治以至此非聖人之治也宋子曰聖人與聖法何以異彭蒙曰子之亂名甚矣（尹文子大道下）

老子曰道者萬物之奧善人之寶不善人之所寶是道治者謂之善人藉名法儒墨者謂之不善人（尹文子大道上）

右戰國時諸子攻儒

客有見田駢者被服中法進退中度趨翔閑雅辭令遜敏田駢聽之畢而辭之客出田駢送之以目弟子謂田駢曰客士歟田駢曰殆乎非士也今者客所弇斂士所術施也士所弇斂客所術施也客殆乎非士也故火燭一隅則室偏無光骨節蚤成空竅哭歷身必不長衆無謀方乞謹視見多故不良志必不公不能立功好得惡予國雖大

不爲王禍災日至故君子之容純乎其若鍾山之玉桔乎其若陵上之木淯淯乎愼謹畏化而不肯自足乾乾乎取舍不悅而心甚素樸呂氏春秋士容

田駢愼到莊子謂其無生人之行至於死人之理者此客被服中法進退中度趨翔閑雅是儒者也田駢近黄老學故攻之

孔穿公孫龍相與論於平原君所深而辯至於藏三牙公孫龍言藏之三牙甚辯孔穿不應少選辭而出明日孔穿朝平原君謂孔穿曰昔者公孫龍之言甚辯孔穿曰然幾能令藏三牙矣雖然難願得有問於君謂藏三牙甚難而實非也謂藏兩牙甚易而實是也不知君將從易而是也者乎將從難而非者乎平原君不應明日謂公孫龍曰公無與孔穿辯呂氏春秋淫辭

公孫龍子習於名家爲墨子餘派儒墨不相能故亦攻儒

孔墨之弟子徒屬充滿天下皆以仁義之術教導於天下然而無所

行教者衛猶不能行又況乎所教是何也仁義之術外也呂氏春秋有度

人有惡孔子於衛君者曰尼欲作亂衛君欲執孔子孔子走弟子皆逃韓非子外儲說左

衛將軍文子見曾子曾子不起而延於坐席正身於奧文子謂其御曰曾子愚人也哉以我為君子也君子安可毋敬也以我為暴人也暴人安可侮也曾子不僇命也韓非子說林下

夫嬰兒相與戲也以塵為飯以塗為羹以木為胾然至日晚必歸饟者塵飯塗羹可以戲而不可食也夫稱上古之傳頌辯而不慤道先王仁義而不能正國者此亦可以戲而不可以為治也夫慕仁義而弱亂者三晉也不慕而治強者秦也然而未帝者治未畢也韓非子外儲說左

或曰仲尼以文王為智也不亦過乎夫智者知禍難之地而辟之者也是以身不及於患也使文王所以見惡於紂者以其不得人心耶

則雖索人心以解惡可也紂以其大得人心而惡之已又輕地以收人心是重見疑也固其所以桎梏囚於羑里也鄭長者有言體道無爲無見也此最宜於文王矣不使人疑之也仲尼以文王爲智未及此論也韓非子難二

攻仲尼攻文王亦猶攻堯舜湯武也

是故亂國之俗其學者則稱先王之道以籍仁義盛容服而飾辯說以疑當世之法而貳人主之心其言古者爲設詐稱借於外力以成其私而遺社稷之利韓非子五蠹

今世儒者之說人主不善今之所以爲治而語已治之功不審官法之事不察姦邪之情而皆道上古之傳譽先王之成功儒者飾辭曰聽吾言則可以霸王韓非子顯學

故孔墨之後儒分爲八墨離爲三取舍相反不同而皆自謂眞孔墨孔墨不可復生將誰使定後世之學乎孔子墨子俱道堯舜而取舍

不同皆自謂眞堯舜堯舜不復生將誰使定儒墨之誠乎殷周七百餘歲虞夏二千餘歲而不能定儒墨之眞今乃欲審堯舜之道於三千歲之前意者其不可必乎無參驗而必之者愚也弗能必而據之者誣也故明據先王必定堯舜者非愚則誣也愚誣之學雜反之行明主弗受也墨者之葬也冬日冬服夏日夏服桐棺三寸服喪三月世以爲儉而禮之儒者破家而葬服喪三年大毀扶杖世主以爲孝而禮之夫是墨子之儉將非孔子之侈也是孔子之孝將非墨子之戾也今孝戾侈儉俱在儒墨而上兼禮之仝上

韓非子以孔墨爲顯學且明其後學之盛儒分爲八墨離爲三二教並行其彼倡於周秦之際者亦盛矣荀子非十二子有子張子夏子游之儒莊子天下篇有苦獲鄧陵南北墨別墨之號蓋儒墨爭教勢力均敵互相頡頏而墨子以苦人之道卒敗於孔子固由後學之不及亦其道有以致此也

天下皆以孝悌忠順之道爲是也而莫知察孝悌忠順之道而審行之是以天下亂皆以堯舜之道爲是而法之是以有弒君有曲父堯舜湯武或反君臣之義亂後世之教者也堯爲人君而君其臣舜爲人臣而臣其君湯武人臣而弒其主刑其尸而天下譽之此天下所以至今不治者也夫所謂明君者能畜其臣者也所謂賢臣者能明法辟治官職以戴其君者也今堯自以爲明而不能以畜舜舜自以爲賢而不能以戴堯湯武自以爲義而弒其君長此明君且常與而賢臣且常取也故至今爲人子者有取其父之家爲人臣者有取其君之國矣父而讓子君而讓臣此非所以定位一教之道也 韓非子忠孝

商君攻孝悌誠信韓非攻堯舜湯武孝弟忠順亘古悖論未有甚於是者然其端實老子開之老子棄仁義孝慈絕聖智故韓非承之

故明主之國無書簡之文以法爲教無先王之語以吏爲師 韓非子五蠹

孝經緯託先王以明權則先王之語亦儒者之語也以法爲敎以吏爲師孔子未改制之先時君之治國者大率如此韓非援上古之世以攻儒術多見其不知量也何明主之國之有

今學者之言也不務本作而好末事道虛惠以說民此勸飯之說勸飯之說明主不受也 韓非子八說

或曰仲尼不知善賞矣夫善賞罰者百官不敢侵職羣臣不敢失禮上設其法而下無姦詐之心如此則可謂善賞罰矣 韓非子難一

賞罰嚴明所以用法也韓非尙法故賞罰爲專家之學是以譏孔子不知善賞

或曰仲尼之對亡國之言也恐民有倍心而說之悅近而來遠則是敎民懷惠惠之爲政無功者受賞而有罪者免此法之所以敗也法敗而政亂以亂政治敗民未見其可也且民有倍心者君上之明有所不及也不紹葉公之明而使之悅近而來遠是舍吾勢之所能禁

而使與天下行惠以爭民非能持勢者也夫堯之賢六王之冠也舜一從而咸包而堯無天下矣有人無術以禁下恃為舜而不失其民不亦無術乎韓非子難三

不知讓天下之盛德而譏御下之無術是笑伯夷之餓不解為盜也

主上有令而民以文學非之官府有法民以私行矯之人主顧漸其法令而尊學者之智行此世之所以多文學也夫言行者以功用為之的彀者也夫砥礪殺矢而以妄發其端未嘗不中秋毫也然而不可謂善射者無常儀的也設五寸之的引十步之遠非羿逢蒙不能必中者有常也故有常則羿逢蒙以五寸的為功無常則以妄發之中秋毫為拙今聽言觀行不以公用為之的彀言雖至察行雖至堅則妄發之說也是以亂世之聽言也以難知為察以博文為辯其觀行也以離羣為賢以犯上為抗人主者說辯察之言尊賢抗之行故

夫作法術之人立取舍之行別辭爭之論而莫爲之正是以儒服帶劍者衆而耕戰之士寡堅白無厚之詞章而憲令之法息故曰上不明則辯生焉韓非子問辯

韓非與李斯同學於荀子而二人之敗其事同其禍同觀史記李斯傳斯辭荀子之言從可知矣蓋二人皆以急功名之故遂嚴法酷令以投時君時君說之其禍中於人亦反及於己辯察之言賢抗之行非以爲亂世無怪其與李斯同也

夫上之所貴與其所以爲治相反也夫立名號所以爲尊也今有賤名輕實者世謂之高設爵位所以爲賤貴基也而簡上不求見者世謂之賢威利所以行令也而無利輕威者世謂之重法令所以爲治也而不從法令爲私善者世謂之忠官爵所以勸民也而好名義不進仕者世謂之烈士刑罰所以擅威也而輕法不避刑戮死亡之罪者世謂之勇夫民之急名也甚其求利也如此則士之飢餓乏絕者

焉得無巖居苦身以爭名於天下哉故世之所以不治者非下之罪上失其道也常貴其所以亂而賤其所以治是故下之所欲常與上之所以爲治相詭也今下而聽其上上之所急也而惇愨純信用心怯言時謂之窶守法固聽令審則謂之愚敬上畏罪則謂之怯言時節行中適則謂之不肖無二心私學吏聽吏從教者則謂之陋難致謂之正難予謂之廉難禁謂之齊有令不聽從謂之勇無利於上謂之愿少欲寬惠行德謂之仁重厚自尊謂之長者私學成羣謂之師徒閒靜安居謂之有思損仁逐利謂之疾險躁佻反覆謂之智先爲人而後自爲類名號言汎愛天下謂之聖言大本稱而不可用行而乖於世者謂之大人賤爵祿不撓上者謂之傑下漸行如此入則亂民出則不便也上宜禁其欲滅其迹而不止也又從而尊之是教下亂上以爲治也韓非子詭使

韓非以險隘酷烈之術求售於天下而尚名節賤爵祿者皆欲禁

絕之甚至先爲人而後自爲類名號言汎愛亦攻之不遺餘力使其道大行孔子之教掃地矣嗚呼慘哉

聖智成羣造言作辭以非法令於上上不禁塞又從而尊之是教下不聽上上不從法也韓非子詭使

學道立方離法之民也而世尊之曰文學之士韓非子六反

博習辯智如孔墨孔墨不耕耨則國何得焉修孝寡欲如曾史曾史不戰攻則國何利焉匹夫有私便人主有公利不作而養足不仕而名顯此私便也息文學而明法度塞私便而一功勞此公利也錯法以道民也而又貴文學則民之所師法也疑賞功以勸民也而又尊行修則民之產利也惰夫貴文學以疑法尊行修以貳功索國之富強不可得也韓非子八說

故舉先王言仁義者盈廷而政不免於亂行身者競於爲高而不合於功故智士退處巖穴歸祿不受而兵不免於弱政不免於亂此其

故何也民之所譽上之所禮亂國之術也韓非子五蠹

國平養儒俠難至用介士所利非所用所用非所利是故服事者簡其業而於游學者日衆是世之所以亂也

儒以文亂法俠以武犯禁而人主兼禮之此所以亂也夫離法者罪而諸先王以文學犯禁者誅而羣俠以私劍養故法之所非君之所取吏之所誅上之所養也法趣上下四相反也而無所定雖有十黃帝不能治也故行仁義者非所譽譽之則害功文學者非所用用之則亂法

今修文學習言談則無耕之勞而有富之實無戰之危而有貴之尊則人孰不爲也上同

國平則養儒俠難至則用介士所養者非所用所用者非所養此所以亂也且夫人主於聽學也若是其言宜布之官而用其身若非其言宜去其身而息其端今以爲是也而弗布於官以爲非也而不

息其端是而不用非而不息亂亡之道也澹臺子羽君子之容也仲尼幾而取之於處久而行不稱其貌宰予之辭雅而文也仲尼幾而取之與處而智不充其辯故孔子曰以容取人乎失之子羽以言取人乎失之宰予故以仲尼之智而有失實之聲今之新辯濫乎宰予而世主之聽眩乎仲尼爲悅其言因任其身則焉得無失乎韓非子顯學

儒俠毋軍勞顯而榮者則民不使與象人同事也夫禍知磐石象人而不知禍商官儒俠爲不墾之地不使之民不知事類者也同上

韓非祖尚老子一變而爲刑法之學故所言多急功近利愚人之術戰國之世儒墨後學盛行於時韓非目擊其所傳之道與己之法大相刺謬遂倡言剖擊謂無耕之勞有富之實無戰之危有貴之尊一則曰亂人之法再則曰亂人之國嗚呼食功食志彭更之見何迂何韓非以學道立方爲離法之民也其比於彭更有間矣故其論儒也謂之不耕而食比之於一蠹論有益與無益也比之於

鹿馬馬之似鹿者千金天下有千金之馬無千金之鹿鹿無益馬有用也儒者猶鹿有用之吏猶馬也論衡非韓

魯繆公問於子思曰吾聞龐摑是子不孝不孝其行奚如子思對曰君子尊賢以崇德舉善以勸民若夫過行是細人之所識也臣不知也子思出子服厲伯見君問龐摑是子子服厲伯對以其過皆君子所未曾聞自是之後君貴子思而賤子服厲伯韓子聞之以非繆公以為明君求姦而誅之子思不以姦聞而厲伯以姦對厲伯宜貴子思宜賤

韓子非儒謂之無益有損蓋謂俗儒無行操舉措不重禮以儒名而俗行以實學而偽說貪官尊榮故不足貴並同上

韓非尚老及中韓與儒為反即有儒行不貪官榮亦攻之

由余其先晉人也亡入戎能晉言聞繆公賢故使由余觀秦秦繆公示以宮室積聚由余曰使鬼為之則勞神矣使人為之亦苦民矣繆

公怪之問曰中國以詩書禮樂法度爲政然尙時亂今戎夷無此何以爲治不亦難乎由余笑曰此乃中國所以亂也夫自上聖黃帝作爲禮樂法度身以先之僅以小治及其後世日以驕淫阻法度之威以責督於下下罷極則以仁義怨望於上上下交爭怨而相簒弒至於滅宗皆以此類也夫戎夷不然上含淳德以遇其下下懷忠信以事其上一國之政猶一身之治不知所以治此眞聖人之治也史記秦本紀

以禮樂爲亂世以夷狄爲聖人亦厭禮樂之煩故爲此言

今陛下創大業建萬世之功固非愚儒所知史記秦始皇本紀

右秦時諸子攻儒

於是博學以疑聖華誣以脅衆弦歌鼓舞緣飾詩書以買名譽於天下繁登降之禮飾紱冕之服聚衆不足以極其變積財不足以贍其費於是萬民乃始慲觟離跂各欲行其知僞以求鑿枘於世而錯擇

名利是故百姓曼衍於淫荒之陂而失其大宗之本夫世之所以喪性命有衰漸以然所由來者久矣 淮南子俶真訓

老氏以無爲爲宗旨墨子以尙儉爲宗旨故貫名譽飾禮貌者二氏皆攻之也

故魯國服儒者之禮行孔子之術地削名卑不能親近來遠越王勾踐劗髮文身無皮弁搢笏之服拘罷拒折之容然而勝夫差於五湖南面而霸天下泗上十二諸侯皆率九夷以朝胡貉匈奴之國縱體拖髮箕倨反言而國不亡者未必無禮也楚莊王裾衣博袍令行乎天下遂霸諸侯晉文君大布之衣牂羊之裘韋以帶劍威立於海內豈必鄒魯之禮之謂禮乎 淮南子齊俗訓

此皆攻儒之衣服禮容者儒不尙詐謀不言兵故國弱然魯人從儒其君實未專用儒道也

古者非不知繁升降槃還之禮也蹀采齊肆夏之容也以爲曠日煩

民而無所用故制禮足以佐實喻意而已矣古者非不能陳鐘鼓盛筦簫揚干戚奮羽旄以爲費財亂政制樂足以合歡宣意而已喜不羨於音非不能竭國麋民虛府殫財含珠鱗施綸組節束追送死也以爲窮民絕業而無益於槁骨腐肉也故葬薶足以收斂蓋藏而已淮南子齊俗訓

淮南是老學其攻儒亦采墨學爲之

亂國則不然言與行相悖情與貌相反禮飾以煩樂優以淫崇死以害生久喪以招行是以風俗濁於世而誹譽萌於朝淮南子齊俗訓

飾禮淫樂崇死久喪其攻與墨子同是老學亦大不以爲然者老學爲法淨自然不爲飾外也

夫三年之喪是強人所不及也而以僞輔情也淮南子齊俗訓

武王伐紂載尸而行海內未定故不爲三年之喪始禹遭洪水之患陂塘之事故朝死而暮葬此皆聖人之所以應時耦變見形而施宜

者也今之脩干戚而笑鑁插知三年非一日是從牛非馬以徵笑羽也同上

漢時遺書尚有以禹武不爲三年之喪三月之葬者引古以攻儒

跖之徒問跖曰盜亦有道乎跖曰奚適其無道也夫意而中藏者聖也入先者勇也出後者義也分均者仁也知可否者智也五者不備而能成大盜者天下無之由此觀之盜賊之心必託聖人之道而後可行故老子曰絕聖棄智民利百倍淮南子道應訓

此文與莊子胠篋洞可知是周秦諸子異說而孔學以大名而見譏可想矣

詩春秋學之美者也皆衰世之造也儒者循之以敎導於世豈若三代之盛哉淮南子氾論訓

詩是商周詩而淮南以爲不若三代之盛可見詩爲孔子所作故以爲衰世之造與三代無與矣此以舊制攻孔子者

今夫儒者不本其所以欲而禁其所欲不原其所以樂而閉其所樂是猶決江河之源而障之以手者也淮南子精神訓

孔氏不喪出母此禮之失者淮南子說山訓

喪服無出母之服時人譏之

哀公好儒而削淮南子人間訓

戰國人多以魯好儒而削爲儒罪其實哀公未嘗聽用孔子也

富國何必用本農足民何必井田也鹽鐵論力耕

井田是孔子所立有若之對哀公孟子之對滕文使爲大周定制則魯曾爲秉禮滕亦姬宗煌煌大典誰敢不從又何必二子言之漢亦未有行此制故漢人猶攻之

山澤無征則君臣同利刀幣無禁則姦貞並行夫臣富相侈下專利相傾也鹽鐵論錯幣

孔子之制不征山澤不言錢幣漢廷俗吏溺守舊法豈肯用之

故未遑扣扃之義而錄拘儒之論鹽鐵論復古
漢人開口以儒爲拘則儒之守禮而遵師法可知
自千乘兒寬以治尚書位冠九卿及所聞睹選舉之士擢升贊憲甚
顯然未見絕倫比而爲縣官興滯立功也鹽鐵論刺復
公孫丞相以春秋說先帝遽即三公而無益於治博士褚泰徐偃等
承明詔建節馳傳巡省郡國舉孝廉勸元元而流俗不改同上
武帝擢用儒者以不次雖未盡得其人而儒術之行實賴之桓寬
何足以知此
孟軻守舊術不知世務故困於梁宋孔子能方不能圓故饑於黎邱
今晚世之儒勤德時有乏匱言以爲非因此不行自周室以來千有
餘歲獨有文武成康如言必參一焉取所不能及而稱之猶躄者能
言遠不能行也鹽鐵論論儒
當戰國時異學競出故以孟子爲守舊至孔子之饑於黎邱亦常

事耳訾詆及此夫亦何所不至哉

御史曰論語云親於其身爲不善者君子不入也有是言而行不足從也季氏爲無道逐其君奪其政而冉求仲由臣焉禮男女不授受不交衛孔子適衛因嬖臣彌子瑕以見衛夫人子路不悅子瑕佞臣也夫子因之非正也男女不交孔子見南子非禮也禮義由孔氏出且貶道以求容惡在其釋事而退也鹽鐵論論儒

禮義由孔氏出蓋御史亦知孔子改制也

原憲孔伋當世被饑寒之患顏回屢空於窮巷當此之時迫於窟穴拘於縕袍雖欲假財信姦佞亦不能也鹽鐵論貧富

饑寒亦常事耳安足以病諸賢觀其言若以假財信姦佞爲能者何其謬也然可見時人忌而譏之甚至矣

儒墨內貪外矜往來游說栖栖然亦未爲得也鹽鐵論毀學

孔子爲行道救時計凡有所以行吾道者則爲之故曰內貪不直

則道不行故曰外矜往來游說雖未有得亦栖栖然而不止亦可
見傳道之勤矣

戍卒陳勝釋輓輅首爲叛逆自立張楚非有回由處士之行宰相列
臣之位也奮於大澤不過旬月而齊魯儒墨薦紳之徒肆其長衣長
衣官之也負孔氏之禮器詩書委質爲臣孔甲爲涉博士卒俱死陳
爲天下笑 鹽鐵論褒賢

孔子卒後澹臺滅明居楚子貢居衛子夏居西河大者爲師傅卿
相小者友敎士大夫七十弟子六萬徒侶專以傳敎爲事故以涉
之微淺而負禮器詩書委質爲臣孔甲且爲博士雖死而不爵傳
敎爲主則不必擇其人但以行其敎也

趙綰王臧之等以儒術擢爲上卿而有姦利殘忍之心主父偃以口
舌取大官竊權重欺紿宗室受諸侯之賂卒皆誅死 鹽鐵論褒賢

今儒者釋耒耜而學不驗之語曠日彌久而無益於理往來浮游不

耕而食不蠶而衣巧爲良民以奪農妨政此亦當世之所患也鹽鐵論相刺

攻儒者往來浮游亦可見傳道之勤矣攻儒術爲不驗之語以其創說自古未嘗行之也

昔魯繆公之時公儀爲相子思子原爲之卿然北削於齊以泗爲境南畏楚人西賓秦國孟軻居梁兵折於齊上將軍死而太子虜西敗於秦地奪壤削亡河內河外夫仲尼之門七十子之徒去父母捐室家負荷而隨孔子不耕而學亂乃愈滋故玉屑滿篋不爲有寶詩書負笈不爲有道要在安國家利人民不苟文繁衆辭而已鹽鐵論相刺

公儀子思原固無負於魯孟氏子輿亦何害於梁魯削梁亡實由積勢且二國究非用賢其至此亦宜哉七十子之徒去父母捐室家負荷而隨孔子其爲道亦至矣亂之愈滋安足爲諸賢害哉

據古人以應當世猶辰參之錯膠柱而調瑟固而難合矣孔子所以

不用於世而孟軻見賤於諸侯也鹽鐵論相刺

今文學言治則稱堯舜道行則稱孔墨授之政則不達懷古道而不能行言直而行之枉道是而情非衣冠有以殊於鄉曲而實無以異於凡人同上

衣冠殊於鄉曲當時一受儒教輒變冠服如今一爲僧道即變冠服然

七十子躬受聖人之術有名列於孔子之門皆諸侯卿相之才可南面者數人可政事者冉有季路言語宰我子貢宰我秉事有寵於齊田常作難道不行身死庭中簡公殺於檀臺子路仕衞孔悝作亂不能救君出亡身葅於衞子貢子皐逃遁不能死其難食人之重祿不能更處人尊官不能存何其厚於己而薄於君哉同門共業自以爲知古今之義明君臣之禮或死或亡二三子殊路何道之悖也鹽鐵論殊路

諸賢既傳道於孔子而或死或幾於死其爲道亦勤矣俗人不知
且不諒其苦既死則笑其愚不死則譏其悖何口舌之酷至此哉
孔子外變二三子之服而不能革其心故子路解長劍去危冠屈節
於夫子之門然攝齊師友行行爾鄙心猶存宰予晝寢欲損三年之
喪孔子曰糞土之牆不可杇也若由不得其死然故內無其質而外
學其文雖有賢師良友若畫脂鏤冰費日損功 鹽鐵論殊路

儒者之服三年之喪皆孔子所特立者也孔子變二三子之服而
子路長劍危冠之服去定三年之喪而宰子之禮敗樂崩之說興
不然大周定制愚者猶不敢疑之况宰子哉

仲由冉求無檀柘之材隋和之璞而強文之 鹽鐵論殊路

季由以強梁死宰我以柔弱殺使二子不學未必不得其死何者矜
已而伐能小知而巨收 鹽鐵論訟賢

不學未必不得其死其語誠是然爲道而死死得所矣季由強梁

宰我柔弱不亦可以瞑目乎哉

晏子有言儒者華於言而寡於實繁於樂而舒於民久喪以害生厚葬以傷業禮煩而難行道迂而難遵稱往古而言訾當世賤所見而貴所聞此人本狂以己爲拭此顏異所以誅黜而狄山死於匈奴也鹽鐵論論誹

當時諸家賤儒行不逮言故來當世之譏然榮華其言亦可見儒者之移人亦在此

往者陳餘背漢斬於泜水伍被邪逆而夷三族近世主父偃行不軌而誅滅呂步舒弄口而見戮行身不謹誅及無罪之親由此觀之虛禮無益於己也鹽鐵論孝養

弄口見戮無益於己而廣說法則有益於人也

文學褒衣博帶竊周公之服鞠躬踧踖竊仲尼之容議論稱誦竊商賜之辭刺譏言治過管晏之才心卑卿相志小萬乘及授之政昏亂

不治鹽鐵論刑議

褒衣博帶儒服也鞠躬踧踖禮容也議論稱誦法言也於詆毀之

　家可見儒教面目

諸生闒茸無行多言而不用情貌不相副若穿踰之盜自古而患之

是孔丘斥逐於魯君曾不用於世也何者以其首攝多端迂時而不

要也故秦王燔去其術而不行坑之渭中而不用乃安得鼓口舌申

顏眉預前論議是非國家之事也鹽鐵論國病

　孔子陳義甚廣故以為首攝多端

巫祝不可與並祀諸生不可與逐語信往疑今非人自是夫道古者

稽之今言遠者合之近日月在天其徵在人菑異之變夭壽之期陰

陽之化四時之敘水火金木妖祥之應鬼神之靈祭祀之福日月之

行星辰之紀曲言之故何所本始不知則默無苟亂耳鹽鐵論論菑

　讀此可知陰陽災異之說為孔子所獨創以下難陰陽五行者仍有數條以非相攻姑不

錄侯錄入孔子大義耳

文學所稱聖知者孔子也治魯不遂見逐於齊不用於衛遇圍於匡困於陳蔡夫知時不用猶說强也知困而不能已貪也不知見欺而往愚也困辱不能死恥也若此四者庸民之所不爲也何況君子乎鹽鐵論大論

至於漢世猶攻孔詆儒若此以其匹夫創說未嘗行之也

儒者口能言治亂無能以行之鹽鐵論能言

故使言而近則儒者何患於治亂同上

談治術者多攻之即迂遠不切於事情之意也

世人有言鄙儒不如都士鹽鐵論國病

儒皆貧羸衣冠不完安知國家之政縣官之事乎何什辟造陽也鹽鐵論地廣

惑於愚儒之文詞以疑賢士之謀鹽鐵論刑德

徐偃王行義而滅好儒而削鹽鐵論和親

儒者不知治世而善訾議鹽鐵論詔聖

莊子謂春秋經世先王之志然則儒以孔子之學治世亦可也不

治世者不合於時人之見耳

文學祖述仲尼稱誦其德以爲自古及今未之有也然孔子修道齊魯之間敎化洙泗之上弟子不爲變當世不爲治魯國之削滋甚齊宣王褒儒尊學孟軻淳于髡之徒受上大夫之祿不任職而論國事蓋齊稷下先生千有餘人當此之時非獨一公孫弘也弱燕攻齊長驅至臨淄湣王遁逃死於莒而不能救王建禽於秦與之俱虜而不能存若此儒者之安國尊君未始有効也鹽鐵論論儒

時相之攻儒若此然孔門後學之尊孔子以爲生民未有是衆口一論也

會竇太后治黃老言不好儒術使人微伺得趙綰等姦利事召案綰

臧綰臧自殺史記孝武本紀

漢世儒之見絀尚如此至董生以非六藝之科者絕勿進公孫宏亦以儒學顯而儒術遂行於世

而黠常毀儒面觸弘等徒懷詐飾智以阿人主取容史記汲鄭列傳

世俗共短儒生儒生之徒亦自相少何則並好仕學宦用吏為繩表也儒生有闕俗共短之論衡程材

是故世俗常高文吏賤下儒生同上

高文吏下儒生世俗尊富貴薄道義故至此

論者多謂儒生不及彼文吏見文吏利便而儒生陸落則詆訾儒生以為淺短論衡程材

後漢最崇儒術百官盡用儒生然詆訾墮落猶如此況後世乎

其高志妙操之人恥降意損崇以稱媚取進深疾才能之儒洎入文吏之科堅守高志不肯下學亦時或精闇不及意疏不密臨事不識

對向謬誤拜起不便進退失度奏記言事蒙士解過援引古義割切將欲直言一指觸諱犯忌封蒙約縛簡繩檢署事不如法文辭卓詭辟刺離實曲不應義故世俗輕之文吏薄之將相賤之 論衡程材

儒者說五經多失其實前儒不見本末空生虛說後儒信前師之言隨舊述故滑習辭語苟名一師之學趨爲師教授及時蚤仕汲汲競進不暇留精用心考實根核故虛說傳而不絕實事沒而不見五經並失其實 論衡正說

五經之後秦漢之事無不能知者短也夫知古不知今謂之陸沉然則儒生所謂陸沉者也五經之前至於天地始開帝王初立者主名爲誰儒生又不知也夫知今不知古謂之盲瞽五經比於上古猶爲今也徒能說經不曉上古然則儒生所謂盲瞽者也 論衡謝短

然則儒生不能知漢事世之愚蔽人也

夫總問儒生以古今之義儒生不能知別名以其經事問之又不能

曉斯則坐守何言師法不煩博覽之咎也並同上

合上二條觀之漢儒生已如今日從事八股者之陋不通古今不諳經義宜劉歆得出而奪之

右兩漢時諸子攻儒

孔子改制考卷十四終

門人南海康同懃　番禺羅潤楠初校

門人東莞葉衍華　番禺王覺任覆校

門人東莞張伯楨再校

孔子改制考卷十五

南海康有爲廣廈撰

墨老攻儒尤盛考

儒者曰親親有術尊賢有等言親疏尊卑之異也其禮曰喪父母三年其妻後子三年伯父叔父弟兄庶子其戚族人五月若以親疏爲歲月之數則親者多而疏者少矣是妻後子與父同也若以尊卑爲歲月數則是尊其妻子與父母同而親伯父宗兄而卑子也逆孰大焉其親死列尸弗登屋窺井挑鼠穴探滌器而求其人焉以爲實在則贛愚甚矣如其亡也必求焉僞亦大矣取妻身迎祗褍爲僕秉轡授綏如仰嚴親昏禮威儀如承祭祀顛覆上下悖逆父母下則妻子妻子上侵事親若此可謂孝乎儒者迎妻妻之奉祭祀子將守宗廟故重之應之曰此誣言也其宗兄守其先宗廟數十年死喪之其兄弟之妻奉其先之祭祀弗散則喪妻子三年必非以守奉祭祀也夫

憂妻子以大負累有曰所以重親也爲欲厚所至私輕所至重豈非
大姦也哉有強執有命以說議曰壽夭貧富安危治亂固有天命不
可損益窮達賞罰幸否有極人之知力不能爲焉羣吏信之則怠於
分職庶人信之則怠於從事不治則亂農事緩則貧貧且亂政之本
而儒者以爲道教是賊天下之人者也且夫繁飾禮以淫人久喪僞
哀以謾親立命緩貧而高浩居倍本棄事而安怠傲貪於飲酒惰於
作務陷於飢寒危於凍餒無以違之是若人氣鼸鼠藏而羝羊視賁
彘起君子笑之怒曰散人焉知良儒夫夏乞麥禾五穀既收大喪是
隨子姓皆從得厭飲食畢治數喪足以至矣因人之家翠以爲恃人
之野以爲尊富人有喪乃大說喜曰此衣食之端也儒者曰君子必
服古言然後仁應之曰所謂古之者皆嘗新矣而古人服之則君子
也然則必法非君子之服言非君子之言而後仁乎又曰君子循而
不作應之曰古者羿作弓伃作甲奚仲作車巧垂作舟然則今之鮑

函車匠皆君子也而羿仔奚仲巧垂皆小人邪且其所循人必或作
之然則其所循皆小人道也又曰君子勝不逐奔揜函弗射施則助
之胥車應之曰若皆仁人也則無說而相與仁人以其取舍是非之
理相告無故從有故也弗知從有知也無辭必服見善必遷何故相
若兩暴交爭其勝者欲不逐奔揜函弗射施則助之胥車雖盡能猶
且不得爲君子也意暴殘之國也聖將爲世除害興師誅罰勝將因
用傳術令士卒曰毋逐奔揜函勿射施則助之胥車暴亂之人也得
活天下害不除是爲羣殘父母而深賤世也不義莫大焉又曰君子
若鐘擊之則鳴弗擊不鳴應之曰夫仁人事上竭忠事親得孝務善
則美有過則諫此爲人臣之道也今擊之則鳴弗擊不鳴隱知豫力
恬漠待問而後對雖君親之大利弗問不言若將有大寇亂盜賊將
作若機辟將發也他人不知己獨知之雖其君親皆在不問不言是
夫大亂之賊也以是爲人臣不忠爲子不孝事兄不弟交遇人不貞

良夫執後不言之朝物見利使已雖恐後言君若言而未有利焉則
高拱下視會噎爲深曰惟其未之學也用誰急遺行遠矣夫一道術
學業仁義也昔大以治人小以任官遠施用徧近以循身不義不處
非理不行務興天下之利曲直周旋利則止此君子之道也以所聞
孔某之行則本與此相反謬也齊景公問晏子曰孔子爲人何如晏
子不對公又復問不對景公曰以孔某語寡人衆矣俱以賢人也今
寡人問之而子不對何也晏子對曰嬰不肖不足以知賢人雖然嬰
聞所謂賢人者入人之國必務合其君臣之親而弭其上下之怨孔
某之荊知白公之謀而奉之以石乞君身幾滅而白公僇嬰聞賢人
得上不虛得下不危言聽於君必利人教行下必於上是以言明而
易知也行易而從也行義可明乎民謀慮可通乎君臣今孔某深慮
同謀以奉賊勞思盡知以行邪勸下亂上教臣殺君非賢人之行也
入人之國而與人之賊非義之類也知人不忠趣之爲亂非仁義之

也逃人而後謀避人而後言行義不可明於民謀慮不可通於君臣
嬰不知孔某之有異於白公也是以不對景公曰嗚乎貺寡人者衆
矣非夫子則吾終身不知孔某之與白公同也孔某之齊見景公景
公說欲封以尼谿以告晏子晏子曰不可夫儒浩居而自順者也不
可以教下好樂而淫人不可使親治立命而怠事不可使守職宗喪
循哀不可使慈民機服勉容不可使導衆孔某盛容修飾以蠱世絃
歌鼓舞以聚徒繁登降之禮以示儀務趨翔之節以勸衆儒學不可
使議世勞思不可以補民絫壽不能盡其學當年不能行其禮積財
不能贍其樂繁飾邪術以營世君盛爲聲樂以淫遇民其道不可以
期世其學不可以導衆今君封之以利齊俗非所以導國先衆公曰
善於是厚其禮留其封敬見而不問其道孔乃恚怒於景公與晏子
乃樹鴟夷子皮於田常之門告南郭惠子以所欲爲歸於魯有頃閒
齊將伐魯告子貢曰賜乎舉大事於今之時矣乃遣子貢之齊因南

郭惠子以見田常勸之伐吳以教高國鮑晏使毋得害田常之亂勸越伐吳三年之內齊吳破國之難伏尸以言術數孔某之誅也孔某爲魯司寇舍公家而奉季孫季孫相魯君而走季孫與邑人爭門關決植孔某窮於蔡陳之間藜羹不糂十日子路爲享豚孔某不問肉之所由來而食褫人衣以酤酒孔某不問酒之所由來而飲哀公迎孔某席不端弗坐割不正弗食子路進請曰何其與陳蔡反也孔某曰來吾與女曩與女爲苟生今與汝爲苟義夫飢約則不辭忘妄取以活身贏飽僞行以自飾汙邪詐僞孰大於此孔某與其門弟子閒坐曰夫舜見瞽瞍就然此時天下圾乎周公旦非其人也邪何爲亦舍家室而託寓也孔某所行心術所至也其徒屬弟子皆效孔某子貢季路輔孔悝亂乎衛陽虎亂乎齊佛肸以中牟叛桼雕刑殘莫大焉夫爲弟子後生其師必脩其言法其行力不足知弗及而後已今孔某之行如此儒士則可以疑矣

墨子非儒

孔子大義微言條理萬千皆口授弟子若傳之於外導引世人大率以三年喪親迎立命三者其士大夫則以禮樂輔之故墨子力翻孔案有意攻難必先此數義而非樂非命著有專篇短喪薄葬且有特制此其義最相反者然使三年喪親迎果爲先王制則墨子言必三代聖王既不能謂之爲儒者之制更不敢肆口詆排謂爲逆僞驁愚大姦矣以爲其禮即今禮經然則禮經爲孔子作非周公之文斷斷矣正可藉異教攻詞明聖人制作學記言官先事士先志王子墊問孟子士何事孟子答以尚志故墨翟誚爲倍本棄事而安怠傲孔子不言利憂道不憂貧孟子發明之曰何必曰利董生亦云不謀其利故墨子攻爲惰於作務陷於飢寒危於凍餒益可想見顏子簞瓢陋巷曾子聲出金石原憲肘見踵決之高節蓋孔教行義多如此者故墨子誚之至謂富人有喪則大說喜以爲飲食之道幾類近時僧道齋醮之所爲固爲異教攻詆之詞然

可見當時富貴之家多從孔子之教以父子天性動以至仁故莫不樂行三年之喪既從其喪服即用其禮其禮極繁非孔子後學日習其禮者莫能通之故喪家必延孔子後學以爲相禮護喪而供養焉故墨者以是爲謗然益可考孔學傳教以三年喪爲得力泰西羅馬喪服亦用再期人心之同然故人易從也今日正賴墨子此文得以考見孔子傳教之法高拱下視會噎爲深孔學容貌如繪皆可反而得之

墨子在孔子之後有意爭教故攻孔子者無所不至乃謂孔子助白公之亂則白公在晏子之後既時代不同至誣孔子助田常之叛則請討之義有論語可證至謂子路褫人衣以酤酒孔子爲苟生而不得此則里巷詈罵之辭可無庸辨子貢未嘗輔孔悝陽虎佛肸非弟子墨教詆諆誣罔不可聽聞有德之人不忍出口而墨子爲之其人乖僻褊謬不待論其學術之是非矣墨翟倒戈如此

孟荀安得不攘臂而爭之韓愈乃謂孔子必用墨子墨子必用孔子兩家弟子相攻非二師之道本然眞爲妄言退之於非儒篇殆未用心乎墨家之謬桀犬吠堯固無足怪而當時爭教之情狀可見矣

葉公子高問政於仲尼曰爲善政者若之何仲尼對曰善爲政者遠者近之而舊者新之子墨子聞之曰葉公子高未得其問也仲尼亦未得其所以對也葉公子高豈不知善爲政者之遠者近也而舊者新是哉問所以爲之若之何也不以人之所不智告人以所智告之故葉公子高未得其問也仲尼亦不得其所以對也墨子耕柱

遠者必忘故當近舊者必壞故當新史佚之告成王願王近於民康誥之戒康叔作新民大學且欲其日日新伊尹曰用其新去其陳後世疎遠其民泥守舊法故致敗亡此論政極精之論墨子有意攻孔子故無論何說皆生排擊

公孟子曰善吾聞之曰宿善者不祥請舍忽易章甫復見夫子可乎

子墨子曰請因以相見也 墨子公孟

易章甫而後見棄儒服而故從墨教也公孟子未必如此墨子自點綴以見能奪儒家後學歸教

子墨子曰夫知者必尊天事鬼愛人節用合焉爲知矣今子曰孔子博於詩書察於禮樂詳於萬物而曰可以爲天子是數人之齒而以爲富 墨子公孟

墨子輕詩書禮樂如此則詩書禮樂爲孔子之文可知矣

子墨子謂公孟子曰喪禮君與父母妻後子死三年喪服伯父叔父兄弟期族人五月姑姊舅甥皆有數月之喪或以不喪之閒誦詩三百弦詩三百歌詩三百舞詩三百若用子之言則君子何日以聽治庶人何日以從事公孟子曰國亂則治之治則爲禮樂國治則從事國富則爲禮樂子墨子曰國之治 盧云此下脫治治之故治也五字 之廢則國之治

亦廢國之富也從事故富也從是廢則國之富亦廢故雖治國勸之無饜然後可也今子曰國治則爲禮樂亂則治之是譬猶噎而穿井也死而求醫也古者三代暴王桀紂幽厲薾爲聲樂不顧其民是以身爲刑僇國爲戾虛者皆從此道也墨子公孟

公孟子曰無鬼神又曰君子必學祭祀子墨子曰執無鬼而學祭祀是猶無客而學客禮也是猶無魚而爲魚罟也墨子公孟

儒者未嘗言無鬼神而公孟子言之未知是墨子借以自張其說否墨子主張明鬼立意難儒大義所在故欲自專其義也

公孟子謂子墨子曰子以三年之喪爲非子之三月之喪亦非也子墨子曰子以三年之喪非三月之喪是猶果謂撅者不恭也公孟子謂子墨子曰知有賢於人則可謂知乎子墨子曰愚之知有以賢於人而愚豈可謂知矣哉公孟子曰三年之喪學吾之慕父母子墨子曰夫嬰兒子之知獨慕父母而已父母不可得也然號而不止此其

故何也郎愚之至也然則儒者之知豈有以賢於嬰兒子哉子墨子曰問於儒者何故爲樂曰樂以爲樂也子墨子曰子未我應也今我問曰何故爲室曰冬避寒焉夏避暑焉室以爲男女之別也則子告我爲室之故矣今我問曰何故爲樂曰樂以爲樂也是猶曰何故爲室曰室以爲室也子墨子謂程子曰儒之道足以喪天下者四政焉儒以天爲不明以鬼爲不神天鬼不說此足以喪天下又厚葬久喪重爲棺椁多爲衣衾送死若徙三年哭泣扶後起杖後行耳無聞目無見此足以喪天下又弦歌鼓舞習爲聲樂此足以喪天下又以命爲有貧富壽夭治亂安危有極矣不可損益也爲上者行之必不聽治矣爲下者行之必不從事矣此足以喪天下程子曰甚矣先生之毀儒也子墨子曰儒固無此各四政者而我言之則是毀也今儒固有此四政者而我言之則非毀也告聞也墨子公孟

子之三月之喪蓋墨子改制以三年之制與三月比譬於裸謂撅

不恭則孔子所以至明矣攻儒者之知等於嬰兒此孟子所爲攻以無父豈爲過哉

夫絃歌鼓舞以爲樂盤旋揖讓以修禮厚葬久喪以送死孔子之所立也而墨子非之（淮南子氾論訓）

淮南時尚能考出孔子學派及墨子攻儒之實

然而今天下之士君子或以命爲有盍嘗尚觀於先王之書先王之書所以出國家布施百姓者憲也先王之憲亦嘗有曰福不可請而禍不可諱敬無益暴無傷者乎所以聽獄制罪者刑也先王之刑亦嘗有曰福不可請禍不可諱敬無益暴無傷者乎所以整設師旅進退師徒者誓也先王之誓亦嘗有曰福不可請禍不可諱敬無益暴無傷者乎是故子墨子言曰吾當未鹽（此盡字之譌）數天下之良書不可盡計數大方論數而五者是也今雖毋求執有命者之言不必得不亦可錯乎今用執有命者之言是覆天下之義覆天下之義者是

立命者也墨子非命

今夫有命者言曰我非作之後世也自昔三代有若言以傳流矣今故先王對之曰夫有命者不志昔也三代之聖善人與意亡昔三代之暴不肖人也何以知之同上

命爲孔子一大義論語死生有命賜不受命不知命無以爲君子六經稱命尤多故墨子攻之藉異教之攻詞証孔門之大義益知罕言之非也論語子罕言利與爲句若命與仁逹爲句巷黨則禮記曾子問孔子與老聃助葬於巷黨本是地名逹字屬上讀至明墨子之書經蓋有憲有刑有誓矣孔子言命何嘗不言禍福永言配命自求多福何嘗知命而謂敬無益謂暴無傷乎有意攻難殆不足辨也

今惟毋以厚葬久喪者爲政君死喪之三年父母死喪之三年妻與後子死者五皆喪之三年然後伯父叔父兄弟孽子其同期族人五月

姑姊甥舅皆有月數則毀瘠必有制矣使面目陷隰顏色黧黑耳目不聰明手足不勁強不可用也又曰上士操喪也必扶而能起杖而能行以此共三年若法若言行若道苟其飢約又若此矣是故百姓冬不仞寒夏不仞暑作疾病死者不可勝計也此其爲敗男女之交多矣以此求衆譬猶使人負劍而求其壽也衆之說無可得焉墨子節葬

孔子立義本父子故制三年喪教人敦厚故久喪爲傳教第一義墨子愛無差等故薄父子重生貴用故短喪至以敗男女之交攻孔子尤爲異謬則以時當戰國王公欲衆其民故墨子所首攻孔子者在此

程繁問於子墨子曰聖王不爲樂昔諸侯倦於聽治息於鐘鼓之樂士大夫倦於聽治息於竽瑟之樂農夫春耕夏耘秋斂冬藏息於聆缶之樂今夫子曰聖王不爲樂此譬之猶馬駕而不稅弓張而不弛無乃非有血氣者之所不能至邪子墨子曰昔者堯舜有茅茨者且

以爲禮且以爲樂湯放桀於大水環天下自立以爲王事成功立無大後患因先王之樂又自作樂命曰護又脩九招武王勝殷殺紂環天下自立以爲王事成功立無大後患因先王之樂又自作樂命曰象周成王因先王之樂命曰騶虞周成王之治天下也不若武王武王之治天下也不若成湯成湯之治天下也不若堯舜故其樂逾繁者其治逾寡自此觀之樂非所以治天下也程繁曰子曰聖王無樂此亦樂已若之何其謂聖王無樂也子墨子曰聖王之命也多寡之食之利也以知饑而食之者智也因爲無智矣今聖王有樂而少此亦無也 墨子三辯

子墨子言曰仁之事必務求興天下之利除天下之害將以爲法乎天下利人乎即爲不利人乎即止且夫仁者之爲天下度也非爲其目之所美耳之所樂口之所甘身體之所安以此虧奪民衣食之財仁者弗爲也是故子墨子之所以非樂者非以大鐘鳴鼓琴瑟竽笙

之聲以爲不樂也非以刻鏤文章之色以爲不美也非以犓豢煎炙之味以爲不甘也非以高臺厚榭邃野之居以爲不安也雖身知其安也口知其甘也目知其美也耳知其樂也然上考之不中聖王之事下度之不中萬民之利是故子墨子曰爲樂非也今王公大人雖無造爲樂器以爲事乎國家非直掊潦水折壤坦而爲之也將必厚措斂乎萬民以爲大鍾鳴鼓琴瑟竽笙之聲譬之若聖王之爲舟車也即我弗敢非也古者聖王亦嘗厚措斂乎萬民以爲舟車既以成矣曰吾將惡許用之曰舟用之水車用之陸君子息其足焉小人休其肩背焉故萬民出財齎而予之不敢以爲慼恨者何也以其反中民之利也然則樂器反中民之利亦若此即我弗敢非也然則當用樂器民有三患飢者不得食寒者不得衣勞者不得息三者民之巨患也然即當爲之撞巨鍾擊鳴鼓彈琴瑟吹竽笙而揚干戚民衣食之財將安得乎即我以爲未必然也意舍此今有大國即攻小國有

大家即伐小家强刼弱衆暴寡詐欺愚貴傲賤寇亂盜賊並興不可禁止也然即當爲之撞巨鐘擊鳴鼓彈琴瑟吹竽笙而揚干戚天下之亂也將安可得而治與即我未必然也是故子墨子曰姑嘗厚措斂乎萬民以爲大鐘鳴鼓琴瑟竽笙之聲以求興天下之利除天下之害而無補也是故子墨子曰爲樂非也今王公大人惟毋處高臺厚榭之上而視之鐘猶是延鼎也弗撞擊將何樂得焉哉其說將必撞擊之惟勿撞擊將必不使老與遲者老與遲者耳目不聰明股肱不畢强聲不和調明不轉朴將必使當年因其耳目之聰明股肱之畢强聲之和調眉之轉朴使丈夫爲之廢丈夫耕稼樹藝之時使婦人爲之廢婦人紡績織紝之事今王公大人惟毋爲樂虧奪民衣食之時以拊樂如此多也是故子墨子曰爲樂非也今大鐘鳴鼓琴瑟竽笙之聲既已具矣大人鏽然奏而獨聽之將何樂得焉哉其說將必與賤人不與君子與君子聽之廢君子聽治與賤人聽之廢賤人

之從事今王公大人惟毋為樂虧奪民之衣食之財以拊樂如此多也是故子墨子曰為樂非也昔者齊康公興樂萬萬人不可衣短褐不可食糠糟曰食飲不美面目顏色不足視也衣服不美身體從容醜羸不足觀也是以食必粱肉衣必文繡此掌不從事乎衣食之財而掌食乎人者也是故子墨子曰今王公大人惟毋為樂虧奪民衣食之財以拊樂如此多也是故子墨子曰為樂非也今人固與禽獸麋鹿蜚鳥貞蟲異者也今之禽獸麋鹿蜚鳥貞蟲因其羽毛以為衣裘因其蹄蚤以為絝屨因其水草以為飲食故唯使雄不耕稼樹藝雌亦不紡績織紝衣食之財固已具矣今人與此異者也賴其力者生不賴其力者不生君子不強聽治即刑政亂賤人不強從事即財用不足今天下之士君子以吾言不然然即姑嘗數天下分事而觀樂之害王公大人蚤朝晏退聽獄治政此其分事也士君子竭股肱之力亶其思慮之智內治官府外收斂關市山林澤梁之利以實倉廩

府庫此其分事也農夫蚤出暮入耕稼樹藝多聚升粟此其分事也婦人夙興夜寐紡績織紝多治麻絲葛緒綑布縿此其分事也今惟毋在乎王公大人說樂而聽之即必不能蚤朝晏退聽獄治政是故國家亂而社稷危矣今惟毋在乎士君子說樂而聽之即必不能竭股肱之力亶其思慮之智內治官府外斂關市山林澤梁之利以實倉廩府庫是故倉廩府庫不實今惟毋在乎農夫說樂而聽之即必不能蚤出暮入耕稼樹藝多聚升粟不足今惟毋在乎婦人說樂而聽之即不必能夙興夜寐紡績織紝多治麻絲葛緒綑布縿是故布縿不興曰孰爲大人之聽治而廢國家之從事曰樂也是故子墨子曰爲樂非也何以知其然也曰先王之書湯之官刑有之曰其恒舞于宮是謂巫風其刑君子出絲二衛小人否似二伯黃徑乃言曰嗚乎舞佯佯嘉言孔章上帝弗常九有以亡上帝不順降之百殃其家必壞喪察九有之所以亡者徒從飾樂也於武觀曰啟乃淫溢康樂

野于飲食將將銘莧磬以力湛濁于酒渝食于野萬舞翼翼音聞于天天用弗式故上者天鬼弗戒下者萬民弗利是故子墨子曰今天下士君子誠將欲求興天下之利除天下之害當在樂之爲物將不可不禁而止也墨子非樂

樂者聖王之所非也而儒者爲之過也墨子佚文

右墨學攻儒

老子曰子所言者其人與骨皆已朽矣獨其言在耳且君子得其時則駕不得其時則蓬累而行吾聞之良賈深藏若虛君子盛德容貌若愚去子之驕氣與多欲態色與淫志是皆無益於子之身吾所以告子若是而已史記老子韓非列傳

託老子以攻儒耳著書之老子與孔子不同時無緣相攻辯

道隱於小成言隱於榮華故有儒墨之是非以是其所非而非其所是莊子齊物論

孔子適楚楚狂接輿遊其門曰鳳兮鳳兮何如德之衰也來世不可待往世不可追也天下有道聖人成焉天下無道聖人生焉方今之時僅免刑焉福輕乎羽莫之知載禍重乎地莫之知避已乎已乎臨人以德殆乎殆乎畫地而趨迷陽迷陽無傷吾行吾行郤曲無傷吾足山木自寇也膏火自煎也桂可食故伐之漆可用故割之人皆知有用之用而莫知無用之用也莊子人間世

無趾語老聃曰孔丘之於至人其未邪彼何賓賓以學子為彼且蘄以諔詭幻怪之名聞不知至人之以是為己桎梏邪老聃曰胡不直使彼以死生為一條以可不可為一貫者解其桎梏其可乎無趾曰天刑之安可解莊子德充符

枝於仁者擢德塞性以收名聲使天下簧鼓以奉不及之法非乎而曾史是已莊子駢拇

下有桀跖上有曾史而儒墨畢起於是乎喜怒相疑愚知相欺善否

相非誕信相譏而天下衰矣莊子在宥

夫子問于老聃曰有人治道若相放可不可然不然辯者有言曰離堅白若縣寓若是則可謂聖人乎老聃曰是胥易技係勞形怵心者也執狸之狗成思猨狙之便自山林來丘予告若而所不能聞與而所不能言莊子天地

子貢南遊於楚反於晉過漢陰見一丈人方將為圃畦鑿隧而入井抱甕而出灌搰搰然用力甚多而見功寡子貢曰有械於此一日浸百畦用力甚寡而見功多夫子不欲乎為圃者卬而視之曰奈何曰鑿木為機後重前輕挈水若抽數如泆湯其名為槔為圃者忿然作色而笑曰吾聞之吾師有機械者必有機事有機事者必有機心機心存于胸中則純白不備純白不備則神生不定神生不定者道之所不載也吾非不知羞而不為也子貢瞞然慚俯而不對有閒為圃者曰子奚為者邪曰孔丘之徒也為圃者曰子非夫博學以擬聖於

子以蓋衆獨絃哀歌以賣名聲于天下者乎汝方將忘汝神氣墮汝形骸而庶幾乎而身之不能治而何暇治天下乎上同

孔子西藏書於周室子路謀曰由聞周之徵藏史有老聃者免而歸居夫子欲藏書則試往因焉孔子曰善往見老聃而老聃不許於是繙十二經以說老聃中其說曰大謾願聞其要孔子曰要在仁義老聃曰請問仁義人之性邪孔子曰然君子不仁則不成不義則不生仁義眞人之性也又將奚爲矣老聃曰請問何謂仁義孔子曰中心物愷兼愛無私此仁義之情也老聃曰意幾乎後言夫兼愛不亦迂乎無私焉乃私也夫子若欲使天下無失其牧乎則天地固有常矣日月固有明矣星辰固有列矣禽獸固有羣矣樹木固有立矣夫子亦放德而行循道而趨已至矣又何偈偈乎揭仁義若擊鼓而求亡子焉意夫子亂人之性也莊子天道

孔子西遊於衞顏淵問師金曰以夫子之行爲奚如師金曰惜乎而

夫子其窮哉顏淵曰何也師金曰夫芻狗之未陳也盛以篋衍巾以文繡尸祝齊戒以將之及其已陳也行者踐其首脊蘇者取而爨之而已將復取而盛以篋衍巾之以文繡遊居寢卧其下彼不得夢必且數眯焉今而夫子亦取先王已陳芻狗取弟子遊居寢卧其下故伐樹於宋削迹於衛窮於商周是非其夢邪圍於陳蔡之間七日不火食死生相與鄰是非其眯邪莊子天運

孔子行年五十有一而不聞道乃南之沛見老聃老聃曰子來乎吾聞子北方之賢者也子亦得道乎孔子曰未得也老子曰子惡乎求之哉曰吾求之於度數五年而未得也老子曰子又惡乎求之哉曰吾求之於陰陽十有二年而未得老子曰然使道而可獻則人莫不獻之於其君使道而可進則人莫不進之於其親使道而可以告人則人莫不告其兄弟使道而可與人則人莫不與其子孫然而不可者無他也中無主而不止外無正而不行由中出者不受於外聖人

不出由外入者無主於中聖人不隱名公器也不可多取仁義先王之遽廬也止可以一宿而不可以久處覯而多責

孔子見老聃而語仁義老聃曰夫播穅眯目則天地四方易位矣蚊虻噆膚則通昔不寐矣夫仁義憯然乃憤吾心亂莫大焉吾子使天下無失其朴吾子亦放風而動總德而立矣又奚傑然若負建鼓而求亡子者邪

孔子謂老聃曰丘治詩書易春秋六經自以爲久矣孰知其故矣以奸者七十二君論先王之道而明周召之迹一君無所鉤用甚矣夫人之難說也道之難明邪老子曰幸矣子之不遇治世之君也夫六經先王之陳迹也豈其所以迹哉今子之所言猶迹也夫迹履之所出而迹豈履哉並同上

孔子圍於陳蔡之間七日不火食太公任往弔之曰子幾死乎曰然子惡死乎曰然任曰予嘗言不死之道東海有鳥焉名曰意怠其爲

鳥也翂翂翐翐而似無能引援而飛迫脅而棲進不敢為前退不敢為後食不敢先嘗必取其緒是故其行列不斥而外人卒不得害是以免於患直木先伐甘井先竭子其意者飾知以驚愚修身以明汙昭昭乎如揭日月而行故不免也 莊子山木

莊子見魯哀公哀公曰魯多儒士少為先生方者莊子曰魯少儒哀公曰舉魯國而儒服何謂少乎莊子曰周聞之儒者冠圜冠者知天時履句屨者知地形緩佩玦者事至而斷君子有其道者未必為其服也為其服者未必知其道也公固以為不然何不號於國中曰無此道而為此服者其罪死於是哀公號之五日而魯國無敢儒服者 莊子田子方

君子之人若儒墨者師故以是非相監也而況今之人乎 莊子知北遊

道之所一者德不能同也知之所不能知者辯不能舉也名若儒墨而凶矣 莊子徐無鬼

儒以詩書發冢大儒臚傳曰東方作矣事之何若小儒曰未解裙襦口中有珠詩固有之曰青青之麥生於陵陂生不布施死何含珠爲接其鬢壓其顪儒以金椎控其頤徐別其頰無傷口中珠（莊子外物）

老萊子之弟子出薪遇仲尼反以告曰有人於彼脩上而趨下末僂而後耳視若言四海不知其誰氏之子老萊子曰是丘也召而來仲尼至曰丘去汝躬矜與汝容知斯爲君子矣（同上）

魯人孔丘聞將軍高義敬再拜謁者謁者入通盜跖聞之大怒目如明星髮上指冠曰此夫魯國之巧僞人孔丘非邪爲我告之爾作言造語妄稱文武冠枝木之冠帶死牛之脅多辭繆說不耕而食不織而衣搖唇鼓舌擅生是非以迷天下之主使天下學士不反其本妄作孝弟而儌倖於封侯富貴者也（莊子盜跖）

昔者桓公小白殺兄入嫂而管仲爲臣田常成子常殺君竊國而孔子受幣論則賤之行則下之則是言行之情悖戰於胸中也不亦拂

乎

儒者僞辭上竝同

魯哀公問於顏闔曰吾以仲尼爲貞幹國其有瘳乎曰殆哉圾乎仲尼方且飾羽而畫從事華辭以支爲旨忍性以視民而不知不信受乎心宰乎神夫何足以上民彼宜女與予頤與誤而可矣今使民離實學僞非所以視民也爲後世慮不若休之難治也施於人而不忘非天布也商賈不齒莊子列禦寇

宋陽里華子中年病忘朝取而夕忘夕與而朝忘在塗則忘行在室則忘坐今不識先後不識今闔室毒之謁史而卜之弗占謁巫而禱之弗禁謁醫而攻之弗已魯有儒生自媒能治之華子之妻子以居產之半請其方儒生曰此固非封兆之所占非祈請之所禱非藥石之所攻吾試化其心變其慮庶幾其瘳乎於是試露之而求衣饑之而求食幽之而求明儒生欣然告其子曰疾可已也然吾之方密傳

世不以告人試屏左右獨與居室七日從之莫知其所施爲也而積年之疾一朝都除華子既悟乃大怒黜妻罰子操戈逐儒生宋人執而問其以華子曰曩吾忘也蕩蕩然不覺天地之有無今頓識既往數十年來存亡得失哀樂好惡擾擾萬緒起矣吾恐將來之存亡得失哀樂好惡之亂吾心如此也須臾之忘可復得乎列子周穆王

秦人逢氏有子少而惠及壯而有迷罔之疾聞歌以爲哭視白以爲黑饗香以爲朽嘗甘以爲苦行非以爲是意之所之天地四方水火寒暑無不倒錯者焉楊氏告其父曰魯之君子多術藝將能已乎汝奚不訪焉其父之魯過陳遇老聃因告其子之證老聃曰汝庸知汝子之迷乎今天下之人皆惑於是非昏於利害同疾者多固莫有覺者且一身之迷不足傾一家一家之迷不足傾一鄉一鄉之迷不足傾一國一國之迷不足傾天下天下盡迷孰傾之哉向使天下之人其心盡知汝子汝則反迷矣哀樂聲色臭味是非孰能正之且吾之

言未必非迷而況魯之君子迷之郵者焉能解人之迷哉同上

曩吾脩詩書正禮樂將以治天下遺來世非但脩一身治魯國而已而魯之君臣日失其序仁義益衰性情益薄此道不行一國與當年其如天下與來世矣吾始知詩書禮樂無救於治亂而未知所以革之之方列子仲尼

昔有昆弟三人游齊魯之間同師而學進仁義之道而歸其父曰仁義之道若何伯曰仁義使我愛身而後名仲曰仁義使我殺身以成名叔曰使我身名並全彼三術相反而同出於儒孰是孰非邪列子說符

楊朱曰原憲窶於魯子貢殖於衛原憲之窶損生子貢之殖累身然則窶亦不可殖亦不可其可焉在曰可在樂生可在逸身故善樂生者不窶善逸身者不殖列子楊朱

孔子明帝王之道應時君之聘伐樹於宋削迹於衛窮於商周圍於陳蔡受屈於季氏見辱於陽虎戚戚焉以至於死此天民之遑遽者

也凡彼四聖者生無一日之歡死有萬世之名名者固非實之所取也雖稱之弗知雖賞之弗知與株塊無以異矣同上

世之學術者說主人不曰乘威嚴之勢以困姦衺之臣而皆曰仁義惠愛而已矣世主美仁義之名而不察其實是以大者國亡身死小者地削主卑韓非子姦劫弒臣

或問儒者曰方此時也堯安在其人曰堯爲天子然則仲尼之聖堯奈何聖人明察在上位將使天下無姦也今耕漁不爭陶器不窳舜又何德而化舜之救敗也則是堯有失也賢舜則去堯之明察聖堯則去舜之德化不可兩得也韓非子難一

襄子圍於晉陽中出圍賞有功者五人高赫爲賞首張孟談曰晉陽之事赫無大功今爲賞首何也襄子曰晉陽之事寡人危社稷殆矣吾羣臣無有不驕侮之意者惟赫子不失君臣之禮是以先之仲尼聞之曰善賞哉襄子賞一人而天下爲人臣者莫敢失禮矣或曰仲

尼不知善賞矣夫善賞罰者百官不敢侵職羣臣不敢失禮上設其法而下無姦詐之心如此則可謂善賞罰矣使襄子於晉陽也令不行禁不止是襄子無國晉陽無君也尙誰與守哉今襄子於晉陽也知氏灌之曰竈生鼃而民無反心是君臣親也襄子有君臣親之澤操令行禁止之法而猶有驕侮之臣是襄子失罰也爲人臣者乘事而有功則賞今赫僅不驕侮而襄子賞之是失賞也明主賞不加於無功罰不加於無罪今襄子不誅驕侮之臣而賞無功之赫安在襄子之善賞也故曰仲尼不知善賞同上

人主者說辯察之言尊賢抗之行故夫作法術之人立取舍之行別辭爭之論而莫爲之正是以儒服帶劍者衆而耕戰之士寡韓非子問辯

今學者皆道書筴之頌語不察當世之實事曰上不愛民賦斂常重則用不足而下恐上故天下大亂此以爲足其財用以加愛焉雖輕刑罰可以治也此言不然矣韓非子六反

儒以文亂法俠以武犯禁而人主兼禮之此所以亂也韓非子五蠹

是故亂國之俗其學者則稱先王之道以藉仁義盛容服而飾辯說以疑當世之法而貳人主之心其言古者爲設詐稱借於外力以成其私而遺社稷之利同上

今世儒者之說人主不善今之所以爲治而語已治之功不審官法之事不察姦邪之情而皆道上古之傳譽先王之成功儒飾辭曰聽吾言則可以霸王此說者之巫祝有度之主不受也韓非子顯學

臣曰孔子本未知孝悌忠順之道也韓非子忠孝

韓非者韓之諸公子也喜刑名法術之學而其歸本於黃老非爲人口吃不能道說而善著書與李斯俱事荀卿自以爲不如非非見韓之削弱數以書諫韓王韓王不能用於是韓非疾治國不務修明其法制執勢以御其臣下富國強兵而以求人任賢反舉浮淫之蠹而加之於功實之上以爲儒者用文亂法而俠者以武犯禁寬則寵名

譽之人急則用介冑之士今者所養非所用所用非所養史記老子韓非列傳

韓非者出儒學兼墨學法術而實同於老學故攻儒最甚卽以詩書禮樂爲蝨儒家之蠹未有甚於韓非者

道家使人精神專一動合無形贍足萬物其爲術也因陰陽之大順采儒墨之善撮名法之要與時遷移應物變化立俗施事無所不宜指約而易操事少而功多儒者則不然以爲人主天下之儀表也主倡而臣和主先而臣隨如此則主勞而臣逸至於大道之要去健羨絀聰明釋此而任術夫神大用則竭形大勞則敝形神騷動欲與天地長久非所聞也史記太史公自序

太史談是黃老學故尊道而抑儒

夫儒者以六藝爲法六藝經傳以千萬數累世不能通其學當年不能究其禮故曰博而寡要勞而少功史記太史公自序

太史談雖受易於楊何然本爲黃老學性好簡易畏經傳之繁故

以爲太傅而過勞也

黜常毀儒而觸弘等徒懷詐飾智以阿人主取容史記汲鄭列傳

汲黯是黄老學者亦攻儒

世之學老子者則黜儒學儒學亦黜老子道不同不相爲謀豈爲是邪史記老子韓非列傳

文景之世尙黄老故老學大盛於時墨學已衰故與儒爭教者惟有老學也故在武帝博士弟子未立以前百年爲儒老互爭之世

右老學攻儒

門人南海康同懃　番禺羅潤楠初校

門人東莞葉衍華　番禺王覺任覆校

孔子改制考卷十五終

門人東莞張伯楨再校

孔子改制考卷十六

南海康有爲廣厦撰

儒墨爭教交攻考

昌黎謂孔子必用墨子墨子必用孔子二家相攻非二師之道本然讆言哉孔子開教在先道無不包墨子本其後學乃自創新教銳奪孔席以自立所以攻難者無不至所謂蠹生於木而自喙其木耶挾堅苦之志俠死之氣橫厲無前不數十年遂與儒分領天下與儒之勁敵也攻儒者亦未有過墨者矣王肅之攻康成陽明之攻朱子皆後起爭勝之習墨子與其類也孟荀之力闢豈能已哉豈能已哉昌黎無與讆言也今別著交攻之言亦猶漢史存楚漢大案云耳

公孟子謂子墨子曰子以三年之喪爲非子之三日之喪亦非也（三日當爲三月）子墨子曰子以三年之喪非三日之喪是猶果（當爲裸）謂撅者不

恭也墨子公孟

以子之矛攻子之盾公孟子固善於攻而墨子乃不特善攻而且

善守也

二三子復於子墨子曰告子曰言義而行甚惡請棄之子墨子曰不可稱我言以毀我行愈於亡有人於此翟甚不仁尊天事鬼愛人甚不仁猶愈於亡也今告子言談甚辯言仁義而不吾毀告子毀猶愈亡也二三子復於子墨子曰告子勝爲仁子墨子曰未必然也告子爲仁譬猶跂以爲長隱以爲廣不可久也告子謂子墨子曰我治國爲政子墨子曰政者口言之身必行之今子口言之而身不行是子之身亂也子不能治子之身惡能治國政子姑亡子之身亂之矣墨子公孟

告子言不類與敎當是孔門後學雖與孟子殊而與墨子辯亦如荀子之類耳惟告子與孟子同時而又反與墨子辯則墨子去孟

子時不遠必非與孔子同時者然其教已大行如此亦可謂非常巨力矣

公孟子曰無鬼神又曰君子必學祭祀子墨子曰執無鬼而學祭禮是猶無客而學客禮也是猶無魚而爲魚罟也（墨子公孟）

公孟子曰貧富壽夭齰然在天不可損益又曰君子必學子墨子曰教人學而執有命是猶命人葆而去亓冠也（同上）

墨子右鬼非命楊子已攻之豈獨公孟子而墨氏反唇相稽強辭奪理知儒墨交攻不遺餘力矣

故有儒墨之是非以是其所非而非其所是（莊子齊物）

諸子中儒墨最盛故相攻之是非最多

鄭人緩也呻吟裘氏之地祇三年而緩爲儒河潤九里澤及三族使其弟墨儒墨相與辯其父助翟十年而緩自殺其父夢之曰使而子爲墨者予也闔胡嘗視其良既爲秋柏之實矣（莊子列禦寇）

緩以爲儒而得富貴乃使其弟爲墨信道不篤乃復辯之有死之
道焉然當時兩教大盛聽人擇所從有一家父子兄弟而異教者
亦可見大道經幾許辯爭而後一統矣

夫施及三王而天下大駭矣下有桀跖上有曾史而儒墨畢起於是
乎喜怒相疑愚知相欺善否相非誕信相譏而天下衰矣莊子在宥

莊子在儒墨之外坐觀兩教之爭如墨子謂子路褫人衣而酤酒
孔子苟生不問所由眞所謂相疑相譏者矣

君子之人若儒墨者師故以是非相齏也而況今之人乎莊子知北遊

儒墨辯爭是莊子時事日日有此人有此槃故頻舉之

墨家之論以爲人死無命儒家之議以爲人死有命論衡命義

儒家之徒董無心墨家之役纏子相見講道纏子稱墨家佑鬼神論衡福虛

想見兩教人聚會爭教之風

儒家之宗孔子也墨家之祖墨翟也且案儒道傳而墨法廢者儒之道義可爲而墨之法議難從也何以驗之墨家薄葬右鬼道乖相反違其實宜以難從也乖違如何使鬼非死人之精也右之未可知今墨家謂鬼審人之精也厚其精而薄其屍此於其神厚而於其體薄也薄厚不相勝華實不相副則怒而降禍雖有其鬼終以死恨人情欲厚惡薄神心猶然用墨子之法事鬼求福福罕至而禍常來也以一況百而墨家爲法皆若此類也論衡案書

仲任能知儒宗孔墨宗墨又知孔道所以傳墨法所以廢於諸子改制託先王之事蓋猶能知之也想東漢人皆能明之亦視爲固然之義矣

聖賢之業皆以薄葬省用爲務然而世尚厚葬有奢泰之失者儒家論不明墨家議之非故也墨家之議右鬼以爲人死輒爲神鬼而有知能形而害人故引杜伯之類以爲效驗儒家不從以爲死人無知

不能爲鬼然而賻祭備物者示不負死以觀生也陸賈依儒家而說故其立語不肯明處劉子政舉薄葬之奏務欲省用不能極論是以世俗內持狐疑之議外聞杜伯之類又見病且終者墓中死人來與相見故遂信是謂死如生閔死獨葬魂孤無副丘墓閉藏穀物乏匱故作偶人以侍尸柩多藏食物以歆精魂積浸流至或破家盡業以充死棺殺人以殉葬以快生意非知其內無益而奢侈之心外相慕也以爲死人有知與生人無以異孔子非之而亦無以定實然而陸賈之論兩無所處劉子政奏亦不能明儒家無知之驗墨家有知之故事莫明於有效論莫定於有證空言虛語雖得道心人猶不信是以世俗輕愚信禍福者畏死不懼義重死不顧生竭財以事神空家以送終辯士文人有效驗若墨家之以杜伯爲據則死無知之實可明薄葬省財之教可立也今墨家非儒儒家非墨各有所持故乖不合業難齊同故二家爭論 論衡 薄葬

王充在東漢時猶知儒墨各自創說改制以制不同各相攻難然
則諸子改制之義至東漢時人人猶知之經僞古文家變亂後盡
以六經歸之先王周公於是此說乃始不明耳

右儒墨互攻

墨者夷之因徐辟而求見孟子孟子曰吾固願見今吾尚病病愈我
且往見夷子不來他日又求見孟子孟子曰吾今則可以見矣不直
則道不見我且直之吾聞夷子墨者墨之治喪也以薄爲其道也夷
子思以易天下豈以爲非是而不貴也然而夷子葬其親厚則是以
所賤事親也徐子以告夷子夷子曰儒者之道古之人若保赤子此
言何謂也之則以爲愛無差等施由親始徐子以告孟子孟子曰夫
夷子信以爲人之親其兄之子爲若親其鄰之赤子乎彼有取爾也
赤子匍匐將入井非赤子之罪也且天之生物也使之一本而夷子
二本故也蓋上世嘗有不葬其親者其親死則舉而委之於壑他日

過之狐狸食之蠅蚋姑嘬之其顙有泚睨而不視夫泚也非為人泚中心達於面目蓋歸反虆梩而掩之掩之誠是也則孝子仁人之掩其親亦必有道矣徐子以告夷子夷子憮然為閒曰命之矣孟子滕文

夷子思易天下則亦墨之巨子如苦獲鄧陵之比也孔子慎終墨子薄葬各以其道傳之天下然夷之以為施由親始則已愛有差等矣孟子傳孔子之道故攻其二本也

墨子兼愛摩頂放踵利天下為之孟子盡心

楊墨之道不息孔子之道不著是邪說誣民充塞仁義也仁義充塞則率獸食人人將相食吾為此懼閑先聖之道距楊墨放淫辭邪說者不得作孟子滕文

故儒術誠行則天下大而富使有功撞鐘擊鼓而和詩曰鐘鼓喤喤管磬瑲瑲降福穰穰降福簡簡威儀反反既醉既飽福祿來反此之謂也故墨術誠行則天下尙儉而彌貧非鬭而日爭勞苦頓萃而愈

無功愀然憂戚非樂而日不和荀子富國

故儒者將使人兩得之者也墨者將使人兩喪之者也是儒墨之分也荀子禮論

刑餘罪人之喪不得合族黨獨屬妻子棺椁三寸衣衾三領不得飾棺不得晝行以昏殣凡緣而往埋之反無哭泣之節無衰麻之服無親疏月數之等各反其平各復其始已葬埋若無喪者而止夫是之謂至辱

刻死而附生謂之墨刻生而附死謂之惑殺生而送死謂之賊大象其生以送其死使死生終始莫不稱宜而好善是禮義之法式也儒者是矣並同上

儒墨之殊絕而相反莫如喪葬一事故彼此攻辨最多荀子禮論既發明儒者之喪服而亦專以闢墨焉

我以墨子之非樂也則使天下亂墨子之節用也則使天下貧荀子富國

人主者以官人爲能者也匹夫者以自能爲能者也人主得使人爲之匹夫則無所移之百畝一守事業窮無所移之也今以一人兼聽天下日有餘而治不足者使人爲之也大有天下小有一國必自爲之然後可則勞苦耗悴莫甚焉如是則雖臧獲不肯與天子易勢業以是縣天下一四海何故必自爲之爲之者役夫之道也墨子之說也論德使能而官施之者聖王之道也儒者之所謹守也荀子王霸

　荀子攻墨最多過於孟子遠甚孟子僅三條耳然則攘墨之功以荀子爲大也

兼足天下之道在明分掩地表畝刺屮殖穀多糞肥田是農夫衆庶之事也守時力民進事長功和齊百姓使人不偷是將率之事也高者不旱下者不水寒暑和節而五穀以時熟是天下之事也若夫兼而覆之兼而愛之兼而制之歲雖凶敗水旱使百姓無凍餒之患則是聖君賢相之事也墨子之言昭昭然爲天下憂不足夫不足非天

下之公患也特墨子之私憂過計也荀子富國故儒者將使人兩得之者也墨者將使人兩失之者也是儒墨之分治辨之極也史記禮書

此荀子禮論文史公述之

墨者儉而難遵是以其事不可徧循史記太史公自序

墨道不行以其太苦莊生固謂離天下之心天下不堪

軹有儒生侍使者坐客譽郭解生曰郭解專以姦犯公法何謂賢解客聞殺此生斷其舌吏以此責解解實不知殺者殺者亦竟絕莫知爲誰吏奏解無罪御史大夫公孫弘議曰解布衣爲任俠行權以睚眦殺人解雖弗知此罪甚於解殺之當大逆無道遂族郭解翁伯史記游俠列傳

史遷謂儒以文亂法俠以武犯禁儒俠對舉疑俠亦出於墨致一巨子而殺百四十人墨道固以死爲義者漢武時崇儒抑禁俠學

而後墨道廢耳蓋兼愛之餘自流爲俠也

墨者亦尚堯舜道言其德行曰堂高三尺土階三等茅茨不翦采椽不刮食土簋啜土刑糲粱之食藜藿之羹夏日葛衣冬日鹿裘其送死桐棺三寸舉音不盡其哀教喪禮必以此爲萬民之率使天下法若此則尊卑無別也夫世異時移事業不必同故曰儉而難遵史記太史公自序

莊子以爲其道太苦使民憂悲去王遠矣最確

楊墨之學不亂傳義則孟子之傳不造論衡對作

不讀墨子之非儒亦不知孟子之辨楊墨爲不得已也

王者之堂墨子稱堯舜高三尺儒家以爲卑下論衡是應

儒墨同稱堯舜禹湯文武而一堂之制不同故知並是改制非復先王之舊制也

墨議不以心而原物苟信聞見則雖效驗章明猶爲失實失實之議

難以教雖得愚民之欲不合知者之心喪物索用無益於世此蓋墨術所以不傳也 論衡薄葬

王仲任實賓推求墨學所以致敗之由漢人亦寡此高識

墨家之議自違其術其薄葬而又右鬼右鬼引效以杜伯爲驗杜伯死人如謂杜伯爲鬼則夫死者審有知如有知而薄葬之是怒死人也情欲厚而惡薄以薄受死者之責雖右鬼其何益哉如以鬼非死人則其信杜伯非也如以鬼是死人則其薄葬非也術用乖錯首尾相違故以爲非非與是不明皆不可行 論衡薄葬

昔楊墨塞羣儒之路車不得前人不得步孟軻闢之乃知所從 牟子

墨子稱景公問晏子以孔子而不對又問三皆不對公曰以孔子語寡人者衆矣俱以爲賢人今問子而不對何也晏子曰嬰聞孔子之荆知白公謀而奉之以石乞勸下亂上教臣弒君非聖賢之行也詰之曰楚昭王之世夫子應聘如荆不用而反周旋乎陳宋齊衞楚

昭王卒惠王立十年令尹子西乃召王孫勝以為白公是時魯哀公十五年也夫子自衛反魯居五年矣白公立一年然後乃謀作亂亂在哀公十六年秋也夫子已卒十旬矣墨子雖知謗毀聖人虛造妄言奈此年世不相值何孔叢子詰墨

墨子曰孔子至齊見景公公悅之封之於尼谿晏子曰不可夫儒浩居而自順立命而怠事崇喪遂哀盛用繁禮其道不可以治國其學不可以導家公曰善 詰之曰卽如此言晏子為非儒惡禮不欲崇喪遂哀也察傳記晏子之所行未有以異於儒焉又景公問所以為政晏子答以禮云景公曰禮其可以治乎晏子曰禮於政與天地並此則未有以惡於禮也晏桓子卒晏嬰斬衰枕草苴絰帶杖菅菲食粥居於倚廬遂哀三年此又未有以異於儒也若能以口非之而躬行之晏子所弗為

墨子曰孔子怒景公之不封己乃樹鴟夷子皮於田常之門 詰之

曰夫樹人爲信已也記曰孔子適齊惡陳常而終不見常卽田常病之亦惡孔子交相惡而又任事其然矣記又曰陳常弑其君孔子齋戒沐浴而朝請討之觀其終不樹子皮審矣

墨子曰孔子爲魯司寇舍公家而奉季孫　詰之曰若以季孫爲相司寇統焉奉之自法也若附意季孫季孫旣受女樂則孔子去之季孫欲殺囚則孔子赦之非苟順之謂也

墨子曰孔子厄於陳蔡之間子路烹豚孔子不問肉之所由來而食之剝人之衣以沽酒孔子不問酒之所由來而飲之　詰之曰所謂厄者沽酒無處藜羹不粒之食七日若烹豚飲酒則何言乎厄斯不然矣且子路爲人勇於見義縱有豚酒不以義不取之可知也又何問焉

墨子曰孔子諸弟子子貢季路輔孔悝以亂衞陽虎亂魯佛肸以中牟畔漆雕開形殘　詰之曰如此言衞之亂子貢季路爲之耶斯不

待言而了矣陽虎欲見孔子孔子不見何弟子之有佛肸以中牟叛召孔子則有之矣爲孔子弟子來之聞也且漆雕開形殘非行己之致何傷於德哉

墨子曰孔子相魯齊景公患之謂晏子曰鄰國有聖人國之憂今孔子相魯爲之若何晏子對曰君其勿憂彼魯君弱主也孔子聖相也不如陰重孔子欲以相齊則必强諫魯君魯君不聽將適齊君勿受則孔子困矣　詰之曰按如此辭則景公晏子畏孔子之聖也上乃云非聖賢之行上下相反若晏子悖可也否則不然矣

墨子曰孔子見景公公曰先生素不見晏子乎對曰晏子事三君而得順焉是有三心所以不見也公告晏子晏子曰三君皆欲其國安是以嬰得順也聞君子獨立不慙於影今孔子伐樹削迹不自以爲辱身窮陳蔡不自以爲約始吾望儒貴之今則疑之　詰之曰若是乎孔子晏子交相毀也小人有之君子則否孔子曰靈公汙而晏子

事之以禮莊公怯而晏子事之以勇景公侈而晏子事之以儉晏子君子也梁丘據問晏子曰事三君而不同心而俱順焉仁人固多心乎晏子曰一心可以事百君百心不可以事一君故三君之心非一也而晏之心非三也孔子聞之曰小子記之晏子以一心事三君君子也如此則孔子譽晏子非所謂毀而不見也景公問晏子曰若人之衆則有孔子乎對曰孔子者君子行有節者也晏子又曰盈成匡父之孝子兄之弟弟也其父尚為孔子門人門人且以為貴則其師亦不賤矣是則晏子亦譽孔子可知也夫德之不修己之罪也不幸而屈於人己之命也伐樹削迹絕糧七日何約乎哉若晏子以此而疑儒則晏子亦不足賢矣

墨子曰景公祭路寢聞哭聲問梁丘據對曰孔子之徒也其母死服喪三年哭泣甚哀公曰豈不可哉晏子曰古者聖人非不能也而不為者知其無補於死者而深害生事故也　詰之曰墨子欲以親死

不服三日哭而已於意安者卒自行之空用晏子爲引而同乎已適證其非耳且晏子服父禮則無緣非行禮者也（並同上）

孔叢子爲王肅僞書雖不足據然墨子之毀訕孔子無所不至以鼓惑時流相攻亦甚矣孔叢子能辨正之故亦節取焉

右儒攻墨

夫弦歌鼓舞以爲樂盤旋揖讓以修禮厚葬久喪以送死孔子之所立也而墨子非之（淮南子氾論訓）

夫一道術學業仁義也皆大以治人小以任官遠施用偏近以循身不義不處非理不行務興天下之利曲直周旋利則止此君子之道也以所聞孔某之行則本與此相反謬也（墨子非儒）

儒者曰親親有術尊賢有等言親疏尊卑之異也其禮曰喪父母三年其（其與期同）妻後子三年伯父叔父弟兄庶子其（與期同）戚族人五月若以親疏歲月數則是尊其妻子與父母同而親伯父宗兄而卑子也

逆孰大焉其親死列尸弗與被同登屋窺井挑鼠穴探滌器而求其人
焉以為實在則戇愚甚矣如其亡也必求焉偽亦大矣取妻身迎祗
褍為僕秉轡授綏如仰嚴親昏禮威儀如承祭祀顛覆上下悖逆父
母下則妻子妻子上侵事親若此可謂孝乎儒者迎妻妻之奉祭祀
子將守宗廟故重之應之曰此誣言也其宗兄守其先宗廟數十年
死喪之其同期兄弟之妻奉其先之祭祀弗散則喪妻子三年必非以
守奉祭祀也夫妻子以大負累有曰所以重親也為欲厚所至私輕
所至重豈非大姦也哉同上
昔者桀執有命而行湯為仲虺之告以非之太誓之言也於去發未詳
曰惡乎君子天有顯德其行甚章為鑑不遠在彼殷王謂人有命謂
敬不可行謂祭無益謂暴無傷上帝不常九有以亡上帝不順祝降
其喪惟我有周受之大帝昔紂執有命而行武王為太誓去發以非
之曰子胡不尙考之乎商周虞夏之記從十簡之篇以尙皆無之將

何若者也是故子墨子曰今天下之君子之爲文學出言談也非將勤勞其喉舌而利其脣呡也中實將欲其國家邑里萬民刑政者也今也王公大人之所以早朝晏退聽獄治政終朝均分而不敢息怠倦者何也曰彼以爲強必治不強必亂強必寧不強必危故不敢怠倦今也卿大夫之所以竭股肱之力殫其思慮之知內治官府外歛關市山林澤梁之利以實官府而不敢怠倦者何也曰彼以爲強必貴不強必賤強必榮不強必辱故不敢怠倦今也農夫之所以蚤出暮入強乎耕稼樹藝多聚升粟而不敢怠倦者何也曰彼以爲強必富不強必貧強必飽不強必饑故不敢怠倦今也婦人之所以夙興夜寐強乎紡績織紝多治麻統葛緒捆布縿而不敢怠倦者何也曰彼以爲強必富不強必貧強必煖不強必寒故不敢怠倦今雖毋在乎王公大人蕢若信有命而致行之則必怠乎聽獄治政矣卿大夫必怠乎治官府矣農夫必怠乎耕稼樹藝矣婦人必怠乎紡績織紝

矣王公大人怠乎聽獄治政卿大夫怠乎治官府則我以爲天下必亂矣農夫怠乎耕稼樹藝婦人怠乎紡績織紝則我以爲天下衣食之財將必不足矣若以爲政乎天下上以事天鬼天鬼不使（當爲便字）下以待養百姓百姓不利必離散不可得用也是以入守則不固出誅則不勝故雖昔者三代暴王桀紂幽厲之所以共抎其國家傾覆其社稷此也是故子墨子言曰今天下之士君子中實將欲求興天下之利除天下之害當若有命者之言也曰命者暴王所作窮人所術非人者之言也今之爲仁義者將不可不察而強非者此也（墨子非命）今雖毋法執厚葬久喪者言以爲事乎國家此存乎王公大人有喪者曰棺槨必重葬埋必厚衣衾必多文繡必繁丘隴必巨存乎匹夫賤人死者殆竭家室乎諸侯死者虛車府然後金玉珠璣比乎身綸組節約車馬藏乎壙又必多爲屋幕鼎鼓几梴壺濫戈劍羽旄齒革寢而埋之滿意若送從曰天子殺殉衆者數百寡者數十將軍大夫

殺殉衆者數十寡者數人處喪之法將奈何哉曰哭泣不秩聲翁縗絰垂涕處倚廬寢苫枕凷又相率强不食而爲饑薄衣而爲寒使面目陷陬顏色黎黑耳目不聰明手足不勁强不可用也又曰上士之操喪也必扶而能起杖而能行以此共三年墨子節葬

子夏之徒問於子墨子曰君子有鬬乎子墨子曰君子無鬬子夏之徒曰狗豨猶有鬬惡有士而無鬬矣子墨子曰傷矣哉言則稱於湯文行則譬於狗豨傷矣哉墨子耕柱

子夏之徒未知果有此問否卽有亦子夏門中一不才抜以儒家微言不類亦墨家有意攻儒而已

子墨子謂公孟子曰喪禮君與父母妻後子死三年喪服伯父叔父兄弟期族人五月姑姊舅甥皆有數月之喪或以不喪之閒誦詩三百弦詩三百歌詩三百舞詩三百若用子之言則君子何日以聽治庶人何日以從事墨子公孟

公孟子曰三年之喪學吾之慕父母子墨子曰夫嬰兒子之知獨慕父母而已父母不可得也然號而不止此亓故何也即愚之至也然則儒者之知豈有以賢於嬰兒子哉

子墨子與程子辯稱於孔子程子曰非儒何故稱於孔子也子墨子曰是亦當而不可易者也今鳥聞熱旱之憂則高魚聞熱旱之憂則下當此雖禹湯爲之謀必不能易矣鳥魚可謂愚矣禹湯猶云因焉今翟曾無稱於孔子乎

公孟子謂子墨子曰昔者聖王之列也上聖立爲天子其次立爲卿大夫今孔子博於詩書察於禮樂詳於萬物若使孔子當聖王則豈不以孔子爲天子哉子墨子曰夫知者必尊天事鬼愛人節用合焉爲知矣今子曰孔子博於詩書察於禮樂詳於萬物而曰可以爲天子是數人之齒而以爲富

子墨子謂程子曰儒之道足以喪天下者四政焉儒以天爲不明以

鬼爲ㄠ神天鬼不說此足以喪天下又厚葬久喪重爲棺椁多爲衣衾送死若徙三年哭泣扶後起杖後行耳無聞目無見此足以喪天下又弦歌鼓舞習爲聲樂此足以喪天下又以命爲有貧富壽夭治亂安危有極矣不可損益也爲上者行之必不聽治矣爲下者行之必不從事矣此足以喪天下程子曰甚矣先生之毀儒也子墨子曰儒固無此各四政者而我言之則是毀也今儒固有此四政者而我言之則非毀也告聞也 並同上

有強執有命以說議曰壽夭貧富安危治亂固有天命不可損益窮達賞罰幸否有極人之知力不能爲焉羣吏信之則怠於分職庶人信之則怠於從事不治則亂農事緩則貧貧且亂政之本而儒者以爲道教是賊天下之人者也 墨子非儒

孔某窮於陳蔡之間藜羹不糂十日子路爲享豚孔某不問肉之所由來而食褫人衣以酤酒孔某不問酒之所由來而飲哀公迎孔某

席不端弗坐割不正弗食子路進請曰何其與陳蔡反也孔某曰來吾與女曩與女爲苟生今與女爲苟義夫饑約則不辭忘（此衍字）妄取以活身羸飽僞行以自飾汙邪詐僞孰大於此（同上）

與教相攻不可聽聞

齊景公問晏子曰孔子爲人何如晏子不對公又復問不對景公曰以孔某語寡人者衆矣俱以爲賢人也今寡人問之而子不對何也晏子對曰嬰不肖不足以知賢人雖然嬰聞所謂賢人者入人之國必務合其君臣之親而弭其上下之怨孔某之荊知白公之謀而奉之以石乞君身幾滅而白公僇嬰聞賢人得上不虛得下不危言聽於君必利人教行下必於上是以言明而易知也行易而從也行義可明乎民謀慮可通乎君臣今孔某深慮同謀以奉賊勞思盡知以行邪勸下亂上教臣殺君非賢人之行也入人之國而與人之賊非義之類也知人不忠趣之爲亂非仁義之也（脫字）逃人而後謀避人而

居言行義不可明於民謀慮不可通於君臣嬰不知孔子之有異於白公也（墨子非儒）

孔某之齊見景公景公說欲封之以尼谿以告晏子晏子曰不可夫儒浩居而自順者也不可以教下好樂而淫人不可使親治立命而怠事不可使守職宗喪循哀不可使慈民機服勉容不可使導眾孔某盛容脩飾以蠱世弦歌鼓舞以聚徒繁登降之禮以示儀務趨翔之節以勸眾儒學不可使議世勞思不可以補民累壽不能盡其學當年不能行其禮積財不能贍其樂繁飾邪術以營世君盛為聲樂以淫遇民其道不可以期世其學不可以導眾今君封之以利齊俗非所以導國先眾公曰善於是厚其禮留其封敬見而不問其道孔乃恚怒於景公與晏子乃樹鴟夷子皮於田常之門告南郭惠子以所欲為歸於魯（同上）

墨攻儒多誣言此雖力攻孔子而孔子好禮樂之真面目亦略見

矣
儒者曰君子必服古言然後仁應之曰所謂古之者皆嘗新矣而古人服之則君子也然則必法非君子之服言非君子之言而後仁乎又曰君子循而不作應之曰古者羿作弓伃作甲奚仲作車巧垂作舟然則今之鮑函車匠皆君子也而羿伃奚仲巧垂皆小人邪且其所循人必或作之然則其所循皆小人道也又曰君子勝不逐奔揜函弗射施則助之胥車應之曰若皆仁人也則無說而相與仁人以其取舍是非之理相告無故從有故也弗知從有知也無辭必服見善必遷何故相若兩暴交爭其勝者欲不逐奔揜函弗射施則助之胥車雖盡能猶且不得爲君子也意暴殘之國也聖將爲世除害興師誅罰勝將因用傳術令士卒曰毋逐奔揜函勿射施則助之胥車暴亂之人也得活天下害不除是爲羣殘父母而深賤世也不義莫大焉又曰君子若鐘擊之則鳴弗擊不鳴應之曰夫仁人事上竭忠

事親得孝務善則羨有過則諫此爲人臣之道也今擊之則鳴弗擊不鳴隱知豫力恬漠待問而後對雖有君親之大利弗問不言若將有大寇亂盜賊將作若機辟將發也他人不知已獨知之雖其君親皆在不問不言是夫大亂之賊也以是爲人臣不忠爲子不孝事兄不弟交遇人不貞良夫執後不言之朝物見利使已雖恐後言君若言而未有利焉則高拱下視會噎爲深曰惟其未之學也用誰急遺行遠矣非儒（墨子）

右墨攻儒

門人南海康同懃　番禺羅潤楠初校

門人東莞葉術華　番禺王覺任覆校

門人東莞張伯楨再校

孔子改制考卷十六終

孔子改制考卷十七

南海康有爲廣廈撰

儒攻諸子考

儒攻縱橫家

儒攻兵家

儒攻宋鈃

儒攻許子

儒攻陳仲子

儒攻騶子

儒攻淳于髡

儒攻子莫

儒攻白圭

不知名雜教荀子攻之與孟子同

與國者必平僭僞任道者必攘異端異說鬼瑣怪偉足以惑世誣民充塞大道爲儒之宗子爲儒之將帥張皇六師無答寡命以推行大道固守聖法豈得已哉傳曰執德不宏信道不篤焉能爲有

豈能為無當諸子之朋與天下之充塞而排陷廓清道日光大戰國則徧行天下後世則一統大教孟荀揚其鑣董子定其業嗚呼儒家而編功臣傳耶其淮陰中山哉

假令之世飾邪說文姦言以梟亂天下欺惑愚衆矞宇嵬瑣使天下混然不知是非治亂之所存者有人矣縱情性安恣睢禽獸之行不足以合文通治然而其持之有故其言之成理足以欺惑愚衆是它囂魏牟也忍情性綦谿利跂苟以分異人為高不足以合大衆明大分然而其持之有故其言之成理足以欺惑愚衆是陳仲史鰌也不知一天下建國家之權稱上功用大儉約而僈差等曾不足以容辨異縣君臣然而其持之有故其言之成理足以欺惑愚衆是墨翟宋鈃也尙法而無法下脩而好作上則取聽於上下則取從於俗終日言成文典及紃察之則偶然無所歸宿不可以經國定分然而其持之有故其言之成理足以欺惑愚衆是愼到田駢也不法先王不是

禮義而好治怪說玩琦辭甚察而不惠辯而無用多事而寡功不可以爲治綱紀然而其持之有故其言之成理足以欺惑愚衆是惠施鄧析也荀子非十二子

夫當世之愚飾邪說文姦言以亂天下欺惑愚衆使混然不知是非治亂之所存者卽是范雎魏牟田文莊周愼到田駢墨翟宋鈃鄧析惠施之徒也此十子者皆順非而澤聞見雜博然而不師上古不法先王按往舊造說務而自功道無所遇二人相從故曰十子者之工說說皆不足合大道美風俗治紀綱然其持之各有故言之皆有理足以欺惑衆愚交亂樸鄙則是十子之罪也韓詩外傳

韓詩無思孟但攻十子宜得其確則攻思孟者或荀氏後學傳益之歟宅囂作范雎或是名字之異莊周添出

萬物爲道一徧一物爲萬物一徧愚者爲一物一徧而自以爲知道無知也愼子有見於後無見於先老子有見於詘無見於信墨子有

見於齊無見於畸宋子有見於少無見於多有後而無先則羣衆無門有詘而無信則貴賤不分有齊而無畸則政令不施有少而無多則羣衆不化（荀子天論）

孔子之道六通四闢無夫不在諸子之學悉受範圍然當時諸子改制紛如競標宗旨守執一偏以自高異天下學者靡然從風荀子特揭其所短指其所蔽極力偏攻儒教光大荀子最有力焉

禮之理誠深矣堅白同異之察入焉而溺其理誠大矣擅作典制辟陋之說入焉而喪其理誠高矣暴慢恣睢輕俗之屬入焉而隊（荀子禮論）

擅作典制當時諸子紛紛改作以與儒教爲難者堅白同異則墨及公孫龍暴慢恣睢則楊列申韓荀子攻之以昌儒學

周秦之際諸子並作皆論他事不須主上無益於國無補於化（論衡佚文）百家異說各有所出若夫墨楊申商之於治道猶蓋之無一橑而輪之無一輻有之可以備數無之未有害於用也已自以爲獨擅之不

通之于天地之情也淮南子俶眞訓

蘇秦吳起以權勢自殺商鞅李斯以尊重自滅皆貪祿慕榮以沒其身從車百乘曾不足以載其禍也鹽鐵論毀學

小人知淺而謀大羸弱而任重故中道而廢蘇秦商鞅是也鹽鐵論遵道

陶著書數十萬言又作七曜論匡老子反韓非復孟軻後漢劉陶傳

陶亦楊雄昌黎之比以其書不傳故後賢忘之然陶生後漢時孔學大明攻諸子不足爲功矣惟獨尊孟子最爲先河其識之高亦在昌黎皮日休之前驟矣

右儒攻諸子總義

子曰管仲之器小哉或曰管仲儉乎曰管氏有三歸官事不攝焉得儉然則管仲知禮乎曰邦君樹塞門管氏亦樹塞門邦君爲兩君之好有反坫管氏亦有反坫管氏而知禮孰不知禮論語八佾

管仲相齊曰臣貴矣然而臣貧桓公曰使子有三歸之家曰臣富矣

然而臣卑桓公使立於高國之上曰臣尊矣然而臣疏乃立爲仲父孔子聞而非之曰泰侈偪上一曰管仲父出朱蓋青衣置鼓而歸庭有陳鼎家有三歸孔子曰良大夫也其侈偪上 韓非子外儲說左

子路曰桓公殺公子糾召忽死之管仲不死曰未仁乎 論語憲問

子貢曰管仲非仁者與桓公殺公子糾不能死又相之 同上

仲尼游齊見景公景公曰先生奚不見寡人宰乎仲尼對曰臣聞晏子事三君而順焉是有三心所以不見也 晏子春秋外篇

相三君而善不通下晏子細人也 同上

孟子曰子誠齊人也知管仲晏子而已矣或問乎曾西曰吾子與子路孰賢曾西蹵然曰吾先子之所畏也曰然則吾子與管仲孰賢曾西艴然不悅曰爾何曾比予於管仲管仲得君如彼其專也行乎國政如彼其久也功烈如彼其卑也爾何曾比予於是曰管仲曾西之所不爲也而子爲我願之乎 孟子公孫丑

右儒攻管子晏子

仲弓問子桑伯子子曰可也簡仲弓曰居敬而行簡以臨其民不亦可乎居簡而行簡無乃太簡乎子曰雍之言然論語雍也

莊子稱子桑戶孟子反子琴張三人相與爲友曰孰能相與於無相與相爲於無相爲孰能登天遊霧撓排無極相忘以生無所終窮

說苑謂子桑戶不衣冠而處蓋開楊學之先聲者故仲弓不以爲然

孔子曰可也簡簡者易野也易野者無禮文也孔子見子桑伯子子桑伯子不衣冠而處弟子曰夫子何爲見此人乎曰其質美而無文吾欲說而文之孔子去子桑伯子門人不說曰何爲見孔子乎曰其質美而文繁吾欲說而去其文故曰文質修者謂之君子有質而無文謂之易野子桑伯子易野欲同人道於牛馬故仲弓曰太簡說苑修文

右儒攻子桑伯子

原壤夷俟子曰幼而不孫弟長而無術焉老而不死是爲賊以杖叩其脛論語憲問

右儒攻原壤

棘子成曰君子質而已矣何以文爲子貢曰惜乎夫子之說君子也駟不及舌文猶質也質猶文也虎豹之鞟猶犬羊之鞟論語顏淵

棘子成欲彌文子貢譏之謂文不足奇者子成之徒也論衡書解

右儒攻棘子成

孔子爲魯司寇七日而誅少正卯於東觀之下門人聞之趨而進至者不言其意皆一也子貢後至趨而進曰夫少正卯者魯國之聞人矣夫子始爲政何以先誅之孔子曰賜也非爾所及也夫王者之誅有五而盜竊不與焉一曰心辨而險二曰言僞而辨三曰行辟而堅四曰志愚而博五曰順非而澤此五者皆有辨知聰達之名而非其

眞也苟行以僞則其智足以移衆强足以獨立此姦人之雄也不可不誅夫有五者之一則不免於誅今少正卯兼之是以先誅之也說苑指武

右儒攻少正卯

竇太后好老子書召轅固生問老子書固曰此是家人言耳史記儒林傳

恬澹無欲志不在於仕苟欲全身養性爲賢乎是則老聃之徒也道人與賢殊科者憂世濟民於難是以孔子棲棲墨子遑遑不進與孔墨合務而違與黃老同操非賢也論衡定賢

儒與楊墨其道爲三而老氏爲我儒墨救世則雖三而實爲二焉故在戰國儒墨最盛而老氏遜之以其俱救世也至於漢初老氏最盛儒學駸駸其間而墨亡矣蓋救世之道同而儒順墨逆故墨歸於儒老氏與儒相反故後世反有存也

儒學亦黜老子道不同不相爲謀豈謂是耶史記老子韓非列傳

老聃死秦失弔之三號而出弟子曰非夫子之友邪曰然然則弔焉若此可乎曰然始也吾以爲其人也而今非也向吾入而弔焉有老者哭之如哭其子少者哭之如哭其母彼其所以會之必有不蘄言而言不蘄哭而哭者是遁天倍情忘其所受古者謂之遁天之刑莊子養生主

右儒攻老子

聖王不作諸侯放恣處士横議楊朱墨翟之言盈天下天下之言不歸楊則歸墨楊氏爲我是無君也墨氏兼愛是無父也無父無君是禽獸也公明儀曰庖有肥肉廄有肥馬民有飢色野有餓莩此率獸而食人也楊墨之道不息孔子之道不著是邪說誣民充塞仁義也仁義充塞則率獸食人人將相食吾爲此懼閑先聖之道距楊墨放淫辭邪說者不得作作於其心害於其事作於其事害於其政聖人復起不易吾言矣昔者禹抑洪水而天下平周公兼夷狄驅猛獸而

百姓寧孔子成春秋而亂臣賊子懼詩云戎狄是膺荊舒是懲則莫我敢承無父無君是周公所膺也我亦欲正人心息邪說距詖行放淫辭以承三聖者豈好辯哉予不得已也能言距楊墨者聖人之徒也孟子滕文

孟子終日以明孔道闢楊墨爲事至引三聖自比攻之以洪水猛獸厲其詞如此率子弟闢之謂能距楊墨即爲聖徒其樹之標立之黨也如此聖門有此堅勁之師此楊墨所以敗績矣

孟子傷楊墨之議大奪儒家之論引平直之說褒是抑非世人以爲好辯孟子曰予豈好辯哉予不得已論衡對作

楊墨之學不亂傳義則孟子之傳不造論衡對作

墨子孟子俱與告子辯則相去不遠楊朱爲老子弟子亦相去不遠而言盈天下二氏之力勁甚墨子短喪尤攻儒道故孟子以無父斥之誠不得已楊雄謂楊墨塞道孟子闢之廓如也此眞功不

在禹下哉或以昌黎謂孔子必用墨子墨子必用孔子孔墨互攻

乃其後學非二師之道本然是未讀墨子非儒公孟墨氏實挾全

力以倒戈孔門實無兩立之理昌黎生在唐時已不知孔墨改制

爭敎之由固不足辨也

孟子曰楊子取爲我拔一毛而利天下不爲也墨子兼愛摩頂放踵

利天下爲之孟子盡心

全性保眞不以物累形楊子之所立也而孟子非之淮南子氾論訓

墨者夷之因徐辟而求見孟子孟子曰吾固願見今吾尙病病愈我

且往見夷子不來他日又求見孟子孟子曰吾今則可以見矣不直

則道不見我且直之吾聞夷子墨者墨之治喪也以薄爲其道也夷

子思以易天下豈以爲非是而不貴也然而夷子葬其親厚則是以

所賤事其親也徐子以告夷子夷子曰儒者之道古之人若保赤

子此言何謂也之則以爲愛無差等施由親始徐子以告孟子孟子

曰夫夷子信以為人之親其兄之子為若親其鄰之赤子乎彼有取爾也赤子匍匐將入井非赤子之罪也且天之生物也使之一本而夷子二本故也孟子滕文

墨子之言昭昭然為天下憂不足夫不足非天下之公患也特墨子之私憂過計也荀子富國

夫有餘不足非天下之公患也特墨子之私憂過計也天下之公患亂傷之也胡不嘗試相與求亂之者誰也我以墨子之非樂也則使天下亂墨子之節用也則使天下貧非將墮之也說不免焉墨子大有天下小有一國將蹙然衣麤食惡憂戚而非樂若是則瘠瘠則不足欲不足欲則賞不行墨子大有天下小有一國將少人徒省官職上功勞苦與百姓均事業齊功勞若是則不威不威則賞罰不行賞不行則賢者不可得而進也罰不行則不肖者不可得而退也賢者不可得而進也不肖者不可得而退也則能不能不可得而官也若是

則萬物失宜事變失應上失天時下失地利中失人和天下敖然若燒若焦墨子雖為之衣褐帶索嚽菽飲水惡能足之乎既以伐其本竭其原而焦天下矣同上

故墨術誠行則天下尚儉而彌貧非鬪而日爭勞苦頓萃而愈無功愀然憂戚非樂而日不和並同上

大有天下小有一國必自為之然後可則勞苦耗悴莫甚焉如是則雖臧獲不肯與天子易勢業以是縣天下一四海何故必自為之為之者役夫之道也墨子之說也荀子王霸

孟子無君子莫治野人無野人莫養君子上下有等孔子之義也墨子主張兼愛尚同無差等之義不與先王同然其道大觳耗悴莫甚役夫之道也莊子謂墨子雖獨能任奈天下何是也墨子之道所以敗績也其道高而難行非孔子中庸之義故荀子極力攻之

世俗之爲說者曰太古薄葬棺厚三寸衣衾三領葬田不妨田故不掘也亂今厚葬飾棺故抇也荀子正論

薄葬之制爲墨子所改定蓋上古發骸之風甚盛故墨子定爲此制所以防其患也然孔子已爲之防比太古已薄矣墨子則儉不中禮矣

故人一之於禮義則兩得之矣一之於情性則兩喪之矣故儒者將使人兩得之者也墨者將使人兩喪之者也是儒墨之分也荀子禮論

夫厚其生而薄其死是敬其有知而慢其無知也是姦人之道而倍叛之心也同上

墨子之學本出於孔子乃倍叛而反攻故荀子攻其倍叛也陳相棄陳良之學而從許行之學孟子攻其倍師堅守孔教而攻異教荀孟兩大儒爲最有力也

刑餘罪人之喪不得合族黨獨屬妻子棺椁三寸衣衾三領不得飾

棺不得晝行以昏殣凡緣而往埋之反無哭泣之節無衰麻之服無親疏月數之等各反其平各復其始已葬埋若無喪者而止夫是之謂至辱荀子禮論

此爲攻墨子短喪之制自爲刑餘罪人之喪是謂至辱攻之甚也

一朝而喪其嚴親而所以送葬之者不哀不敬則嫌於禽獸矣君子恥之荀子禮論

故情貌之變足以別吉凶明貴賤親疏之節斯止矣外是姦也雖難君子賤之同上

公羊傳而得君子疑焉何休解詁君子孔子也則此君子卽爲創儒改制之孔子也恥之爲禽獸賤之爲姦人此儒者援孔子以攻墨子短喪之制者也

君者國之隆也公者家之隆也隆一而治二而亂自古及今未有二隆爭重而能長久者荀子致士

此亦攻墨子者也墨子兼愛徇同視至親如路人無尊卑親疏之別與儒者異故荀子攻其二而亂與孟子攻墨氏無父無君夷子二本之意同

右儒攻楊墨

法家嚴而少恩 史記太史公自序

法家不別親疏不殊貴賤一斷於法則親親尊尊之恩絕矣可以行一時之計而不可長用也故曰嚴而少恩 同上

商君違禮義棄倫理並心於進取行之三歲秦俗日敗 新書時變

今商鞅吳起反聖人之道 鹽鐵論申韓

商鞅吳起以秦楚之法為輕而累之上危其主下沒其身 鹽鐵論周秦

今秦怨毒商鞅之法甚於私仇故孝公卒之日舉國而攻之東西南北莫可奔走仰天而歎曰嗟乎為政之弊至於斯極也卒車裂族夷為天下笑斯人自殺之也 鹽鐵論非鞅

商鞅法行而亡　鹽鐵論 遵道

今商鞅棄道而用權廢德而任力峭法盛刑以虐戾爲俗欺舊友以爲功刑公族以立威無恩於百姓無信於諸侯人與之爲怨家與之爲讐雖以獲功見封猶食毒肉愉飽而罹其咎也　鹽鐵論 非鞅

商鞅以重刑峭法爲秦國基故二世而奪刑既嚴峻矣又作爲相坐之法造誹謗增肉刑百姓齋栗不知所措手足也賦斂既煩數矣又外禁山澤之原內設百倍之利民無所開說容言崇利而簡義高力而尙功非不廣壤進地也然猶人之病水益水而疾深知其爲秦開帝業不知其爲秦致亡道也　同上

昔者商鞅相秦後禮讓先貪鄙尙首功務進取無德序於民而嚴刑罰於國俗日壞而民滋怨故惠王烹葅其身以謝天下　鹽鐵論 國病

商鞅以權數危秦　同上

太史公曰商君其天資刻薄人也跡其欲干孝公以帝王術挾持浮

說非其質矣且所因由嬖臣及得用刑公子虔欺魏將卬不師趙良之言亦足發明商君之少恩矣余嘗讀商君開塞耕戰書與其人行事相類卒受惡名於秦有以也夫史記商君列傳

韓非非先王而不遵舍正令而不從鹽鐵論刑德

右儒攻法家

名家使人儉而善失眞史記太史公自序

名家苛察繳繞使人不得反其意專決於名而失人情故曰使人儉而善失眞同上

子輿曰公孫龍之爲人也行無師學無友佞給而不中漫衍而無家好怪而妄言欲惑人之心屈人之口與韓檀等肄之列子仲尼

言非而博巧而不理此固無所不答也孔叢子公孫龍

此孔子高攻公孫龍白馬非白馬之說

夫堅白同異有厚無厚之察非不察也然而君子不辯止之也荀子修身

孔穿公孫龍相與論於平原君所深而辯至於藏三牙公孫龍言藏之三牙甚辯孔穿不應少選辭而出明日孔穿朝平原君謂孔穿曰昔者公孫龍之言甚辯孔穿曰然幾能令藏三牙矣雖然難願得有問於君謂藏三牙甚難而實非也謂藏兩牙甚易而實是也不知君將從易而是也者乎將從難而非者乎平原君不應明日謂公孫龍曰公無與孔穿辯　呂氏春秋淫辭

或問公孫龍詭辭數萬以為法法歟曰斷木為棊梡革為鞠亦皆有法焉不答乎先王之法者君子不法也　法言吾子

右儒攻名家

文學曰蘇秦以從顯於趙張儀以衡任於秦方此之時非不尊貴也然知士隨而憂之知夫不以道進必不以道退不以義得者必不以義亡　鹽鐵論褒賢

蘇秦合從連衡統理六國業非不大也桀紂與堯舜並稱至今不亡

名非不長也然非者不足貴故事不苟多名不苟傳也鹽鐵論非鞅

景春曰公孫衍張儀豈不誠大丈夫哉一怒而諸侯懼安居而天下息孟子曰是焉得為大丈夫乎子未學禮乎丈夫之冠也父命之女子之嫁也母命之往送之門戒之曰往之女家必敬必戒無違夫子以順為正者妾婦之道也孟子滕文

太史公曰三晉多權變之士夫言從衡彊秦者大抵皆三晉之人也夫張儀之行事甚於蘇秦然世惡蘇秦者以其先死而儀振暴其短以扶其說成其衡道要之此兩人眞傾危之士哉史記張儀列傳

右儒攻縱橫家

我能為君約與國戰必克今之所謂良臣古之所謂民賊也君不鄉道不志於仁而求為之強戰是輔桀也孟子告子

孟子曰有人曰我善為陳我善為戰大罪也孟子盡心

魯欲使慎子為將軍孟子曰不教民而用之謂之殃民殃民者不容

於堯舜之世孟子告子

故齊之田單楚之莊蹻秦之衛鞅燕之繆蟣是皆世俗之所謂善用兵者也是皆巧拙強弱則未有以相君也若其道一也未及和齊也持契司詐權謀傾覆未免盜兵也荀子議兵

孟子殃民不容於堯舜之世善戰者服上刑蓋卽衛鞅繆蟣之流法尚權謀傾軋者爲春秋所疾也

右儒攻兵家

宋牼將之楚孟子遇於石丘曰先生將何之曰吾聞秦楚搆兵我將見楚王說而罷之楚王不悅我將見秦王說而罷之二王我將有所遇焉曰軻也請無問其詳願聞其指說之將何如曰我將言其不利也曰先生之志則大矣先生之號則不可先生以利說秦楚之王秦楚之王悅於利以罷三軍之師是三軍之士樂罷而悅於利也爲人臣者懷利以事其君爲人子者懷利以事其父爲人弟者懷利以事

其兄是君臣父子兄弟終去仁義懷利以相接然而不亡者未之有也先生以仁義說秦楚之王秦楚之王悅於仁義而罷三軍之師是三軍之士樂罷而悅於仁義也爲人臣者懷仁義以事其君爲人子者懷仁義以事其父爲人弟者懷仁義以事其兄是君臣父子兄弟去利懷仁義以相接也然而不王者未之有也何必曰利孟子告子宋牼莊子天下篇作鈃古音通也莊子稱其禁攻寢兵周行天下上說下教雖天下不取強聒不舍與此合近世歐洲有禁兵會亦其比也於春秋之義疾滅國善向戍相合故孟子稱其志也其道淺而不謬故孟子許之而少正之

子宋子曰明見侮之不辱使人不鬭人皆以見侮爲辱故鬭也知見侮之爲不辱則不鬭矣應之曰然則亦以人之情爲不惡侮乎曰惡而不辱也曰若是則必不得所求焉凡人之鬭也必以其惡之爲說非以其辱之爲故也今俳優侏儒狎徒詈侮而不鬭者是豈鉅知見

侮之爲不辱哉然而不鬭者不惡故也今人或入其央瀆竊其豬彘則援劍戟而逐之不避死傷是豈以喪豬爲辱也哉然而不憚鬭者惡之故也雖以見侮爲辱也不惡則不鬭雖知見侮爲不辱惡之則必鬭然則鬭與不鬭邪亡於辱之與不辱也乃在惡之與不惡也夫今子宋子不能解人之惡侮而務說人以勿辱也豈不過甚矣哉金舌弊口猶將無益也不知其無益則不知知其無益也直以欺人則不仁不仁不知辱莫大焉將以爲有益於人邪則與無益於人也則得大辱而退耳說莫病是矣子宋子曰見侮不辱應之曰凡議必將立隆正然後可也無隆正則是非不分而辯訟不決故所聞曰天下之大隆是非之封界分職名象之所起王制是也故凡言議期命是非以聖王爲師而聖王之分榮辱是也荀子正論

聖王者孔子也王制者孔子之法也孔子之法有榮辱

有義榮者有勢榮者有義辱者有勢辱者志意修德行厚知慮明是榮

之由中出者也夫是之謂義榮爵列尊貢祿厚形埶勝上爲天子諸侯下爲卿相士大夫是榮之從外至者也夫是之謂勢榮流淫汙僈犯分亂理驕暴貪利是辱之由中出者也夫是之謂義辱詈侮捽搏捶笞臏腳斬斷枯磔藉靡舌縪是辱之由外至者也夫是之謂勢辱是榮辱之兩端也故君子可以有勢辱而不可以有義辱小人可以有勢榮而不可以有義榮有勢辱無害爲堯有勢榮無害爲桀義榮勢榮唯君子而後兼有之義辱勢辱唯小人而後兼有之是榮辱之分也聖王以爲法士大夫以爲道官人以爲守百姓以爲成俗萬世不能易也今子宋子案不然獨詘容爲己慮一朝而改之說必不行矣譬之是猶以塼塗而塞江海也以焦僥而戴太山也蹎跌碎折不待頃矣二三子之善於子宋子者殆不若止之將恐得傷其體也子宋子曰人之情欲寡而皆以己之情欲爲多是過也故率其羣徒辨其談說明其譬稱將使人知情欲之寡也應之曰然則亦以人之情

爲欲目不欲綦色耳不欲綦聲口不欲綦味鼻不欲綦臭形不欲綦佚此五綦者亦以人情爲不欲乎曰人之情欲是矣曰若是則說必不行矣以人之情爲欲此五綦者而不欲多譬之是猶以人之情爲欲富貴而不欲貨也好美而惡西施也古之人爲之不然以人之情爲欲多而不欲寡故賞以富厚而罰以殺損也是百王之所同也故上賢祿天下次賢祿一國下賢祿田邑愿慤之民完衣食今子宋子以是之情爲欲寡而不欲多然則先王以人之所不欲者賞而以人之所欲者罰邪亂莫大焉今子宋子嚴然而好說聚人徒立師學成文曲然而說不免於以至治爲至亂也豈不過甚矣哉荀子正論

宋銒以見侮爲不辱與佛法忍辱略同婁師德唾面自乾未嘗非長者處世之行然榮辱爲治法所由人道未能去也荀子負荷儒學以其過高而攻之

右儒攻宋銒

有爲神農之言者許行自楚之滕踵門而告文公曰遠方之人聞君行仁政願受一廛而爲氓文公與之處其徒數十人皆衣褐捆屨織席以爲食陳良之徒陳相與其弟辛負耒耜而自宋之滕曰聞君行聖人之政是亦聖人也願爲聖人氓陳相見許行而大悅盡棄其學而學焉陳相見孟子道許行之言曰滕君則誠賢君也雖然未聞道也賢者與民並耕而食饔飧而治今也滕有倉廩府庫則是厲民而以自養也惡得賢孟子曰許子必種粟而後食乎曰然許子必織布而後衣乎曰否許子衣褐許子冠乎曰冠曰奚冠曰冠素曰自織之與曰否以粟易之曰許子奚爲不自織曰害於耕曰許子以釜甑爨以鐵耕乎曰然自爲之與曰否以粟易之以粟易械器者不爲厲陶冶陶冶亦以其械器易粟者豈爲厲農夫哉且許子何不爲陶冶舍皆取諸其宮中而用之何爲紛紛然與百工交易何許子之不憚煩曰百工之事固不可耕且爲也然則治天下獨可耕且爲與有大人

之事有小人之事且一人之身而百工之所爲備如必自爲而後用之是率天下而路也故曰或勞心或勞力勞心者治人勞力者治於人治於人者食人治人者食於人天下之通義也當堯之時天下猶未平洪水橫流氾濫於天下草木暢茂禽獸繁殖五穀不登禽獸偪人獸蹄鳥跡之道交於中國堯獨憂之舉舜而敷治焉舜使益掌火益烈山澤而焚之禽獸逃匿禹疏九河瀹濟漯而注諸海決汝漢排淮泗而注之江然後中國可得而食也當是時也禹八年於外三過其門而不入雖欲耕得乎后稷教民稼穡樹藝五穀五穀熟而民人育人之有道也飽食煖衣逸居而無教則近於禽獸聖人有憂之使契爲司徒教以人倫父子有親君臣有義夫婦有別長幼有序朋友有信放勳曰勞之來之匡之直之輔之翼之使自得之又從而振德之聖人之憂民如此而暇耕乎堯以不得舜爲己憂舜以不得禹皐陶爲己憂夫以百畝之不易爲己憂者農夫也分人以財謂之惠教

人以善謂之忠爲天下得人者謂之仁是故以天下與人易爲天下得人難孔子曰大哉堯之爲君惟天爲大惟堯則之蕩蕩乎民無能名焉君哉舜也巍巍乎有天下而不與焉堯舜之治天下豈無所用其心哉亦不用於耕耳吾聞用夏變夷者未聞變於夷者也陳良楚産也悅周公仲尼之道北學於中國北方之學者未能或之先也彼所謂豪傑之士也子之兄弟事之數十年師死而遂倍之昔者孔子没三年之外門人治任將歸入揖於子貢相嚮而哭皆失聲然後歸子貢反築室於場獨居三年然後歸他日子夏子張子游以有若似聖人欲以所事孔子者事之彊曾子曾子曰不可江漢以濯之秋陽以暴之皜皜乎不可尚已今也南蠻鴃舌之人非先王之道子倍子之師而學之亦異於曾子矣吾聞出於幽谷遷於喬木者未聞下喬木而入於幽谷者魯頌曰戎狄是膺荆舒是懲周公方且膺之子是之學亦爲不善變矣從許子之道則市賈不貳國中無僞雖使五尺

之童適市莫之或欺布帛長短同則賈相若麻縷絲絮輕重同則賈相若五穀多寡同則賈相若屨大小同則賈相若曰夫物之不齊物之情也或相倍蓰或相什伯或相千萬子比而同之是亂天下也巨屨小屨同賈人豈爲之哉從許子之道相率而爲僞者也惡能治國家孟子滕文

許行被褐織席高談並耕其道甚苦蓋本爲墨學而稍變之欲自立門戶者當時創教紛紛少自立者輒思創宗旨以自名一教莊子謂墨者以裘褐爲衣以跂蹻爲服日夜不休以自苦爲極其道大觳被褐織席亦大觳矣並耕同賈則尙同之餘義故許行必墨氏後學皆假託先王力與孔子爲難故孟子極力攻之

右儒攻許子

匡章曰陳仲子豈不誠廉士哉居於陵三日不食耳無聞目無見也井上有李螬食實者過半矣匍匐往將食之三咽然後耳有聞目有

見孟子曰於齊國之士吾必以仲子為巨擘焉雖然仲子惡能廉充仲子之操則蚓而後可者也夫蚓上食槁壤下飲黃泉仲子所居之室伯夷之所築與抑亦盜跖之所築與所食之粟伯夷之所樹與抑亦盜跖之所樹與是未可知也曰是何傷哉彼身織屨妻辟纑以易之也曰仲子齊之世家也兄戴蓋祿萬鍾以兄之祿為不義之祿而不食也以兄之室為不義之室而不居也辟兄離母處於於陵他日歸則有饋其兄生鵝者已頻顣曰惡用是鶂鶂者為哉他日其母殺是鵝也與之食之其兄自外至曰是鶂鶂之肉也出而哇之以母則不食以妻則食之以兄之室則弗居以於陵則居之是尚為能充其類也乎若仲子者蚓而後充其操者也（孟子滕文）

陳仲子亦當時創教之人其學雖不可見然織屨辟纑節用苦行避兄離母薄於人倫殆聞墨子之風者荀子以為盜名大約以苦行動人而不尙言論也孔子之道以人治人可而止陳仲子知義

而不知仁失其本矣

忍情性綦谿利跂苟以分異人爲高不足以合大衆明大分然而其持之有故其言之成理足以欺惑愚衆是陳仲史䲡也荀子非十二子

孟子曰仲子不義與之齊國而弗受人皆信之是舍簞食豆羹之義也人莫大焉亡親戚君臣上下以其小者信其大者奚可哉孟子盡心

仲子宗旨雖不可考而孟子攻其亡親戚君臣上下則其說與佛氏略同但有妻耳其苦行亦與佛同故能風動天下趙威后至欲殺之想以其無君也顯違孔子之道故孟子不得不攻之

右儒攻陳仲子

騶衍睹有國者益淫侈不能尙德若大雅整之於身施及黎庶矣乃深觀陰陽消息而作怪迂之變終始大聖之篇十餘萬言其語閎大不經必先驗小物推而大之至於無垠先序今以上至黃帝學者所共術大並世盛衰因載其機祥度制推而遠之至天地未生窈冥不

可考而原也先列中國名山大川通谷禽獸水土所殖物類所珍因而推之及海外人之所不能睹稱引天地剖判以來五德轉移治各有宜而符應若茲以爲儒者所謂中國者於天下乃八十一分居其一分耳中國名曰赤縣神州赤縣神州內自有九州禹之序九州是也不得爲州數中國外如赤縣神州者九乃所謂九州也於是有裨海環之人民禽獸莫能相通者如一區中者乃爲一州如此者九乃有大瀛海環其外天地之際焉其術皆此類也然要其歸必止乎仁義節儉君臣上下六親之施始也濫耳 史記孟荀列傳

鄒衍非聖人作怪誤惑六國之君以納其說此春秋所謂匹夫熒惑諸侯者也 鹽鐵論論鄒

右儒攻騶子

淳于髡曰男女授受不親禮與孟子曰禮也曰嫂溺則援之以手乎曰嫂溺不援是豺狼也男女授受不親禮也嫂溺援之以手者權也

曰今天下溺矣夫子之不援何也曰天下溺援之以道嫂溺援之以手子欲手援天下乎孟子離婁

淳于髡蓋當時辨者之圍稷下之客或惠施之徒歟能引男女之禮蓋稍知儒旨而攻子思公明子則亦異教攻儒者也

右儒攻淳于髡

子莫執中執中爲近之執中無權猶執一也所惡執一者爲其賊道也舉一而廢百也孟子盡心

子莫執中蓋與孔子近矣然彼究别創一教不從孔子孟子爲孔門禦侮故並攻之也

右儒攻子莫

白圭曰丹之治水也愈於禹孟子曰子過矣禹之治水水之道也是故禹以四海爲壑今吾子以鄰國爲壑水逆行謂之洚水洚水者洪水也仁人之所惡也吾子過矣孟子告子

白圭曰吾欲二十而取一如何孟子曰子之道貉道也萬室之國一人陶則可乎曰不可器不足用也曰夫貉五穀不生惟黍生之無城郭宮室宗廟祭祀之禮無諸侯幣帛饔飧無百官有司故二十取一而足也今居中國去人倫無君子如之何其可也陶以寡且不可以爲國況無君子乎欲輕之於堯舜之道者大貉小貉也欲重之於堯舜之道者大桀小桀也同上

以史記考之白圭亦當時有道術者但是粗才以孟子闢之亦易易

右儒攻白圭

世俗之爲說者曰桀紂有天下湯武篡而奪之是不然荀子正論

今世俗之爲說者以桀紂爲君而以湯武爲弒然則是誅民之父母而師民之怨賊也不祥莫大焉以天下合爲君則天下未嘗合於桀紂也然則以湯武爲弒則天下未嘗有說也直隳之耳同上

書稱撫我則后虐我則讎孟子稱殘賊之人謂之一夫禮稱刑人於市與衆共之則爲民賊者人人皆得而僇之也夫天生民而樹之君使司牧之勿失其性故堯舜兢兢於天祿永終四海困窮以見天命之不易假也此爲孔子非常異義學者疑惑每爲世俗之說所動荀子力辟之與孟子同旨後司馬遷史記立項羽爲本紀陳涉爲世家見秦王無道人人皆得而誅之而陳涉項羽首先亡秦可以代秦是亦一湯武也特以暴易暴故不終耳史公爲之立本紀世家即是意乎

夫曰堯舜擅讓是虛言也是淺者之傳陋者之說也不知逆順之理小大至不至之變也未可與及天下之大理也荀子正論

孟子天與賢則與賢天與子則與子王者奉天治民視民心之向背而驗天命之所歸不得私相轉授擅以天下與人者故當時子噲授燕於子之卒啓亂亡之禍蓋爲淺陋者之說所惑焉

今世俗之爲說者不怪朱象而非堯舜其過甚矣哉夫是之謂嵬說荀子正論

當時諸教之微言大義全在口說故荀子攻之爲世俗之說陋者之說是之謂嵬說墨子之說姦人之說則非孔子之說明矣

世俗之爲說者曰治古無肉刑而有象刑墨黥慅嬰共艾畢菲紂屨殺赭衣而不純治古如是是不然荀子正論

右皆不知名雜教荀子攻之與孟子同

門人南海康同懃　番禺羅潤楠初校

門人東莞葉衍華　番禺王覺任覆校

門人東莞張伯楨再校

孔子改制考卷十七終

南海康有爲廣厦撰

儒墨最盛並稱考

孔子一統之後如漢高明太襃括四海悉主悉臣人不知孔子爲創教諸子之一人更不知與孔子同時爭教之巨子然在戰國時國既諸雄並立而秦楚爲强教亦諸子並爭而儒墨最盛其時傳教各視其力各竭其才而儒墨二字充滿天下實中分天下孟子謂楊朱墨翟之言盈天下又謂天下之言不歸楊則歸墨又謂逃墨必歸楊逃楊必歸儒老楊之學似若爲吳蜀之鼎立然墨學儒首救人又多才藝人多歸之當戰國末遂與儒並對立若南北朝於時老楊之學僅如蕭詧一線之傳不足比於大國矣夫原儒墨所以最盛者豈不以行仁兼愛哉人道莫不賴於仁固非爲我之私所可比矣然墨道節用非樂薄父子之恩失生人之性其道枯

稿太觳離天下之心天下弗堪咸歸孔子豈非聖人之道得中和
哉墨學微而老學以為我之私陰行漢世至今不廢則陰道陰緣
之故然漢人尚以墨翟與孔子並稱項羽雖敗漢人獨立本紀豈
非兼愛尚同之遺烈耶凡教之光大於世者亦有不出於仁愛諒
哉今考儒墨大盛之條及秦漢人以儒墨對舉者附焉

孔墨之弟子徒屬充滿天下皆以仁義之術教導於天下呂氏春秋有度

孔墨以仁立教其弟子徒屬充滿天下殆有由也故諸子並出孔
墨獨盛而墨卒敗大道之行豈苟然哉儒於戰國雖未一統而半
分天下矣

世之顯學儒墨也儒之所至孔丘也墨之所至墨翟也自孔子之死
也有子張之儒有子思之儒有顏氏之儒有孟氏之儒有漆雕氏之
儒有仲良氏之儒有孫氏之儒有樂正氏之儒自墨子之死也有相
里氏之墨有相夫氏之墨有鄧陵氏之墨故孔墨之後儒分為八墨

離爲三取舍相反不同而皆自謂眞孔墨孔墨不可復生將誰使定後世之學乎孔子墨子俱道堯舜而取舍不同皆自謂眞堯舜堯舜不復生將誰使定儒墨之誠乎殷周七百餘歲虞夏二千餘歲而不能定儒墨之眞今乃欲審堯舜之道於三千歲之前意者其不可必乎無參驗而必之者愚也弗能必而據之者誣也故明據先王必定堯舜者非愚則誣也愚誣之學雜反之行明主弗受也墨者之葬也冬日冬服夏日夏服桐棺三寸服喪三月世主以爲儉而禮之儒者破家而葬服喪三年大毀扶杖世主以爲孝而禮之夫是墨子之儉將非孔子之侈也是孔子之孝將非墨子之戾也今孝戾侈儉俱在儒墨而上兼禮之韓非子顯學

韓非與李斯同事始皇去漢不遠爲諸子之殿於時猶孔墨並稱顯學蓋宗派散布徒屬滿天下然孔學有八家墨學僅三比之南宋朱子學徒勝於陸子而朱學遂行至於延祐遂立科舉孔子人

漢六經立於學宮甲科射策事正相同鑒後可以推前孔子大道之行亦可考其端緒矣

儒以文亂法俠以武犯禁而人主兼禮之（韓非子五蠹）

儒俠毋軍勞顯而榮者則民不使與象人同事也夫禍知磐石象人而不知禍商官儒俠為不墾之地不使之民不知事類者也（韓非子顯學）

上稱儒墨此稱儒俠俠即墨也孔墨則舉姓儒俠則舉教名其實一也太史公云儒以文亂法俠以武犯禁有儒林傳復有游俠傳時墨者尚盛故二傳並錄亦對舉儒墨也淮南子喜武非俠也喜文非儒也亦然太史公雖有儒墨損俠不載之說疑俠為墨之別派乎

孔墨布衣之士也萬乘之主千乘之君不能與之爭士也自此觀之尊貴富大不足以來士矣（呂氏春秋不侵）

孔墨徒屬充滿天下不可數計故萬乘之主莫能與之爭以國主

不能與爭其盛大流行可想

孔子學於老聃孟蘇夔靖叔魯惠公使宰讓請郊廟之禮於天子桓王使史角往惠公止之其後在於魯墨子學焉此二士者無爵位以顯人無賞祿以利人舉天下之顯榮者必稱此二士也皆死久矣從屬彌衆弟子彌豐充滿天下王公大人從而顯之有愛子弟者隨而學焉無時乏絕子貢子夏曾子學於孔子田子方學於子貢段干木學於子夏吳起學於曾子禽滑釐學於墨子許犯學於禽滑釐田繫學於許犯孔墨之後學顯榮於天下者衆矣不可勝數皆所染者得當也呂氏春秋當染

當時孔墨二家徒屬彌滿天下故韓非以二家爲顯學王公大人愛子弟皆從之學蓋呂氏時兩教之人中分天下矣時孔子雖未一統有墨梗之亦已得半傳教亦極速哉墨子後孔子數十年而徒屬半天下則尤速矣眞儒教之勁敵也蓋墨子悍甚故傳極速

惠盎見宋康王康王蹀足謦欬疾言曰寡人之所說者勇有力也不說爲仁義者也客將何以教寡人惠盎對曰臣有道於此使人雖勇刺之不入雖有力擊之弗中大王獨無意邪宋王曰善此寡人之所欲聞也惠盎曰夫刺之不入擊之不中此猶辱也臣有道於此使人雖有勇弗敢刺雖有力弗敢擊夫弗敢非無其志也臣有道於此使人本無其志也夫無其志者未有愛利之心也臣有道於此使天下丈夫女子莫不驩然皆欲愛利之此其賢於勇有力也四累之上也大王獨無意邪宋王曰此寡人之所欲得也惠盎對曰孔墨是已孔丘墨翟無地而爲君無官而爲長天下丈夫女子莫不延頸舉踵而願安利之今大王萬乘之主也誠有其志則四境之內皆得其利矣其賢於孔墨也遠矣列子黃帝

天下丈夫女子皆知孔墨皆延頸舉踵而思安利孔墨所謂天下歸往謂之王故曰無地而爲君也孔墨當時大行於天下下逮於

婦孺殊方絕域莫不景從非其徒屬盛傳之故哉
惠盎見宋康成公而謂足聲速疾言曰寡人之所說者勇有力而無爲仁義者客將何以教寡人惠盎對曰臣有道於此使人雖勇刺之不入雖有力擊之弗中大王獨無意耶王曰善此寡人所欲聞也惠盎曰夫刺之不入擊之不中此猶辱也臣有道於此使人雖有勇弗敢刺雖有力不敢擊大王獨無意耶王曰善此寡人之所欲知也惠盎曰夫不刺不敢擊非無其志也臣有道於此使人本無其志也大王獨無意耶王曰善此寡人之所願也惠盎曰夫無其志也未有愛利之心也臣有道於此使天下丈夫女子莫不驩然皆欲愛利之此其賢於勇有力也居四累之上大王獨無意耶王曰此寡人之所欲得惠盎對曰孔墨是也孔丘墨翟無地爲君無官爲長天下丈夫女子莫不延頸舉踵而願安利之今大王萬乘之主也誠有其志則四境之內皆得其利其賢於孔墨也遠矣宋王無以應惠盎趨而出宋

王謂左右曰辨矣客之以說服寡人也呂氏春秋順說

丈夫女子皆願安利孔墨則當時服教者無所不徧矣近世自諸

生外不得入廟謁孔子況女子乎甚非古義也

惠盎對曰孔墨是已孔丘墨翟無地而爲君無官而爲長天下丈夫

女子莫不延頸舉踵而願安利之者今大王萬乘之主誠有其志則

四境之內皆得其利矣此賢於孔墨也遠矣淮南子道應訓

此與列子黃帝篇呂氏春秋順說篇引惠盎之說同孔墨之教盛

傳具見左證

故儒者將使人兩得之者也墨者將使人兩喪之者也是儒墨之分

也荀子禮論

荀子爲孔門後學傳經大儒其書攻墨子之教直過於孟子而猶

以儒墨對舉則當時墨學與儒分道揚鑣可知矣

孔墨寧越皆布衣之士也慮於天下以爲無若先王之術者故日夜

學之有便於學者無不爲也有不便於學者無肯爲也蓋聞孔丘墨翟晝日諷誦習業夜親見文王周公旦而問焉 呂氏春秋博志

戰國以還稱博聞勤學者必以孔墨爲稱首而諸子不與焉其並名如此蓋孔子墨子皆以學問制度勝人諸子多空虛非其比也雖宜於時者墨不如孔而荀勝孟朱勝陸後人皆荀孟並稱朱陸對舉正與此同觀後以知前最足勝據者矣

今儒墨皆稱先王兼愛天下則視民如父母 韓非子五蠹

儒墨並稱而謂之皆稱先王兼愛天下可知儒墨所以大行者惟稱先王則於古有徵惟兼愛則生民共慕此所以萬流向風而諸子不能比之也

子張曰昔者桀紂貴爲天子富有天下今謂臧聚曰汝行如桀紂則有怍色有不服之心者小人所賤也仲尼墨翟窮爲匹夫今爲宰相曰子行如仲尼墨翟則變容易色稱不足者士誠貴也故勢爲天子

未必貴也窮爲匹夫未必賤也貴賤之分在行之美惡（莊子盜跖）

當時開口輒稱孔墨人人敬服自謂不如其所以入人心者至矣足以天下大駭儒墨皆起其作始有倫而今乎婦女何言哉（莊子天運）

昔者舜欲服海外而不成既足以成帝矣禹欲帝而不成既足以王海内矣湯武欲繼禹而不成既足以王通達矣五伯欲繼湯武而不能成既足以爲諸侯長矣孔墨欲行大道於世而不成既足以成顯榮矣夫大義之不成既有成已故務事大（呂氏春秋務大）

以孔墨繼舜禹湯武蓋以孔墨皆爲天子之事所謂行大道於世也

禹之裸國裸入衣出因也墨子見荊王錦衣吹笙因也孔子道彌子瑕見釐夫人因也湯武遭亂世臨苦民揚其義成其功因也（呂氏春秋貴因）

孔子道彌子瑕事雖謬然當時人論事說理或單舉孔墨或以孔墨與三代聖王同舉其尊之如此

孔丘墨翟修先聖之術通六藝之論口道其言身行其志慕義從風而為之服役者不過數十人使居天子之位則天下徧為儒墨矣淮南子主術訓

以此言之不獨詩書禮樂為三代舊名易春秋亦然坤乾之義不修春秋固墨子所同者也惟刪定不同耳

孔子弟子七十養徒三千人皆入孝出悌言為文章行為儀表教之所成也墨子服役者百八十人皆可使赴火蹈刃死不還踵化之所致也淮南子泰族訓

孔墨之弟子皆以仁義之術教導於世淮南子俶真訓

周室衰而王道廢儒墨乃始列道而議分徒而訟同上

右儒墨最盛

下有桀跖上有曾史而儒墨畢起莊子在宥

君子之人若儒墨者師故以是非相整也而況今之人乎莊子北遊

莊子曰然則儒墨楊秉四與夫子為五果孰是邪 莊子徐無鬼

故有儒墨之是非以是其所非而非其所是 莊子齊物

而儒墨乃始離跂攘臂乎桎梏之間意甚矣哉其無愧而不知恥也甚 莊子在宥

儒者偽辭墨者兼愛五紀六位將有別乎 莊子盜跖

墨子貴兼孔子貴公 尸子廣澤

夫禍之始也猶熛火蘗足也易止也及其措於大事雖孔子墨翟之賢弗能救也 尸子貴言

於時稱聖智者人人皆知有孔子墨子故論事輒舉以喻理焉

孔子貴仁墨子貴兼 呂氏春秋不二

博習辯智如孔墨孔墨不耕耨則國何得焉 韓非子八說

非有仲尼墨翟之賢 新書過秦

為儒而踞里閭為墨而朝吹竽 淮南子說山訓

喜武非俠也喜文非儒也 同上

今取新聖人書名之孔墨則弟子句指而受者必衆矣故美人者非必西施之種通士者不必孔墨之類曉然意有所通之物故作書以喻意以爲知者也 淮南子修務訓

當此之時豐衣博帶而道儒墨者以爲不肖逮至暴亂已勝海內大定繼文之業立武之功履天子之圖籍造劉氏之貌冠總鄒魯之儒墨通先聖之遺教 淮南子氾論訓

今儒墨者稱三代文武而弗行是言其所不行也 同上

孔墨博通而不能與山居者入榛薄險阻也 淮南子主術訓

吳起張儀智不若孔墨而爭萬乘之君此其所以車裂支解也 同上

夫三年之喪是強人所不及也而以爲輔情也三月之服是絕哀而迫切之性也夫儒墨不原人情之終始而務以行相反之制 淮南子齊俗訓

大夫曰鄒子疾晚世之儒墨不知天地之弘昭曠之道 鹽鐵論論鄒

儒墨內貪外矜往來游說栖栖然亦未爲得也 鹽鐵論毀學

儒墨大盛故外人毀之

山東儒墨咸聚於江淮之間講議集論 鹽鐵論晁錯

江淮大盛則中原可想雖淮南王招致之故亦可見儒墨之推行矣

陳王赫然奮爪牙爲天下首事道雖凶而儒墨或干之者以爲無王久矣道擁過不得行自孔子以至於茲而秦後重禁之故發憤於陳王也 鹽鐵論褒賢

昔魯聽季孫之說逐孔子宋信子冉之計逐墨翟夫以孔墨之辯而不能自免 新序雜事

儒家之宗孔子也墨家之祖墨翟也 論衡案書

王仲任後漢時尚知儒墨之宗派而對舉之

使當今說道深於孔墨名不得與之同立 論衡齊世

上自孔墨之黨下至孟荀之徒教訓必作垂文何也 論衡對作

孔墨之籍季孟不肯讀 論衡自紀

孔墨弟子固多寒士當時貴人自少從之必俟學者乃能相以成學也

夫未進也身被三累已用也身蒙三害雖孔子墨翟不能自免顏回曾參不能全身也 論衡累害

王仲任能知墨翟之短謬且生在東漢宗尚孔子可謂至矣而開口猶孔墨並引蓋風俗所沿順口輒及猶今鄉曲稱考試猶言七篇論職官猶言五府沿明之遺說故也

今墨家非儒儒家非墨 論衡薄葬

是以孔子棲棲墨子遑遑不進與孔墨合務而還與黃老同操非賢也 論衡定賢

墨家之論以為人死無命儒家之議以為人死有命 論衡命義

故盜泉朝歌孔墨不由惡其名也順其心也申鑒俗嫌

右儒墨並稱

門人南海康同薇　番禺羅潤楠初校

門人東莞葉衍華　番禺王覺任覆校

孔子改制考卷十八終

門人東莞張伯楨再校

孔子改制考卷十九

南海康有爲廣厦撰

魯國全從儒教考

魯人從儒通論

孔子負聖人之譽中外皆稱之

孔子爲吏行道於魯

魯人盡服孔子之教

魯尊敬孔子子孫弟子後學

魯儒生戰國秦漢時尤盛

光之行也最速必自近而至遠者勢也將使日月所照霜露所墜大小遠近若一聲教遍於大地必先行於諸夏將使楚魏齊秦咸立博士漢夷四表咸誦六經必先行於魯國康成經學朱王理學皆數十年而遍天下彼瞿曇之於迦維衞摩訶末之於麥加猶然天山

萬里東走碣石渡海而起泰岱青青未了聖神崛興雲滃雨渟其
居不遠其時甚近舉國而爲儒雖戎馬生郊而絃歌不絶豈非聖
人之大化哉

齊人皆以儒教史記游俠列傳

魯國服儒者之禮行孔子之術淮南子齊俗訓

右魯人從儒通論

達巷黨人曰大哉孔子博學而無所成名論語子罕

大宰問於子貢曰夫子聖者與何其多能也子貢曰固天縱之將聖
又多能也同上

陳大夫聘魯私見叔孫氏叔孫曰吾國有聖人曰非孔丘邪曰是也列子仲尼

右孔子負聖人之譽吳太宰魯叔孫陳大夫所言中外皆稱之
如此

仲尼將爲司寇沈猶氏不敢朝飲其羊公愼氏出其妻愼潰氏踰境而徙魯之粥牛馬者不豫賈必蚤正以待之者也居於闕黨闕黨之子弟罔不必分有親者取多孝弟以化之也荀子儒效

孔子始用於魯魯人鷖誦之曰麛裘而韠投之無戾韠而麛裘投之無郵用三年男子行乎塗右女子行乎塗左財物之遺者民莫之舉呂氏春秋樂成

孔子爲魯司寇道不拾遺市賈不豫賈田漁皆讓長而斑白不負戴非法之所能致也淮南子泰族訓

郈叔孫氏所食邑費季氏所食邑二大夫宰吏數叛患之以問孔子孔子曰陪臣執國命采長數叛者坐邑有城池之固家有甲兵之藏故也季氏說其言而墮之公羊定公十二年解詁

魯有沈猶氏者旦飲羊飽之以欺市人公愼氏有妻而淫愼潰氏奢侈驕佚魯氏之鬻牛馬者善豫賈孔子將爲魯司寇沈猶氏不敢朝

飲其羊公愼氏出其妻愼潰氏踰境而徙魯之鬻馬牛不豫賈布正以待之者也既爲司寇季孟墮郈費之城齊人歸所侵魯之地由積正之所致也新序雜事一

右孔子爲吏自行其道

秋八月公及齊侯邾子盟於顧齊人責稽首因歌之曰魯人之皋數年不覺使我高蹈唯其儒書以爲二國憂左傳哀公二十一年

當時稱孔子書爲儒書如今日稱佛書道藏以教名之魯人皆從儒教自尊故齊人憂之儒書之盛於當時雖僞左亦傳其說也

魯人有朝祥而莫歌者子路笑之夫子曰由爾責於人終無已夫三年之喪亦已久矣夫禮記檀弓

孔子生時創制魯人已從其教行三年之喪

景公祭路寢聞哭聲問梁邱據對曰魯孔子之徒也其母死服喪三年哭泣甚哀墨子佚文

宓子賤治亶父恐魯君之聽說人而令己不得行其術也將辭而行請近吏二人於魯君與之俱至於亶父邑吏皆朝宓子賤令吏二人書吏方將書宓子賤從旁時掣搖其肘吏書之不善則宓子賤爲之怒吏甚患之辭而請歸宓子賤曰子之書甚不善子勉歸矣二吏歸報於君曰宓子不可爲書君曰何故吏對曰宓子使臣書而時掣搖臣之肘書惡而有甚怒吏皆笑宓子此臣所以辭而去也魯君太息而歎曰宓子以此諫寡人之不肖也寡人之亂子而令宓子不得行其術必數有之矣微二人寡人幾過遂發所愛而令之亶父告宓子曰自今以來亶父非寡人之有也子之有也有便於亶父者子決爲之矣五歲而言其要宓子敬諾乃得行其術於亶父三年巫馬期短褐衣弊裘而往觀化於亶父見夜漁者得則舍之巫馬期問焉曰漁爲得也今子得而舍之何也對曰宓子不欲人之取小魚也所舍者小魚也巫馬期歸告孔子曰宓子之德至矣使民闇行若有嚴刑於

旁敢問宓子何以至於此孔子曰丘嘗與之言曰誠乎此者刑乎彼
宓子必行此術於亶父也呂氏春秋具備

王制禽獸魚鼈不中殺不鬻於市淮南子主術訓言先生之法魚
不長尺不得取王制者孔子之制也先王之法者孔子之法也宓
子賤治亶父漁者不取小魚其殆能行孔子之道也歟

魯國之法魯人為人妾於諸侯有能贖之者取金於府淮南子道應訓

孔子葬魯城北泗上弟子皆服三年三年心喪畢相訣而去則哭各
復盡哀或復留唯子貢廬於冢上凡六年然後去弟子及魯人往從
冢而家者百有餘室因命曰孔里魯世世相傳以歲時奉祠孔子冢
而諸儒亦講禮鄉飲大射於孔子冢孔子冢大一頃故所居堂弟子
內後世因廟藏孔子衣冠琴車書至於漢二百餘年不絕史記孔子世家

莊子見魯哀公哀公曰魯多儒士少為先生方者莊子曰魯少儒哀
公曰舉魯國而儒服何謂少乎莊子田子方

適魯觀仲尼廟堂車服禮器諸生以時習禮其家史記孔子世家

右魯人盡服孔子之教事效至先盡道必行於鄉教必起於近佛教先行於迦維釋族摩西先行於迦南猶太摩訶末先行於麥加皆自然之理也

昔者魯繆公無人乎子思之側則不能安子思孟子公孫丑

繆公之於子思也亟問亟餽鼎肉孟子萬章

繆公亟見於子思曰古千乘之國以友士何如子思不悅曰古之人有言曰事之云乎豈曰友之云乎同上

魯繆公之時公儀子爲政子柳子思爲臣孟子告子

公儀休者魯博士也以高弟爲魯相史記循吏列傳

南宮敬子問顏涿聚曰季孫養孔子之徒所朝服與坐者以十數韓非子外儲說左

魯欲使樂正子爲政孟子告子

右魯能尊敬孔子之子孫弟子後學加崇異禮

宋陽里華子中年病忘朝取而夕忘夕與而朝忘在塗則忘行在室則忘坐今不識先後不識今闔室毒之謁史而卜之弗占謁巫而禱之弗禁謁醫而攻之弗已魯有儒生自媒能治之華子之妻子以居産之半請其方儒生曰此固非卦兆之所占非祈請之所禱非藥石之所攻吾試化其心變其慮庶幾其瘳乎於是試露之而求衣饑之而求食幽之而求明儒生欣然告其子曰疾可已也然吾之方密傳世不以告人試屏左右獨與居室七日從之莫知其所施爲也而積年之疾一朝都除華子既悟廼大怒黜妻罰子操戈逐儒生宋人執而問其以華子曰曩吾忘也蕩蕩然不覺天地之有無今頓識既往數十年來存亡得失哀樂好惡擾擾萬緒起矣吾恐將來之存亡得失哀樂好惡之亂吾心如此也須臾之忘可復得乎列子周穆王

此雖列子自述其學而魯多儒生儒生多術天下求學術者必於

魯儒亦可見矣

昔有昆弟三人游齊魯之間同師而學進仁義之道而歸（列子說符）

如田子方段干木吳起禽滑釐之屬皆受業於子夏之倫爲王者師是時獨魏文侯好學後陵遲以至於始皇天下並爭於戰國儒術既絀焉然齊魯之間學者獨不廢也於威宣之際孟子荀卿之列咸遵夫子之業而潤色之以學顯於當世（史記儒林列傳）

齊魯學者不廢則儒術自絀於上而自行於下若元世之學者矣豈不盛乎

陳涉之王也而魯諸儒持孔子之禮器往歸陳王於是孔甲爲陳涉博士（史記儒林列傳）

歸陳涉者有諸儒則魯儒甚盛矣此皆讀秦焚以前之書者足見先秦儒術之盛也

及高皇帝誅項籍舉兵圍魯魯中諸儒尚講誦習禮樂絃歌之音不

絕豈非聖人之遺化好禮樂之國哉（史記儒林列傳）

夫齊魯之間於文學自古以來其天性也故漢興而後諸儒始得修其經藝講習大射鄉飲之禮叔孫通作漢禮儀因爲太常諸生弟子共定者咸爲選首（同上）

闈城之際猶誦習絃歌不輟況干戈大定後哉孔子之教入人深矣謂之諸儒可見坑焚無恙孔教大行

講業齊魯之都觀孔子之遺風鄉射鄒嶧（史記太史公自序）

齊魯先行孔子之教至史公少年嘗益盛鄉射之禮尤盛行者

而鄒魯濱洙泗猶有周公遺風俗好儒備於禮（史記貨殖列傳）

太史公稱鄒魯好儒備禮蓋鄒魯於時儒教極盛矣

漢五年已并天下諸侯共尊漢王爲皇帝於定陶叔孫通就其儀號高帝悉去秦苛儀法爲簡易羣臣飲酒爭功醉或妄呼拔劍擊柱高帝患之叔孫通知上益厭之也說上曰夫儒者難與進取可與守成

臣願徵魯諸生與臣弟子共起朝儀高帝曰得無難乎叔孫通曰五帝異樂三王不同禮禮者因時世人情爲之節文者也故夏殷周之禮所因損益可知者謂不相復也臣願頗采古禮與秦儀雜就之上曰可試爲之令易知度吾所能行爲之於是叔孫通使徵魯諸生三十餘人魯有兩生不肯行曰公所事者且十主皆面諛以得親貴今天下初定死者未葬傷者未起又欲起禮樂禮樂所由起積德百年而後可興也吾不忍爲公所爲不合古吾不行公往矣無汙我叔孫通笑曰若眞鄙儒也不知時變遂與所徵三十人西及上左右爲學者與其弟子百餘人爲緜蕞野外習之月餘叔孫通曰上可試觀上卽觀使行禮曰吾能爲此迺令羣臣習肄史記叔孫通傳

此三十餘人爲叔孫所請徵定禮樂必皆耆儒英博爲叔孫聞名敬服者若其未徵之儒多如牛毛殆不可計可知

萬石君家以孝謹聞乎郡國雖齊魯諸儒質行皆自以爲不及也史記

萬石君列傳以齊魯爲名齊魯之多儒高行可知

賢良茂陵唐生文學魯萬生之倫六十餘人咸聚闕廷舒六藝之諷論太平之原知者贊其慮仁者明其施勇者見其斷辯者陳其詞鹽鐵論論雜論

顧亭林謂後漢風俗氣節之美由光武明章表章之功豈知昭宣之時諸生能與御史大夫折辨百折不撓守死善道故知孔子之澤鄒魯之風長矣

右魯之儒生戰國秦漢時尤盛

門人南海康同懃　番禺羅潤楠初校

門人東莞葉衍華　番禺王覺任覆校

孔子改制考卷十九終　門人東莞張伯楨再校

孔子改制考卷二十

南海康有爲廣厦撰

儒教徧傳天下戰國秦漢時尤盛考

孔子弟子後學徧傳儒教於天下

天下皆尊慕孔子服從儒教

儒教盛行於戰國

儒教盛行於秦

儒教盛行於漢初

七雄爭劉項戰如猘狗二蛇之鬭何關理道哉古有鬥馬鬥雞鬥人俗大秦有鬥牛一鬨之市若狂迷於旌旗金鼓津津樂道之以爲是時也儒術絀焉夷考其時服儒衣冠傳教者充塞天下彌滿天下得游行教導於天下不知祿爵不擇人主惟以行教爲事所至彊聒其君相誘導其士民立博士開黌舍雖經焚阬不悔其儒

教所由光被哉後生受其成不知前哲傳教之苦僅以閉戶潔身爲事其嗤孔子爲佞也固宜其不肖者困於祿位知有國而不知有教欲不微也得乎竊用恐懼著春秋戰國秦漢時孔子弟子後學傳教之故著於篇俾後儒知所法焉

孔墨之弟子徒屬充滿天下皆以仁義之術教導於天下呂氏春秋有度

孔子弟子徒屬充滿天下則多有無量數可知此爲孔子身後教大行之鐵証惟墨子與分立未能一統耳

孔墨之弟子皆以仁義之術教導於世淮南子俶眞訓

自孔子卒後七十子之徒散游諸侯大者爲師傅卿相小者友教士大夫或隱而不見故子路居衛子張居陳澹臺子羽居楚子夏居西河子貢終于齊如田子方段干木吳起禽滑釐之屬皆受業於子夏之倫爲王者師是時獨魏文侯好學後陵遲以至于始皇天下竝爭於戰國儒術既絀焉然齊魯之間學者獨不廢也於威宣之際孟子

荀卿之列咸遵夫子之業而潤色之以學顯於當世 史記儒林傳

澹臺滅明武城人字子羽少孔子三十九歲狀貌甚惡欲事孔子孔子以爲材薄既已受業退而修行行不由徑非公事不見卿大夫南游至江從弟子三百人設取予去就名施乎諸侯 史記仲尼弟子列傳

世之顯學儒墨也 韓非子顯學

自孔子之死也有子張之儒有子思之儒有顏氏之儒有孟氏之儒有漆雕氏之儒有仲良氏之儒有孫氏之儒有樂正氏之儒儒分爲八 並同上

右孔子弟子後學徧傳儒教於天下

孔子學於老聃孟蘇夔靖叔魯惠公使宰讓請郊廟之禮於天子桓王使史角往惠公止之其後在於魯墨子學焉此二士者 高誘注二士指孔子墨翟 無爵位以顯人無賞祿以利人舉天下之顯榮者必稱此二人也皆死久矣從屬彌衆弟子彌豐充滿天下王公大人從而顯之有愛

子弟者隨而學焉無時乏絕（呂氏春秋當染）

孔墨之後學顯榮於天下者衆矣不可勝數（同上）

子張魯之鄙家也顏涿聚梁父之大盜也學於孔子段干木晉國之大駔也學於子夏高何縣子石齊國之暴者也指於鄉曲學於子墨子索盧參東方之鉅狡也學於禽滑黎此六人者刑戮死辱之人也今非徒免於刑戮死辱也由此爲天下名士顯人以終其壽王公大人從而禮之（呂氏春秋尊師）

論語稱有教無類鄙家盜駔皆爲大賢亦可見聖門甚大無所容心至斯受耳

孔丘墨翟無地爲君無官爲長天下丈夫女子莫不延頸舉踵而願安利之（呂氏春秋順說）

孔丘墨翟無地而爲君無官而爲長天下丈夫女子莫不延頸舉踵而願安利之（列子黃帝）

孔丘墨翟無地而爲君無官而爲長天下丈夫女子莫不延頸舉踵
而願安利之淮南子道應訓
仲尼無置錐之地誠義乎志意加義乎身行箸之言語隮之曰不隱
乎天下名垂乎後世荀子王霸
孔丘墨翟修先聖之術通六藝之論口道其言身行其志慕義從風
而爲之服役者不過數十人使居天子之位則天下徧爲儒墨矣淮南子主術訓
子思之母死於衛柳若謂子思曰子聖人之後也四方於子乎觀禮
子蓋慎諸禮記檀弓

右天子皆尊慕孔子服從儒教

王登爲中牟令上言於襄主曰中牟有士曰中章胥已者其身甚修
其學甚博君何不舉之主曰子見之我將爲中大夫相室諫曰中大
夫晉重列也今無功而受非晉臣之意君其耳而未之目耶襄主曰

我取登既耳而目之矣登之所取又耳而目之是耳目人絕無已也王登一日而見一中大夫予之田宅中牟之人弃其田耘賣宅圃而隨文學者之半（韓非子外儲說左上）

身修學博是儒者之學也觀此知孔子之學當時已大行矣

子夏居西河教授為魏文侯師（史記仲尼弟子）

孟嘗君請學於閔子使車往迎閔子閔子曰禮有來學無往教致師而學不能禮往教則不化君也君所謂不能學者也臣所謂不能化者也於是孟嘗君曰敬聞命矣明日袪衣請受業詩曰日就月將（韓詩外傳卷三）

魯繆公之時公儀為相子思子原為之卿（鹽鐵論相刺）

公儀休者魯博士也以高弟為魯相（史記循吏）

觀此可見魯有博士孟子魯繆公之時公儀子為相即是其人

公季成謂魏文侯曰田子方雖賢人然而非有土之君也君常與之

齊禮假有賢於子方者君又何以加之文侯曰如子方者非成所得議也子方仁人也仁人也者國之寶也智士也者國之器也博通士也者國之尊也故國有仁人則君臣不爭國有智士則無四鄰諸侯之患國有博通之士則人主尊固非成之所議也公季成自退於郊三日請罪新序雜事第四

孟嘗君問於白圭曰魏文侯名過於桓公而功不及五伯何也白圭對曰魏文侯師子夏友田子方敬段干木此名之所以過於桓公也卜相則曰成與黃孰可此功之所以不及五伯也以私愛妨公舉在職者不堪其事故功廢然而名號顯榮者三士翊之也如相三士則王功成豈特霸哉同上

魏文侯過段干木之閭而軾其僕曰君何爲軾曰此非段干木之閭乎段干木蓋賢者也吾安敢不軾且吾聞段干木未嘗以己易寡人也吾安敢高之段干木光乎德寡人光乎地段干木富乎義寡人富

乎財地不如德財不如義寡人當事之者也遂致祿百萬而時往問之國人皆喜相與誦之曰吾君好正段干木之敬吾君好忠段干木之隆居無幾何秦興兵欲攻魏司馬唐且諫秦君曰段干木賢者也而魏禮之天下莫不聞無乃不可加兵乎秦君以爲然乃案兵而輟不攻新序雜事第五

臣進李克而魏國大治說苑臣術

文侯於是乃發粟百鍾送之莊周之室說苑善說

莊周爲田子方弟子則亦儒者也子夏田子方吳子皆爲文侯所師友乃於莊周復發粟百鍾送之其尊儒亦至矣

孟子曰君子之澤五世而斬小人之澤五世而斬予未得爲孔子徒也予私淑之人也孟子離婁

而孟軻乃述唐虞三代之德是以所如者不合退而與萬章之徒序詩書述仲尼之意作孟子七篇史記孟子荀子列傳

滕定公薨世子謂然友曰昔者孟子嘗與我言於宋於心終不忘今
也不幸至於大故吾欲使子問於孟子然後行事然友之鄒問於孟
子孟子曰不亦善乎親喪固所自盡也曾子曰生事之以禮死葬之
以禮祭之以禮可謂孝矣諸侯之禮吾未之學也雖然吾嘗聞之矣
三年之喪齊疏之服飦粥之食自天子達於庶人三代共之然友反
命定爲三年之喪父兄百官皆不欲曰吾宗國魯先君莫之行吾先
君亦莫之行也至於子之身而反之不可且志曰喪祭從先祖曰吾
有所受之也謂然友曰吾他日未嘗學問好馳馬試劒今也父兄百
官不我足也恐其不能盡於大事子爲我問孟子然友復至鄒問孟
子孟子曰然不可以他求者也孔子曰君薨聽於冢宰歠粥而深墨
卽位而哭百官有司莫敢不哀先之也上有好者下必有甚焉者矣
君子之德風也小人之德草也草上之風必偃是在世子然友反命
世子曰然是誠在我五月居廬未有命戒百官族人可謂曰知及至

葬四方來觀之顏色之戚哭泣之哀弔者大悅孟子大悅
滕文公問爲國孟子曰民事不可緩也詩云晝爾于茅宵爾索綯亟其
乘屋其始播百穀民之爲道也有恒産者有恒心無恒産者無恒心
苟無恒心放辟邪侈無不爲矣及陷乎罪然後從而刑之是罔民也
焉有仁人在位罔民而可爲也是故賢君必恭儉禮下取於民有制
陽虎曰爲富不仁矣爲仁不富矣夏后氏五十而貢殷人七十而助
周人百畝而徹其實皆什一也徹者徹也助者藉也龍子曰治地莫
善於助莫不善於貢貢者校數歲之中以爲常樂歲粒米狼戾多取
之而不爲虐則寡取之凶年糞其田而不足則必取盈焉爲民父母
使民盻盻然將終歲勤動不得以養其父母又稱貸而益之使老稚
轉乎溝壑惡在其爲民父母也夫世祿滕固行之矣詩云雨我公田
遂及我私惟助爲有公田由此觀之雖周亦助也設爲庠序學校以
教之庠者養也校者教也序者射也夏曰校殷曰序周曰庠學則三

代共之皆所以明人倫也人倫明於上小民親於下有王者起必來取法是爲王者師也詩云周雖舊邦其命維新文王之謂也子力行之亦以新子之國使畢戰問井地孟子曰子之君將行仁政選擇而使子子必勉之夫仁政必自經界始經界不正井地不均穀祿不平是故暴君汙吏必慢其經界經界既正分田制祿可坐而定也夫滕壤地褊小將爲君子焉將爲野人焉無君子莫治野人無野人莫養君子請野九一而助國中什一使自賦卿以下必有圭田圭田五十畝餘夫二十五畝死徙無出鄉鄉田同井出入相友守望相助疾病相扶持則百姓親睦方里而井井九百畝其中爲公田八家皆私百畝同養公田公事畢然後敢治私事所以別野人也若夫潤澤之則在君與子矣孟子滕文

孔子之道仁而已矣仁始於父母故孝弟爲仁之本仁極於天下故井田爲仁之極國君首從孔子之道者魏文侯爲先滕文公次

之二君誠賢主哉後世得行孔子之道二君有功焉宜配享孔廟者也

陳良楚產也悅周公仲尼之道北學於中國北方之學者未能或之先也孟子滕文

孟子曰逃墨必歸於楊逃楊必歸於儒歸斯受之而已矣孟子盡心

當時七十子後學傳道甚盛楊墨之徒多有逃而來歸者

齊宣王褒儒尊學孟軻淳于髡之徒受上大夫之祿不任職而論國事蓋齊稷下先生千有餘人鹽鐵論論儒

孫子荀卿儒術之士戰國策劉向序

牛缺居上地大儒也下之邯鄲遇盜於耦沙之中盜求其橐中之載則與之求其車馬則與之求其衣被則與之牛缺出而去盜相謂曰此天下之顯人也今辱之如此此必愬我於萬乘之主萬乘之主必以國誅我我必不生不若相與追而殺之以滅其迹呂氏春秋必己

當時學儒者超曠如此雖盜亦畏其賢宜其教之盛也

牛缺爲上地大儒下之邯鄲則趙人從儒教而有盛名者且當時惟荀卿得偁大儒然則牛缺之成就可想否亦陳亘之儔也

齊宣王問匡倩曰儒者博乎曰不也王曰何也匡倩對曰博貴梟勝者必殺梟殺梟者是殺所貴也儒者以爲害義故不博也又問曰儒者弋乎曰不也弋者從下害於上者也是從下傷君也儒者以爲害故不弋又問儒者鼓瑟乎曰不也夫瑟以小絃爲大聲以大絃爲小聲是大小易序貴賤易位儒者以爲害義故不鼓也宣王曰善仲尼曰與其使民諂下也寧使民諂上（韓非子外儲說）

當時戰國之儒教盛行天下以儒者爲一異教異人戒律甚嚴故有此問匡倩所答或有爲而言或是時儒教持戒更嚴如宋儒之嚴謹故能變動天下歟

吳起事悼王使私不害公讒不蔽忠言不取苟合行不取苟容行義

不顧毀譽戰國策秦

吳起爲曾子弟子雖有夫行而會聞儒者之道故其行可取如是燕將攻下聊城人或讒之燕將懼誅遂保守聊城不敢歸田單攻之歲餘士卒多死而聊城不下魯連乃書約之矢以射城中遺燕將燕將曰敬聞命矣因罷兵到讀而去故解齊國之圍救百姓之死仲連之說也戰國策齊

魯仲連謂孟嘗君曰君好士未也同上

十三年諸侯舉兵以伐齊齊王聞之惕然而恐召其羣臣大夫告曰有智爲寡人用之於是博士淳于髡仰天大笑而不應說苑尊賢

漢書賈山之祖爲魏文侯博士史記循吏傳公儀休者魯之博士也漢書伏勝傳伏生故爲秦博士則孔子之道已行於魏魯秦之國矣此云博士淳于髡齊亦立博士而尊孔子矣

故商君以王道說孝公不用卽以彊國之道卒以就功鄒子以儒術

于世主不用卽以變化始終之論卒以顯名鹽鐵論論儒

商君鄒衍固儒家後學也但稍曲學阿世耳

魏惠王死葬有日矣天大雨雪至於牛目羣臣多諫於太子者曰雪甚如此而行葬民必甚疾之官費又恐不給請弛期更日太子曰爲人子者以民勞與官費用之故而不行先王之葬不義也子勿復言呂氏春秋開春論

魏有老儒而不善濟陽君客有與老儒私怨者因攻老儒殺之以德於濟陽君曰臣爲其不善君也故爲君殺之濟陽君因不察而賞之一曰濟陽君有少庶子有不見知欲入愛於君者齊使老儒掘藥於馬梨之山濟陽少庶子欲以爲功入見於君曰齊使老儒掘藥於馬梨之山名掘藥也實閒君之國君殺之是將以濟陽君抵罪於齊矣臣請刺之君曰可於是明日得之城陰而刺之濟陽君還益親之韓非子內儲

子魚生於戰國之世長於兵戎之間然獨樂先王之道講習不倦孔叢子獨治

賈山祖父袪故魏王時博士弟子也漢書賈山傳

是時諸侯多辯士如荀卿之徒著書布天下史記呂不韋傳

齊襄王時而荀卿最爲老師齊尚脩列大夫之缺而荀卿三爲祭酒焉齊人或讒荀卿乃適楚而春申君以爲蘭陵令春申君死而荀卿廢因家蘭陵李斯嘗爲弟子已而相秦史記孟荀列傳

客說春申君曰湯以亳武王以鄗皆不過百里以有天下今孫子天下賢人也君籍之以百里之勢臣竊以爲不便於君何如春申君曰善於是使人謝孫子孫子去之趙趙以爲上卿客又說春申君曰昔伊尹去夏入殷殷王而夏亡管仲去魯入齊魯弱而齊強夫賢者之所在其君未嘗不尊國未嘗不榮也今孫子天下賢人也君何辭之春申君又曰善於是使人請孫子於趙孫子爲書謝戰國策楚

元王惕然而悟乃召博士衞平而問之史記龜策列傳

由是言之楚亦立博士矣

右儒教盛行于戰國

藏書策習談論聚徒役服文學而議說世主必從而禮之曰敬賢士

先王之道也韓非子顯學

儒服帶劍者衆而耕戰之士寡韓非子問辨

觀此可知儒教大行于秦故謂之衆

李斯與包丘子俱事荀卿鹽鐵論毀學

斯知六藝之歸史記李斯列傳

秦始皇帝既吞天下乃召羣臣而議曰古者五帝禪賢三王世繼孰

是將爲之博士七十八人未對說苑至公

案秦以武力得天下然能立博士以尊孔子之經且多至七十人

孔子之學亦盛矣

臣等謹與博士議曰古有天皇有地皇有泰皇泰皇最貴臣等昧死上尊號王爲泰皇命爲制令爲詔天子自稱曰朕（史記秦始皇本紀）

始皇三十四年置酒咸陽宮博士僕射周青臣等頌稱始皇威德（史記李斯列傳）博士齊人淳于越進曰臣聞殷周之王千餘歲封子弟功臣自爲枝輔今陛下有海內而子弟爲匹夫卒有田常六卿之臣無輔拂何以相救哉事不師古而能長久者非所聞也（史記秦始皇本紀）

二十八年始皇東行郡縣上鄒嶧山立石與魯諸儒議刻石頌秦德議封禪望祭山川之事（同上）

諸儒疾秦焚詩書誅僇文學（史記封禪書）

於是徵從齊魯之儒生博士七十人至乎泰山下諸儒生或議曰古者封禪爲蒲車惡傷山之土石草木掃地而祭席用葅稭言其易遵也始皇聞此議各乖異難施用由此黜儒生諸儒既黜不得與封禪

之禮聞始皇遇風雨即譏之同上

博士曰水神不可見以大魚蛟龍爲候今上禱祠備謹而有此惡神當除去而善神可致史記秦始皇本紀

使博士爲僊眞人詩

非博士官所職天下敢有藏詩書百家語者悉詣守尉雜燒之始皇聞亡乃大怒曰吾前收天下書不中用者盡去之悉召文學方術士甚衆欲以興太平

諸生在咸陽者吾使人廉問或爲妖言以亂黔首於是使御史悉案問諸生傳相告引乃自除犯禁者四百六十餘人皆阬之咸陽

始皇長子扶蘇諫曰天下初定遠方黔首未集諸生皆誦法孔子今上皆重法繩之臣恐天下不安唯上察之並同上

或疑博士僅掌通古今豈知其皆誦法孔子乎

叔孫通者薛人也秦時以文學徵待詔博士史記劉敬叔孫通傳

二世召博士諸儒生問曰楚戍卒蘄入陳於公何如博士諸生三十餘人前曰人臣無將將即反罪死無赦迺賜叔孫通帛二十匹衣一襲拜為博士並同上

張蒼陽武人也好書律麻秦時為御史主柱下方書漢書張蒼列傳

子魚居衞與張耳陳餘相善耳餘魏之名士也秦滅魏求耳魚懼走會陳勝吳廣起兵於陳欲以誅秦餘謂陳王曰今必欲定天下取王侯者其道莫若師賢而友智孔子之孫今在魏居亂世能正其行修其祖業不為時變其父相魏以聖道輔戰國見利不易操名諸侯也有家法其人通材足以幹天下博知足以慮未形必宗此人天下無敵矣陳王大悅遣使者齎千金加束帛以車三乘聘焉耳又使謂子魚曰天下之事已可見矣今陳王興義兵討不義子宜速來以集其事王又聞子賢欲諮良謀虛意相望也子魚遂往陳王郊迎而執其手議世務子魚以霸王之業勸之王悅其言遂尊以博士為太師諮

度焉獨治孔叢子
叟嘗學禮淮陽漢書張陳王周傳
陳餘大梁人好儒術漢書陳餘列傳
伏生濟南人也故爲秦博士漢書伏勝傳

右儒教盛於秦

高皇帝過魯以太牢祠焉史記孔子世家

當時孔子未一統高祖以其爲一方教主故尊祀之

陸生時時前說稱詩書高帝罵之曰迺公居馬上而得之安事詩書陸生曰居馬上得之寧可以馬上治之乎且湯武逆取而以順守之文武並用長久之術也昔者吳王夫差智伯極武而亡秦任刑法不變卒滅趙氏鄉使秦已幷天下行仁義法先聖陛下安得而有之高帝不懌而有慚色迺謂陸生曰試爲我著秦所以失天下吾所以得之者何及古成敗之國陸生迺麤述存亡之徵凡著十二篇每奏一

篇高帝未嘗不稱善左右呼萬歲號其書曰新語史記酈生陸賈列傳

上析隨何之功謂何爲腐儒爲天下安用腐儒隨何跪曰夫陛下引兵攻彭城楚王未去齊也陛下發步卒五萬人騎五千能以取淮南乎上曰不能隨何曰陛下使何與二十人使淮南至如陛下之意是何之功賢於步卒五萬人騎五千也然而陛下謂何腐儒爲天下安用腐儒何也史記黥布列傳

陸賈隨何酈生令人以爲開國辨士者而皆儒也蓋自戰國來儒生以辯定天下故四科以言語次德行儒生無操干戈之功者聞俎豆而未習軍旅蓋教之宗旨疾火攻疾滅國疾取邑故不言兵學後世儒生爭言兵學失教旨矣

騎士曰沛公不好儒諸客冠儒冠來者沛公輒解其冠溲溺其中與人言常大罵未可以儒生說也酈生曰弟言之騎士從容言如酈生所誡者沛公至高陽傳舍使人召酈生酈生至入謁沛公方倨牀使

兩女洗足而見酈生酈生入則長揖不拜曰足下欲助秦攻諸侯乎且欲率諸侯破秦也沛公罵曰豎儒夫天下同苦秦久矣故諸侯相率而攻秦何謂助秦攻諸侯乎（史記酈生陸賈列傳）

沛公方洗問使者曰何如也使者對曰狀貌類大儒衣儒衣冠側注沛公曰為我謝之言我方以天下為事未暇見儒人也酈生瞋目案劍叱使者曰走復入言沛公吾高陽酒徒也非儒人也使者懼而失謁跪拾謁還走復入報曰客天下壯士也叱臣臣恐至失謁曰走復入言而公高陽酒徒也沛公遽雪足杖矛曰延客入酈生入揖沛公曰足下甚苦暴衣露冠將兵助楚討不義足下何不自喜也臣願以事見而曰吾方以天下為事未暇見儒人也（史記酈生陸賈列傳）

漢高以儒不言兵且迂腐故不好猶方有事之際有儒來見自未暇見之當時見儒別一衣冠別一道術有類此

叔孫通儒服漢王憎之迺變其服服短衣楚製漢王喜叔孫通之降

漢從儒生弟子百餘人然通無所言進專言諸故羣盜壯士進之史記劉敬叔孫通列傳

短衣楚製可知自楚以來至漢高皆用短衣如今秦西君相俱短衣惟神父牧師皆衣長衣故當時惟儒服乃長衣也

漢王拜叔孫通爲博士號稷嗣君漢五年已并天下諸侯共尊漢王爲皇帝於定陶叔孫通就其儀號高皇帝悉去秦苛儀法爲簡易羣臣飲酒爭功醉或妄呼拔劍擊柱高帝患之叔孫通知上益厭之也說上曰夫儒者難與進取可與守成臣願徵魯諸生與臣弟子共起朝儀史記叔孫通傳

迺拜叔孫通爲太常賜金五百斤叔孫通因進曰諸弟子儒生隨臣久矣與臣共爲儀願陛下官之高帝悉以爲郎上同

高祖以征伐定天下而縉紳之徒騁其知辯師古曰縉紳儒者之服也並成大業漢書酈陸朱劉叔孫傳

高帝崩孝惠即位迺謂叔孫生曰先帝園陵寢廟羣臣莫能習徙為太常定宗廟儀法及稍定漢諸儀法皆叔孫生為太常所論箸也史記劉敬叔孫通傳

楚元王交字游高祖同父少弟也好書多材藝少時嘗與魯穆生白生申公俱受詩於浮丘伯伯者孫卿門人也漢書楚元王傳

元王既至楚以穆生白生申公為中大夫高后時浮丘伯在長安元王遣子郢客與申公俱卒業文帝時聞申公為詩最精以為博士元王好詩諸子皆讀詩申公始為詩傳號魯詩元王亦次之詩傳號曰元王詩

初元王敬禮申公等穆生不耆酒元王每置酒常為穆生設醴及王戊即位常設後忘設焉穆生退曰可以逝矣醴酒不設王之意怠不去楚人將鉗我於市稱疾臥申公白生强起之曰獨不念先王之德與今王一旦失小禮何足至此穆生曰易稱知幾其神乎幾者動之微

吉凶之先見者也君子見幾而作不俟終日先王之所以禮吾三人者為道之存故也今而忽之是忘道也忘道之人胡可與久處豈為區區之禮哉遂謝病去並同上

梁懷王揖文帝少子也好詩書漢書文三王傳

而蒼廼自秦時為柱下御史明習天下圖書計籍又善用算律歷故令蒼以列侯居相府領主郡國上計者漢書張蒼列傳

悼惠王富於春秋參盡召長老諸先生問所以安集百姓而齊故諸儒以百數言人人殊參未知所定漢書曹參傳

曹參相齊時諸儒百數言治則知秦漢之際儒生固多矣

賈生名誼洛陽人也年十八以能誦詩屬書聞於郡中吳廷尉為河南守聞其秀才召至門下甚幸愛孝文皇帝初立聞河南守吳公治平為天下第一故與李斯同邑而常學事焉乃徵為廷尉廷尉乃言賈生年少頗通諸子百家之書文帝召以為博士史記屈賈列傳

賈生以爲漢興至孝文二十餘年天下和洽宜當改正朔易服色法制度定官名興禮樂乃悉草具其事儀法色尚黃數用五爲官名悉更秦之法孝文帝初即位謙讓未遑也諸律令所更定及列侯悉就國其說皆自賈生發之

孝武皇帝立舉賈生之孫二人至郡守而賈嘉最好學世其家與余通書至孝昭列爲九卿（並同上）

吳公爲李斯弟子即荀卿再傳賈誼實荀卿後學也

宋忠爲中大夫賈誼爲博士同日俱出洗沐相從論議誦易先王聖人之道術究徧人情相視而歎（史記日者列傳）

魯人公孫臣上書陳終始傳五德事言方今土德時土德應黃龍見當改正朔服色制度天子下其事與丞相議丞相推以爲今水德始明正十月上黑事以爲其言非是請罷之十五年黃龍見成紀天子乃復召魯公孫臣以爲博士申明土德事（史記孝文本紀）

公孫臣請改正朔服色制度蓋用春秋改制五德終始亦是儒家三統義不得以鄒衍黜之

光又屬意於殷曰意好數公必謹遇之其人聖儒史記扁鵲倉公列傳

儒之極者爲聖儒荀子所稱于禮旁皇周洽之聖人也卽聖儒也蓋儒教中之極品名號創教者不能名之只能謂之神人矣

賈山潁川人也祖父袪故魏時博士弟子也山受學袪所言涉獵書記不能爲醇儒漢書賈山列傳

太史公學天官於唐都受易於楊何史記太史公自序

天官名義與七緯合亦孔學也

孝文帝時天下無治尚書者獨聞濟南伏生故秦博士治尚書年九十餘老不可徵乃詔太常使人往受之太常遣錯受尚書伏生所史記袁盎鼂錯列傳

河閒獻王德以孝景帝前二年用皇子爲河閒王好儒學被服造次

必於儒者山東諸儒多從之游史記五宗世家

梁孝王令與諸生同舍相如得與諸生游士居數歲史記司馬相如列傳

嬰蚡俱好儒術漢書田蚡傳

儒有邪辟者而先王之道不廢何也其行之者多也淮南子修務訓

右儒教盛行於漢初

孔子改制考卷二十終

門人南海康同懃　番禺羅潤楠初校

門人東莞葉衍華　番禺王覺任覆校

門人東莞張伯楨再校

孔子改制考卷二十一

南海康有爲廣厦撰

孔子之道配神明醇天地育萬物本末精粗六通四闢無乎不在

諸子奮其螳斧自取滅亡自獲麟至元狩三百年俶蕩剗亂芟墨
夷老天下歸往大道統一非特郡國立學乃至裔夷遣子章縫徧
於外域六經揭於日月春秋繼周範圍百世盛矣哉
春秋大一統者天地之常經古今之通誼也今師異道人異論百家
殊方指意不同是以上亡以持一統法制數變下不知所守臣愚以
為諸不在六藝之科孔子之術者皆絕其道勿使並進邪辟之說滅
息然後統紀可一而法度可明民知所從矣漢書董仲舒傳
自武帝初立魏其武安侯爲相而隆儒矣及仲舒對冊推明孔氏抑
黜百家立學校之官州郡舉茂材孝廉皆自仲舒發之同上
孝武初立卓然罷黜百家表章六經遂疇咨海內舉其俊茂與之立
功興太學修郊祀改正朔定歷數協音律作詩樂建封禪禮百神紹
周後號令文章煥焉可述後嗣得遵洪業而有三代之風漢書武帝本紀
漢武帝材質高妙有崇先廣統之規故即位而開發大志考合古今

模範前聖故事建正朔定制度招選俊傑奮揚威怒義四加所征者服與起六藝廣進儒術自開闢以來惟漢家爲最盛焉故顯爲世宗可謂卓爾絕世之主矣新論識通

孔子制度至孝武乃謂大行乃謂一統佛法之阿育大天王也自此至今皆尊用孔子

孝惠呂后時公卿皆武力有功之臣孝文時頗徵用然孝文帝本好刑名之言及至孝景不任儒者而竇太后又好黃老之術故諸博士具官待問未有進者及今上卽位趙綰王臧之屬明儒學而上亦鄉之於是招方正賢良文學之士自是之後言詩於魯則申培公於齊則轅固生於燕則韓太傅言尙書自濟南伏生言禮自魯高堂生言易自菑川田生言春秋於齊魯自胡毋生於趙自董仲舒及竇太后崩武安侯田蚡爲丞相絀黃老刑名百家之言延文學儒者數百人而公孫弘以春秋白衣爲天子三公封以平津侯天下之學士靡然

鄉風矣史記儒林列傳

自武帝以後崇尚儒學後漢黨錮傳

自武帝立五經博士開弟子員設科射策勸以官祿訖於元始百有餘年傳業者寖盛支葉蕃滋一經說至百餘萬言大師衆至千餘人漢書儒林傳

古無學校選舉三桓七穆只有世卿雖顏冉龍翰鳳雛曾閔蘭薰雪白不登孝廉豈有甲乙自孔子譏世卿立科舉田野之秀乃有登進春秋雖改制而未行至漢武乃始剏行之迄今二千年雖少有更變大端仍自漢武始漢武之功亦大矣

右漢武帝罷黜百家專崇儒教

建武五年冬十月還幸魯使大司空祠孔子後漢光武帝紀

建武十四年四月辛巳封孔子後志爲褒成侯同上

永平十五年幸孔子宅祠仲尼及七十二弟子親御講堂命皇太子

諸王說經（後漢明帝紀）

明帝最尊孔子為帝王詣闕里之始

元和二年春帝東巡狩還過魯幸闕里以太牢祠孔子及七十二弟子作六代之樂大會孔氏男子二十以上者六十三人命儒者講論（後漢儒林傳）

後漢時六代之樂猶存大合孔子之樂親詣闕里自此始

延光三年戊辰祀孔子及七十二弟子於闕里自魯相令丞尉屬婦女諸生悉會賜褒成侯以下帛各有差（後漢安帝紀）

光和元年遂置鴻都門學畫孔子及七十二弟子像（後漢蔡邕傳）

備博士廣太學而祀孔子焉禮也（申鑒時事）

右漢武後特尊孔子加崇異禮

綏和五年又上寶磬十六劉向以為美化所降用立辟雍而士多仁孝女性貞（華陽國志）

莽奏起明堂辟雍靈臺爲學者築舍萬區作市常滿倉制度甚盛立樂經益博士員經各五人徵天下通一藝教授十一人以上漢書王莽傳

昭帝時舉賢良文學增博士弟子員滿百人宣帝末增倍之元帝好儒能通一經者皆復數年以用度不足更爲設員千人郡國置五經百石卒史成帝末或言孔子布衣養徒三千人今天子太學弟子少於是增弟子員三千人歲餘復如故平帝時王莽秉政增元士之子得受業如弟子勿以爲員歲課甲科四十人爲郎中乙科二十人爲太子舍人丙科四十人補文學掌故云漢書儒林傳

夏安漢公奏車服制度吏民養生送終嫁娶奴婢田宅器械之品立官稷及學官郡國曰學縣道邑侯國曰校校學置經師一人鄉曰庠聚曰序庠序置孝經師一人漢書孝平皇帝紀

及王莽爲宰衡欲燿衆庶遂興辟廱因以篡位海內畔之世祖受命中興撥亂反正改定京師于土中即位三十年四夷賓服百姓家給

政敎淸明廼營立明堂辟廱顯宗卽位躬行其禮宗祀光武皇帝于明堂養三老五更於辟廱（漢書禮樂志）

建武五年初起太學車駕還宮幸太學賜博士弟子各有差（後漢儒林列傳）

建武五年廼修起太學稽式古典籩豆干戚之容備之於列

帝臨辟廱於行禮中拜恭爲司空儒者以爲榮

論曰自光武中年以後干戈稍戢專事經學自是其風世篤焉其服儒衣稱先王遊庠序聚橫塾者蓋布之于邦域矣若廼經生所處不遠萬里之路精廬暫建贏糧動有千百其著名高義開門受徒者編牒不下萬人皆專相傳祖莫或訛雜

中元元年初建三雍明帝卽位親行其禮天子始冠通天衣日月備法物之駕盛淸道之儀坐明堂而朝羣后登靈臺以望雲物袒割辟廱之上尊養三老五更饗射禮畢帝正坐自講說儒執經問難於前冠帶縉紳之人圜橋門而觀聽者蓋億萬計其後復爲功臣子孫四

姓末屬別立校舍搜選高能以受其業自期門羽林之士悉令通孝經章句匈奴亦遣子入學濟濟乎洋洋乎盛於永平矣並同上

三雍為明堂太學靈臺王莽行之不成光武三十年營之至明帝始行為行孔子三雍之制之始冠通天冕也衣日月袞也明帝從孔子衣服之制直至明世猶用之今蟒袍朝服尙有藻火粉米亦袞之餘也養老亦孔子之制明帝袒割養老饗射徧舉執經自講圜橋億萬孔學之行古今為最盛矣

孝明皇帝垂情古典游意經蓺每饗射禮畢正坐自講諸儒並聽四方欣欣雖闕里之化矍相之事誠不足言又多徵名儒以充禮官後漢樊宏傳

永平九年為四姓小侯開立學校置五經師後漢明帝紀

車駕幸太學會諸博士論難於前榮被服儒衣溫恭有蘊藉辯明經義每以禮讓相厭不以辭長勝人儒者莫之及特加賞賜又詔諸生

雅吹擊磬盡日乃罷後榮入會庭中詔賜奇果受者皆懷之榮獨舉
手捧之以拜帝笑指之曰此眞儒生也（後漢桓榮傳）
建初三年十一月壬戌詔曰蓋三代導人教學爲本漢承暴秦襃顯
儒術建立五經爲置博士其後學者精進雖曰承師亦別名家孝宣
皇帝以爲去聖久遠學不厭博故遂立大小夏侯尚書後又立京氏
易至建武中復置顏氏嚴氏春秋大小戴禮博士此皆所以扶進微
學尊廣道蓺也中元元年詔書五經章句煩多議欲減省至永平元
年長水校尉儵奏言先帝大業當以時施行使諸儒共正經義頗令
學者得以自助孔子曰學之不講是吾憂也又曰博學而篤志切問
而近思仁在其中矣於戲其勉之哉於是下太常將大夫博士議郎
郎官及諸生諸儒會白虎觀講議五經同異使五官中郎將魏應承
制問侍中淳于恭奏帝親稱制臨決如孝宣甘露石渠故事作白虎
議奏（後漢章帝紀）

元和二年賜博士員弟子見在太學者布人三匹令郡國上明經者口十萬以上五人不滿十萬三人 後漢章帝紀

初酺之爲大匠上言孝文皇帝始置一經博士武帝大合天下之書而孝宣論六經於石渠學者滋盛弟子萬數光武初興愍其荒廢起太學博士舍內外講堂諸生橫卷爲海內所集明帝時辟雍始成欲毀太學大尉趙熹以爲太學辟雍皆宜兼存故並傳至今 後漢翟酺傳

時郡學久廢德乃修起横舍備俎豆黻冕行禮奏樂又尊饗國老宴會諸儒百姓觀者莫不勸服 後漢鮑永傳

永元十二年壬子賜博士員弟子在太學者布人三匹 後漢和殤帝紀

永元十四年三月戊辰臨辟雍饗射大赦天下 同上

延光三年壬戌車駕還京師幸太學 後漢安帝紀

永建六年秋九月辛巳繕起太學 後漢順帝紀

陽嘉元年庚寅帝臨辟雍饗射大赦天下 同上

陽嘉元年太學新成詔試明經者補弟子增甲乙之科員各十人除京師及郡國耆儒年六十以上爲郎舍人諸王國郎者百三十八人後漢左雄列傳

順帝感翟酺之言廼更修黌宇凡所造構二百四十房千八百五十室後漢書儒林列傳

熹平四年靈帝廼詔諸儒正定五經刊于石碑爲古文篆隸三體書法以相參檢樹之學門使天下咸取則焉後漢儒林傳

邕以經籍去聖久遠文字多謬俗儒穿鑿疑誤後學熹平四年乃與五官中郎將堂谿典光祿大夫楊賜諫議大夫馬日磾議郎張馴韓說太史令單颺等奏求正定六經文字靈帝許之邕乃自書册於碑使工鐫刻立於太學門外於是後儒晚學咸取正焉後漢蔡邕傳

今欲考孔子正字當以邕石經爲定邕所書有公羊歐陽尚書蓋今學正宗也

光和五年十二月還幸太學後漢靈帝紀

夫五經亦漢家之所立儒生善政大義皆出其中董仲舒表春秋之義稽合於律無乖異者然則春秋漢之經孔子制作垂遺於漢論衡程材

春秋漢之經漢家善政皆出其中蓋漢人政事皆法孔經非同後世僅資考據也

右漢武後崇尚儒術盛行孔子學校之制

公孫弘為學官悼道之鬱滯乃請曰丞相御史言制曰蓋聞導民以禮風之以樂婚姻者居室之大倫也今禮廢樂崩朕甚愍焉故詳延天下方正博聞之士咸登諸朝其令禮官勸學講議洽聞興禮以為天下先太常議與博士弟子崇鄉里之化以廣賢材焉謹與太常臧博士平等議曰聞三代之道鄉里有教夏曰校殷曰序周曰庠其勸善也顯之朝廷其懲惡也加之刑罰故教化之行也建首善自京師始由內及外今陛下昭至德開大明配天地本人倫勸學脩禮崇化

厲賢以風四方太平之原也古者政教未洽不備其禮請因舊官而
興焉爲博士官置弟子五十人復其身太常擇民年十八已上儀狀
端正者補博士弟子郡國縣道邑有好文學敬長上肅政教順鄉里
出入不悖所聞者令相長丞上屬所二千石二千石謹察可者當與
計偕詣太常得受業如弟子一歲皆輒試能通一藝以上補文學掌
故缺其高弟可以爲郎中者太常籍奏即有秀才異等輒以名聞其
不事學若下材及不能通一藝輒罷之而請諸不稱者罰臣謹案詔
書律令下者明天人分際通古今之義文章爾雅訓辭深厚恩施甚
美小吏淺聞不能究宣無以明布諭下治禮次治掌故以文學禮義
爲官遷留滯請選擇其秩比二百石以上及吏百石通一藝以上補
左右內史大行卒史比百石以下補郡太守卒史皆各二人邊郡一
人先用誦多者若不足乃擇掌故補中二千石屬文學掌故補郡屬
備員請著功令佗如律令制曰可自此以來則公卿大夫士吏斌斌

多文學之士矣史記儒林列傳

以孔子之學立學官選舉自此始遂至於今

建元元年天子初即位招賢良文學之士是時弘年六十徵以賢良

為博士史記平津侯主父列傳

太常令所徵儒士各對策百餘人

上方鄉文學招俊乂以廣儒墨並同上

武帝時徵北海太守詣行在所有文學卒史王先生者自請與太守

俱史記滑稽傳

上召視諸儒漢書董仲舒傳

膠西王聞仲舒大儒善待之同上

公孫弘年四十餘乃學春秋雜說武帝初即位招賢良文學士是時

弘年六十以賢良徵為博士漢書公孫弘傳

喜舉孝廉為郎曲臺署長病免為丞相掾博士缺前漢書儒林傳

建元元年議立明堂遣使者安車蒲輪束帛加璧徵魯申公（漢書武帝紀）

五年置五經博士

元光元年冬十一月初令郡國舉孝廉各一人

夏六月詔曰蓋聞導民以禮風之以樂今禮壞樂崩朕甚閔焉故詳延天下方聞之士咸薦諸朝其令禮官勸學講議洽聞舉遺興禮以爲天下先大常其議予博士弟子崇鄉黨之化以厲賢材焉丞相弘請爲博士置弟子員學者益廣上（並同）

始元五年詔曰朕以眇身獲保宗廟戰戰栗栗夙興夜寐修古帝王之事通保傅傳孝經論語尚書未云有明其令三輔太常舉賢良各二人郡國文學高第各一人（漢書孝昭皇帝紀）

孝宣承統纂脩洪業亦講論六藝招選茂異而蕭望之梁丘賀夏侯勝韋玄成嚴彭祖尹更始以儒術進劉向王褒以文章顯（史記平津侯列傳）

夏四月庚午地震詔內郡國舉文學高第各一人（漢書孝宣皇帝紀）

丞相御史其與列侯中二千石博問經學之士有以應變輔朕之不逮毋有所諱令三輔太常內郡國舉賢良方正各一人

元康元年秋八月詔曰朕不明六藝鬱于大道是以陰陽風雨未時其博舉吏民厥身修正通文學明於先王之術宣究其意者各二人中二千石各一人（並同上）

是時宣帝循武故事招選名儒俊材置左右（漢書劉向傳）

丞相御史中二千石舉茂材異等直言極諫之士朕將親覽焉（漢書孝元皇帝紀）

永光元年二月詔丞相御史舉質樸敦厚遜讓有行者其令內郡國舉茂材異等賢良直言之士各一人

建昭四年遣諫大夫博士賞等二十一人循行天下存問耆老鰥寡孤獨乏困失職之人舉茂材特立之士相將九卿其帥意無怠使朕獲觀教化之流焉（並同上）

元帝少而好儒及即位徵用儒生委之以政貢薛韋匡迭爲宰相漢書孝元帝紀贊

建始二年二月詔三輔內郡舉賢良方正各一人漢書孝成皇帝紀

丞相御史與將軍列侯中二千石及內郡國舉賢良方正能直言極諫之士詣公車朕將覽焉

陽朔二年詔曰古之立太學將以傳先王之業流化於天下也儒林之官四海淵源宜皆明於古今溫故知新通達國體故謂之博士否則學者無述焉爲下所輕非所以尊道德工欲善其事必先利其器丞相御史其與中二千石二千石雜舉可充博士位者使卓然可觀

帝王之道日以陵夷意迺招賢選士之路鬱滯而不通與將舉者未得其人也其舉敦厚有行義能直言者冀聞切言嘉謀匡朕之不逮

元延元年詔曰迺者日蝕星隕謫見于天大異重仍在位默然罕有忠言今孛星見于東井朕甚懼焉公卿大夫博士議郎其各悉心惟

思變意明以經對無有所諱與內郡國舉方正能直言極諫者各一人並同上

貢禹字少翁琅邪人也以明經絜行著聞徵爲博士漢書貢禹傳

彭宣字子佩淮陽陽夏人也治易事張禹舉爲博士漢書彭宣傳

王吉字子陽琅邪皐虞人也少時學明經以郡吏舉孝廉爲郎漢書王吉傳

賢爲人質朴少欲篤志於學兼通禮尙書以詩教授號稱鄒魯大儒徵爲博士漢書韋賢傳

玄成字少翁以父任爲郎常侍騎少好學修父業尤謙遜下士出遇知識步行輒下從者與載送之以爲常其接人貧賤者益加敬繇是名譽日廣以明經擢爲諫大夫同上

疏廣字仲翁東海蘭陵人也少好學明春秋家居教授學者自遠方至徵爲博士太中大夫漢書疏廣傳

願與大臣延及儒生述舊禮明王制驅一世之民躋之仁壽之域漢書禮樂志

宣帝時聞京房爲易明求其門人得賀漢書儒林傳

宣帝時汝南桓寬次公治公羊春秋舉爲郎漢書公孫劉田王楊蔡陳鄭傳贊

方進讀經博士受春秋積十餘年經學明習徒衆日廣諸儒稱之以射策甲科爲郎二三歲舉明經遷議郎前漢書翟方進傳

永少爲長安小史後博學經書建昭中御史大夫繁延壽聞其有茂材除補鄠舉爲太常丞漢書谷永傳

師丹治詩事匡衡舉孝廉爲郎元帝末爲博士漢書師丹傳

袁安祖父良習孟氏易平帝時舉明經爲太子舍人後漢袁安傳

兒寬千乘人也治尙書事歐陽生以郡國選詣博士漢書兒寬傳

魏相徙平陵少學易爲郡卒史舉賢良以對策高第爲茂陵令漢書魏相傳

眭弘少時好俠鬭雞走馬長乃變節從嬴公受春秋以明經為議郎前漢書眭弘傳

勝少孤好學從始昌受尚書及洪範五行傳說災異後事簡卿又從歐陽氏問為學精孰所問非一師也善說禮服徵為博士漢書夏侯勝傳

京房字君明東郡頓丘人也治易事梁人焦延壽延壽字贛贛貧賤以好學得幸梁王前漢書京房傳

望之好學治齊詩事同縣后倉且十年以令詣太常受業復事同學博士白奇又從夏侯勝問論語禮服京師諸儒稱述焉是時大將軍霍光秉政長史丙吉薦儒生王仲翁與望之等數人皆召見漢書蕭望之傳

衡好學家貧庸作以供資用尤精力過絕人諸儒為之語曰無說詩匡鼎來匡說詩解人頤衡射策甲科以不應令除為太常掌故調補平原文學學者多上書薦衡經明當世少雙前漢書匡衡傳

子咸亦明經歷位九卿家世多為博士者同上

馬宮字游卿東海戚人也治春秋嚴氏以射策甲科為郎前漢書馬宮傳

禹壯至長安學從沛郡施讎受易琅邪王陽膠東庸生問論語既皆明習有徒眾舉為郡文學前漢書張禹傳

臣請選郎通經術有行義者與王起居坐則誦詩書立則習禮容宜有益王許之遂乃選郎中張安等十人漢書循吏傳龔遂

自孝武興學公孫弘以儒相其後蔡義韋賢玄成匡衡張禹翟方進孔光平當馬宮及當子晏咸以儒宗居宰相位服儒衣冠傳先王語漢書匡張孔馬傳贊

建武六年勑公卿舉賢良方正各一人後漢光武帝紀

建武七年夏四月壬午詔曰比陰陽錯謬日月薄食百姓有過在予一人大赦天下公卿司隸州牧舉賢良方正各一人遣詣公車朕將覽試焉同上

光武即位知湛名儒舊臣欲令幹任內職徵拜尚書使典定舊制後漢

伏湛傳

後以儒術舉為侍郎給事黃門後漢卓茂傳

蔡茂字子禮河內懷人也哀平間以儒顯徵試博士後漢蔡茂傳

永平十年召校官弟子作雅樂奏鹿鳴帝自御塤篪和之以娛嘉賓還幸南頓勞饗三老官屬後漢明帝紀

校官奏樂帝御塤篪極行孔子之禮樂矣後世校官弟子豈能望惝光乎

楊終年十三為郡小吏太守奇其才遣詣京師受業習春秋顯宗時徵詣蘭臺拜校書郎後漢楊終傳

荀爽鄭玄申屠蟠俱以儒行為處士累徵後漢荀韓鍾陳列傳

建初五年公卿已下其舉直言極諫能指朕過失者各一人遣詣公車將親覽問焉其以巖穴為先勿取浮華後漢章帝紀

令太傅三公中二千石二千石郡國守相舉賢良方正能直言極諫

之士各一人夏五月辛卯初舉孝廉郎中寬博有謀任典城者以補
長相秋七月辛亥詔以上林池籞田賦與貧人上同
一永元六年其令三公中二千石二千石內郡守相舉賢良方正能直
言極諫之士各一人昭巖穴披幽隱遣詣公車朕將悉聽焉帝乃親
臨策問選補郎吏後漢和殤帝紀
一永元十三年正月丁丑帝幸東觀覽書林閱篇籍博選術藝之士以
充其官
一永元十三年丙辰詔曰幽并涼州戶口率少邊役眾劇束修良吏進
仕路狹撫接夷狄以人爲本其令緣邊郡口十萬以上歲舉孝廉一
人不滿十萬二歲舉一人五萬以下三歲舉一人並同上
一永初元年三月癸酉日有食之詔公卿內外眾官郡國守相舉賢良
方正有道術之士明政術達古今能直言極諫者各一人後漢安帝紀
一永初二年詔公卿舉儒術篤學者太將軍鄧騭舉丕後漢魯恭傳

永初五年其令三公特進侯中二千石二千石郡守諸侯相舉賢良方正有道術達於政化能直言極諫之士各一人及至孝與衆卓異者并遣公車朕將親覽焉後漢安帝紀

永初六年王子詔三府選掾屬高第能惠利牧養者各五人光祿勳與中郎將選孝廉郎寬博有謀清白行高者五十人出補令長丞尉同上

先是博士選舉多不以實震舉薦明經名士陳留楊倫等顯傳學業諸儒稱之後漢書楊震傳

建光元年己巳令公卿特進侯中二千石二千石郡國守相舉有道之士各一人賜鰥寡孤獨貧不能自存者穀人三斛後漢安帝紀

延光二年八月庚午初令三署郎通達經術任牧民者視事三歲以上皆得察舉同上

辛卯初令郡國舉孝廉限年四十以上諸生通章句文吏能牋奏乃

得應選其有茂才異行若顏淵子奇不拘年齒後漢順帝紀
閏月丁亥令諸以詔除爲郎四十以上課試如孝廉科者得參廉選
歲舉一人同上
太學新成詔試明經者補弟子增甲乙之科員各十人除京師及郡
國耆儒年六十以上爲郎舍人諸王國郎者百三十八人後漢左雄傳
雄又奏徵海內名儒爲博士使公卿子弟爲諸生有志操者加其俸
祿及汝南謝廉河南趙建年始十二各能通經雄並奏拜童子郎於
是負書來學雲集京師同上
二年辛酉除京師耆儒年六十以上四十八人補郎舍人及諸王國
郎後漢順帝紀
辛亥詔公卿郡守國相舉賢良方正能直言極諫之士各一人同上
宋登少傳歐陽尚書教授數千人順帝以登明識禮樂使持節臨太
學奏定典律後漢儒林傳宋登

蔡玄學通五經門徒常千人其著錄者萬六千人順帝特詔徵拜議郎講論五經異同後漢儒林傳蔡玄

二月丙辰詔大將軍公卿舉賢良方正能探賾索隱者各一人後漢順冲質帝紀

選遣入使徇行風俗皆耆儒知名多歷顯位後漢張皓傳

庚戌詔三公特進侯卿校尉舉賢良方正幽逸修道之士各一人後漢冲帝紀

本初元年夏四月庚辰令郡國舉明經年五十以上七十以下詣太學自大將軍至六百石皆遣子受業歲滿課試以高第五人補郎中次五人太子舍人又千石六百石四府掾屬三署郎四姓小侯先能通經者各令隨家法其高第者上名牒當以次賞進後漢質帝紀

建和元年詔大將軍公卿校尉舉賢良方正能直言極諫者各一人後漢桓帝紀

建和元年又詔大將軍公卿郡國舉至孝篤行之士各一人
建和三年六月庚子詔大將軍三公特進侯其與卿校尉舉賢良方
正能直言極諫之士各一人
永興二年癸卯京師地震詔公卿校尉舉賢良方正能直言極諫者
各一人
延熹八年詔公卿校尉舉賢良方正並同上
典少篤行隱約博學經書弟子自遠方至建和初四府表薦徵拜議
郎侍講禁內後漢趙典傳
長好經學博通書傳以尙書教授舉孝廉後漢寒朗傳
建寧元年五月丁未朔日有食之詔公卿以下各上封事及郡國守
相舉有道之士各一人又故刺史二千石淸高有遺惠爲衆所歸者
皆詣公車後漢靈帝紀
靈帝初代周景爲太尉矩再爲上公所辟召皆名儒宿德不與州郡

交通後漢循吏列傳劉寵

熹平五年試太學生年六十以上百餘人除郎中太子舍人至王家
郎郡國文學吏後漢靈帝紀

初平四年九月甲午試儒生四十餘人上第賜位郎中次太子舍人
下第者罷之詔曰孔子歎學之不講不講則所識日忘今者儒生年踰
六十去離本土營求糧資不得專業結童入學白首空歸長委農野
永絕榮望朕甚愍焉其依科罷者聽為太子舍人後漢獻帝紀

右漢武後崇尚儒術盛行孔子選　之制

初上年二十九廼得太子甚喜為立禖使東方朔枚皋作禖祝少壯
詔受公羊春秋又從瑕丘江公受穀梁漢書武五子傳

孝武皇帝曾孫病已有詔掖廷養視至今年十八師受詩論語孝經
操行節儉慈仁愛人漢書孝宣皇帝紀

孝昭皇帝八歲即位大臣輔政亦選名儒韋賢蔡義夏侯勝等入授

於前平成聖德後漢桓榮傳

憲王壯大好經書法律聰達有材帝甚愛之太子寬仁喜儒術上數

嗟嘆憲王曰眞我子也漢書宣元六王傳

宣帝即位八歲立爲太子壯大柔仁好儒漢書孝元皇帝紀

元帝即位帝爲太子壯好經書漢書孝成皇帝紀

光武數引公卿郎將講論經理夜分乃寐後漢光武帝紀

睦少好學博通書傳後漢宗室四王三侯列傳

睦性謙恭好士千里交結自名儒宿德莫不造門

順陽懷侯嘉與伯升俱學長安習尚書春秋並同上

輔矜嚴有法度好經書善說京氏易孝經論語傳後漢光武十王列傳

蒼少好經書雅有智思同上

明帝十歲能通春秋後漢明帝紀

明帝師事桓榮學通尚書同上

章帝好儒術後漢章帝紀

長安侯祜能通詩論篤學樂古後漢安帝紀

右漢世帝者及諸侯王皆受經通儒術

馬皇后能誦易好讀春秋後漢馬皇后紀

皇后通經孔學於是大盛

鄧皇后十二通詩論語諸兄每讀經傳輒下意難問志在典籍不問居家之事後漢鄧皇后紀

太后自入宮掖從曹大家受經書兼天文算數晝省王政夜則誦讀而患其謬誤懼乖典章迺博選諸儒劉珍等及博士議郎四府掾史五十餘人詣東觀讎校傳記同上

馬鄧二后皆深於經學儼如諸生

梁皇后九歲能誦論語治韓詩後漢梁皇后紀

右兩漢帝者及諸侯王皆受經通儒術皇后附

詔諸儒講五經同異太子太傅蕭望之等平奏其議上親稱制臨決焉廼立梁丘易大小夏侯尚書穀梁春秋博士漢書孝宣皇帝紀

秋八月乙卯晦日有蝕之光祿大夫劉向校中祕書謁者陳農使使求遺書於天下同上

是時少府五鹿充宗貴幸爲梁丘易自宣帝時善梁丘氏說元帝好之欲考其異同令充宗與諸易家論充宗乘貴辯口諸儒莫能與抗漢書楊胡朱梅云傳

玄成受詔與太子太傅蕭望之及五經諸儒雜論同異於石渠閣漢書韋賢傳

徵更生受穀梁講論五經於石渠漢書劉向傳

建初中大會諸儒於白虎觀考詳同異連月廼罷肅宗親臨稱制如石渠故事後漢儒林傳

白虎通義集今學之大成傳至於今可爲瓌寶

終又言宣帝博徵羣儒論定五經於石渠閣方今天下少事學者得成其業而章句之徒破壞大體宜如石渠故事永爲後世則於是詔諸儒於白虎觀論考同異焉後漢楊終列傳

肅宗集諸儒於白虎觀恭特以經明侍召與其議後漢魯恭傳

羨博涉經書有威嚴與諸儒講論白虎殿後漢孝明八王列傳

李育少習公羊春秋詔與諸儒論五經於白虎觀育以公羊義難賈逵往返皆有理證最爲通儒後漢儒林傳

國王及諸儒同論經義當與石渠爲儒宗二大會

於是下太常將大夫博士議郎郎官及諸生諸儒會白虎觀講議五經同異使五官中郎將魏應承制門侍中淳于恭奏帝親稱制臨決如孝宣甘露石渠故事作白虎議奏後漢章帝紀

永和四年詔謁者劉珍及五經博士校定東觀五經諸子傳記百家藝術整齊脫誤是正文字後漢安帝紀

右兩漢帝者屢詔諸儒評定五經以一學術

四月還至奉高上念諸儒及方士言封禪人殊不經難施行天子至梁父禮祠地主至乙卯令侍中儒者皮弁搢紳射牛行事封泰山下東方如郊祠泰一之禮 漢書郊祀志

侍中是漢官而皮弁縉紳皆用孔制矣

有司與太史公祠官寬舒議天地牲角繭栗 史記武帝本紀

是孔子之制諸人皆儒者故也

建章宮後閣重櫟中有物出焉其狀似麋以聞武帝往臨視之問左右羣臣習事通經術者 史記滑稽列傳

匈奴來請和親羣臣議上前博士狄山曰和親便 史記酷吏列傳

昭帝即位六年詔郡國舉賢良文學之士問以民所疾苦教化之要皆對願罷鹽鐵酒榷均輸官毋與天下爭利視以儉節然後教化可興 漢書食貨志

賢良文學臻者六十餘人懷六藝之術鹽鐵論刺復

賢良茂陵唐生文學魯國萬生之倫六十餘人咸聚闕廷舒六藝之諷論太平之原知者贊其慮仁者明其施勇者見其斷辯者陳其辭鹽鐵論雜論

中山劉子雍言王道矯當世復諸正務在乎反本直而不微切而不熛斌斌然斯可謂弘博之君子矣九江祝生奮由路之勇推史魚之節發憤懣刺譏公卿介然直而不撓可謂不畏强禦矣同上

賢良文學皆七十子後學皆能據儒術以折時宰直節謇謇羣才汸汸無敗類者人才之盛極矣今對策欲求一人明道言事不可得何古今相去之遠哉

在位諸儒多言鹽鐵官及北假田官常平倉可罷漢書食貨志

會八月飲酎行祠孝昭廟先敺旄頭劍挺墮墜首垂泥中刃鄉乘輿車馬驚於是召賀筮之有兵謀不吉上還使有司侍祠是時霍氏外

孫代郡太守任宣坐謀反誅宣子章爲公車丞亡在渭城界中夜玄
服入廟居郎間執戟立廟門待上至欲爲逆發覺伏誅故事上常夜
入廟其後待明而入自此始也賀以筮有應繇是近幸爲太中大夫
給事中至少府爲人小心周密上信重之年老終官傳子臨亦入說
爲黃門郎甘露中奉使問諸儒於石渠臨學精孰專行京房法瑯邪
王吉通五經聞臨說善之時宣帝選高材郎十人從臨講吉迺使其
子郎中駿上疏從臨受易臨代五鹿充宗君孟爲少府漢書儒林傳
儁不疑定北闕之前夏侯勝辯常陰之驗然後朝士益重儒術後漢儒林
傳

儒術能行之故由此兩漢書倘可攷其故

江博士復死迺徵周慶丁姓待詔保宮使卒授十人自元康中始講
至甘露元年積十餘歲皆明習迺召五經名儒太子太傅蕭望之等
大議殿中平公羊穀梁同異各以經處是非漢書儒林傳

戴憑習京氏易年十六郡舉明經徵試博士拜郎中時詔公卿大會羣臣皆就席憑獨立光武問其意憑對曰博士說經皆不如臣而坐居臣上是以不得就席帝卽召上殿令與諸儒難說憑多所解釋帝善之故京師爲之語曰解經不窮戴侍中（後漢儒林傳）

時侍中賈逵薦丕道藝深明宜見任用和帝因朝會召見諸儒丕與侍中賈逵尚書令黃香等相難數事帝善丕說（後漢魯恭傳）

右兩漢廷議多召儒生

孔子布衣傳十餘世學者宗之自天子王侯中國言六藝者折中於夫子（史記孔子世家）

申公者魯人也高祖過魯申公以弟子從師入見高祖于魯南宮呂太后時申公游學長安與劉郢同師已而郢爲楚王令申公傳其太子戊戊不好學疾申公及王郢卒戊立爲楚王胥靡申公申公恥之歸魯退居家教終身不出門復謝絕賓客獨王命召之乃往弟子自

遠方至受業者百餘人申公獨以詩經爲訓以敎無傳疑疑者則闕不傳蘭陵王臧既受詩以事孝景帝爲太子少傅免去今上初卽位臧迺上書宿衛上累遷一歲中爲郎中令及代趙綰亦嘗受詩申公綰爲御史大夫綰臧請天子欲立明堂以朝諸侯不能就其事乃言師申公於是天子使使束帛加璧安車駟馬迎申公弟子二人乘軺傳從至見天子天子問治亂之事申公時已八十餘老對曰爲治者不在多言顧力行何如耳是時天子方好文詞見申公對默然然已招致則以爲太中大夫舍魯邸議明堂事太皇竇太后好老子言不說儒術得趙綰王臧之過以讓上上因廢明堂事盡下趙綰王臧吏後皆自殺申公亦疾免以歸數年卒弟子爲博士者十餘人孔安國至臨淮太守周霸至膠西內史夏寬至城陽內史碭魯賜至東海太守蘭陵繆生至長沙內史徐偃爲膠西中尉鄒人闕門慶忌爲膠東內史其治官民皆有廉節稱其好學學官弟子行雖不備而至於大夫

郎中掌故以百數言詩雖殊多本申公史記儒林傳

清河王太傅轅固生者齊人也以治詩孝景時爲博士竇太后好老子書召轅固生問老子書固曰此是家人言耳太后怒曰安得司空城旦書乎乃使固入圈刺豕景帝知太后怒而固直言無罪乃假固利兵下圈刺豕正中其心一刺豕應手而倒太后默然無以復罪罷之居頃之景帝以固爲廉直拜爲清河王太傅久之病免今上初卽位復以賢良方正徵固諸諛儒多疾毀固曰固老罷歸之時固已九十餘矣固之徵也薛人公孫弘亦徵側目而視固固曰公孫子務正學以言無曲學以阿世自是之後齊言詩皆本轅固生也諸齊人以詩顯貴皆固之弟子也

韓生者燕人也孝文帝時爲博士景帝時爲常山王太傅韓生推詩之意而爲內外傳數萬言其語頗與齊魯間殊然其歸一也淮南賁生受之自是之後而燕趙間言詩者由韓生韓生孫爲今上博士

伏生者濟南人也故爲秦博士孝文帝時欲求能治尚書者天下無有乃聞伏生能治欲召之是時伏生年九十餘老不能行於是乃詔太常使掌故朝錯往受之伏生教濟南張生及歐陽生歐陽生教千乘兒寬兒寬既通尚書以文學應郡舉詣博士受業受業孔安國兒寬貧無資用常爲弟子都養及時時間行傭賃以給衣食行常帶經止息則誦習之以試第次補廷尉史是時張湯方鄉學以爲奏讞掾以古法議決疑大獄而愛幸寬寬爲人溫良有廉智自持而善著書書奏敏於口不能發明也湯以爲長者數稱譽之及湯爲御史大夫以兒寬爲掾薦之天子天子見問說之張湯死後六年兒寬位至御史大夫九年而以官卒張生亦爲博士

諸學者多言禮而魯高堂生最本禮

魯徐生善爲容孝文帝時徐生以容爲禮官大夫傳子至孫徐延徐襄襄其天姿善爲容不能通禮經延頗能未善也襄以容爲漢禮官

大夫至廣陵內史延及徐氏弟子公戶滿意桓生單次皆常爲漢禮官大夫而瑕丘蕭奮以禮爲淮陽太守是後能言禮爲容者由徐氏焉

自魯商瞿受易孔子孔子卒商瞿傳易六世至齊人田何字子莊而漢興田何傳東武人王同子仲子仲傳菑川人楊何以易元光元年徵官至中大夫齊人卽墨成以易至城陽相廣川人孟但以易爲太子門大夫魯人周霸莒人衡胡臨菑人主父偃皆以易至二千石然要言易者本於楊何之家

董仲舒廣川人也以治春秋孝景時爲博士下帷講誦弟子傳以久次相受業或莫見其面蓋三年董仲舒不觀於舍園其精如此進退容止非禮不行學士皆師尊之居家至卒終不治産業以修學著書爲事故漢興至於五世之間唯董仲舒名爲明於春秋其傳公羊氏也並同上

建元元年丞相綰奏所舉賢良或治申商韓非蘇秦張儀之言亂國政請皆罷奏可漢書孝武本紀

諸教進用者罷斥故無人再從異教者

仲舒下帷發憤潛心大業令後學者有所統壹爲羣儒首漢書董仲舒

大業一統于董子故爲羣儒首此漢高之韓信宋凡之曹彬明祖之徐達也故論功作配應以董子充四配之列

胡毋生齊人也孝景時爲博士以老歸教授齊之言春秋者多受胡毋生公孫弘亦頗受焉瑕丘江生爲穀梁春秋自公孫弘得用嘗集比其義卒用董仲舒仲舒弟子遂者蘭陵褚大廣川殷忠溫呂步舒褚大至梁相步舒至長史持節使決淮南獄於諸侯擅專斷不報以春秋之義正之天子皆以爲是弟子通者至於命大夫爲郎謁者掌故者以百數而董仲舒子及孫皆以學至大官史記儒林列傳

傳經諸大儒天下學術所自出皆博士之學也

是時上方鄉文學湯決大獄欲傳古義乃請博士弟子治尚書春秋補廷尉史史記酷吏列傳

主父偃者齊臨菑人也學長短縱橫之術晚乃學易春秋百家言游齊諸生間莫能厚遇也齊諸儒生相與排擯不容於齊史記平津侯列傳

朱買臣會稽人也讀春秋史記酷吏列傳

武帝時齊人有東方生名朔以好古傳書愛經術史記滑稽列傳

遷生龍門耕牧河山之陽年十歲則誦古文二十而南游江淮上會稽探禹穴闚九疑浮於沅湘北涉汶泗講業齊魯之都觀孔子之遺風鄉射鄒嶧史記太史公自序

自孔子卒京師莫崇庠序唯建元元狩之間文辭粲如也作儒林傳同上

丁寬字子襄梁人也初梁項生從田何受易時寬為項生從者讀易精敏材過項生遂事何學成何謝寬寬東歸何謂門人曰易以東矣

漢書儒林傳

寬授同郡碭田王孫王孫授施讎孟喜梁邱賀繇是易有施孟梁邱之學

孟卿以禮經多春秋煩雜迺使喜從田王孫受易喜好自稱譽得易家候陰陽災變書

喜授同郡白光少子沛翟牧子兄皆爲博士繇是有翟孟白之學

梁邱賀從大中大夫京房受易

賀薦讎結髮事師數十年賀不能及詔拜讎爲博士甘露中與五經諸儒雜論同異於石渠閣讎授張禹琅邪魯伯伯爲會稽太守禹至丞相禹授淮彭宣沛戴崇子平崇爲九卿宣大司空禹宣皆有傳魯伯授太山毛莫如少路琅邪邴丹曼容著清名莫如至常山太守此其知名者也繇是施家有張彭之學

充宗授平陵士孫張仲方沛鄧彭祖子夏齊衡咸長賓張爲博士至

楊州牧光祿大夫給事中家世傳業彭祖眞定太傅咸王莽講學大夫繇是梁丘有士孫鄧衡之學

京房受易梁人焦延壽延壽云嘗從孟喜問易房授東海殷嘉河東姚平河南乘弘皆爲郎博士繇是易有京氏之學

歐陽生事伏生授倪寬寬又授業孔安國至御史大夫自有傳寬有俊材初見武帝語經學上曰吾始以尚書爲樸學弗好及聞寬說可觀乃從寬問一篇歐陽大小夏侯氏學皆出於寬寬授歐陽生子世世相傳至曾孫高子陽爲博士高孫地餘長賓以太子中庶子授太子後爲博士論石渠元帝即位地餘侍中貴幸至少府戒其子曰我死官屬即送汝財物愼毋受汝九卿儒者子孫以廉絜著可以自成及地餘死少府官屬共送數百萬其子不受天子聞而嘉之賜錢百萬地餘少子政爲王莽講學大夫由是尚書世有歐陽氏學

林尊事歐陽高爲博士論石渠後至少府太子太傅授平陵平當梁

陳翁生

翁生信都太傅家世傳業由是歐陽有平陳之學翁生授琅邪殷崇楚國龔勝崇爲博士勝右扶風自有傳而平當授九江朱普公文上黨鮑宣普爲博士宣司隸校尉自有傳徒衆尤盛知名者也

夏侯勝其先夏侯都尉從濟南張生受尚書以傳族子始昌始昌傳勝勝又事同郡簡卿簡卿者兒寬門人勝傳從兄子建建又事歐陽高勝至長信少府建太子太傅自有傳由是尚書有大小夏侯之學

周堪與孔霸俱事大夏侯勝霸爲博士堪譯官令論於石渠經爲最高

堪授牟卿及長安許商長伯牟卿爲博士霸以帝師賜爵號褒成君傳子光亦事牟卿至丞相自有傳由是大夏侯有孔許之學

商善爲算著五行論歷四至九卿號其門人沛唐林子高爲德行平陵吳章偉君爲言語重泉王吉少音爲政事齊炔欽幼卿爲文學王

莽時林吉爲九卿自表上師冢大夫博士郎吏爲許氏學者各從門人會車數百兩儒者榮之欽章皆爲博士徒衆尤盛

張山拊事小夏侯建爲博士論石渠至少府授同縣李尋鄭寛中少君山陽張無故子儒信都秦恭延君陳留假倉子驕無故善修章句爲廣陵太傅守小夏侯說文恭增師法至百萬言爲城陽内史倉以謁者論石渠至膠東相尋善說災異爲騎都尉自有傳寛中有儁材以博士授太子

申公卒以詩春秋授而瑕丘江公盡能傳之徒衆最盛及魯許生免中徐公皆守學教授韋賢治詩事博士大江公及許生又治禮至丞相傳子玄成以淮陽中尉論石渠後亦至丞相玄成及兄子賞以詩授哀帝至大司馬車騎將軍自有傳由是魯詩有韋氏學

王式事免中徐公及許生式爲昌邑王師昭帝崩昌邑王嗣立以行淫亂廢昌邑羣臣皆下獄誅唯中尉王吉郎中令龔遂以數諫減死

論式繫獄當死治事使者責問曰師何以亡諫書式對曰臣以詩三百五篇朝夕授王至於忠臣孝子之篇未嘗不爲王反復誦之也至於危亡失道之君未嘗不流涕爲王深陳之也臣以詩三百五篇諫是以亡諫書

山陽張長安幼君先事式後東平唐長賓沛褚少孫亦來事式問經數篇式謝曰聞之於師具是矣自潤色之不肯復授唐生褚生應博士弟子選詣博士摳衣登堂頌禮甚嚴試誦說有法疑者丘蓋不言諸博士驚問何師對曰事式

張生唐生褚生皆爲博士張生論石渠至淮陽中尉唐生楚太傅由是魯詩有張唐褚氏之學張生兄子游卿爲諫大夫以詩授元帝其門人琅邪王扶爲泗水中尉陳留許晏爲博士由是張家有許氏學

初薛廣德亦事王式以博士論石渠授龔舍

后蒼事夏侯始昌始昌通五經蒼亦通詩禮爲博士至少府授翼奉

蕭望之匡衡奏爲諫大夫望之前將軍衡丞相
衡授琅邪師丹伏理斿君潁川滿昌君都君都爲詹事理高密太傅
家世傳業
由是齊詩有翼匡師伏之學滿昌授九江張邯琅邪皮容皆至大官
徒衆尤盛
趙子事燕韓生授同郡蔡誼
誼授同郡食子公與王吉
食生爲博士授泰山栗豐吉授淄川長孫順順爲博士豐部刺史由
是韓詩有王食長孫之學豐授山陽張就順授東海髮福皆至大官
徒衆尤盛
孟卿事蕭奮以授后倉魯閭丘卿倉說禮數萬言號曰后氏曲臺記
授沛聞人通漢子方梁戴德延君戴聖次君沛慶普孝公孝公爲東
平太傅德號大戴爲信都太傅聖號小戴以博士論石渠至九江太

守由是禮有大戴小戴慶氏之學通漢以太子舍人論石渠至中山中尉普授魯夏侯敬又傳族子咸爲豫章太守大戴授琅邪徐良斿卿爲博士州牧郡守家世傳業小戴授梁人橋仁季卿楊榮子孫仁爲大鴻臚家世傳業榮琅邪太守由是大戴有徐氏小戴有橋楊氏之學

嚴彭祖與顏安樂俱事眭孟孟弟子百餘人唯彭祖安樂爲明質問疑誼各持所見孟曰春秋之意在二子矣孟死彭祖安樂各顓門教授由是公羊春秋有顏嚴之學彭祖爲宣帝博士廉直不事權貴或說曰天時不勝人事君以不修小禮曲意亡貴人左右之助經誼雖高不至宰相願少自勉強彭祖曰凡通經術固當修行先王之道何可委曲從俗苟求富貴乎彭祖竟以太傅官終授琅邪王中爲元帝少府家世傳業中授同郡公孫文東門雲雲爲荆州刺史文東平太傅徒衆尤盛

顏安樂家貧爲學精力授淮陽泠豐次君淄川任公公爲少府豐淄川太守由是顏家有泠任之學始貢禹事嬴公成於眭孟至御史大夫疏廣事孟卿至太子太傅

廣授琅邪筦路路爲御史中丞禹授潁川堂谿惠惠授泰山冥都都爲丞相史都與路又事顏安樂故顏氏復有筦冥之學路授孫寶爲大司農

豐授馬宮琅邪左咸咸爲郡守九卿徒衆尤盛

武帝時詔太子受公羊春秋由是公羊大興太子旣通復私問穀梁而善之其後浸微唯魯榮廣王孫皓星公二人受焉廣盡能傳其詩春秋高材捷敏與公羊大師眭孟等論數困之故好學者頗復受穀梁沛蔡千秋少君梁周慶幼君丁姓子孫皆從廣受千秋又事皓星公爲學最篤宣帝卽位聞衞太子好穀梁春秋以問丞相韋賢長信少府夏侯勝及侍中樂陵侯史高皆魯人也言穀梁子本魯學公羊

氏迺齊學也宜興穀梁

蔡千秋死徵江公孫爲博士劉向以故諫大夫通達待詔受穀梁欲令助之江博士復死迺徵周慶丁姓待詔保宮使卒授十人自元康中始講至甘露元年積十餘歲皆明習迺召五經名儒太子太傅蕭望之等大議殿中平公羊穀梁同異各以經處是非時公羊博士嚴彭祖侍郎申輓伊推宋顯穀梁議郎尹更始待詔劉向周慶丁姓並論公羊家多不見從願請內侍郎許廣使者亦並內穀梁家中郎王亥各五人議三十餘事望之等十一人各以經誼對多從穀梁之學大盛慶姓皆爲博士姓至中山太傅授楚申章昌曼君爲博士至長沙太傅徒衆尤盛上並同

凡儒林傳授經諸儒皆孔教也

欽字子夏少好經書漢書杜周傳

朱買臣字翁子吳人家貧好讀書漢書朱買臣傳

梅福字子眞九江壽春人也少學長安明尙書穀梁春秋爲郡文學補南昌尉漢書楊胡朱梅云傳

吾丘壽王字子贛趙人也年少以善格五召待詔詔使從中大夫董仲舒受春秋漢書吾丘壽王傳

云敞字幼儒平陵人也師事同縣吳章章治尙書經爲博士漢書楊胡朱梅云傳

初章爲當世名儒教授尤盛弟子千餘同上

陳湯字子公山陽瑕丘人也少好書博達善屬文漢書陳湯傳

雋不疑字曼倩勃海人也治春秋爲郡文學進退必以禮名聞州郡漢書雋不疑傳

兩龔皆楚人也勝字君賓舍字君倩二人相友並著名節故世謂之楚兩龔少皆好學明經漢書兩龔傳

薛廣德字長卿沛郡相人也以魯詩教授楚國龔勝舍師事焉漢書薛廣德傳

德傳

鮑宣字子都渤海高城人也好學明經為縣鄉嗇夫守束州丞漢書鮑宣傳

上以宣名儒優容之

宣坐距閉使者亡人臣禮大不敬不道下廷尉獄博士弟子濟南王咸舉幡太學下曰欲救鮑司隸者會此下諸生會者千餘人

自成帝至王莽時清名之士琅邪又有紀逡王思齊則薛方子容大原則郇越臣仲郇相稚賓沛郡則唐林子高唐尊伯高皆以明經飭行顯名於世

王莽居攝郭欽蔣詡皆以病免官歸鄉里臥不出戶卒於家齊栗融客卿北海禽慶子夏蘇章游卿山陽曹竟子期皆儒生去官不仕於莽並同

上

是以擥仲舒劉向歆傳載眭孟夏侯勝京房谷永李尋之徒所陳行

事訖於王莽舉十二世以傳春秋著于篇漢書五行傳

景武之世董仲舒治公羊春秋始推陰陽爲儒者宗宣元之後劉向治穀梁春秋數其旤福傳以洪範與仲舒錯至向子歆治左氏傳其春秋意亦已乖矣同上

韋丞相賢者魯人也以讀書術爲吏至大鴻臚史記張丞相傳

邴丞相吉者魯國人也以讀書好法令至御史大夫

韋丞相玄成者即前韋丞相子也代父後失列侯其人少好讀書明於詩論語

黃丞相霸者淮陽人也以讀書爲吏至潁川太守治潁川以禮義

丞相匡衡者東海人也好讀書從博士受詩並同上

野王字君卿受業博士通詩漢書馮奉世傳

翼奉字少君東海下邳人也治齊詩與蕭望之匡衡同師三人經術皆明漢書翼奉傳

李尋字子長平陵人也治尚書漢書李尋傳

韓延壽字長公燕人也徙杜陵少爲郡文學漢書韓延壽傳

儆本治春秋以經術自輔其政頗雜儒雅漢書張儆傳

蓋寬饒字次公魏郡人也明經爲郡文學以孝廉爲郎漢書蓋寬饒傳

又好言事刺譏奸犯上意上以其儒者優容之同上

夏侯始昌魯人也通五經以齊詩尚書教授漢書夏侯始昌傳

族子勝亦以儒顯名

勝復爲長信少府遷太子太傅受詔撰尚書論語說賜黃金百斤年九十卒官賜冢塋葬平陵太后賜錢二百萬爲勝素服五日報師傅之恩儒者以爲榮

勝從父子建字長卿自師事勝及歐陽高左右采獲又從五經諸儒問與尚書相出入者牽引以次章句具文飾說勝非之曰建所謂章句小儒破碎大道建亦非勝爲學疏略難以應敵建卒自顓門名經

爲議郎博士（並同上）

司馬相如字長卿蜀郡成都人也少時好讀書（漢書司馬相如傳）

息夫躬字子微河內河陽人也少爲博士弟子受春秋通覽記書（漢書蒯伍江息夫傳）

諸葛豐字少季琅琊人也以明經爲郡文學（漢書諸葛豐傳）

孫寶字子嚴潁川鄢陵人也以明經爲郡吏（漢書孫寶傳）

門下掾贛遂耆老大儒教授數百人（漢書朱博傳）

龔遂字少卿山陽南平陽人也以明經爲官（漢書循吏列傳）

召信臣字翁卿九江壽春人也以明經甲科爲郎（同上）

褚先生曰臣以通經術受業博士治春秋以高第爲郎（史記龜策列傳）

武詣博士受業治易以射策甲科爲郎（漢書何武傳）

王嘉字公仲平陵人也以明經射策甲科爲郎（漢書王嘉傳）

漢興文學既缺時亦草創承秦之制後稍改定參稽六經近於雅正

孔子曰其或繼周者行夏之正乘殷之輅服周之冕樂則韶舞故撰
輿服著之於篇以觀古今損益之義云後漢書輿服志
睦性謙恭好士千里交結自名儒宿德莫不造門後漢齊王縯傳
鄧禹年十三能誦詩受業長安後漢鄧禹傳
鄧弘少治歐陽尚書授帝禁中諸儒多歸附之同上
賈復少好學習尚書後漢賈復傳
復知帝欲偃干戈修文德不欲功臣擁衆京師乃與高密侯鄧禹並
剽甲兵敦儒學
賈宗兼通儒術並同上
祭遵少好經書後漢祭遵傳
祭肜從帝東巡狩過魯坐孔子講堂顧指子路室謂左右曰此太僕
之室吾之禦侮也同上
祐為人質直尚儒學後漢朱祐傳

帖奏古者人臣受封不加王爵可改諸王爲公帝卽施行又奏宜令三公並去大名以法經典同上

朱勃字叔陽年十二能誦詩書後漢馬援列傳

茂元帝時學於長安事博士江生習詩禮及歷算究極師法稱爲通儒後漢卓茂傳

魯恭十五與母及丕俱居太學習魯詩閉戶講誦絕人間事兄弟俱爲諸儒所稱學士爭歸之後漢魯恭傳

丕字叔陵性沈深好學孳孳不倦遂杜絕交游不答侯問之禮士友常以此短之而丕欣然自得遂兼通五經以魯詩尚書教授爲當世名儒同上

湛父理爲當世名儒以詩授成帝爲高密太傅別自名學後漢伏湛傳

杜詩上疏薦湛曰臣前爲侍御史上封事言湛公廉愛下好惡分明累世儒學素持名信經明行修通達國政尤宜近侍納言左右同上

霸篤志好學師事九江太守房元治穀梁春秋爲元都講後漢侯霸傳

彪孝行純至父母卒哀毀三年不出廬寢服竟羸瘠骨立異形醫療數年乃起好學洽聞雅稱儒宗建武末舉孝廉除郎中以病免復歸敎授安貧樂道恬於進趣三輔諸儒莫不慕仰之後漢韋彪傳

良少好學習小夏侯尚書王莽時寢病不仕教授諸生千餘人後漢王良傳

永少有志操習歐陽尚書後漢鮑永傳

竟以明易爲博士講書祭酒善圖緯能通百家之言後漢蘇竟傳

郎顗字雅光北海安丘人也父宗字仲綏學京氏易善風角星算六日七分能望氣占候吉凶常賣卜自奉安帝徵之對策爲諸儒表後漢郎顗傳

林從張竦受學博洽多聞時稱通儒後漢杜林傳

北海周澤琅邪承宮並海內大儒後漢樊儵傳

初條刪定公羊嚴氏春秋章句世號樊侯學教授門徒前後三千餘人同上

準少勵志行修儒術後漢樊準傳

徐子盛者以春秋經授諸生數百人後漢承宮傳

衍子豹長好儒學以詩春秋教麗山下後漢馮衍傳

統子松博通經書明習故事與諸儒修明堂辟雍郊祀封禪禮儀常與論議寵幸莫比後漢梁統傳

松弟竦字叔敬少習孟氏易弱冠能教授同上

曹褒字叔通魯國薛人也父充持慶氏禮建武中爲博士後漢曹褒列傳

玄自遊學十餘年廼歸鄉里家貧客耕東萊學徒相隨已數百千人後漢鄭玄傳

范升字辯卿代郡人也少孤依外家居九歲通論語孝經及長習梁丘易老子教授後生後漢范升傳

鄭賈之學行乎數百年中遂爲諸儒宗後漢鄭范陳賈張列傳
霸子楷字公超通嚴氏春秋古文尚書門徒常百人賓客慕之自父黨夙儒偕造門焉後漢張霸傳
伏氏自東西京相襲爲名儒後漢桓榮傳
鴻以才高論難最明諸儒稱之後漢丁鴻傳
馮緄少學春秋後漢馮緄傳
班彪以通儒上才傾側危亂之間後漢班彪傳
固字孟堅年九歲能屬文誦詩書及長遂博貫載籍九流百家之言無不窮究所學無常師不爲章句舉大義而已性寬和容衆不以才能高人諸儒以此慕之後漢班固傳
暉卒業於太學性矜嚴進止必以禮諸儒稱其高後漢朱暉傳
宋意字伯志父京以大夏侯尚書教授後漢書宋均傳
爰延字季平清苦好學能通經教授後漢爰延傳

充少孤鄉里稱孝後到京師受業太學師事扶風班彪好博覽而不守章句家貧無書常游洛陽市肆閱所賣書一見輒能誦憶遂博通眾流百家之言後歸鄉里屏居教授後漢王充傳

肱博通五經兼明星緯士之遠來就學者三千餘人後漢姜肱傳

震少好學受歐陽尚書於太常桓郁明經博覽無不窮究諸儒為之語曰關西孔子楊伯起後漢楊震傳

震前後所上轉有切至帝既不平之而樊豐等皆側目憤怨俱以其名儒未敢加害

尚書令周景與尚書邊韶議奏秉儒學侍講常在謙虛並同上

球少涉儒學後漢陳球傳

詡為朝歌長始到謁太守馬稜稜勉之曰君儒者當謀謨廟堂反在朝歌耶後漢虞詡傳

衡少善屬文游於三輔因入京師觀太學遂通五經貫六藝後漢張衡傳

初京兆摯恂以儒術教授後漢馬融傳
融才高博洽爲世通儒教養諸生常有千數涿郡盧植北海鄭玄皆
其徒也善鼓琴好吹笛達生任性不拘儒者之節同上
周舉姿貌短陋而博學洽聞爲儒者所宗後漢周舉傳
荀淑少有高行博學而不好章句多爲俗儒所非後漢荀淑列傳
爽字慈明一名諝幼而好學年十二能通春秋論語
爽以著述爲事遂稱爲碩儒並同上
篤論解經傳多所駮正後儒服虔等以爲折中後漢延篤傳
盧植名著海內學爲儒宗後漢盧植傳
時濟北戴宏父爲縣丞宏年十六從在丞舍祐每行園常聞諷誦之
音奇而厚之亦與爲友卒成儒宗後漢吳祐傳
李恂少習韓詩教授諸生常數百人後漢李恂傳
實宜增脩謙節輔以儒術後漢皇甫規傳

後歸鄉里衣冠諸儒送至河上車數千兩後漢郭太傳

劉寵父丕博學號爲通儒後漢循吏傳

王渙少好俠尚氣力數通剽輕少年晚而改節敦儒學習尚書

任延字長孫南陽宛人也年十二爲諸生學於長安明詩易春秋顯名太學學中號爲任聖並同上

劉淑少學明五經遂隱居立精舍講授諸生常數百人後漢黨錮傳

魏郎從博士郤仲信學春秋圖緯又詣太學受五經同上

李章習嚴氏春秋經明教授後漢酷吏傳

黃昌本出孤微居近學宮數見諸生修庠序之禮因好之遂就經學同上

李郃父頡以儒學稱後漢方術傳

劉昆少習容禮平帝時受施氏易於沛人戴賓能彈雅琴知清角之操王莽世教授弟子恒五百餘人每春秋饗射常備列典儀以素木

瓠葉爲俎豆桑弧蒿矢以射菟首每有行禮縣宰輒率吏屬而觀之二十二年徵代杜林爲光祿勳迺令入授皇太子及諸王小侯五十餘人中元二年卒子軼字君文傳昆業門徒亦盛 後漢書儒林傳

洼丹字子玉世傳孟氏易王莽時常避世教授專志不仕徒衆數百人建武初爲博士十一年爲大鴻臚作易通論七篇易家宗之稱爲大儒時中山觟陽鴻亦以孟氏易教授有名稱

任安字定祖少遊太學受孟氏易兼通數經又從同郡楊厚學圖讖究極其術時人稱曰欲知仲桓問任安又曰居今行古任定祖學終還家教授諸生自遠而至建安七年卒於家

楊政字子行少好學從代郡范升受梁丘易善說經書京師爲之語曰說經鏗鏗楊子行教授數百人

張興習梁丘易以教授建武中舉孝廉爲郎謝病去復歸聚徒後辟司徒馮勤府十年拜太子少傅顯宗數訪問經術旣而聲稱著聞弟

子自遠至者著錄且萬人
孫期習京氏易事母至孝牧豕於大澤中以奉養焉遠人從其學者
皆執經壟畔以追之里落化其仁讓黃巾賊起過期里陌相約不犯
孫先生舍
白歐陽生傳伏生尚書至歙八世皆爲博士
曹曾字伯山從歙受尚書門徒三千人
牟長少習歐陽尚書不仕王莽世祖建武二年特辟拜博士諸生講
學者常有千餘人著錄前後萬人子紆隱居教授門生千人
宋登少傳歐陽尚書教授數千人
尹敏建武二年上疏陳洪範消災之術
周防師事徐州刺史蓋豫
孔僖與崔篆孫駰相友善同遊太學習春秋校書東觀子季彦守其
家業門徒數百人

楊倫講授於大澤中弟子至千餘人

高詡曾祖父嘉以魯詩授元帝詡以父任爲郎世傳魯詩光武即位徵爲博士

包咸少爲諸生受業長安師事博士右師細君習魯詩論語

魏應經明行修弟子自遠方至著錄數千人

任末少習齊詩遊京師教授十餘年

景鸞少隨師學經涉七州之地能理齊詩施氏易兼受河洛圖緯

薛漢世習韓詩教授常數百人當世言詩者推漢爲長

杜撫受業於薛漢定韓詩章句後歸鄉教授弟子千餘人

召馴少習韓詩博通書傳以志義聞鄉里號之曰德行恂恂召伯春

楊仁建武中詣師學習韓詩拜什加令寬惠爲政勸課掾史弟子悉令就學其有通明經術者顯之右署或貢之朝由是義學大興墾田千餘頃

趙曄詣杜撫受韓詩究竟其術時山陽張匡亦習韓詩作章句董鈞習慶氏禮事大鴻臚王臨永平中爲博士時草創五郊祭祀及宗廟禮樂威儀章服輒令鈞參議多見從用當世稱爲通儒常教授門生百餘人

丁恭習公羊嚴氏春秋恭學義精明教授常數百人州郡請召不應建武初爲諫議大夫博士封關內侯十一年遷少府諸生自遠方至者著錄數千人當世稱爲大儒

周澤少習公羊嚴氏春秋隱居教授門徒常數百人孫堪明經學有志操

鍾興從丁恭受嚴氏春秋光武召見問以經義應對甚明帝善之拜郎中稍遷左中郎將詔令定春秋章句去其復重以授皇太子又使宗室諸侯從受章句

甄宇習嚴氏春秋教授常數百人傳業子普普傳子承承尤篤學講

授常數百人

樓望少習嚴氏春秋教授不倦世稱儒宗諸生著錄九千餘人

程會受業長安習嚴氏春秋積十餘年還家講授會稽顧奉等數百人常居門下著書百餘篇皆五經通難

張玄少習顏氏春秋兼通數家法諸儒皆伏其多通著錄千餘時右扶風琅邪徐業亦大儒也

何休爲人質朴訥口而雅有心思精研六經世儒無及者作春秋公羊解詁覃思不闚門十有七年上並同

右兩漢學人皆從儒教

唯江都相董仲舒內史公孫弘兒寬居官可紀三人皆儒者通於世務明習文法以經術潤飾吏事漢書循吏傳

文翁廬江舒人也少好學通春秋以郡縣吏察舉景帝末爲蜀郡守仁愛好教化見蜀地辟陋有蠻夷風文翁欲誘進之乃選郡縣小吏

開敏有材者張叔等十餘人親自飭厲遣詣京師受業博士又修起學官於成都市中招下縣子弟以為學官弟子為除更繇高者以補郡縣吏次為孝弟力田常選學官僮子使在便坐受事每出行縣益從學官諸生明經飭行者與俱使傳教令出入閨閤縣邑吏民見而榮之數年爭欲為學官弟子富人至出錢以求之繇是大化蜀地學於京師者比齊魯焉至武帝時乃令天下郡國皆立學校官自文翁為之始云文翁終於蜀吏民為立祠堂歲時祭祀不絕至今巴蜀好文雅文翁之化也同上

孝文帝末年以廬江文翁為蜀守穿湔江口溉灌繁田千七百頃是時世平道治民物阜康承秦之後學校陵夷俗好文刻翁乃立學選吏子弟就學遣雋士張叔等十八人東詣博士受七經還以教授學徒鱗萃蜀學比於齊魯巴漢亦立文學孝景帝嘉之令天下郡國皆立文學因翁倡其教蜀為之始也華陽國志卷三

德爲南陽太守歲多荒災唯南陽豐穰吏人愛悅號爲神父時郡學久廢德乃修起橫舍備俎豆黻冕行禮奏樂又尊饗國老宴會諸儒百姓觀者莫不勸服後漢鮑永傳

均以父任爲郎時年十五好經書每休沐日輒受業博士通詩禮善論難至二十餘調補辰陽長其俗少學者而信巫鬼均爲立學校禁絕淫祀人皆安之後漢宋均列傳

伏湛弟黯字稚文以明齊詩改定章句作解說九篇無子以恭爲後少傳黯學以任爲郎建武四年除劇令視事十三年以惠政公廉聞青州舉爲尤異太常試經第一拜博士遷常山太守敦修學校教授不輟由是北州爲伏氏學後漢儒林傳伏恭

遵爲將軍取士皆用儒術對酒設樂必雅歌投壺又建爲孔子立後奏置五經大夫雖在軍旅不忘俎豆後漢祭遵傳

忠以丹陽越俗不好學嫁娶禮義衰於中國乃爲起學校習禮容春

秋鄉飲選用明經郡中向慕之後漢李忠傳
四遷桂陽太守以郡處南垂不閑典訓為吏人定婚姻喪紀之禮興
立學校以獎進之後漢欒巴傳
遷桂陽太守郡與交州接境頗染其俗不知禮則颯下車修庠序之
教設婚姻之禮期年間邦俗從化後漢循吏衛颯傳
又駱越之民無家娶禮法各因淫好無適對匹不識父子之性夫婦
之道延乃移書屬縣各使男年二十至五十女年十五至四十皆以
年齒相配其貧無禮聘令長吏以下各省奉祿以賑助之同時相娶
者二千餘人後漢循吏任延傳
又遣立校官自掾吏子孫皆令詣學受業復其徭役章句既通悉顯
拔榮進之郡遂有儒雅之士同上
光武中興錫光為交阯任延守九眞於是教其耕稼制為冠履初設
媒聘始知姻娶建立學校導之禮義後漢南蠻西南夷列傳

郷部親民之吏皆用儒生後漢左雄傳

劉寛遷南陽太守典歷三郡溫仁多恕雖在倉卒未嘗疾言遽色常以爲齊之以刑民免而無恥吏人有過但用蒲鞭罰之示辱而已終不加苦事有功善推之自下災異或見引躬克責每行縣止息亭傳輒引學官祭酒及處士諸生執經對講見父老慰以農里之言少年勉以孝悌之訓人感德興行日有所化後漢劉寛傳

建初元年遷山陽太守以禮訓人不任刑罰崇好儒雅敦明庠序每春秋饗射輒修升降揖讓之儀乃爲人設四誡以定六親長幼之禮有遵奉教化者擢爲鄉三老常以八月致酒肉以勸勉之後漢循吏秦彭傳

和帝時稍遷桂陽太守郡濱南州風俗脆薄不識學義荆爲設喪紀婚姻制度使知禮禁後漢循吏傳許荆

遡更大作講舍延聚生徒數百人朝夕自往勸誡身執經卷試策殿最儒化大行此邑至後猶稱其教焉後漢文苑傳劉梁

猶令築書院也於時儒教大行於邊遠

自建武以後羣儒修業開抉圖緯漢之宰相當出坤鄉於是司徒李公廈登七政太傅子堅與世論道其珪璋瑚璉之器則陳伯臺李季子陳申伯之徒文秀璋曄其州牧郡守冠蓋相繼如西州爲盛蓋濟濟焉華陽國志卷三

成都縣郡治有十二鄉五部尉漢戶七萬晉三萬七千名難治時廣漢馮顥爲令而太守宗叔產宦不奉法顥奏免之立文學學徒八百人實戶二萬八千華陽國志卷三

章帝時蜀郡王阜爲益州太守治化尤異神馬四匹出滇池河中甘露降白烏始興文學漸遷其俗華陽國志卷四

明章之世毋斂人尹珍字道眞以生遐裔未漸庠序乃遠從汝南許叔重受五經又事應世叔學圖緯通三才還以教授於是南域始有學焉珍以經術選用歷尚書丞郎荊州刺史而世叔爲司隸校尉師

主並顯平夷同上

張霸字伯饒謚曰文父成都人也年數歲以知禮義諸生孫林劉固段著等宗一移家其宇下咸毋求就師學毋憐其稚曰饒能故字伯饒也後爲會稽太守撥亂興治立文學學徒以千數風教大行道路但聞誦聲百姓歌詠之致達名士顧奉公孫松畢海胡毋官萬虞先王演李根字至大位在郡十年以有道徵華陽國志卷十

右兩漢郡吏皆以德政化民

孔子改制考卷二十一終

門人南海康同懃　番禺羅潤楠初校

門人東莞葉衍華　番禺王覺任覆校

門人東莞張伯楨再校

百年精華

孔子改制考

著者◆康有為
發行人◆王學哲
總編輯◆方鵬程
主編◆葉幗英
責任編輯◆吳素慧
美術設計◆吳郁婷

出版發行：臺灣商務印書館股份有限公司
臺北市重慶南路一段三十七號
電話：(02)2371-3712
讀者服務專線：0800056196
郵撥：0000165-1
網路書店：www.cptw.com.tw
E-mail：ecptw@cptw.com.tw
網址：www.cptw.com.tw

局版北市業字第 993 號
初版一刷：1968 年 4 月
二版一刷：2011 年 2 月
定價：新台幣 520 元

ISBN 978-957-2562-5

孔子改制考／康有為著. -- 二版. -- 臺北市：臺
灣商務，2011. 02
面；公分. --（百年精華）

ISBN 978-957-05-2562-5(平裝)

1.（周）孔丘 2.學術思想 3.儒學 4.先秦哲學 5.
研究考訂

121.2 99021473